정치사상사 속 제국

서울대학교 국제문제연구소 총서 26

정치사상사 속 제국

초판 1쇄 인쇄 2019년 9월 1일
초판 1쇄 발행 2019년 9월 5일

지은이 박성우 외 7인
펴낸이 오세정
펴낸곳 서울대학교출판문화원

출판등록 제15-3호

주소 (08826) 서울 관악구 관악로 1
대표전화 02-880-5252 | 팩스 02-888-4148
도서 주문 02-889-4424, 02-880-7995
이메일 snubook@snu.ac.kr
홈페이지 www.snupress.com

ISBN 978-89-521-2870-6 93340

이 책은 2016년도 교육부의 재원으로 한국연구재단의 지원을 받아 완성되었음.
(NRF-2016-S1A3A2924409)
이 책은 2017-2018년도 서울대학교 국제문제연구소의 지원을 받아 완성되었음.

서울대학교 국제문제연구소 총서 26

정치사상사 속 제국

박성우 외 7인 지음

서울대학교출판문화원

머리말

이 책은 2017년 서울대학교 국제문제연구소의 프로젝트를 계기로 하여 필자를 포함한 8명의 소장학자가 모여 집필하였다. 필자들은 지금까지의 '제국' 연구 틀을 벗어나 고대 그리스·로마시대로부터 현대까지 유럽과 북미 지역을 아울러 시간과 공간을 관통하는 정치사상 속에서 제국의 의미를 찾고자 하였다. 다년간 진행한 공동의 작업이 쉽지만은 않았고 또 아쉬움도 남지만 필자들이 던지는 화두가 제국이라는 정치체를 바라보는 새로운 관점을 열어 주는 데 도움이 될 수 있다면 작게나마 책의 목표를 달성했다고 할 수 있을 것이다.

이 지면을 빌어 이 책이 출간되기까지 도움을 주신 분들께 감사의 인사를 전하고 싶다. 무엇보다 '정치사상사 속 제국'이라는 연구 주제의 의의에 공감하여 기꺼이 공동 작업에 참여해 준 일곱 분의 저자에게 깊은 감사를 드린다. 이 편집본을 기획한 지 벌써 2년 반이라는 시간이 흘렀다. 필자들은 '정치사상사 속 제국' 논의를 정리할 필요가 있다는 뜻을 모아 2017년 1월 첫 번째 집담회를 시작으로 이후 여섯 번의 집담회를 가졌고, 두 차례의 발표회를 가졌다. 이 과정에서 토론자로 수고해 주신 강상진 교수(서울대 철학과), 공진성 교수(조선대 정치외교학과), 오경환 교수(성신여대 사학과), 손병권 교수(중앙대 정치국제학과)께 심심한 사의를 표한다. 이분들의 날카로운 논평과 건설적인 제안으로 이 책의 내용과 구성을 한층 개선할 수 있었다. 마지막으로 이 책은 2016년 대한민국 교육부와 한국연구재단의 지원(NRF-2016-S1A3A2924409), 그리고 2017-2018년도 서울대학교 국제문제연구소의 지원을 받아 수행된 연구임을 밝혀 둔다.

2019년 7월
대표 저자 박성우

차례

2부 근대 정치사상과 제국

서언

왜 '정치사상사 속 제국'이어야 하는가

박성우

지난 수천 년 동안 '제국'이라고 일컬어지는 행위자는 인류 역사에 지대한 영향력을 행사해 왔다. 그에 걸맞게 제국에 대한 연구 역시 제국의 역사만큼이나 오랫동안 지속되어 왔다. 그럼에도 불구하고, 국제관계에서 '제국'이라는 행위자의 출현, 그리고 '제국 현상'이 지닌 의미를 보편적으로 규정하고, 나아가 그것의 정치사상적 의의를 규명하려는 시도는 그리 많지 않았던 것도 사실이다.[1] 그 이유는 아마도 지금껏 제국에 대한 주된 관심이 역사상 다양한 형태로 존재해 온 개별 제국의 위력과

1 정치사상과 제국의 관계에 대한 연구는 비교적 최근에 와서 다수 등장한다(Bell 2016; Armitage 2013; Muthu 2012; Pitts 2005; Muthu 2003). 그 촉발점 가운데 하나는 자유주의 국가와 제국의 양립가능성 문제를 정치사상적으로 해명하고자 하는 시도에서 비롯됐다고 할 수 있다(Pitts 2005; Mehta 1999). 그러나 보다 넓게는 유럽의 국가들이 제국으로 성장하는 과정이 근대국가의 형성과 어떤 관련이 있으며, 나아가 국제정치질서, 지구질서를 형성하는 데 어떤 영향을 미쳤는가에 대한 관심이라고 할 수 있다.

영향력에 초점이 맞춰져 있었기 때문인 것으로 보인다.

지금까지 제국 연구는 대체로 두 분야에서 전개되어 왔다. 먼저 역사학계에서는 역사적으로 제국이라고 일컬어지는 정치체에 대해 공시적 혹은 통시적 연구를 진행해 왔다. 이러한 연구는 역사적으로 존재한 특정 제국의 차별성을 강조하기도 하고, 제국의 기원, 성장, 쇠퇴에 관한 일반적인 원리를 추론해 내기도 한다. 한편 국제정치학에서도 제국 연구가 진행되어 왔는데, 제국의 존재를 기존의 국제정치의 본질에 근본적인 변화를 초래하는 요인으로 보기보다, 전통적으로 존재해 온 강대국이나 패권국에 팽창적이고 침략적인 특성이 가미된 정도로 보는 경향이 강했다(Barkawi 2010).[2] 두 분야의 제국 연구는 제국이라는 정치체의 역사적 존재를 확인하고, 그것의 권력 양태를 이해하는 데 어느 정도 기여한 바 있다. 그러나 각각 제국 내부 권력의 작동방식 혹은 제국의 대외적인 권력 행태에만 주목했다는 한계도 있다. 즉 제국이라는 권력 현상이 국내/국제의 연계나 양자의 상호작용에 의해 전개된다는 사실을 충분히 드러내지 못했다는 것이다.

비교적 최근에 지성사 학계에 불어닥친 '국제정치적 전회'(international turn)는 기왕에 국내적 시야에만 갇혀 있던 역사학계의 제국 연구를 국제정치적 맥락으로 확장시키는 계기를 마련했다(Armitage 2013).

2 국제정치학계의 제국 연구 가운데, Doyle(1986)이 전통적인 국제정치적 접근법을 채택했다면, Hardt and Negri(2000)는 이를 극복하려는 시도를 했다고 할 수 있다. 유럽중심주의에서 벗어나 전통적인 베스트팔렌식의 주권론을 재해석하는 하트(Michael Hardt)와 네그리(Antonio Negri)의 제국론은 국제정치에서 출발하여, 국내적 요인을 분석하는 참신한 시도를 하고 있다. 그럼에도 불구하고 이들의 제국론은 제국이 국제정치의 본질에 어떤 영향을 미치는가라는 물음에 대해서는 충분히 답하고 있지 않다.

제국의 탄생과 행태는 단순히 개별 국가의 자질과 능력에 의해 결정되는 것이 아니라, 근대국제정치질서의 탄생과 함께 국제정치의 복합적인 메커니즘에 의해 영향을 받았다는 것이다. 지성사학계의 '국제정치적 전회'는 결과적으로 국내적 요인에만 주목했던 역사적 접근과 상대적으로 국제적 요인에만 주목했던 국제정치학적 접근을 융합함으로써 제국 연구에 있어 새로운 길을 열었다. 그러나 '국제정치적 전회'에 기초한 제국 연구는 불가피하게 국제정치질서를 탄생시킨 근대의 역사적 맥락만을 강조함으로써 제국이라는 정치현상이 내포하고 있는 정치사상의 보편적 의의를 파악하는 데에는 이르지 못했다.

탈식민주의(post-colonialism) 연구 역시 제국 연구가 새로운 단계로 진입하는 데 일조했다. 탈식민주의 연구는 제국과 식민지의 관계를, 문명의 전파와 계몽 그리고 강자의 지배와 약자의 복종이라는 단선적인 결과물로 파악하는 대신, 역설적으로 식민지라는 정치단위체의 존재로 인해 제국이 규정되고 구성됐다고 보고, 제국과 식민주의 간의 복합적이고 상호적인 관계를 해명한다. 예컨대 탈식민주의 연구는 제국주의적 팽창이 단순히 제국주의와 식민주의로는 설명될 수 없는 새로운 현실을 수반하고 있음을 주목한다. 탈식민주의의 관점에서 제국사를 온전히 이해하기 위해서는 특정 제국의 정복과 지배, 그리고 피정복자의 저항의 역사만을 주목할 것이 아니라, 당시의 국제적 맥락 나아가 전 지구적 맥락에서 제국과 식민지 간의 상호관계를 이해할 필요가 있다.[3] 제국 연구

3 예컨대 19세기 프랑스의 제국주의는 식민지에 대한 지배와 피식민지의 저항의 서술로는 온전하지 않고, 프랑스 내부의 정체성 논쟁, 그리고 식민주의(colonialism)에 대한 지구적 이해와 유기적으로 연결시켜 설명해야 한다는 것이다. 프랑스 제국주의와 식민주의가 프랑스 내부의 정체성 논쟁(예컨대 공화국(주의)과 제국주의가 양립가능한가)과 어떤 연관이 있는가에 대해서는 이 책

에 있어 탈식민주의적 접근은 제국에 대한 단선적이고 유럽중심주의적인 이해에서 벗어나 제국의 복합적 특성을 이해하는 데 기여했다.[4] 그러나 탈식민주의적 접근 역시 기본적으로 근대 유럽 국가가 제국을 의식적으로 정치이념화한 이후의 역사에 치중함으로써, 제국이라는 정치현상의 보편적인 의의, 제국이라는 정치체가 갖는 정치사상적 본질에 접근하는 데에는 한계를 갖고 있다.[5]

이 책은 최근의 제국 연구의 동향을 반영하고 아울러 그 한계를 극복하고자 정치사상사 속 제국의 본질과 의미를 검토하는 시도를 하였다. 이를 위해 이 책은 제국에 대한 보편적 특성을 이끌어 낼 수 있는 '국제정치사상적' 시각을 활용하였다. 제국 연구에 있어 국제정치사상적 시각을 활용한다는 것은, 간단히 말하자면 국제정치사상의 가장 근본적인 문제를 제국 문제에 적용하는 것을 의미한다. 국제정치사상의 관점에서 모든 제국에 보편적으로 적용되는 가장 근본적인 문제는 소위 '자기 모순적 이중성'을 갖는 점이라고 할 수 있다. 제국은 그것 자체가 하나의 정치공동체이므로 여타 정치공동체와 마찬가지로 공동체 내부의 결속과 연대를 필요로 한다. 이런 맥락에서 제국은 공동체의 안과 밖을 구분 짓는 경계를 명백히 해야 한다. 그러나 제국의 팽창적 속성은 제국의 경계를 늘 새롭게 규정할 것을 요구한다. 과거 제국 '밖'의 영역

의 5장과 6장에 잘 소개되어 있다. 비슷한 맥락에서 미국 독립 연구 역시 아메리카 대륙 내부의 혁명적 동력이나, 식민지 대륙과 영국의 관계를 넘어 미국 건국 과정의 대외정책에서 제국이라는 대안을 얼마나 염두에 두었는가가 새롭게 조망되고 있다.

4 이 책도 (특히 프랑스, 독일, 영국 제국에 대한 연구의 경우) 상당 부분 이러한 역사학계의 학문적 기여를 수용하고 있다. 이 책의 4-8장 참조.

5 비교적 최근에 편집된 Muthu(2012) 역시 근대 이후 15세부터 19세기의 유럽 제국에 대해서만 다루고 있다.

에 존재했던 영토와 주민들은 어느 시점이 되면 이미 제국 '안'의 영역에 들어와 있고, '안'의 구성원으로서 동등한 권리와 지위를 요구하기도 한다.

다시 말해, 제국은 한편으론 견고한 내적 결속력을 유지하면서 경계 밖을 배제하고 억압하며 타자를 정복할 수 있는 힘을 갖춰야 하지만, 이 과정에서 제국은 새로 유입된 인적·물적 요소를 새로운 정체성에 포함시켜야 하고, 어느 시점에 이르러서는 기존의 결속력을 스스로 해체하고 새로운 정체성을 만들어 나가야 하는 모순을 안고 있다. 요컨대, 제국은 한편으로는 그 경계를 견고히 유지함과 동시에, 다른 한편으론 그 경계를 스스로 부정해야 하는 자기 모순적 이중성을 지닌다.[6] 근대적 용어로 표현하자면, 제국은 하나의 정치공동체로서 주권을 전제로 성립하지만, 동시에 주권을 부인하는 속성을 지닌 모순적 정치공동체라고 할 수 있다.

일반적인 권력현상으로서의 제국과는 별도로 제국의 정치사상적 본질을 이해하기 위해서는 이와 같은 제국의 모순적 속성이 정치사상적 관점에서 재조명되어야 한다. 이런 관점에서 이 책은 정치사상사 속에

---

6 물론 로마제국과 같이 이러한 융통성을 제국의 주변부나 새로운 식민지를 손쉽게 편입시키는 이데올로기로서 내세울 수도 있다. 그러나 이러한 이데올로기는 대외적으로는 성립할지 몰라도, 내부적으로는 여전히 모순적인 요인을 안고 있다. 제국의 자기모순적 이중성은 제국시민의 모습 속에서도 잘 드러난다. 제국시민은 한편으로 제국의 경계 밖 인간들과 자신들을 구분 지으며 자신들을 제국의 시민으로 규정해야 하지만, 제국의 팽창적 속성상 끊임없이 새로운 구성원을 자신과 동질적인 구성원으로 받아들여야 한다. 제국이 얼마나 광범위한 영역을 포괄하고, 얼마나 이질적인 구성원을 포섭하느냐에 따라서 동질화는 저항과 마찰을 초래할 것이며, 역사적으로 보면 이것이 곧 제국의 성패를 좌우하게 된다.

존재하는 사상가들이 제국에 대해 과연 어떤 반응을 보여 왔는가를 주목하였다. 각 시대의 정치사상가들은 그가 속한 구체적인 역사적 맥락 속에서 제국을 바라볼 수밖에 없다. 그러나 이들이 자신의 사상을 편협한 역사성에 한정시켰다고 보기 어렵다. 이들에게 포착된 제국은 국제정치사상의 관점에서 자기모순적 이중성을 가진 제국으로 비춰졌을 가능성이 크다. 이런 맥락에서 이 책은 역사 속에서 제국을 경험한 '넓은 의미의' 정치사상가들이[7] 제국을 어떻게 이해했고, 그들의 사상과 제국을 어떻게 조화 내지 적응시키려고 했는가를 검토하였다.

물론 제국의 보편적 특성은 각 시대의 사상가들에 의해 변용된 방식으로 이해되고 서술되기 마련이다. 어떤 사상가는 제국의 지극히 보편적인 특성을 강조하기도 하고, 어떤 사상가는 역사적 맥락에 존재하는 제국의 역사적 특수성을 강조하기도 한다. 그러나 분명한 것은 대부분의 정치사상가들에게 제국은 자신의 눈앞에서 관찰되는 현실 속의 제국임과 동시에 이전 시대, 예컨대 고대 그리스나 로마의 전통과 이념이 담겨 있는 제국이라는 사실이다. 정치사상가들에게 제국이라는 현상은 인류가 정치공동체를 이루고 사는 한, 빼놓을 수 없는 정치 조직의 한 형태이다. 정치사상적 관점에서 제국은 역사적 특수성을 넘어 인류의 보편적 특성을 지니는 정치현상이다. 이러한 가정하에서 이 책은 고대 그리스부터 19세기 프랑스 식민주의, 영국의 제국주의에 이르기까지 정치사상사 속에서 제국이 어떻게 취급되고, 평가되었으며, 이러한 정치

7 어떤 시대의 정치사상은 특정한 정치철학자에 의해 대표되기도 하고, 어떤 시대의 정치사상은 그 시대를 규정하고 작동시킨 공유된 가치로 대표되기도 한다. 따라서 이 책에서 주목하고 있는 '정치사상가'는 전통적인 의미의 정치사상가뿐 아니라, 각기 다른 방식으로 제국의 보편적 속성을 감지했을 것으로 추정되는 정치이론가, 정치평론가, 정치실천가까지 포함한다.

사상의 반응은 제국의 보편적 속성을 드러내는 데 어떤 기여를 했는가를 검토하였다. 이 책은 모두 여덟 개의 장으로 구성되어 있으며, 각 장의 내용을 요약하자면 아래와 같다.

1장은 고대 아테네 제국을 플라톤 정치철학의 관점에서 재조명한다. 이 장은 우선 전통적인 견해와 달리 플라톤이 아테네 제국에 관심을 가질 만한 구체적인 사유가 있음을 밝힌다. 이어서 플라톤의 제국에 대한 관심은 소위 '알키비아데스 문제'를 중심으로 전개되고 있음을 지적한다. '알키비아데스 문제'란, 유능하지만 도덕적으로 타락한 엘리트에 의존하는 것은 결국 제국의 쇠퇴를 초래할 수밖에 없다는 것을 의미한다. 이 장은 플라톤이 알키비아데스 문제의 해결을 위해 어떤 처방을 내놓았는가를 알아보기 위해 두 개의 대화편을 집중적으로 분석한다. 우선 『알키비아데스』 분석을 통해 플라톤이 알키비아데스 문제를 보편화하고, 엘리트를 대상으로 이 문제에 대한 자각을 촉구하고 있음을 밝힌다. 이어서 『메넥세노스』를 분석하면서, 알키비아데스 문제의 해결을 위해서는 엘리트뿐 아니라 일반 시민의 협조와 노력이 필요하다는 점을 논증한다. 결론적으로 이 장은 플라톤이 이 두 대화편을 통해, 아테네 제국에 잠재해 있던 알키비아데스 문제의 해결을 시도하고, 그 처방으로 엘리트와 일반 시민의 절제를 제안하고 있음을 밝히고 있다.

2장은 중세 제국을 보편국가론와 인민주권론의 관점에서 비교 검토하고 있다. 이 장은 기본적으로 서양사와 정치사상의 연구자들 가운데 널리 퍼져 있는, 중세의 제국관에 대한 일반적 견해들을 비판적으로 재음미하고 있다. 특히 오늘날 제국에 대한 여러 논의들은 흔히 근대에 등장한 제국관을 본질적인 것으로 만들어 과거에 대한 이해에 적용하는 아나크로니즘의 오류에 빠지고 있음을 비판적으로 지적하며, 제국에 대한 모든 연구는 모든 비역사적 접근법을 벗어나 소위 제국으로 운위되는 정치체들의 존재양식과 그로부터 파생된 정치이론을 보다 실증적으로 연구하고 재구성하는 것에서 시작되어야 함을 강조하고 있다. 이러한 문제의식을 근간으로 이 장은 중세 제국이 과연 정치적 보편주의와 어떤 연관을 가지며, 서양정치사상의 발달과정, 특히 인민주권의 발달과는 어떤 연관을 갖는가를 면밀히 검토하고 있다.

3장은 로마제국을 모델로 삼고 있는 단테와 마키아벨리의 제국론을 비교 검토한다. 이 장에서 단테는 기본적으로 중세 후기를 마감하는 정치사상가로서 이탈리아와 피렌체의 분열 속에서 평화와 안정의 도래를 꿈꾸었으며, 이를 위해 신성로마제국의 황제에 기대했던 반면, 마키아벨리는 제국의 팽창과 함께, 자유와 포용을 지향했던 사상가로 평가된다. 구체적으로는 마키아벨리가 로마 공화정의 전성기가 이러한 이상적인 제국을 실현한 것이고, 황제정의 제국은 타락한 제국으로 여겼음을 강조한다. 마키아벨리는 공화정의 자유로운 질서를 통해 더 많은 시민들의 참여를 이끌어 낸 로마의 힘을 성찰했다는 것이다. 반면, 단테는 신성로마제국의 권력은 하느님으로부터 직접 내려오는 것이라고 주장하며, 황제권의 독립성을 설파하였음을 지적한다. 단테는 보편권력의 중심으로서 로마, 특히 교황권이 자신만의 사익을 추구하고 타락하자 세속의 보편권력인 신성로마제국의 로마를 옹호했다는 것이다. 이 장은 두 사상가의 제국론을 비교 검토함으로써 보편의 힘, 자유의 힘, 그리고 포용의 힘이 제국과 어떤 관계에 있는가를 재성찰하고 있으며, 이를 통해 오늘날의 제국의 방향을 설정하는 출발점으로 삼고 있다.

4장은 17세기 후반의 독일 사상가 사무엘 푸펜도르프가 독일 신성로마제국에 대해 가졌던 입장을 그의 사상을 배경으로 검토한다. 이 장은 우선 푸펜도르프가 젊은 시절 쓴 『독일 제국의 상태에 관하여』에서 독일 제국을 '괴물'로 묘사했음에 주목하며, 그가 구체적으로 어떤 이유와 근거에서 신성로마제국을 '괴물'로 묘사했는지 분석한다. 이 장은 지금까지의 논의가 푸펜도르프의 정치사상적 배경을 결여하고 있다고 보고, 특히 국가의 기원과 기본적인 제도적인 구성에 관한 그의 견해의 맥락에서 그의 신성로마제국론을 평가한다. 특히 『독일 제국의 상태에 관하여』와 거의 비슷한 시기에 출판된 『자연법과 국가 간의 법』과 그 축약본이라 할 『자연법에 따른 인간과 시민의 의무에 관하여』에 나타난 푸펜도르프의 자연상태론과 사회계약론을 면밀히 검토한다. 결론적으로 이 장은 푸펜도르프의 신성로마제국론에는 근대국가 이론가로서의 생각이 상당 부분 반영되었고, 이는 제국에 관한 기존 논의들과는 다른 독특한 해석을 낳았음을 밝히고 있다.

5장은 18세기 프랑스 계몽주의자들이 그들의 지적 노력의 전개 과정에서 공화국과 혁명 그리고 제국에 대한 사유를 어떻게 전개했는가를 검토한다. 이 장은 우선 18세기 대표적 계몽주의자 몽테스키외가 '부드러운 상업'의 개념을 통해 상업적 공화국 나아가 제국적 공화국의 실현을 모색했으며, 디드로나 레날 등 많은 계몽주의자들 역시 프랑스가 새로운 로마, 혹은 영국과 같은 무역의 제국, 즉 상업적이고 공화주의적 제국, 혹은 제국적 공화국이 되기를 바랐다는 점을 지적한다. 그러나 프랑스혁명 시기 혁명전쟁의 확산과 발달 속에서 정복에 대한 야망은 결국 프랑스 공화국의 제국으로의 전환을 가져왔다. 이런 과정 속에서 19세기 전반기의 대표적인 자유주의 사상가이면서 공화국과 혁명에 대한 경험을 통해 자유주의를 풍부히 하고자 한 콩스탕과 토크빌을 주목한다. 콩스탕은 팽창 정책이 평화롭고 상업적 자유를 누리는 근대적 시민들의 이익을 침해할 뿐만 아니라 개인과 시민의 희생을 통해 국가권력을 강화시키고 군대의 힘을 확장하며, 지방의 희생을 통해 중앙정부의 권한이 강화되는 것을 우려했다. 반면 토크빌은 고전적 공화주의에 대한 미련 속에서도 역설적으로 제국주의적 팽창이 현재의 난관을 해결하기 위한 해결책이 될 수 있으리라 기대했다. 이러한 해석을 바탕으로 이 장은 계몽주의자들이 꿈꿨던 '부드러운 상업'을 통한 공화국들 간의 연합이라는 이상의 실현은 19세기에는 결코 기대할 수 없었다고 결론 내린다.

6장은 프랑스에서 노예들의 '해방자'로 기념되는 빅토르 쇨세르의 긴 정치적 이력을 통해 프랑스 공화주의와 제국주의의 관계를 살펴보고 있다. 쇨세르는 1830년대부터 프랑스 노예제폐지운동의 주요 인물로 떠올라 1848년 2월혁명 당시 식민지 노예제를 폐지하는 데에 결정적으로 기여했으며, 이후 제3공화국 시기에도 식민지 정치의 중심인물이었다. 이 장은 쇨세르가 대표하는 노예제폐지론은 근대 초 식민 제국에서 본격적인 제국주의로의 전환을 잘 보여 준다는 점에서 쇨세르 연구의 의의를 부각시키고 있다. 구체적으로 1848년 전에는 프랑스혁명의 전통을 이어받은 식민지 개혁 이념이었던 쇨세르의 노예제폐지론이 1848년 노예해방을 분기점으로 하여 제3공화국에 이르러 제국 팽창의 이념('해방의 사명')이 되는 과정을 역사적으로 조망하고 있다. 특히 쇨세르가 표방하는 노예제폐지론이 어떻게 식민주의와 교착되었는지를 살펴보고 있다. 결론적으로 이 장은 공화주의에 내포된 보편주의와 특수주의 사이의 관련성을 재고하고, 공화주의적 식민주의의 작동 원리가 무엇인가를 밝히고 있다.

7장은 존 스튜어트 밀의 사상에 나타난 제국통치에 대한 사고를 밝히고 있다. 이 장은 밀의 식민지 통치에 대한 사고의 면면에는, 관리의 대상에는 자신을 기투하지 않으면서 대상을 조정하려고 시도하는 소위 관리형 제국통치 스타일이 드러나 있음을 밝히고 있다. 우선 밀의 문명국과 비문명국 간 구분이 그의 제국주의적 사고를 지배하고 있음을 지적한다. 잘 알려져 있다시피 이러한 사고는 서구사회에 대한 지나친 낙관론이나 비서구사회에 대한 편견에 기초해 있다. 그러나 이 장이 더욱 눈여겨보고 있는 것은 밀의 낙관론이나 편견 자체가 아니라, 경험주의를 신봉한 그가 어떻게 이렇게 확신에 찬 문명사적 관점을 개진할 수 있느냐는 것이다. 이를 설명하기 위해 이 장은 콩트의 실증주의에 대한 밀의 평가와 콩트로부터 나온 문제에 대한 밀의 해결방식을 추적한다. 결론적으로 이 장은 밀의 논리 연구는 상위의 법칙으로부터 하위의 법칙 그리고 사실들로 이어지는 위계구도를 제시하고 있음을 밝힌다. 즉 그에게 '진보'의 문제는 '사실'의 문제가 아니라 '법칙'의 문제이며, 법칙에 대한 확신에 문명의 진보에 대한 확신이 뿌리내리고 있다는 것이다. 이런 맥락에서 이 장은 인도의 통치에 대한 밀의 생각은 '경험과학적' 지식체계와 '경험치적' 지식의 존재론적 틈 사이에서 진행된 것이라고 결론 내린다.

8장은 미국사에서 공화국과 제국 개념 간의 관계에 대한 새로운 시각을 제시하고자 미국 정치에서 반(反)제국 전통의 계보를 검토하고 있다. 이 장은 기본적으로 미국사에서 오랫동안 반제국의 전통이 존재했음을 상기시킨다. '제국' 대 '공화국'이라는 공화주의적 긴장은 시초부터 미국 정치사상의 핵심적 문제틀을 형성해 왔다는 것이다. 특히 반제국의 사상적 정서는 제임스 매디슨이 '자유' 대 '권력'이라는 고래의 딜레마를 해결하기 위해 연방주의적 해법을 창안했음에도 불구하고 미국 정치의 궤적 안에 늘 골칫거리로 남아 있었음을 강조한다. 이 장은 이러한 전반적인 미국사에 대한 새로운 해석을 바탕으로 공화주의 안보이론의 시각에서 건국기부터 현재에 이르는 미국 정치발전사를 재해석하고 있으며, 이를 바탕으로 미국의 반제국주의 전통과 그 외교정책적 발현의 계보를 설명한다.

사실 정치사상사 속에서 제국의 의미를 일관성 있게 제시하는 것은 매우 어려운 일이다. 무엇보다 각각의 정치사상가들이 속해 있던 역사적 맥락에서 제국이라는 용어가 조금씩 다르게 이해되고 있는 가운데, 제국에 관한 통일적인 이해를 시도하는 것 자체가 무모해 보일 수 있다.[8] 그럼에도 불구하고 이 책은 정치사상사 속에 면면히 흐르는 제국에 대한 문제의식을 포착하고자 노력하였다. 기본적으로 이 책은 고대 아테네 제국, 로마제국에서부터 신성로마제국, 프랑스, 영국, 미국 제국에 이르기까지 구체적인 역사적 맥락 속에 존재하는 제국에 대한 연구를 담고 있다. 이런 면에서 이 책은 제국의 역사성을 검토한 연구서라고 할 수 있다.[9] 이와 동시에 이 책은 정치사상가들의 사상과 이념 속에 존재하는 제국에 대한 연구를 담고 있다. 주지하는 바와 같이 정치사상가들의 사유의 범위는 특수한 역사적 맥락에 존재하는 현실적인 제국에 국한되지 않는다. 정치사상가들은 과거의 제국을 비판적으로 혹은 긍정적으로 평가하면서 제국의 규범적 본질과 의의를 보편적 관점에서 사유한다. 따라서 이 책은 역사 속에 존재하는 사상가들이 자신이 직접 접한 제국을 정치사상의 보편적 사유의 관점에서 어떻게 재평가했는가를 검토하였다. 이 책이 가진 첫 번째 의의를 들자면, 제국 연구에 있어 이렇게 역사적 특수성과 정치사상적 보편성을 동시에 추구했다는 점을 들

8 일정한 영토에 대한 최고 군사지휘권의 의미를 담고 있었던 로마관할권(Imperium Romanum)에서부터 제국(empire) 개념의 역사적 전이에 대해서는 Muldoon(1999); Koebner(1966) 참조.

9 혹자는 '제국'(empire) 개념은 18세기 들어서면서, 그리고 '제국주의'(imperialism)라는 개념은 19세기 와서야 비로소 성립된 사실을 들어 이들 유럽 제국과 고대의 제국들을 동일선상에 놓고 검토하는 것이 불합리하다고 평가할지 모른다. 그러나 Muthu(2012, 4-5)의 지적처럼 역사적으로 사용된 용어에만 집착하는 태도를 버린다면, 제국이라는 용어로부터 정복과 점령을 통한 광범위한 영역에 대한 식민지 지배라는 의미, 그리고 국제관계에서 여타 상대국들과 대등한 관계임을 전면적으로 부정한다는 의미의 보편적 특성을 이끌어 내는 것이 크게 무리는 아니다. 비슷한 맥락에서 최근 Burbank and Cooper(2010)는 제국 개념을 보다 확장적으로 받아들여 세계사 전체를 제국의 관점에서 서술하고 있다. 제국, 제국주의, 식민주의 등의 개념에 대한 역사적 검토에 대해서는 다음 연구들도 유용하다. Pocock 2005; Bayly 2004; Armitage 2002; Armitage 2000; Pagden 1995.

수 있다.

이 책이 갖는 두 번째 의의는 기왕의 제국 연구가 주목하지 않았던 정치사상가들로부터 제국 사상을 도출했다는 데 있다. 기왕의 제국 연구는 제국이라는 정치현상에 대해서 극히 일부의 정치사상가들만 관심을 가졌다고 가정하고 있다. 예컨대 철학자 플라톤이나 시인 단테, 자연법학자 푸펜도르프 등이 제국에 대한 구체적인 견해를 가졌을 리 없다는 것이다. 그러나 이 책은 전통적인 견해와 달리 이들이 제국의 문제를 그들 사상의 핵심적인 주제로 받아들이고 있음을 밝히고 있다. 이러한 시도는 제국 연구가 정치사상의 주변적인 주제에 불과하다는 정치사상학계의 기존 입장과도 차별성을 갖는다.

마지막으로 이 책은 암묵적으로나마 제국 연구가 갖는 현대적인 의의를 되살리고자 노력했다는 점을 밝힌다. 각 장은 개별 정치사상가가 역사적으로 혹은 이론적으로 사유한 제국을 다루고 있지만, 궁극적으로는 오늘날에도 비슷하게 전개되고 있는 '제국 현상'을 '국제정치사상적'으로 재해석할 필요성을 암시하고 있다. 원론적인 이야기이지만, 인간은 필연적으로 정치공동체를 이루고 살아야 한다는 점에서 정치사상가들은 공동체의 가장 이상적인 형태, 즉 가장 이상적인 정체는 무엇이고, 이러한 정체는 어떻게 실현할 것인가를 고민해 왔다. 이상적인 정체의 추구는 이론적으나 실천적으로나 반드시 '국제'라는 환경을 고려해야 한다. 이 책의 저자들은 이러한 문제의식을 공유하며, 역사 속에 존재했던 제국은 정치사상가들에게 어떤 영향을 미쳤으며, 역으로 이들 사상가의 제국에 대한 해석은 제국의 현실과 이념에 어떤 영향을 미쳤는가를 검토하였다.

21세기 들어서도 '제국' 현상은 여전히 우리의 현실 속에 살아 있다. 특히 세계화 현상으로 인해 글로벌 리더십이 절실히 요구되는 현 상황에서, 현상과 함께 제국의 이미지는 우리에게 새로운 기대를 불러일으키기까지 한다.[10] 돌이켜 보면 20세기 후반부터 꾸준히 전개되어 온 세계화는 근대적 의미의 주권국가가 감당할 수 없는 새로운 현실을 만들어 냈다. 과거에는 상상하지 못했던 규모의 인구, 물자, 자금의 이동은 기왕의 배타적인 주권개념이나 시민권 개념만으로는 해결하기 어려운 상황을 종종 초래했다. 개인의 권리는 개별 국가가 그들의 시민에게만 부여했던 시민권으로서의 성격보다 인간이면 누구나 보편적으로 누려야 하는 인권으로서의 성격이 강해졌다. 9·11테러를 시발점으로 끊이지 않고 발생하고 있는 국제테러는 시민의 생존과 안전보장이 더 이상 개별 국가의 노력만으로 달성될 수 없으며, 초국적 공조와 국제적 협력이 필수적이라는 사실을 각인시켰다. 소위 초국적(transnational), 초주권적(trans-sovereign) 행위자의 역할이 어느 때보다 중요해진 것이다. 초국적 행위자라고 하면 국제기구나 국제NGO 등을 들 수 있겠으나, 이것들이 오늘날과 같이 심화된 세계화 현상으로 초래된 제 문제를 해결해 줄 것이라고 믿는 사람은 많지 않다. 심화된 세계화 현상으로 불거진 문제를 적절히 해결하기 위해서는, 세계정부까지는 아니더라도 상대적으로 강력한 리더십을 발휘할 수 있는 국제적 행위자가 요구된다. 이런 맥락에서 고대부터 최근까지 인류 역사에 엄연히 존재해 왔던 '제국'이라는 행위자에 대한 관심이 고조되고 있다. 역사상 존재해 온 여러 제국들은 스스로 다른 행위자와는 구별되는 일종의 초국적 존재임을 자처하면서, 국제적으로 강력한 리더십을 발휘한 바 있기 때문이다. 정치사상사 속에 존재하는 제국에 대한 깊이 있는 사유를 재조명하는 것은 오늘날 새롭게 부상하는 '제국' 현상을 어떻게 이해하고 접근할 것인가에 대한

10 미국이 단극체제의 패권국으로서의 역할을 넘어 공공연하게 제국의 수사(修辭, rhetoric)를 구사하고 있는 상황도 이런 막연한 기대와 무관하지 않다.

새로운 사고를 제공할 것이다. 이 책이 이러한 논의의 출발점이 될 수 있기를 기대해 마지않는다.

참고문헌

Armitage, David. 2000. *The Ideological Origins of the British Empire*. Cambridge: Cambridge University Press.

_______. 2002. "Empire and Liberty: A Republican Dilemma." In Martin van Gelderen and Quentin Skinner eds. *Republicanism: A Shared European Heritage, Vol. II: The Values of Republicanism in Early Modern Europe*. Cambridge: Cambridge University Press.

_______. 2013. "The International Turn in Intellectual History." In *Foundations of Modern International Thought*. Cambridge: Cambridge University Press.

Barkawi, Tarak. 2010. "Empire and Order in International Relations and Security Studies." *International Studies*. March.

Bayly, C. A. 2004. *The Birth of the Modern World, 1780-1914*. Oxford: Oxford University Press.

Bell, Duncan. 2011. "Empire and Imperialism." In Gareth Stedman Jones and Gregory Claeys eds. *The Cambridge History of Nineteenth Political Thought*.

_______. 2016. *Reorienting the World: Essays on Liberalism and Empire*. Princeton: Princeton University Press.

Burbank, Jane and Frederick Cooper. 2010. *Empires in World History: Power and the Politics of Difference*. Princeton: Princeton University Press.

Doyle, Michael W. 1986. *Empire*. Ithaca: Cornell University Press.

Hardt, Michael and Antonio Negri. 2000. *Empire*. Cambridge, MA: Harvard University Press.

Koebner, Richard. 1966. *Empire*. Cambridge: Cambridge University Press.

Mehta, Uday Singh. 1999. *Liberalism and Empire: A Study in Nineteenth-Century British Liberal Thought*. Chicago: University of Chicago Press.

Muldoon, James. 1999. *Empire and Order: The Concept of Empire, 800-1800*. New York: Palgrave Macmillan.

Muthu, Sankar. 2003. *Enlightenment against Empire*. Princeton: Princeton University Press.

_______ ed. 2012. *Empire and Modern Political Thought*. Cambridge: Cambridge University Press.

Pagden, Anthony. 1995. *Lords of All the World: Ideologies of Empire in Spain, Britain and France, c.1500-c.1800*. New Haven: Yale University Press.

Pitts, Jennifer. 2005. *A Turn to Empire: The Rise of Imperial Liberalism in Britain and France*. Princeton: Princeton University Press.

Pocock, J. G. A. 2005. "Empire, State and Confederation: The War of American Independence as a Crisis in Multiple Monarchy." In *The Discovery of Islands: Essays in British History*. Cambridge: Cambridge University Press.

1부

고중세 정치사상과 제국

1

플라톤 정치철학과 아테네 제국*

박성우

I. 서론

플라톤 정치철학과 아테네 제국을 연관시키는 것은 기존의 플라톤 연구와 많은 거리를 두고 있다. 일반적으로 플라톤 연구자들은 플라톤이 아테네의 현실정치에 환멸을 느껴 정치 자체를 아예 무시했다고 보거나,[1] 설령 그가 정치에 관심을 뒀다고 하더라도 그 관심은 현실정치와는 유리된 이상적인 국가 모델을 제시하는 것에 그쳤다고 해석해 왔다. 지극히 세속적인 현실정치를 배경으로 하는 제국의 문제에 대해 플라톤이 정치철학적 검토를 시도했을 가능성은 비교적 낮다고 본 것이다. 그러

* 이 장은 『21세기정치학회보』 28집 1호(2018. 3)에 게재된 논문을 옮겨 실은 것이다.

1 플라톤의 자전적 서신 『제7편지』(324c-326b)는 이런 입장을 뒷받침한다(플라톤 2009). 이하 플라톤 대화편의 출처는 대화편의 이름과 스테파누스 페이지를 병기한다.

나 이 장에서는 플라톤이 아테네 제국에 대해서 정치철학적 문제를 제기했을 뿐만 아니라, 나름대로 실천적 대안을 모색했다는 주장을 내놓을 것이다. 이러한 주장은 플라톤 정치철학의 가장 핵심적인 사안이라고 할 수 있는 소크라테스의 삶과 죽음이[2] 아테네 제국과 깊숙이 연관되어 있다는 사실로부터 출발한다. 기본적으로 소크라테스는 아테네 제국시민으로서의 의무를 외면하지 않았다. 『변론』에서의 증언에 따르면, 그는 제국의 명령에 따라 세 차례나 참전한 경험이 있다(28e).[3] 아테네 시민들에게 훌륭한 삶이 무엇인가를 깨닫게 하려는 소명을 다하기 위해 평생 철학적 활동만을 고집한 소크라테스도 그에게 부과된 제국시민으로서의 의무를 다한 것이다. 소크라테스의 삶 속에는 철학뿐 아니라 아테네 제국이 존재했다. 소크라테스의 죽음도 아테네 제국의 존재와 무관하지 않다. 아테네인들 중 일부는 소크라테스의 제자였던 알키비아데스 장군의 배신 때문에 아테네가 전쟁에서 패했다고 생각했다. 젊은이들을 타락시켰다는 죄목을 씌워 소크라테스를 사형시킨 아테네인들의 처사는 아테네 제국의 쇠퇴를 초래한 알키비아데스의 타락에 대해 소크라테스의 책임을 물은 것이라고 해석할 수 있다.[4] 소크라테스를 계승[5]

2 소크라테스의 삶과 죽음이 플라톤 정치철학에 어떤 방식으로 영향을 미쳤는가에 대해서는 의견이 분분하지만, 양자의 관계가 긴밀하다는 사실에 대해서는 이론의 여지가 없다. 양자의 관계에 대한 다양한 해석에 대해서는 Wallach(1997) 참조.

3 소크라테스가 참가한 전투는 포티다이아 전투(기원전 431년, cf. 『향연』 219e), 델리움 전투(기원전 424년, cf. 『향연』 220e-221c), 암피폴리스 전투(기원전 422년, 『변론』 128e)로 알려져 있다.

4 알키비아데스 때문에 소크라테스가 아테네인들에 의해 기소당했다는 주장은 고대부터 존재해 왔다(Brickhouse and Smith 1989, 20-21).

5 이 계승이 단순한 답습을 의미하는지, 계승적 발전을 의미하는지, 혹은 비판적 변용을 의미하는지에 대해서는 논란의 소지가 있으나, 어느 쪽이든 플라톤의

한 플라톤이 아테네 제국의 문제에 관심을 가질 이유는 충분하다.

플라톤은 몇몇 대화편에서 소크라테스를 매개로 아테네 제국의 존재를 직간접적으로 시사한 바 있다. 『카르미데스』는 포티다이아 전투에서 곧바로 돌아온 소크라테스의 모습을 연출한다(153a). 포티다이아 전투는 아테네가 제국으로 부상하기 시작하면서 주변국의 질시에 의해 벌어진 일이므로 이에 대한 언급은 곧 아테네 제국의 존재를 염두에 둔 것이라고 할 수 있다.[6] 『알키비아데스』는 아테네 제국의 이미지에 가장 잘 부합하는 알키비아데스라는 젊은이, 미래의 아테네 장군과 소크라테스와의 대화로 구성됨으로써 아테네 제국의 문제를 전면에 부각시킨 대화편이다. 플라톤의 아테네 제국에 대한 관심이 발견되는 또 다른 대화편은 『메넥세노스』이다. 이 대화편은 소크라테스의 국장연설문(epitaphios)을 담고 있는데, 당시의 국장연설문이 아테네 제국의 정체성을 확인할 수 있는 경로임을 고려하면, 『메넥세노스』는 플라톤이 아테네 제국을 어떻게 인식했는가를 직접적으로 확인할 수 있는 텍스트라고 할 수 있다(Loraux 1986).[7]

이 장은, 철학적 삶을 가장 가치 있는 것으로 여겼던 플라톤이 철학적 삶과는 전혀 무관한 것으로 보이는 아테네 제국에 대해 어떤 입장을

정치철학이 소크라테스 철학을 대한 반작용으로 추동되었음은 확실하다. 이에 대한 상세한 논의는 Wallach(1997) 참조.

6 투키디데스는 아테네 제국의 쇠퇴가 절제의 결여 때문이라고 본다. 이런 맥락에서 절제(sophrosynē)가 무엇인가를 다루는 『카르미데스』가 아테네 제국을 연상시킨다는 것은 플라톤도 아테네 제국과 절제 문제에 관심을 뒀다고 해석할 수 있다.

7 그 밖에 『고르기아스』(515d)에서도 아테네 제국을 성공적으로 이끌었다고 평가받고 있는 페리클레스를 정면으로 비판하고 있는데, 여기서도 플라톤이 아테네 제국의 문제에 직접 관여할 의지가 있음을 확인할 수 있다.

가졌는가를 살펴보는 것을 목적으로 한다. 우선 II절은 플라톤이 왜 아테네 제국을 문제시했는가를 이해하기 위해 제국에 대한 아테네인들의 일반적인 이해에 어떤 문제가 있는가를 확인할 것이다. 이어서 III절은 『알키비아데스』 대화편을 중심으로 아테네 제국과 정치엘리트의 관계에 대한 플라톤의 입장을 검토할 것이다. 플라톤은 여기서 소위 '알키비아데스 문제'를 검토한다. '알키비아데스 문제'란 제국이 성공하기 위해서는 도덕성보다는 능력을 기반으로 정치엘리트를 충원해야 할 것 같지만, 알키비아데스의 사례에서 나타나는 바와 같이 정치엘리트의 도덕적 타락이 제국의 쇠퇴에 결정적으로 영향을 미칠 수 있다는 것을 의미한다. III절은 플라톤의 『알키비아데스』를 면밀히 검토하면서 플라톤이 어떤 방식으로 '알키비아데스 문제'를 해결하고자 했는가를 살펴볼 것이다. 한편 IV절은 플라톤의 『메넥세노스』를 중심으로 아테네 제국과 일반 시민의 관계에 대한 플라톤의 입장을 검토할 것이다. 플라톤은 아테네 제국의 문제가 정치엘리트에게만 있다고 보지 않았다. 플라톤은 대다수의 아테네 시민들이 제국을 어떻게 이해했고, 어떤 방식으로 제국의 운영에 참여했는가가 제국의 유지와 쇠퇴에 결정적인 영향을 미치게 된다고 봤다. 이런 해석을 바탕으로 IV절은 플라톤이 『메넥세노스』를 통해 아테네 제국과 관련하여 일반 시민들에게 어떤 조언을 하고 있는가를 살펴볼 것이다. 마지막으로 V절 결론에서는 플라톤이 '절제된 제국'이라는 실천적 제안을 내놓고 있음을 주장할 것이다. 아울러 이러한 플라톤의 제국론이 철학적 삶의 우위를 주창한 플라톤의 전통적인 입장과도 배치되지 않음을 지적할 것이다.

II. 아테네 제국에 대한 시민적 이해와 플라톤의 문제제기

아테네 시민들은 그들의 제국을 어떻게 이해했는가? 펠로폰네소스 전쟁 전야에 라케다이몬 의회에서 행해진 아테네 사절단의 발언은 아테네의 일반 시민들이 그들의 제국을 어떻게 이해했는가를 단적으로 보여준다.

> 우리가 이와 같은 제국을 획득한 것은 폭력에 의해서가 아니라, 여러분이 페르시아군의 잔존 부대에 맞서 끝까지 싸우려 하지 않자 동맹국들이 자진으로 찾아와 우리더러 자신들의 지도자가 되어 달라고 부탁했기 때문입니다. 그리고 일단 그들의 지도자가 되고 보니 우리는 제국을 현재 상태로 확장하지 않을 수 없었습니다. 우선 첫째로 두려움이, 다음에는 체면이, 끝으로 우리 자신의 이익이 그렇게 하도록 강요했습니다. 그리고 대부분의 동맹국이 우리를 미워하게 되고, 몇몇 동맹국은 반기를 들다가 도로 제압되고, 여러분은 이전처럼 우호적이지 않고 우리를 의심하고 우리와 다투려 한다는 것을 알게 되자, 특히 우리 곁을 떠난 동맹국이 여러분 편이 된 마당에, 우리가 제국을 내놓는 것은 모험이며 바람직하지 않다는 생각이 들었습니다.(Thuc.I.75)[8]

일차적으로 아테네인들은 그들의 제국이 페르시아 전쟁 이후 그리스 세계를 방어하기 위한 노력의 결과물이라고 이해한다. 그리스 세계 전체를 위협했던 페르시아로부터 자유를 지키기 위해 동맹의 필요성이 대두됐고, 이런 현실을 가장 절실히 인식한 아테네가 지도국으로서

---

8 이 번역은 천병희의 투퀴디데스(2011, 83-84)를 따른 것이다.

의 역할을 맡게 됐다는 것이다. 사실 아테네인들은 어느 국가보다 자유의 가치를 소중히 여겼다. 페르시아에 굴복한다는 것은 아테네라는 공동체가 페르시아에 종속된다는 것을 의미할 뿐 아니라, 아테네인들에게는 그동안 민주정하에서 누려 왔던 개인의 자유를 완전히 상실한다는 것을 의미했다(Raaflaub 2004, 58-88). 자유에 대한 갈망과 함께 아테네의 상대적인 부(富) 그리고 문화적 우위는 자연스럽게 아테네가 지도국(hegemōn)의 역할을 차지하게 만들었다. 그러나 아테네는 단순히 지도국의 지위에 머무는 것을 거부했다. 일단 지도국의 위치에 오르게 된 후, 아테네는 지배국(archē), '느슨한 의미'의 제국으로 전환하는 수순을 밟았고, 아테네인들은 이러한 전환을 불가피한 것으로 간주했다. 다시 아테네 사절단의 발언을 주목해 보자.

> 우리가 주어진 제국을 받아들인 뒤 체면, 두려움, 이익이라는 세 가지 강력한 힘에 제압되어 제국을 포기하지 않고 유지하고자 하는 것은 결코 놀라운 일이 아닙니다. 그런 짓은 우리가 처음 시작한 것이 아니며 약자가 강자에게 종속되어야 한다는 것은 만고불변의 법칙입니다.(Thuc.I.76)

마치 홉스의 전쟁상태에 이르는 세 요인(competition, dissidence, glory)을 상기시키듯[9] 시기와 적대감을 품은 동맹국으로부터의 두려움, 명예, 이익이라는 세 요소가 아테네를 불가피하게 제국의 지위에 오르게 했다는 것이다. 뿐만 아니라, 아테네인은 강자에게 약자가 복종하는 것을 자연의 이치로 간주했다. 이러한 주장은 단지 아테네가 처해 있었던 특수

9 펠로폰네소스 전쟁사의 최초의 영문 번역자였던 홉스가 이 구절을 참조했으리라는 추측은 무리가 아니다.

한 상황에 기대어 제국을 정당화하려는 시도를 넘어선다. 제국에 복종할 필요성을 기정사실화하고, 제국의 지위를 자연적인 것으로 이해한다.

아테네 시민들이 자신들의 제국을 정당화하는 방식은 소피스트에 의해 보다 정교하게 뒷받침된다. 즉 강자가 약자를 지배하고 약자가 강자에게 복종하는 것은 동물의 세계와 같은 자연에서 발견되는 법칙이므로 국가 간의 관계도 이런 자연법칙에 따를 수밖에 없다는 것이다. 『고르기아스』에 등장하는 칼리클레스는 이러한 소피스트의 입장을 세련되게 대변한다.

> 자연 자체는 더 나은 자가 더 못한 자보다, 그리고 더 유능한 자가 더 무능한 자보다 더 많이 갖는 것, 바로 그것이 정의로운 것임을 보여 주고 있습니다. 사실이 그렇다는 것은 여러 방면에서 분명합니다. 다른 동물들 사이에서도 그러고, 인간들의 모든 나라와 모든 종족들 사이에서도 정의는 더 강한 자가 더 약한 자를 다스리며 더 많은 몫을 갖는 것이라고 그렇게 판결이 내려져 있습니다. 크세륵세스가 그리스로 군대를 이끌고 쳐들어왔을 때나, 그의 아버지가 스퀴티아인들에게 쳐들어갔을 때, 그들은 과연 어떤 종류의 정의에 의지했던가요?… 나는 이들이 정의로운 것의 본성, 즉 제우스께 맹세컨대, 바로 자연의 법에 따라 이런 일들을 행했다고 생각합니다.(483d-484a)[10]

이러한 입장에 따르면, 제국의 위치를 점한 국가는 자연의 법칙을 준수하고 있을 뿐 아니라, 타국으로부터 칭송을 받아 마땅하다. 강자라고 하더라도 무조건 약자를 지배하는 것이 아니라 정의를 준수해야 한

10 플라톤(2011, 135-136).

다고 믿는 국가는 마법에서 풀려 나지 못한 어리석은 국가로 해석된다. 약자가 강자를 부정하다고 비난하는 것은 강자가 취한 이득이 진정으로 부정하기 때문이 아니라 강자에 대한 시기와 불만의 표출에 불과하며, 이런 관점에서 실제로 강자의 위치에 오른 아테네는 칭송을 들을 만하다는 것이다.

제국의 지위를 강자가 약자를 지배하는 자연법칙으로 치환한 제국론에 무슨 문제가 있는가? 가장 큰 문제는 이러한 원칙을 일관되게 주장하다 보면, 제국 자체가 온전히 유지되기 어렵다는 것이다. 플라톤은 『국가』에서 직접적으로 아테네 제국을 지목하고 있진 않지만, 어느 국가라도, 하물며 도적떼 집단이라도, 대외적으로 힘을 발휘하기 위해서는 적어도 내적인 화합과 정의가 필요하다는 점을 역설한 바 있다(351c-d). 어떤 제국이라도 온전히 힘을 발휘하기 위해서는, 설령 대외적으로는 강자가 약자를 지배하는 소피스트적 제국론을 표방한다고 하더라도 적어도 시민들 상호 간에는 이런 약육강식의 원칙을 적용해서는 안 된다는 것이다. 플라톤은 아테네인들이 자신들의 제국을 정당화하는 과정에서 자연스럽게 소피스트적 제국론을 일반화하는 것을 문제시했다고 할 수 있다.

실제로 아테네 제국의 성장기에는 아테네인들이 소피스트적 제국론과 어느 정도 거리를 두고 있었다고 할 수 있다. 제국의 성장기에 아테네인들은 소피스트적 입장과 달리 적어도 명예(timē)를 중시했고, 물리적인 힘에만 의존해 제국의 이익을 구하지는 않았다.[11] 무엇보다 아

11 위에서 인용한 아테네 사절단은 강자가 약자를 지배하는 자연법을 얘기하면서 동시에 아테네 제국의 차별성을 다음과 같이 말한다. "남을 지배하려는 인간본성에 따르면서도 권력을 가진 자에게 요구되는 정도 이상으로 정의로운 사람들은 칭찬받아 마땅합니다. 생각건대, 만약 다른 사람들이 우리 같은 처

테네는 페리클레스의 지도력에 의해 대외적으로는 침략적이고 공격적인 제국의 속성을 드러내면서도 대내적으로 시민적 우애(philia)를 유지할 수 있었다. 그러나 대외적으로는 침략적인 원칙을, 대내적으로는 친애적 원칙을 적용해야 하는 제국은 기본적으로 불안정한 속성을 지니고 있다. 아테네의 일반 시민들이 자신들의 침략적 대외정책을 정당화하며 소피스트적 제국론을 일반화하는 순간, 아테네 제국은 내적 분열을 야기할 소지를 안고 있었다. 플라톤은 이처럼 잠재적으로 불안정한 아테네 제국의 문제를 포착했다.

이런 맥락에서 플라톤은 『국가』에서 '정의는 친구에게 이득을 적에게 해를 주는 것'이라는 폴레마르코스의 정의관(332d)을 문제 삼았다. 이 정의관은 사실 아테네 제국이 번영하기 위해 시민들에게 요구되는 적절한 정의관이다. 전장에서 전우와 적을 구분하고, 각각 이득과 해를 주기 위해 용맹한 태도를 보이는 것이야말로 제국이 유지되기 위해 시민들이 갖춰야 할 덕성이다. 그러나 소크라테스는 여기서 '누가 친구이고, 누가 적인지,' 또 '무엇이 이득이고 무엇이 해인지'를 정확하게 아는 것이 선결되어야 함을 지적한다. 아울러 남에게 해를 가하는 것이 궁극적으로 정의로운 사람이 할 수 있는 행위인가라는 근본적인 문제도 제기한다(334c-335a).[12] 제국이 안정적으로 유지되기 위해서는 이러한 소크라테스의 문제 제기를 잊은 채 제국이 정해 주는 우적 구분과 이해득실을 맹목적으로 따라야 한다. 그러나 국가의 우적 구분은 오류가능성을 배제할 수 없다. 또 외부의 적에게 거리낌 없이 해를 가할 수 있다는

지에 놓인다면, 우리의 행동이 온건한지 아닌지 분명히 드러날 것입니다. 우리는 공정하게 행동했건만 불공정하게도 칭찬보다 오히려 비난을 더 많이 들었습니다"(Thuc.I.76, 3-4).

12 『국가』에 나타난 플라톤의 국제정치사상에 대해서는 박성우(2016) 참조.

생각은 자신의 사적(私的)인 적, 즉 동료시민에게도 해를 가할 수 있다는 생각으로 변질될 수 있다. 플라톤이 폴레마르코스의 정의관을 비판한 것은, 제국의 명령에 맹목적으로 추종하는 것이 결국 파멸을 초래할 수 있음을 경계한 것이라고 할 수 있다. 플라톤은 아테네 제국에 대한 일반 시민과 소피스트의 이해에 심각한 결함이 있다고 봤다. 더욱 큰 문제는 이들이 이러한 문제를 의식조차 못하고 있다는 점이다. 이제 다음 절부터 플라톤이 이러한 아테네 제국의 문제를 자신의 정치철학의 궤적 안에서 어떻게 해결하고자 했는가를 검토할 것이다.

III. 야심 찬 지배자에서 자기 돌봄의 철학자로 돌려놓기: 『알키비아데스』

플라톤의 대화편 가운데 『알키비아데스』는 제목부터 아테네 제국을 연상시키기에 충분하다.[13] 알키비아데스의 운명은 누구보다도 아테네 제국의 흥망성쇠와 맥을 같이했다. 그는 젊어서부터 뛰어난 미모와 재능으로 데모스의 인기를 누렸으며, 전장에서의 능력이 확인되면서 아테네 제국의 미래를 책임질 젊은이로 촉망받았다. 그러나 그는 배신의 화신이었다. 시켈리아 원정 시 세 명의 장군 중 한 사람으로 선출되어 파병되었으나, 파병 직후 헤르메스 성상(聖像) 파괴 사건에 연루된 의혹을 받아 민회의 소환 명령을 받았다. 중형의 처벌을 직감한 알키비아데스

13 『알키비아데스』는 한때 플라톤 대화편의 위작이라는 논란이 있었으나, 이제 대부분의 학자들은 위작 논란을 무의미한 것으로 받아들인다(Schleiermacher 1973, 329; Wellman 1966, 18-19).

는 곧바로 적국인 라케다이몬으로 망명했다(기원전 415년). 알키비아데스는 라케다이몬에서도 부도덕한 배신자였다. 알키비아데스는 라케다이몬의 왕 아기스 2세가 원정을 나간 사이에 왕비 티마이아와 간통하여 레오튀키다스를 낳게 했다는 추문에 시달렸다. 알키비아데스는 이러한 추문에 위협을 느껴 페르시아의 귀족 티사페르네스에게 망명한다(기원전 412년). 이후 알키비아데스는 소아시아 지역에서 크고 작은 전투에 승리하여 명성을 회복한 후 아테네 제국으로 금의환향한다(기원전 407년). 그러나 알키비아데스는 펠로폰네소스 전쟁이 아테네의 패배로 종결되고 30인 과두정이 세워지면서, 과두정의 수장으로서 알키비아데스의 대중적 인기를 경계했던 크리티아스와 라케다이몬의 구원(舊怨)을 앙갚음하려는 라케다이몬 장군 뤼산드로스에 의해 살해된다. 당시 알키비아데스는 프뤼기아의 태수 파르나바조스에게 몸을 의탁하고 있었는데, 크리티아스와 뤼산드로스는 그를 조종하여 알키비아데스를 살해했다(기원전 404년).

알키비아데스의 독특한 이력에서 나타나듯이 그는 좋은 조건을 타고났고 능력도 겸비했지만, 도덕성을 결여한 타락한 정치엘리트였다. 그럼에도 불구하고 아테네 제국은 그의 재능을 필요로 했다. 특히 아테네 제국의 데모스는 알키비아데스에게 도덕적 하자가 있음을 잘 알면서도 제국의 이익을 위해 그를 수용했다.[14] 제국의 번영을 위해 정치 지도

14 아리스토파네스는 『개구리들』에서 유리피데스는 아테네가 "그를 증오했지만 어쩔 수 없이 그가 돌아오기를 원했다"라고 묘사하고 있다(Aristophanes 2002, Line 1425). 아테네인들 사이에서 알키비아데스가 도덕적으로 하자가 있는 인물이라는 것을 알면서도 그의 능력을 평가하고 있음을 드러내는 대목이다. 투키디데스도 알키비아데스의 능력을 긍정적으로 평가하여 아테네가 그를 일찍 소환하지 않았다면 시켈리아 원정도 성공할 수 있었음을 암시한다

자의 도덕성은 양보될 수밖에 없는가? 그러나 양자의 타협에는 간과할 수 없는 문제가 숨어 있다. 정치 지도자의 도덕적 타락은 단기적으로는 용인될 수 있을지 몰라도, 시간이 지나면 결국 제국 전체의 도덕성에 영향을 미치게 되고, 궁극적으로는 제국의 쇠퇴를 초래한다는 것이다. 알키비아데스가 부도덕한 인물이라는 것을 알면서도 그가 가진 조건을 부러워하고 또 그의 능력을 활용할 수밖에 없었던 아테네 시민들은 차츰 알키비아데스를 닮아 공익보다 사익을 우선시하는 도덕적 타락을 겪게 될 것이다. 이로 인해 제국의 이익은 점점 뒷전으로 밀려나 아테네 시민들은 결국 제국에 해가 되는 결정을 내리게 된다는 것이다(Forde 1989).

아테네 제국이 유지되기 위해서는 도덕적으로 타락한 정치엘리트를 배제했어야 했는가? 그렇다고 제국의 운영에 있어 도덕성만을 고집할 수는 없다. 도덕적으로는 타락했으나, 전쟁을 승리로 이끌 만한 능력을 갖춘 엘리트를 배제하긴 어렵다. 『알키비아데스』 대화편은 아테네 제국이 온전히 유지되기 위해 잠재적으로 알키비아데스와 같은 유능하지만 도덕적으로 타락한 엘리트를 어떻게 처리할 것인가라는 소위 '알키비아데스 문제'를 조명했다고 볼 수 있다. '알키비아데스 문제'에 대한 상식적인 대응은, 알키비아데스와 같이 재능 있는 젊은이들이 도덕적으로 타락하지 않도록 교육할 필요성을 지적하는 것이다. 마치 이런 지적을 수용하듯, 『알키비아데스』 대화편은 아직 정계에 입문하기 이전의 알키비아데스와 소크라테스 간에 행해진 대화를 기술하고 있다. 이제 대화편의 내용을 살펴보면서 플라톤이 내놓은 알키비아데스 문제의 해법을 검토하고자 한다.

우리의 예상과 달리 『알키비아데스』의 소크라테스는 알키비아데스

(Thuc.VI.15).

의 도덕성 문제를 제기하기보다 그의 정치적 능력을 문제 삼는다. 알키비아데스는 당연히 자신이 정계에 입문할 준비가 되어 있다고 여기지만, 소크라테스는 그가 무슨 근거로 정치에 관여할 준비가 됐다고 여기는지를 캐묻는 것으로 논의를 시작한다. 알키비아데스는 "전쟁이나 평화와 관련된 일" 그리고 "그 밖의 나랏일"에 관해 조언할 수 있다고 단언한다(107d). 이에 대해 소크라테스는 전쟁과 평화에 관해 조언한다는 것은 결국 "누구와 평화롭게 지내고 또 누구와 전쟁을 벌여야 하는지, 그리고 그걸 어떤 방식으로 수행해야 하는지에 대해 조언해"야 한다는 것임을 지적한다(107d). 즉 전쟁에 관한 조언이란 전쟁의 개시와 수행에 관한 조언을 의미한다. 그러나 좀 더 엄밀하게 말하자면, 전쟁 개시와 수행에 관한 조언은 무엇을 기준으로 삼느냐에 따라 결정될 수 있다. 다시 말해 전쟁이나 평화를 택할 때, 무엇이 '더 나은 시점'이고, '더 나은 방식'이며, '더 나은 기간'인가를 알아야 한다. 문제는 알키비아데스가 과연 이 '더 나은 것'(beltiōn)을 판단할 기준을 알고 있는지가 대단히 의심스럽다는 것이다. '더 나은 것'에 대한 기준을 얻으려면, '좋음'에 대한 절대적인 지혜가 있어야 하고, 이를 위해서는 철학적 탐구가 필요한데, 어린 나이부터 정계에 뛰어들 결심을 한 알키비아데스가 이러한 철학적 탐구를 시도했다고 보기 어렵기 때문이다.

좋음에 대한 철학적 탐구를 결여한 채, 알키비아데스는 아마도 승리가 전쟁에서 '더 나은 것'의 기준이 된다고 보았을 것이다. 이런 가정하에 알키비아데스는 자신이 '전쟁이나 평화와 관련된 일, 그리고 그 밖의 나랏일'에 관해서도 조언할 수 있다고 믿었을 것이다. 그러나 소크라테스는 키타라 연주와 레슬링에 있어 "더 나은 것"의 기준은 시가기법(mousikē)과 신체단련이듯이 전쟁이 만일 기술(technē)에 따라 이뤄지고 있다면 그 기술의 존재이유에 합당한 것(orthos)이 '더 나은 것'의 기준이 되어야 한다는 점을 지적한다(109a). 이어서 소크라테스는 전쟁의 기술에 있어 합당한 것이란 단순한 승리가 아니라 "더 정의로운 것"(to dikaioteron)이 되어야 한다는 결론을 도출한다(109c-d). 모름지기 모든 사람들은 전쟁은 부정의한 자를 상대로 개시되어야 하며, 정당한 방식으로 수행되어야 한다고 이해하기 때문이다.[15] 따라서 알키비아데스가 전쟁과 평화에 대해 제대로 조언을 하려면, 전쟁의 개전과 수행에 있어서 무엇이 '정의로운 것'인가를 아는 것이 선행되어야 한다.[16]

이제 검토해야 할 것은 알키비아데스가 과연 정의에 관한 지혜를 갖추고 있는가 하는 점이다. 지혜를 갖추려면 누구에게서 배웠거나 스스로 찾으려 노력했어야 하는데, 알키비아데스는 이를 입증하는 데 실패한다(109d-110d). 다만 알키비아데스는 '다중'(多衆)에게서 정의에 관한 지식을 얻을 수 있다고 답한다(110e). 정의가 무엇인가는 결국 다수의 의견을 좇으면 된다는 것이다. 알키비아데스의 대답은 민주정하의 아테네에서 적절하다. 다중에게서 정의에 관한 지식을 배웠다는 것은 마치 사회에서 언어를 배우듯이 자연스럽게 공동체에서 통용되는 정의관을 수용하게 됐다는 것을 의미한다. 그러나 소크라테스는 다중이 결코 정의에 관해 합의를 보지 못한다는 사실을 지적하며, 그들이 정의에 대한 지

15 물론 현실에서 일어나는 전쟁이 반드시 정의를 기준으로 수행되지 않을 수 있다. 그러나 알키비아데스조차 어느 누구도 부정한 전쟁을 수행하고 있다고 자인하지 않으리라는 사실을 인지하고 있다. 소크라테스와 알키비아데스의 다음 대화는 이 점을 잘 보여 준다. "소크라테스: 자네는 아테네 사람들더러 어느 쪽 사람들과 전쟁을 벌이라고 조언할 텐가? 정의롭지 못한 짓을 저지르는 자들을 상대로 하라고 할 텐가, 아니면 정의로운 것들을 행하는 자들을 상대로 하라고 할 텐가?/알키비아데스: 선생님은 까다로운 질문을 하시는군요. 설사 어떤 이가 정의로운 것들을 행하는 자들을 상대로 전쟁을 해야 한다고 생각한다 해도 그것을 인정하지는 않을 테니까요"(109b-c).

16 이런 맥락에 주목하여 정전론의 관점에서 플라톤의 전쟁관을 제시한 연구로는 Syse(2002); Pangle and Ahrensdorf(1999), Ch. 2 참조.

혜를 결여하고 있다고 주장한다(111c-112c). 소크라테스의 주장이 옳다면, 다중에게서 정의에 관한 지식을 배웠다는 알키비아데스의 주장은 거짓이다(112e). 소크라테스는 "클레이니아스의 잘생긴 아들 알키비아데스는 정의로운 것들과 정의롭지 못한 것들에 관해 알지도 못하면서 안다고 생각하고, 그래서 자신이 전연 알지 못하는 것들에 관해 민회로 나가 아테네인들한테 조언하려고 한다"는 결론을 내린다(113b). 이제 알키비아데스는 더 이상 정의에 관한 지혜의 필요성을 인정하지 않는다. 대신 그는 대중이 무슨 생각을 하는가를 이미 알고 있음을 내비친다.

> 제 생각에 아테네 사람들이나 그 밖에 그리스 사람들이 뭐가 더 정의롭고 뭐가 더 정의롭지 못한지에 대해 숙의하는 경우는 드뭅니다. 그들은 이와 같은 건 뻔하다고 믿고 있고, 그래서 그것들에 관해서는 제쳐 놓은 채, 행위를 할 때 어떤 행위를 하는 것이 이로운가를 살필 따름입니다. 제 생각에는 정의로운 것들과 이로운 것들이 동일한 것이 아니거든요. 오히려 제 생각에 많은 이들은 엄청난 불의를 저지르고서 이득을 보았는데, 그와 다른 이들은 정의로운 것들을 행하고서도 이로움을 얻지 못했습니다.(113d)[17]

알키비아데스는 정치의 장에서 자신을 뽑아 줄 다중은 정의 자체가 무엇인가를 개의치 않고, 결국 자신을 선택할 것임을 가정하고 있다. 알키비아데스는 처음부터 정치에 필요한 지혜로서 정의의 습득에 관심을 둘 필요가 없었다. 자신을 지도자로 뽑아 줄 이들은 애초부터 이득의 문제에만 관심을 두고 있기 때문이다. 알키비아데스가 정계에 진출하

17 이 번역은 김주일·정준영의 플라톤(2007, 66)을 따른 것이다.

여 전쟁과 평화에 관해 조언해 줄 수 있다고 믿었던 것은 자신은 아테네 제국이 이득을 얻기 위해 어떻게 해야 하는가를 알고 있다고 여겼기 때문이다. 이러한 알키비아데스의 생각에 어떤 문제가 있는가? 앞서 알키비아데스는 소크라테스와의 문답을 통해 전쟁 기술에 있어 "더 나은 것"의 기준은 다름 아닌 정의가 되어야 한다는 점을 시인한 바 있다.[18] 따라서 정의를 무시하고 이득만을 고려하겠다는 알키비아데스의 현재 입장은 그가 전쟁에 관한 근본적인 탐구, 즉 전쟁의 궁극적 목적이나 본질에 관심이 없었다는 것을 의미한다. 적어도 알키비아데스는 "정의로운 것들과 이로운 것들이 동일한 것인지"를 논증했어야 했다(114a). 전쟁의 궁극적 목적이 정의인지 혹은 이득인지도 알지 못하고, 이에 대한 관심도 없었으면서 전쟁에 관해 조언하러 정계에 진출하겠다는 것은 불합리하다. 그럼에도 불구하고 정계 진출을 고집하는 것은 알키비아데스가 제국의 이익보다 자신의 사적 이익, 사적 야망을 채우는 것을 우선시하고 있음을 보여 준다(박성우 2014, 25).

소크라테스는 알키비아데스가 정의로운 것과 이로운 것을 구분하고, 정의로운 것에는 이로운 것도 있지만 해로운 것도 있다고 가정하고 있음을 감지한다(115a). 전장에서 정의를 따르다 보면 죽음과 부상을 무릅써야 하는데 죽음과 부상은 이로운 것이 아니라는 가정에서이다. 또한 비겁한 행동은 추하지만 이로운 것일 수 있다(115a-b). 그러나 소크라테스는 정의로운 것이 고상하고(kalos), 좋은 것인(agathos) 한, 설령 그것이 부상과 죽음을 수반하더라도 이 때문에 나쁜 것(kakos)이 될 수 없다는 것을 논증한다. 이를 통해 소크라테스는 정의로운 것은 항상 이롭

18 소크라테스는 특히 이 인정이 자신의 주도에 의한 것이 아니라, 알키비아데스 본인의 입을 통해 증언된 것임을 강조한 바 있다(112e-113b).

다는 것을 논증한다(116a-d). 정의로운 것들은 경우에 따라서는 나쁜 것들이고, 그래서 이롭지 않다고 여겼던 알키비아데스는 결국 아포리아에 빠진다(116e). 소크라테스의 강조점은 알키비아데스가 지금껏 알고 있다고 여겼던 사안에 대해 결국 아포리아에 빠질 만큼 완전히 무지한 상태였다는 것이다. 알키비아데스는 요리나 항해에 관련해서는 자신이 그것들에 대해 알지 못한다는 무지의 지(knowledge of ignorance)가 있었지만, 정작 가장 중대한 문제인 "정의로운 것들, 아름다운 것들, 좋은 것들, 이로운 것들"에 관해서는 무지의 지조차도 결여하고 있었던 것이다(117c-118b).

정치는 가장 중대한 문제를 다루는 영역임에도 불구하고, 알키비아데스는 자신이 무엇을 모르는지조차 모르는 상태에서 정계에 입문하려 든 셈이다(118b). 알키비아데스는 자신이 아직까지 정치에 관한 지혜를 습득하지 못했다는 것을 인정할 수밖에 없다. 그럼에도 불구하고 알키비아데스는 일찍부터 정계에 입문할 또 다른 근거를 갖고 있었다. 아직까지 지혜를 갖추지 못했더라도 정계에 입문한 후에 페리클레스와 같은 훌륭한 정치인을 모델로 삼아 지혜를 얻을 수 있다는 것이다(104b). 소크라테스도 페리클레스가 여느 정치가들과 다르다는 것을 인정한다(118c). 잘 알려져 있다시피, 페리클레스는 적어도 사적 이익을 위해 제국의 이익을 희생시키지 않았다(Thuc.II.65). 그러나 소크라테스는 페리클레스가 정치적 지혜를 갖추고 있는가에 대해서는 회의적이다. 페리클레스가 지혜를 갖추고 있었다면 누군가를 지혜롭게 만들 수 있어야 하는데, 누구도 페리클레스와 교제를 나눈 덕분에 더 지혜로워졌다는 평판을 얻은 이가 없다는 것이다(118d-119a). 무엇보다 알키비아데스 자신이 페리클레스를 후견인으로 두고 있으면서도 아직까지 아무런 지혜를 갖추지 못했다는 것이 입증된 이상, 페리클레스를 신뢰할 수 없다는 것이다.

사실 페리클레스에 대한 소크라테스의 비판이 설득력이 있는지는 다소 의심스럽다.[19] 알키비아데스에 대한 교육의 실패는 페리클레스에게만 해당되는 것이 아니라, 소크라테스 자신에게도 돌아오는 문제이기 때문이다. 소크라테스는 왜 이렇게 다소 무리한 방식으로 페리클레스를 비판하고 있을까? 그 이유는 제국에 필요한 진정한 지혜는 결코 막연한 기대를 통해 얻어질 수 있는 것이 아니라, 반드시 돌봄과 교육이 선행되어야 한다는 것을 강조하기 위함이라고 할 수 있다(119a). 돌이켜 보면, 알키비아데스는 자신의 야심을 채우기 위해 언제든 정계에 뛰어들 생각을 갖고 있었다. 지혜가 필요하다고 하면 이미 지혜를 갖추고 있다고 주장했었고, 그것이 부정되니까 이제 다른 정치인들로부터 지혜를 얻을 수 있다고 주장한다. 이런 알키비아데스를 대상으로 페리클레스의 가치를 인정하는 것은 도움이 되지 않는다. 설령 페리클레스가 다른 정치인에 비해 훌륭한 정치인이라고 하더라도 자신의 정치적 야심이 최우선인 알키비아데스가 페리클레스처럼 사적 이익을 희생하고 공적 이익을 추구하리라고 기대하기 어렵다. 소크라테스는 알키비아데스의 섣부른 정치적 야망을 조절하기 위해 페리클레스를 비판해야 했다. 원론적인 관점에서, 페리클레스는 단기적으로 아테네 제국에 이득을 가져왔지만 무엇이 진정으로 제국의 이익인가를 알고 있었다고 보기 어렵다. 소크라

19 『고르기아스』에서도 소크라테스는 다소 무리한 방식으로 페리클레스를 비판한 바 있다. 즉 페리클레스는 '갑문과 선착장, 방어벽'을 건설함으로써 아테네인들의 욕망만 채워 줬을 뿐이지, 궁극적으로는 그들의 영혼을 타락시켰다는 것이다. 페리클레스는 데모스에게 아첨하고 또 교활하게 자신의 인기에 편승해서 정치를 했을 뿐이지, 실질적으로는 아테네인들을 조금도 올바르게 만들지 못했으며 오히려 '난폭하게' 만들었다고 지적한다(515d). 소크라테스가 페리클레스에 대해 불공정한 평가를 내린 것에 관한 상세한 논의는 박성우(2003) 참조.

테스의 관점에서는 페리클레스 역시 전쟁과 정치에 관한 절대적 지혜를 얻기 위한 철학적 탐구를 결여하고 있다는 것은 알키비아데스의 경우와 크게 다르지 않다.

페리클레스의 한계를 지적했음에도 알키비아데스는 여전히 자기 자신에 대한 진정한 돌봄의 필요성을 느끼지 못한다. 알키비아데스는 오히려 자신의 정치적 야심을 본격적으로 드러낸다. 알키비아데스는 자신의 잠재적 경쟁자들도 사실상 교육을 받지 못한 자들이니, 그들보다 좋은 자질을 갖고 태어난 자신이 그들보다 훨씬 유리한 입장에 있다는 것을 강조한다. 정치에 대한 진정한 지혜를 갖추고 있는지 여부와 무관하게 자신이 정치적으로 성공하는 데에는 하등 문제가 없다는 것이다(119b). 이제 알키비아데스의 초점은 전적으로 개인의 이기적인 성공에 맞춰져 있다. 정치를 제대로 하기 위해 지혜와 철학적 토대가 전제되어야 한다는 관점은 완전히 후퇴했다. 노골적인 정치적 야심을 표출한 알키비아데스를 상대로 소크라테스는 색다른 전략을 취한다. 소크라테스는 알키비아데스가 아테네의 평범한 정치인들을 경쟁상대로 삼고 있다는 것을 조롱한다(119c). 소크라테스는 라케다이몬과 페르시아 왕을 들먹이며 알키비아데스가 진정으로 정치적 야망을 갖고 있다면, 이들을 경쟁상대로 삼아야 한다고 자극한다(120a). 이들 역시 무시하는 태도를 보인 알키비아데스에게 소크라테스는 페르시아와 라케다이몬의 왕가 이야기를 제시하며 출신 가문이나, 양육 방식, 부(富)의 관점에서 알키비아데스는 다른 나라 왕가의 자제들에 비해 훨씬 열등하다고 지적한다(121a-123c). 알키비아데스의 정치적 야심은 경쟁국들에까지 확대되어 있으므로 소크라테스의 지적은 알키비아데스를 자극하기에 충분하다. 결국 알키비아데스는 외적으로 열등한 조건을 갖고 있는 자신이 왕가 자제들과의 경쟁에서 이길 수 있는 방법은 내적인 돌봄(epimeleia)과 앎(techne)밖에 없다는 것을 인정하게 된다(124b). 소크라테스는 정치에서 지혜의 필요성을 거부한 알키비아데스로 하여금 다시금 지혜와 이를 위한 돌봄의 필요성을 깨닫게 만들었다.

돌봄의 필요성을 인정하게 된 것은 무작정 정치에 뛰어들려 했던 때에 비하면 진일보한 상태이다. 그러나 알키비아데스에게 이 돌봄은 여전히 한시적이고 수단적 의미에 그친다. 그의 목적은 "그리스인들과 이방인들 사이에서의 가장 큰 명성과 명예를 얻는 것"이기 때문이다. 이제 소크라테스는 알키비아데스로 하여금 돌봄의 목적을 정치적 야심의 충족이 아니라, 자기 자신에 대한 진정한 성찰로 바꾸어 놓는 것을 목표로 삼는다. 이 목표를 달성하기 위해 소크라테스는 또다시 알키비아데스를 아포리아에 빠뜨린다. 논의를 위해 그 과정을 간단히 요약하면 다음과 같다.[20]

소크라테스는 우선 돌봄은 "우리가 어떻게 하면 최대한 훌륭해질 수 있는가에 관한 공동의 숙의사항"이라는 점을 지적한다(124c). 여전히 정치적 야심을 충족시키는 것이 궁극적 목적인 알키비아데스도 동의할 만한 제안이다. 이어서 소크라테스는 나라를 다스리는 자의 훌륭함이란 공동체의 지배에 참여하는 사람들(즉 사람을 다루는 사람들)을 다스릴 수 있는 능력과 그에 관한 지식, 즉 "나라를 더 훌륭하게 관리하고 지키는" 것이라고 지적한다(126a). 여기서 소크라테스는 국가와 몸의 유비를 제시한다. 국가가 훌륭해진다는 것을 몸에 비유하면, "건강이 생기고 병이 없어지는" 것을 의미한다. 국가의 건강함이란 그 구성원들 간 우애(philia)[21]를, 병은 곧 증오와 반목을 의미한다. 이어서 소크라테스는 우

20 보다 자세한 논의는 박성우(2014, 30-31) 참조.

21 김주일·정준영은 philia를 좋아함으로 번역하고 있으나, 국가 영역에서의 philia는 구성원 간 상호성을 전제로 한다는 점에서 우애로 칭하였다.

애가 "생각의 일치"(homonoia)를 전제하고 있는데, 생각의 일치는 같은 일을 하고 있어야 가능하다는 것을 지적한다(126c-127a). 그런데 이런 방식으로 생각의 일치를 추구하는 것은 훌륭한 국가의 운영원칙과 부합하지 않는다. 굳이 『국가』의 논의를 빌지 않더라도 훌륭한 국가라면 각 구성원들이 제 분야에서 각자 다른 일을 해야지 모두 똑같은 일을 해서는 안 되기 때문이다(127b). 알키비아데스는 각자 제 일을 하더라도 우애가 생길 수 있다고 반발하지만(127b), 소크라테스는 각자 다른 일을 하는 사람들은 정의로운 일을 하는 사람들이므로 마땅히 우애가 있어야 함에도 불구하고, 우애가 생각의 일치를 의미하는 한, 이들에게 우애가 깃들어 있다고 할 수 없다는 문제를 지적한다(127c-d). 결국 알키비아데스는 "자신이 무슨 말을 하는 것인지 모르겠다고" 하면서 아포리아에 빠졌음을 선언한다(127d).[22]

아포리아는 그 자체로 해결책을 제시해 주진 못하지만, 적어도 기왕에 확고히 믿고 있었던 것을 회의(懷疑)하도록 하는 효과가 있다. 소크라테스는 정치적 야심을 채우기 위한 목적만으로 정치에 뛰어들려는 알키비아데스의 행보를 일단 정지시켜 놓고, 돌봄의 의미를 근본적으로 검토할 수 있는 여유를 얻게 됐다(박성우 2014, 31-32). 소크라테스는 아포리아에 빠진 알키비아데스에게 그가 아직 젊은 나이이므로 돌봄을 실행하기에 적절하다는 것을 강조한다(127e). 이후 소크라테스는 알키비

22 부연하자면, 알키비아데스의 문제는 "생각의 일치"가 무엇에 관한 생각의 일치인가를 구분하지 못했다는 데 있다고 할 수 있다. 즉 정치가는 자신의 훌륭함을 위해 생각의 일치를 이끌어 내야 하는 반면, 훌륭한 국가는 다른 생각들을 가진 시민들로 구성되어야 하므로 정치가가 지향하는 훌륭함과 훌륭한 국가의 훌륭함이 서로 일치하지 않는다는 모순에 빠진 것이다. 이러한 해석을 하게 된 데는 플라톤(2007, 147-148) 각주 176의 해설이 도움이 됐다.

아데스와의 문답을 통해 돌봄의 기술이란 "우리 자신을 더 낫게 만드는 기술"이어야 하고(128e), "우리 자신"이 소유물이나 신체가 아닌 영혼을 의미한다는 것을 밝힌다(130a-d). 알키비아데스가 정계에 입문하기 전에 수행해야 할 돌봄이란 자기 자신에의 돌봄이란 것이 명확해졌다. 소크라테스는 "정치(혹은 나랏일, ta poleōs)에 나서기 위해 배워야 할 것들을 먼저 배우고 익히되, 그러기 전에는 나서지 말아"야 하고, "끔찍한 꼴을 겪지 않으려면 해독제를 가지고 나서야 한다"는 점을 강조한다(132b).

이제 자기 자신에 대한 돌봄의 필요성은 장차 정치가가 되고자 하는 알키비아데스에게는 중대한 문제가 됐다(De Marzio 2007). 진정으로 자신이 무엇인지를 모르는 자는 타인이나 국가에 대한 지식을 겸비할 수 없고 정치가가 될 자격도 없다(133e). 자신의 영혼을 돌보지 않는 사람은 자신이 무엇을 하는지도 모르고, "사적으로나 공적으로나 나쁘게 행동하게 되며" 결국 절제(sôphrosunê)도 없고, 훌륭함도 없는 비참한 사람이다(134a). 만약 이들이 정치에 나가게 된다면, 이들에게 도움을 받는 사람들 역시 비참해진다. 따라서 진정한 정치가가 되려면, 우선 자기 자신에 대한 앎을 위한 절제를 가져야 하고, 영혼의 중심에 있는 이성으로 "나라나 신들의 마음에 들 정도로" 정의와 절제를 추구해야 한다(134b-c). 알키비아데스는 결론적으로 자신은 아직 앎을 갖춘 자유인의 상태가 아니므로 이제부터 "정의를 돌보기로" 약속하며 대화편을 끝맺는다.

알키비아데스가 이 약속을 온전히 지켜 영혼을 돌보고 정의를 돌봤다면 결코 제국의 일에 개입할 수 없었을 것이다. 자기 돌봄의 온전한 성취는 철학적 탐구를 통해 이뤄지고, 철학적 탐구는 일정 기간 동안에 끝낼 수 있는 것이 아니라, 삶 전체를 통해 전개되어야 하기 때문이다. 그 결과 아테네 제국의 도덕적 타락은 완화되고 아테네 제국의 쇠퇴도 좀 더 지연됐을지 모른다. 그런데 만약 플라톤이 교육의 대상으로 삼은 잠재적인 '알키비아데스', 즉 아테네의 젊은이들이 모두 자기 돌봄에만 주력한다면 어떤 사태가 벌어지겠는가? 예컨대 모든 젊은이들이 정치에 관심을 버리고 철학적 삶을 선택하게 된다면 아테네 제국이 온전히 유지되리라고 기대할 수 없다. 제국의 타락과 쇠퇴를 막기 위해 알키비아데스에게 요구됐던 절제가 모든 시민들에게 동일한 방식으로 적용되어서는 안 된다. 알키비아데스와 같이 개인적인 야심과 제국의 이익을 혼동하는 젊은이에게 필요한 것은 적어도 당분간은 정치에 개입하지 않고 자기 돌봄을 통해 절제를 획득하는 것이다. 그러나 대다수의 평범한 시민들이 제국에 대하여 취해야 할 태도는 자신의 자리에서 맡은 바 역할을 다하는 정의를 행하는 것이다.[23] 이런 관점에서 대다수의 시민들은 제국의 운영에 적극적으로 참여해야 한다. 이들에게 필요한 절제는 알키비아데스와 같이 개인적인 야심에 찬 지도자를 배제하고, 페리클레스처럼 사적인 이익보다 제국의 이익을 우선시하는 정치 지도자를 따르는 것이다.

『알키비아데스』 대화편은 지나친 야심을 가진 알키비아데스를 교육하는 것이 주목적이었으므로 대다수의 시민들이 제국에 대해서 어떤 태도를 가져야 하는가를 검토하지 않았다. 소크라테스는 이 대화편에서 알키비아데스라는 젊은 엘리트의 정치적 야욕을 꺾고 자기 돌봄의 필요성을 각성시키는 데 성공했다. 그러나 이 대화편은 아테네 제국이 온전히 유지되기 위해 대다수 시민들이 제국에 대해 어떤 태도를 취해야 하는가라는 문제를 남겨 놓았다. 플라톤의 『메넥세노스』는 이 문제를 이어받아, 아테네의 일반 시민들이 자기 돌봄을 실행하면서, 동시에 제국

23 각자 자기 일을 하는 것이 정의라는 것은 『국가』에 논증되어 있지만, 『알키비아데스』에서도 소크라테스와 알키비아데스가 이 정의관을 당연한 것으로 받아들이고 있다(127c).

시민으로서의 역할을 다하는 방안을 모색하고 있다. 이제 다음 절에서는 플라톤이 아테네의 일반 시민들을 대상으로 돌봄의 필요성과 제국의 필요성을 어떻게 조화시키고 있는가를 살펴보고자 한다.

IV. 절제된 제국시민 만들기: 『메넥세노스』

플라톤의 『메넥세노스』 대화편은 소크라테스가 메넥세노스라는 젊은이를 대상으로 페리클레스의 국장연설을 정면으로 비판하고 이를 대체할 만한 새로운 연설을 소개하는 내용으로 구성되어 있다.[24] 국장연설이란 전몰자들을 기리는 국장(國葬)이 행해질 때 아테네의 지도자가 시민들 앞에서 행했던 장례연설을 일컫는다. 국장 중에 연설을 하는 의식은 아테네가 제국으로서 지위를 누릴 때 행해졌던 매우 독특한 관습이었다(Loraux 1986). 이런 맥락에서 『메넥세노스』는 플라톤이 아테네 제국의 문제에 관심을 가졌음을 가장 직접적으로 입증하는 대화편이라고 할 수 있다. 『메넥세노스』에서 소크라테스는 아테네가 제국으로서의 정체성을 갖고 있다는 사실을 부인하지 않는다. 다만 소크라테스가 페리클레스의 국장연설을 비판하고 있다는 것은 이 국장연설이 대표하고 있는 아테네 제국의 정체성을 거부함과 동시에 새로운 정체성을 모색하고 있음을 의미한다. 이제 소크라테스가 제시한 국장연설의 특징이 무엇인가를 분석하면서 플라톤이 아테네 제국의 문제를 어떻게 진단하고 어떤 처방을 내놓고 있는가를 검토하고자 한다.

24 『메넥세노스』 역시 한때 위작 논란에 휩싸인 적이 있지만, 20세기 이후 학자들은 이 대화편이 위작일 가능성을 부인한다(Kahn 1963).

소크라테스의 국장연설은 크게 세 부분으로 구성된다. 우선 아테네와 아테네인의 역사적 기원을 소개하고, 두 번째는 이전 시기부터 당대에 이르기까지 아테네의 전사(戰史)를 소개하고 있으며(페르시아 전쟁, 펠로폰네소스 전쟁, 코린토스 전쟁), 마지막으로 전몰자의 부모와 자식에게 전하는 당부가 있다. 눈에 띄는 것은 아테네의 기원과 전사(戰史)를 소개하는 부분에서 당시의 사람들도 눈치챌 만한 상당한 역사 왜곡을 포함하고 있다는 사실이다.[25] 소크라테스는 왜 거짓을 동원하면서까지 국장연설을 해야 했는가? 결론부터 말하자면, 플라톤은 소크라테스의 국장연설을 통해 페리클레스적 제국의 정체성과 구분되는 새로운 제국의 정체성, 즉 안으로는 철학적 삶을 포용하고 밖으로는 보편적 자유를 지향하는 제국의 정체성을 수립하고자 했다고 할 수 있다.

소크라테스의 역사 왜곡은 아테네가 페르시아 전쟁으로부터 코린토스 전쟁에 이르기까지 변함없이 자유의 가치를 추구해 왔음을 강조하는 데 초점이 맞춰져 있다. 소크라테스에게 살라미스 전투나 마라톤 전투의 의의는 승리 자체에 있었다기보다 그것이 그리스 전체의 자유를 수호하기 위한 전투였다는 데 있다. 그리스 내부의 전쟁이었던 펠로폰네소스 전쟁도 승패 자체에는 큰 의의가 없다. 이 전쟁 역시 아테네인들 그리고 그리스인 전체의 자유를 지키기 위한 과정으로 묘사된다. 이런 관점에서 보면, 펠로폰네소스 전쟁으로 인한 아테네 제국의 쇠퇴도 쇠퇴 자체가 문제가 아니라 부지불식간에 제국의 목적이 퇴색했다는 것이

---

25 소크라테스는 고대의 토착인 전설을 역사적 사실인 양 묘사하기도 하고(237c-d), 민주정을 찬양하는 과정에서 민주정을 최고의 정체(aristokratia)로 부르기도 한다(238d). 결정적으로 시켈리아 원정이 아테네인들의 탐욕에 기인하고 있음을 잘 알고 있으면서 레온티노이의 자유를 위해 시켈리아 원정이 감행되었다고 왜곡하고 있다(243a).

치명적인 문제이다. 플라톤이 회복하고자 한 것은 제국의 지배력이 아니라 자유의 수호자로서의 제국의 정체성이었다. 이를 위해 아테네 제국의 역사가 그 태동부터 지금까지 아테네와 그리스 전체, 나아가 이방인들의 자유까지도 지켜 주는 자유 수호의 일관된 역사였음을 강조한다. 이러한 제국의 역사를 듣는 아테네인들은 그 서술이 상당 정도 역사 왜곡을 포함하고 있음을 눈치챌 것이다. 그럼에도 불구하고 플라톤이 역사 왜곡을 허용한 것은 단순히 기만을 목적으로 한 것이 아니라, 아테네 제국이 본디 어떤 가치를 추구했어야 했는가를 상기시키고 다시 한 번 자유제국으로서의 정체성을 강조하기 위함이었다고 할 수 있다.

그러나 플라톤은 단순히 자유제국의 정체성을 회복하는 것만으로 아테네 제국의 문제가 해소된다고 보지 않았다. 초기의 아테네 제국은 다분히 자유제국의 정체성을 갖고 있었다. 그러나 시간이 지남에 따라 자유제국은 알키비아데스처럼 타락한 정치인과 결탁해 소피스트적 제국으로 전락했다. 자유제국은 언제든지 타락의 위험에 노출되어 있다.[26] 따라서 플라톤은 아테네가 자유제국으로서의 정체성을 회복함과 동시에 이 정체성이 안정적으로 유지될 수 있는 방안을 찾아야 했다. 플라톤은 아테네 제국의 지속성은 일반 시민들이 제국에 대해 어떤 태도를 갖는가에 의해 결정된다고 보았다. 소크라테스가 제시한 국장연설의 말미에는 전몰자 가족에 대한 당부가 나오는데, 여기서 우리는 일반 시민에 대한 플라톤의 구상을 엿볼 수 있다.[27]

먼저 전몰자의 자식들에게 전하는 당부에서 소크라테스는 자기 자

26 박성우(2007)는 이를 "자유제국의 패러독스"로 규정하고, 플라톤이 이 패러독스를 해결하려고 시도했음을 주장한 바 있다.

27 『메넥세노스』를 연구하는 학자들은 이 부분이 플라톤의 진정한 메시지가 담겨 있는 곳이라고 주장하고 필자도 이에 동의한다(Salkever 1993).

신에게 수치를 안겨 주는 삶은 결코 가치 있는 삶이라고 할 수 없다는 점을 강조한다. 또한 그런 삶은 인간이나 신에게 결코 환영받을 수 없다고 경고한다(246d). 앞서 죽은 자들에 대해 언급하는 부분에서는 전장(戰場)에서 그들이 보여 준 용맹함을 중심으로 칭송한 바 있지만, 이제 그 자식들에게 당부하는 말에서는 전장이라는 제한된 삶의 영역이 아니라 삶 전체의 방식에 대해 조언한다. 요컨대, 소크라테스는 그들의 삶에 덕 혹은 훌륭함(aretē)이 깃들어 있지 않다면 모든 행동은 결국 부끄럽고 천한 행동이 될 것이라고 경고한다. 또한 모든 지식도 덕과 정의가 수반되지 않으면 미천한 지식에 불과하다고 지적한다. 아울러 모든 삶의 영역에서 덕스럽게 행동해야 사후에 아비를 영광스럽게 만날 수 있다고도 설득한다(247c). 소크라테스가 자식들에게 권고하고 있는 가치 있는 삶은 전통적으로 이해되어 온 도덕적 삶과 유사하다. 이러한 삶은 부도덕하고 무절제하더라도 제국의 이익에 부합한다고 여겨지면 용인하려 했던 기왕의 아테네인들의 태도와 구별된다. 그러나 이들이 제국의 시민으로 사는 한, 훌륭함과 정의를 추구하는 데에는 한계가 있다. 위기 시에 제국의 명령과 훌륭함 사이에서 선택을 해야 한다면, 시민은 제국의 명령에 복종해야 한다. 소크라테스는 전몰자의 아들들에게 평화 시의 도덕적 삶 그리고 전시에는 자유를 추구하는 제국의 정체성을 추천하고 있지만, 훌륭함을 위해 제국의 안전과 자유를 양보해야 한다고까지 주장하진 않는다. 소크라테스가 전몰자의 자식들에게 제안하는 도덕적 삶이란 궁극적으로 정치공동체의 공공선을 초월하는 철학적 삶을 의미하는 것은 아니기 때문이다. 이런 맥락에서 플라톤이 『메넥세노스』에서 좋은 삶을 제안하면서도 철학에 대해서는 언급조차 안 하고 있다는 사실은 주목할 만하다(박성우 2007, 131). 앞서 『알키비아데스』에서 돌봄을 위해서는 제국의 정치에 개입하지 말고 철학적 삶을 선택해야 한다고 제안한 것과는 대조적이다. 『메넥세노스』에서 소크라테스는 도덕적으로 훌륭함과 자유의 가치를 강조하면서도 결코 아테네 제국의 존립 자체를 부정하지 않았다.

문제는 이들이 당분간은 훌륭함의 가치와 자유를 지향하는 제국을 추구할지 몰라도 시간이 흐르면 점차 제국의 속성을 체감하면서 도덕적으로 타락할 개연성이 있다는 것이다. 이들이나 혹은 그 다음 세대는 조만간 소피스트적 제국론의 마력(魔力)에 빠지게 될지 모른다. 자유의 가치를 상실하고 세속적 권력만을 좇는 제국은 일시적으로 지배력을 유지할지 모르지만 도덕적 타락은 곧 회복할 수 없는 제국의 쇠퇴를 초래한다.[28] 플라톤은 아테네 제국이 일종의 딜레마에 직면해 있다고 봤다. 아테네가 제국으로서의 지위를 유지하는 한, 최초의 자유제국이 확보한 훌륭함은 시간이 흐름에 따라 퇴색되고, 자유제국의 정체성도 상실되기 마련이다. 그렇다고 훌륭함만을 추구하고, 제국으로서의 정체성을 완전히 포기하라고 설득할 수도 없는 노릇이다(박성우 2007, 131).

아테네 제국의 딜레마를 해소하고자 하는 플라톤의 의도는 전몰자의 부모에게 전하는 소크라테스의 당부에서 완성된다. 소크라테스가 전몰자의 부모에게 상기시킨 것은 이미 널리 알려져 있는 델피의 격언인 '(무엇이든) 지나침이 없어야 한다'(mêden agan)는 문구이다. 이 격언은 사실 절제의 중요성을 강조한 것이지만 소크라테스는 이 문구를 자신의 행복을 지나치게 자식에게 의존하지 말라는 것으로 해석한다.[29] 지나치

28 비슷하게 제국의 대외적 활동 성향이 제국시민들의 국내적 도덕성에 영향을 미쳐 결국 제국의 대외적 영향력을 제약한다는 관점으로 투키디데스를 해석한 연구로 Park(2008) 참조.

29 소크라테스가 여기서 인용하고 있는 '지나침이 없음'은 '자신에 대한 보살핌'(epimeleia heautou)을 내포하고 있는데, 이는 소크라테스의 두 개의 격언(mêden agan, gnothi s'auton)을 자아의 보살핌(care of self)의 관점에서 해석

게 자식에게 의존하게 되면 자식의 죽음이야말로 가장 치명적인 불행이 되기 때문이다. 소크라테스는 모든 사안에 있어 자기 자신만을 의지하는 사람이 가장 훌륭한 삶을 살 준비가 된 것으로 간주하고(247e-248a), 이렇게 자기충족성과 독립성을 갖춘 사람만이 '절제 있고(sôphrôn), 용기 있으며(andreios), 지혜로운(phronimos) 사람'이라고 언급한다. 이런 사람은 무엇이 생겨나고, 사라질 때, 그것이 재산이든 자식이든 지나치게 즐거워하거나 지나치게 괴로워하지 않는다. 따라서 죽음이 그리 멀지도 않은 나이에 자식을 잃었다고 슬퍼하기보다는 지금까지 이룬 것을 명예롭게 여겨야 한다는 것이다(박성우 2007, 132).

이러한 조언은 전몰자의 자식들에게 제국의 시민으로서 공공선을 지향하고 나아가 도덕적 훌륭함을 겸비해야 한다고 당부했던 것과 구별된다.[30] 여기서는 적어도 아테네에 대한 애국심을 바탕으로 전사자들에 견줄 만한 덕을 갖추라고 조언하지 않으며, 아테네의 위대함을 기억하며 불멸의 삶을 살 것을 권하지도 않는다. 대신 살아 있는 사람은 죽은 사람보다 더 잘 살아야 한다고 하면서, 그 방법은 다름 아니라 '지나침이 없어야 한다'는 델피의 격언을 잘 이행하는 수밖에 없다고 제안한다. '지나침이 없는' 삶이란 삶과 죽음, 부와 빈곤, 자식의 생사에 이르는 모든 문제에 있어 한 걸음 떨어져서 집착하지 않는 삶을 의미한다. 이러한 삶은 공동체의 문제로부터 완전히 초월한, 진정한 의미의 철학적 삶 혹은 관조적 삶이라고는 할 수 없지만, 세상일과 어느 정도 거리를 두고 있다는 측면에서 일반인들에게 적용할 수 있는 '느슨한 의미의 관조적

한 푸코의 연구(Foucault 2005, 특히 chapter 1)와 맞닿아 있다.

30 학자들은 자식들에게 했던 당부보다 부모에게 했던 당부가 보다 플라톤적 요소를 갖고 있다고 지적한다(Collins and Stauffer 1999, 111; Friedländer 1964, 226-227. 박성우 2007, 132에서 재인용).

삶', 혹은 '공동체적 철학적 삶'이라고 할 수 있다.

일견 전몰자의 부모에게 전하는 조언은 자식을 잃은 부모의 슬픔을 달래기 위함이기도 하지만, 아테네 제국의 지속성을 문제로 설정한 플라톤의 입장에서 나름대로 실천적인 방안을 모색한 것이라고 할 수 있다. 플라톤은, 젊은이들은 자유에 가치를 둔 제국의 시민으로 살게 하고, 부모들은 매사에 지나치게 열성을 내지 않고 느슨한 의미의 관조적 삶을 살게 함으로써, 젊은이들이 소피스트적 제국의 마력에 빠져드는 것을 제어하고자 했다. 즉 세대 간에 다른 종류의 삶을 선택하도록 함으로써, 자유제국의 정체성을 비교적 안정적으로 유지할 수 있다고 본 것이다. 이러한 플라톤의 의도가 현실화되기 위해서는 일정한 조건이 갖추어져야 할 것이다. 우선 젊은이들은 제국시민의 정체성에 동참하면서도 다른 한편, 부모들이 보여 주는 '지나침이 없는' 삶을 존중해야 한다. 또한 언젠가 자신들이 부모의 세대가 된다면 이와 똑같은 삶을 지향해야겠다는 마음을 품고 살아야 한다. 이들은 한편으론 공동체가 요구하는 정치적 삶을 살면서, 다른 한편으론 관조적 삶을 존중하고 준비하는 소위 제국과 자기 돌봄을 조화시킨 삶을 살고 있다고 할 수 있다.

세대 간에 적절한 조화를 모색하고자 했던 플라톤의 의도는 좀 더 확대해서 해석할 여지가 있다. '지나침이 없는 삶' 혹은 '느슨한 관조적 삶'은 사실 한 차원 더 승화시키면 진정한 철학적 삶으로 승화될 가능성이 있다. 물론 철학적 삶의 추구는 개별적인 능력에 달려 있으므로 '지나침이 없는 삶'을 지향하는 모든 사람들이 철학적 삶을 추구할 능력을 동시에 갖췄다고 단정할 수는 없다. 그럼에도 불구하고 '지나침이 없는 삶'이 진정한 의미의 철학적 삶까지 포함할 수 있다는 사실을 감안하면, 플라톤의 의도는 세대 간의 조화를 넘어 철학자와 비철학자 간의 조화까지 확대해서 해석될 여지가 있다. 만일 아테네인들이 진정으로 철학적 삶을 사는 이들의 존재를 확인하게 된다면, 그것은 부모들의 세대에서 발견되는 느슨한 의미의 관조적 삶보다 확실한 방식으로, 소피스트적 제국의 마력으로부터 벗어날 수 있는 치료제가 될 것이다. 그러려면 제국적 정체성을 가진 시민들이 철학적 삶을 사는 이들을 무시하거나 배척하는 것이 아니라 적어도 이들의 삶을 동경해야 한다. 지나침이 없는 삶을 선보인 부모의 세대를 존중한 경험이 있는 젊은이들은 철학적 삶을 존중할 가능성이 높다. 이런 맥락에서 플라톤은 아테네 제국 안에서 철학적 삶의 긍정적 역할을 암시했다고 할 수 있다. 굳이 철학적 삶을 추구하는 이들에게 아테네 제국에 긍정적 영향을 줘야 한다고 주장할 필요는 없다. 이미 공동체에 대한 관심을 초월한 철학자들에게 이러한 주장은 유효하지 않다. 다만 아테네 시민들에게 그들의 제국을 지속하기 위해 철학적 삶의 가치를 인정하는 것이 필요함을 설득하는 것이다.

V. 결론: 절제된 제국의 지향과 플라톤 정치철학의 실천성

아테네 제국에 대한 플라톤의 궁극적인 메시지는 무엇인가? 『알키비아데스』에서 플라톤이 권고하는 아테네 제국의 방향은 적어도 철학적 삶을 허용할 정도로 개인의 훌륭함을 존중하는 것이다. 특히 알키비아데스와 같이 정치적 야심을 가진 이들에게는 아예 제국에 대한 관심을 포기시키고, 자기 돌봄에만 집중하는 철학적 삶을 살 것을 권유한다. 플라톤은 이것이 제국 전체의 타락을 막고 '알키비아데스 문제'를 해결하는 길이라고 봤다. 이러한 제국은 대내외적으로 자유를 추구하면서, 팽창적이고 침략적인 속성은 누그러진 절제된 제국의 모습을 보일 것이다. 『메넥세노스』에서 플라톤은 보다 명시적으로 절제된 제국, 자유를 추구하는 제국을 제시한다. 제국이 온전히 지속되기 위해서는 세대 간의 조화, 철학자와 비철학자의 공존이 필요한데 이는 결국 절제된 제국을 유도하기 위함이었다고 할 수 있다.

제국이 온전히 유지되기 위해 절제가 필요하다는 주장은 역사적으로 설득력이 있다. 절제를 갖추지 못하고 방만한 제국은 모두 쇠퇴했기 때문이다. 절제와 무관하게 모든 제국은 결국 쇠퇴할 수밖에 없다는 반론도 제기될 수 있지만, 절제가 없는 제국은 절제된 제국보다 빨리 멸망할 것이다. 투키디데스도 이런 관점에서 아테네 제국의 쇠퇴가 절제의 부재에 의해 초래된 내부의 반란에 기인하고 있음을 강하게 암시한 바 있다. 그러나 어느 정도가 제국이 취해야 할 절제의 수준인가? 이에 대해서는 예방적 처방을 제시하기 어렵다. 투키디데스와 같이 역사를 기술하면서, 아테네가 어느 시점에 결정적으로 절제를 상실했고, 이로 인해 제국이 쇠퇴했는가를 파악하기는 비교적 용이하지만, 제국이 온전히 유지되기 위해 어느 정도의 절제를 필요로 하는지를 사전(事前)에 제시하기는 어렵다. 그럼에도 불구하고 플라톤은 『알키비아데스』 대화편을 통해 얼핏 보면 모순적으로 보이는 '절제된 제국'의 필요성을 원칙적으로 제시했다. 적어도 알키비아데스는 개인적으로 끊임없이 절제를 추구해야 하지만, 그가 아테네 제국에 살고 있다는 사실을 부인하지 않은 것이다. 『메넥세노스』에서는 절제된 제국이 유지되기 위한 보다 구체적인 방안이 제시됐다. 세대 간의 조화, 나아가 철학자와 비철학자 간의 조화를 통해 어떻게 제국의 특성과 절제가 공존할 수 있는가를 보여 줬다.

플라톤은 잘 알려져 있다시피 철학적 삶이 가장 좋은 삶이라는 입장을 견지하고 있다. 이런 맥락에서 아테네 제국의 지속성 여부는 플라톤의 궁극적인 관심사가 아닐 수 있다. 이 때문에 적어도 알키비아데스와 같이 잠재적으로 철학자가 될 가능성이 있는 젊은이들을 다룰 때에는 논의의 초점을 제국으로부터 자기 돌봄을 통한 철학적 삶으로 옮겨놓았다. 그러나 플라톤은 아테네가 제국이라는 사실을 의식했을 뿐 아니라, 좋은 삶으로서 철학적 삶의 선택과 제국의 유지가 완전히 유리된 문제가 아니라는 것을 인지하고 있었다. 앞서 살펴본 바와 같이, 철학적 삶의 선택은 당사자 개인적으로는 가장 좋은 삶을 실천하는 것이지만, 철학적 삶을 추구하는 이들의 존재는 이들의 의도와 무관하게 다른 시민들로 하여금 절제의 의미를 깨닫게 하여 자유제국의 유지에도 기여할 수 있다. 이런 맥락에서 철학적 삶과 제국의 조화 가능성을 제시한 『메넥세노스』는 아테네 제국시민들에게 처형당한 소크라테스의 철학적 삶을 변호하려는 플라톤의 의도를 포함하고 있다.

이 장은 플라톤의 『알키비아데스』와 『메넥세노스』를 연계하여 해석함으로써 플라톤이 철학적 삶의 우위라는 기존 입장을 견지할 뿐 아니라, 아테네 제국에 대한 일종의 실천적 처방을 제시하고 있음을 밝혔다. 절제된 제국이라는 실천적 처방이 얼마나 효과적일지는 미지수다. 그러나 플라톤이 아테네 제국의 문제를 외면하지 않았고, 나아가 자신의 철학적 입장과 아테네 제국의 문제를 나름대로 조화시켰다고 보는 것은, 플라톤 정치철학의 실천성 문제에 관한 새로운 지평을 여는 해석이다. 플라톤 정치철학의 실천성과 관련하여, 극단적인 두 개의 해석이 존재해 왔다. 하나는 플라톤 정치철학이 현실정치는 물론 실천성 문제에 전혀 관심을 두지 않았다는 것이고, 다른 하나는 플라톤 정치철학이 정치의 다원성이나 가변성을 무시한 채 정치에 대한 철학의 지배만을 모색했다고 보는 것이다. 본격적으로 새로운 논의가 필요한 문제이긴 하나, 이 장에서 파악한 플라톤의 아테네 제국에 대한 입장은 플라톤 정치철학의 실천성 문제와 관련하여 새로운 대안을 제시한 것이라고 할 수 있다.

참고문헌

박성우. 2003. 「소크라테스는 칼리클레스와 화해할 수 있을까?」. 『서양고전학연구』 20

집: 81-118.

_______. 2007. 「플라톤의 〈메네크세노스〉와 아테네 제국의 정체성, 그리고 플라톤적 정치적 삶」. 『한국정치학회보』 41집 4호: 115-137.

_______. 2014. 「국익의 철학적 토대와 철학적(소크라테스적) 국익 추구의 가능성: 플라톤의 『알키비아데스』를 중심으로」. 『국제정치논총』 56집 3호: 9-43.

_______. 2016. 「플라톤의 『국가』에 나타난 국제정치사상: 정의(正義)의 국제정치적 확장가능성」. 『21세기정치학회보』 26집 1호: 91-115.

_______. 2018. 「플라톤 정치철학과 아테네 제국」. 『21세기정치학회보』 28집 1호: 67-89.

투퀴디데스, 천병희 역. 2011. 『펠로폰네소스 전쟁사』. 숲.

플라톤, 김주일·정준영 역. 2007. 『알키비아데스 I·II』. 이제이북스.

_______, 이정호 역. 2008. 『메넥세네스』. 이제이북스.

_______, 강철웅·김주일·이정호 역. 2009. 『편지들』. 이제이북스.

_______, 김인곤 역. 2011. 『고르기아스』. 이제이북스.

Aristophanes. 2002. *Frogs (oeb Classical Library)*. Ed. and trans. Jeffrey Henderson. Cambridge, MA: Harvard University Press.

Brickhouse, Thomas C. and Nicholas D. Smith. 1989. *Socrates on Trial*. Princeton: Princeton University Press.

Collins, Susan D. and Devin Stauffer. 1999. "The Challenge of Plato's Menexenus." *The Review of Politics* 61(1).

De Marzio, Darryl. 2007. "The Care of the Self: Alcibiades I, Socratic Teaching and Ethics Education." *The Journal of Education* 183(3).

Fine, John V. A. 1983. *The Ancient Greeks: A Critical History*. Cambridge, MA: Harvard University Press.

Forde, Steven. 1987. "Alcibiades I." In Thomas L. Pangle ed. *The Roots of Political Philosophy: Ten Forgotten Socratic Dialogues*. Ithaca: Cornell University Press.

_______. 1989. *The Ambition to Rule: Alcibiades and Politics of Imperialism in Thucydides*. Ithaca: Cornell University Press.

Foucault, Michel. 2005. *The Hermeneutics of the Subject: Lectures at the Collège de France 1981-1982*. Trans. Graham Burchell. New York: Picador (St. Martin's Press).

Friedländer, Paul. 1964. *Plato II: The Dialogues*. Trans. Hans Meyerhoff. London: Routledge & Kegan Paul.

Kahn, Charles. 1963. "Plato's Funeral Oration: The Motive of the Menexenus."

Classical Philology 58.

Loraux, Nicole. 1986. *The Invention of Athens: The Funeral Oration in the Classical City.* Cambridge, MA: MIT Press.

Pangle, Thomas and Peter J. Ahrensdorf. 1999. *Justice among Nations*. Lawrence: University Press of Kansas.

Park, Sungwoo. 2008. "Thucydides on the Fate of Democratic Empire." *Journal of International and Area Studies* 15(1).

Raaflaub, Kurt. 2004. *The Discovery of Freedom in Ancient Greece*. Chicago: University of Chicago Press.

Salkever, Stephen. 1993. "Socrates' Aspasian Oration: The Play of Philosophy and Politics in Plato's Menexenus." *American Political Science Review* 87(1).

Schleiermacher, Friedrich. 1973(1836). *Introduction to the Dialogues of Plato*. Trans. W. Dobson. New York: Arno Press.

Syse, Henrik. 2002. "Plato: The Necessity of War, the Quest for Peace." *Journal of Military Ethics* 1(1).

Wallach, John R. 1997. "Plato's Socratic Problem, and Ours." *History of Political Thought* 18(3).

Wellman, Robert R. 1966. "Socrates and Alcibiades: The Alcibiades Major." *History of Education Quarterly* 6(4).

2

중세 제국
보편권력과 선민의식, 그리고 인민주권*

윤비

I. 서론

오늘날 제국 일반에 대한 우리의 상상력은 자유주의에 영향받은 민족주의적·반식민주의적 저항의 기억에 의해 여전히 규정되고 있다. 전체 인간세계에 대한 유일하고 배타적인 지배의 추구로서 제국은 타 인간집단의 자결권에 대한 부정이다. 독자성과 자유의 추구가 인간의 본질이자 권리에 해당하는 만큼 이를 부정하는 제국주의는 부정의하고 억압적이며 반인간적이다. 제국주의를 추동하는 것은 끝을 모르는 물질적 탐욕과 권력욕, 그리고 타자의 존재와 다양성을 이해하지 못하고 인정하지도 않으려는 사고의 경직성과 단조로움이다.[1]

* 이 장은 『서양중세사연구』 41권(2018. 3)에 게재된 논문을 수정·보완한 것이다.

1 제국주의라는 용어는 1860년대 영국에서 나폴레옹 3세의 지배를 힐난하기 위해 처음 사용되었으며 이후 팽창주의 정책에 대한 지지를 지칭하는 의미로 확대되었다. 제국주의라는 용어의 역사에 대한 짧은 소개는 파슨스(2012, 21); 하

근대 제국에 대한 이와 같은 이해가 얼마나 정확한가를 논하는 것이 이 장의 관심은 아니다. 이 장에서 문제 제기하고자 하는 바는 이러한 근대 제국주의를 모델로 한 제국관을 무의식적으로 과거의 세계에 투영함으로써 결과되는 역사적 인식의 부정확함에 대한 것이다. 제국이라는 개념이 얼마나 보편적인 적용가능성을 갖는가에 대한 논의는 놀라울 정도로 없다. 그러나 역사 속의 모든 시간과 공간에 동일한 정치질서관이 통용되고 있었다고 전제하지 않는 한 이러한 질문은 필수적이다. 아테네인들이 그리스 세계 전체에 수립하였던 헤게모니와 지배권 그리고 고대 로마인들이 일으켜 세운 지중해와 서유럽세계를 포괄하는 지배체제, 중세의 신성로마제국을 중국에서 정치질서관에서 등장한 제국이라는 개념으로 번역할 수 있다고 말하려면 그들에게 시대와 공간을 뛰어넘는 공통적인 특징이 있음을 보여야 하기 때문이다. 오늘날 제국에 대한 여러 논의들에서 종종 등장하는 문제는 그러한 노력을 생략한 채 근대에 등장한 제국관을 본질적인 것으로 만들어 과거에 대한 이해에 적용하고 있다는 사실이다.[2] 전근대 시대 중국을 식민본국으로 전근대 한국을 식민지로 기계적으로 대입하거나 스페인 제국의 역사나 영국

우(2007, 53-57) 참조. 더불어 고대 그리스에도 고대 로마에도 다른 국가 혹은 지배영역과 구분하여 제국과 제국주의를 지칭하는 용어는 존재하지 않았다는 사실 역시 유념해야 한다. 투키디데스의 『펠로폰네소스 전쟁사』에서는 아테네 제국을 지칭할 때 지배, 통치, 정부의 다양한 의미로 해석되는 아르케(arche)가 사용되고 있으며, 로마시대에 자신들의 제국을 지칭하기 위해 사용한 임페리움(imperium)이라는 용어 역시 지배, 지배권을 지칭하는 일반 용어이다.

2 이러한 비역사적 논의방식은 독일과 다른 나라에서 큰 반향을 불러일으켰던 헤어프리트 뮌클러(Herfried Münkler)의 저작에서 두드러지게 나타난다. 이와 관련해서는 뮌클러(2015) 참조. 마찬가지로 제국 '일반'을 관류하는 사회학적·정치학적 공통요인과 메커니즘에 주목하는 입장으로는 Motyl(2001); Doyle(1986) 참조.

제국의 역사로부터 모든 제국의 역사를 읽을 수 있는 유효한 틀을 찾으려 하는 노력은 다분히 이러한 아나크로니즘의 결과이다. 오늘날 제국에 대한 모든 연구는 모든 비역사적 접근법을 벗어나 소위 제국으로 운위되는 정치체들의 존재양식과 그로부터 파생된 정치이론을 보다 실증적으로 연구하고 재구성하는 것에서 시작해야 한다.

이러한 문제의식 위에서 이 장은 중세 제국은 과연 정치적 보편주의와 어떻게 연관되어 있는가, 그리고 중세 제국은 서양정치사상의 발달과정, 특히 인민주권의 발달과 어떻게 연관되어 있는가를 논하려 한다. 이 두 논제는 상호 긴밀히 연관되어 있을 뿐 아니라 서양사와 정치사상의 연구자들 가운데 널리 퍼져 있는, 중세의 제국관에 대한 중대한 오해들과도 관련이 있다. 그러한 오해들을 집약하고 있는 것이 존 포콕(John G. A. Pocock)일 것이다. 그는 르네상스 및 근대 영미 정치사상연구에 큰 획을 그은 것으로 평가받는 『마키아벨리안 모멘트(*The Machiavellian Moment*)』(1975)에서, 이탈리아 도시국가, 특히 피렌체에서 발전한 시민인문주의가 공화정이라는 자신의 존재를 보편제국과 군주정을 보편적인 정치모델로 하는 서양 중세정치관의 틀 내에서 합리화할 수 없다는 데에서 시작했다고 주장했다. 어쨌거나 군주정이라는 차원에서 형이상학적 보편질서와 일정한 일치점을 가지고 있는 개별 군주국들에 비해 공화정이라는 정치질서를 가지고 있는 피렌체를 위시한 여러 도시국가들은 자신의 질서를 정당화하는 데 어려움을 가질 수밖에 없었으며, 이는 결국 스스로를 소위 보편과 구분되는 '특수'한 질서로서, 바로 그러한 만큼 등장과 사멸이라는 비보편적 존재들의 운명에 그 어떠한 정치질서보다도 적나라하게 노출된 존재로서 바라보는 시각으로 이어졌다. 이로부터 시간의 흐름, 특히 질서의 타락과 소멸이라는 문제와 이에 대해 어떻게 맞설 수 있는가의 문제가 정치사상의 핵심문제로 대두될 수밖에 없었으며, 이를 면려하는 과정에서 시민공화주의(civic republicanism)가 성장하였다. 통제할 수 없는 불확실성과 변화를 상징하는 포르투나(fortuna)와 이를 통제하는 수단으로서 비르투(virtù)의 대립이라는 마키아벨리 정치사상의 주요 메타포 역시 이러한 흐름에 있다는 것이 포콕의 주장이다(Pocock 2003, 83ff.).

여러 가지 점에서 포콕의 주장을 비판할 수 있겠지만, 제국과 관련하여 특히 지적해야 할 사실은, 중세의 제국이 형이상학적인 위계질서관의 정치적 표현으로서 군주정을 이상적으로 구현한 보편질서로 관념화되었다는 그의 생각이 사실은 19세기 낭만주의가 퍼뜨린 중세관에서 배태된 것이며, 역사적 현실과는 거리가 있다는 점이다. 실제 중세는 기독교 세계, 보다 정확하게는 로마 가톨릭이라는 공통의 종교적 이상에 기반한 공동체라는 의식이 자리 잡고 있는 반면, 동시에 국가와 민족 간의 반목이 만연한 시대였다. 기독교 세계의 정치질서를 그림에 있어 각 정치집단은 자신들의 이해에 따라 상이한 주장을 보이곤 하였다. 중세가 공통의 종교적 이상을 공유하고 있었고 이의 실현자로서 종종 제국을 관념했음은 사실이다. 그러나 종교적 보편주의가 곧 정치적 보편주의를 의미하였는가 하는 문제는 좀 더 깊이 고려해야 할 문제이다. 중세 정치사상의 발전을 여러 가지 측면에서 규정한 아우구스티누스는 제국에 직접적으로 종교적 광휘를 부여하려는 모든 시도에 대해 회의적인 입장을 취했다(Augustinus 2003).

신국(civitas dei)은 결코 인간의 눈으로 인식할 수 있을 만큼 뚜렷한 모습을 가지고 현실에 존재하지 않는다는 아우구스티누스의 주장은 매우 중요하다. 그의 입장에서 인간이 이룬 어떠한 집단이나 인간의 어떠한 행위도 결코 구원과 연결되어 있음을 확신할 수 없다. 물론 아우구스티누스의 이러한 급진적인 회의론은 중세의 발전 과정에서 희석되었다. 제국도, 교회도, 때로는 개별 왕국도 자신의 존재가 신의 구원의 계획과 직접적으로 연결되어 있음을 주장함으로써 권위와 독자성을 보장받고자 하였다. 그러나 제국을 신의 구원의 계획 속에 존재하는 보편정치체로서 자리매김하는 것은 결코 용이한 일이 아니었다. 확실히 모든 기독교인이 로마 가톨릭 안에서 하나의 공동체를 이룬다는 점에 대해 이의를 제기하기는 어려웠다. 그러나 이때의 기독교인은 세례라는 상징적 행위를 통해 교회 안에서 '거듭난 존재'를 의미하였다. 중세의 어느 사상가도 현실의 인간과 이들 '거듭난 존재'를 동일시할 수 있다고 보지 않았다. 원죄의 결과와 결함을 여전히 안고 세속(saeculum)을 살아가는 현실의 인간이 과연 하나의 정치공동체에 묶여야 하고 묶일 수 있는가에 대한 대답은 결코 자명한 것이 아니었다. 제국의 역할과 필요에 대한 대답은 정치적 상황과 이해, 이데올로기적 지형의 변화에 따라 얼마든지 다르게 주어질 수 있었고 실제 그러하였다.

이러한 사실은 중세의 제국을 신학과 형이상학의 필연적 결과처럼 묘사하는 것이 무리가 있음을 말해 준다. 사실 중세의 제국을 신학과 형이상학이 제시하는 보편주의의 정치적 표현으로 보는 것은 중세 정치사상 및 제도의 정체성과 비생산성이라는 오해와 깊은 연관이 있다. 다시 말해 제국에 대한 중세의 논의를 추상적인 형이상학과 신학의 연장으로 봄으로써 제국에 대한 상상력이 궁극적으로 형이상학과 신학이 그어 놓은 한계를 결코 벗어날 수 없으리라는 편견을 갖게 될 뿐 아니라 중세의 제국사상을 현실과의 긴장 속에 움직이는 정치담론으로서 파악하기 어렵게 된다. 또한 형이상학적·신학적 보편주의와 동일한 것으로 이해된 제국은 이후 근대 세계에서 본격적으로 등장하게 될 정치질서의 분열, 즉 국민국가의 등장 및 민족주의의 등장의 반대물로 관념화된다. 그러나 아래 논의에서 밝히듯 이러한 중세의 제국사상에 대한 생각은 사실상 선입견에 지나지 않는다.

이 장에서 특히 주목하는 것은 14세기 이후의 정치이데올기적 발전 속에서 보이는 중세 제국관의 역동성, 특히 인민주권론(Theory of Popular

Sovereignty)의 등장과의 관련성이다. 14세기 이후 중세 정치사상에 있어 중요한 전환이 일어났다는 사실은 잘 알려져 있다. 이러한 전환의 이유로는 대학의 발전에 따른 교육받은 세속 지식인들의 대두, 이들이 습득한 여러 지식, 특히 로마법과 아리스토텔레스 철학에 따른 새로운 시각과 담론의 등장 등 여러 가지를 들 수 있겠지만(Miethke 2008, 1-24) 그 못지않게 근본적인 이유는 십자군 전쟁을 거치며 권위와 권력을 키운 로마 가톨릭 교회와 13세기 이후 성장해 온 속권들 간의 분쟁에서 찾을 수 있다. 본래부터 교황을 수장으로 하는 교회가 속권들과 분쟁을 일으킬 소지는 중세의 정치, 사회, 경제 구조 내에 산재해 있었다. 교황들은 심지어 그들이 황제나 다른 세속 군주들의 권력에 의지해야 할 때조차도 신과 가장 가까이 있으며 신의 위임을 받아 인간의 구원을 책임져야 할 존재로서 자신과 자신의 조직이 갖는 우월성에 대한 신념을 버리지 않았다. "교회 밖에 어떠한 구원도 없다"(Salus extra ecclesiam non est)(Mazzolini 2016, 42-45)는 키프리아누스(Cyprianus)의 주장은 곧 "교회 밖에 어떠한 권력도 존재할 수 없다"(extra ecclesiam non est imperium)(Muldoon 1996)는 입장으로 발전하여 로마 가톨릭 교회의 기본 원칙이 되었다. 교회와 세속권력 간의 관계가 별 탈 없이 흘러갈 때에는 이러한 주장이 아무런 문제가 되지 않았다. 그러나 양측이 대립을 하는 순간이 오면 이러한 주장을 둘러싸고 순식간에 격렬한 이데올로기 투쟁의 장이 펼쳐졌다. 특히 그러한 대립은 13세기 후반부터 14세기 초반에 이르는 시기에 매우 격렬하였으며, 종종 심각한 프로파간다전으로 이어졌다. 그리고 앞서 언급한 교육받은 지식인들은 각자가 믿는 바를 다양한 지식의 자원을 동원하여 옹호하려 노력하였다. 그 결과 14세기 이후 서양 중세 정치사상사에 매우 중요한 발전이 이루어졌다. 여기서 특히 주목할 만한 사실은 국왕의 권력이 교황을 매개해서 신으로부터 주어진다는 로마 교회에 대항해 벼려지는 과정에서 국왕의 권력을 인민의 동의로부터 끌어내려는 여러 시도가 대두되었다는 점이다. 권력이 인민의 동의에 기인한다는 주장은 특히 선출이라는 과정을 정당성의 일부로 가지고 있는 신성로마제국 측이 이용하기에 용이하였다. 중세의 가장 급진적인 인민주권론의 표명으로 여겨지는 파두아의 마르실리우스(Marsilius of Padua)의 제국관은 이러한 맥락에서 이해될 수 있다.

종합하여 이 장은 중세 제국사상의 발전이 가지고 있는 복잡성을 이해하고 그 의미를 새롭게 비정하는 데 목표를 두고 있다.

II. 제국과 보편권력

앞서 밝힌 대로 오늘날 중세 제국 및 제국에 관한 여러 관점과 이론을 연구하는 데 있어 여러 가지 오해들에서 벗어날 필요가 있지만, 그중에서도 제국의 존재의의와 정당성에 대한 라틴 기독교 세계를 포괄하는 보편적인 동의가 존재했다고 보는 관념을 교정할 필요가 있다. 이에 의하면 중세의 정치관은 근본적으로 전체론적 경향에 의해 지배되고 있었다. 사회정치적 가치의 중심에는 개인이 아닌 집단이 놓여 있었고 각 집단은 더 큰 상위집단의 부분으로서 일차적으로 사고되고 그 의의를 부여받았다. 개인으로부터 보다 큰 집단으로 상승하는 거대한 위계질서의 정점에는 이들 전체를 포괄하는 최상위의 보편질서체가 있거나 있어야 한다고 믿어졌다. 이러한 사고는 궁극적으로 보편제국의 사상으로 수렴할 수밖에 없었으며, 그러한 만큼 제국은 그 정당성과 필요에 있어 의심의 여지를 남겨 두지 않는 당연하고 자연스러운 정치질서였다. 그리고 최상위의 보편질서로 여겨졌던 바로 그 이유로 인해 제국은 실제 정치에서나 이념의 차원에서 또 다른 필연적인 보편질서체로 여겨졌던 교회와 경쟁하여야 했다. 중세의 제국을 이와 같이 바라보는 관점은 서양의 정치사 및 정치사상사 서술에 큰 영향을 끼쳤다. 국가독립의 사상이나 주권사상의 등장을 근대 정치세계의 출현과 등치하는 시각 역시 여기에서 기인한다.

그러나 이러한 주장은 역사적으로 입증될 수 없다. 이미 서임권 분쟁 당시에도 각 국가권력이 지닌 배타성은 당연한 것으로 인정되고 있었다. 교황 이노켄티우스 3세(Innocentius III)가 그의 교서 'Per venerabilem'(1202)에서 밝혔던 원칙, "국왕은 자신의 왕국 내에서 세속업무와 관련하여 어떤 상위자도 인정하지 않는 최고명령권자이다"(Rex superiorem non recognoscens in regno suo est Imperator)라는 주장은 그 자체로 전혀 비중세적일 것이 없었다.[3] 제국의 존재와 필요에 대한 가장 강력한 회의론은 물론 독일의 군주들과 경쟁관계에 있던 프랑스 군주의 주변에서 등장했다. 프랑스가 제국관을 어떻게 바라보았는가를 이해하기 위해서는 무엇보다도 '제국 일반'에 대한 태도와 '독일인의 제국'에 대한 이해를 구분할 필요가 있다. 중세에 민족의식이나 민족주의에 비견될 만한 강력한 혈연공동체의식이 존재하지 않았다고 보는 것은 중세 제국에 대한 일관된 동의가 있었다는 주장과 같은 뿌리를 지니고 있다. 이러한 주장은 아예 처음부터 중세의 문헌들을 고려대상에 넣지 않고 있거나 혹은 민족의식이나 민족주의를 너무 협소하게 정의해서 근대 서유럽의 몇몇 사례들에만 적용할 수 있게 해 놓았다.[4] 그러나 최근의 연구성과들은 이러한 주장에 강력한 의문을 제기하고 있다.[5] 실제로 존재했던

---

3 *Register Innozenz III. 5. Pontifikatsjahr*. Texte, ed. Othmar Hageneder, Vol. 5 (Rome, 1993), 249-255. 교서(Per venerabilem)에 대해서는 Miethke(2004, 105-108); Walther(1976, 14-19); Tierney(1962); Calasso(1957, 39-53) 참조.

4 Anderson(2006); Hobsbawm(1990); Gellner(1983).

5 이에 관한 연구들은 계속 증가하고 있다. 예를 들어, Bues and Rexheuser(1995);

민족의식 내지 애국주의는 제국을 바라보는 관점에도 다양한 영향을 끼쳤다.

인간본성의 타락과 탐욕의 만연, 지혜의 상실은 근본적으로 세계를 혼란과 분쟁 속에 빠뜨릴 수밖에 없다는 전제에서 중세의 국가이론은 출발하였다. 이러한 사고의 논리적 연장에서 적어도 기독교 세계의 국가들 간 관계를 규율할 보편적인 권력이 필요하다는 것에 대해서는 동의까지는 아니라 하더라도 일반적인 지지가 있었다. 뒤에서 살펴볼 14세기 이후의 제국론은 이러한 사고를 좀 더 정교화한 것이다. 그러나 그 기본 논조는 다르지 않았다. 국가가 하나의 정부와 수장의 지배를 받음으로써 평화를 유지하게 되듯 기독교 세계와 인류 전체는 보편제국과 그 수장의 지도를 받을 때에야 비로소 평화를 유지하게 된다는 사상이 전체를 지배했다. 그런데 과연 그러한 제국이 현재 라인강을 끼고 동쪽으로 펼쳐진 독일인의 제국이어야 하는가에 대해서는 이견이 적지 않았다.[6] 예를 들어 14세기 초 피에르 뒤부아(Pierre Dubois)는 제국의 존재를 긍정하였지만, 그를 떠맡아 유럽 내 군주들 간의 조정자로 역할하는 것은 강력한 프랑스 왕정이 해야 한다고 믿었다(Jones 2007).

중세를 통틀어 프랑스에서 출현한 가장 급진적인 유보의식은 뒤에서도 보게 될 파리의 존(John of Paris)에서 발견된다. 그는 14세기 초에 작성된 『국왕권과 교황권에 대한 논고(*Tractatus de potestate regia et papali*)』에서 다음과 같이 주장하였다.

Ehlers(1989); Beumann and Schröder(1978) 참조. 특히 제국과 독일 민족의식의 발달에 관한 연구로는 윤비(2011); Müller-Mertens(2007; 2006); Beumann(1978) 참조.

6 Jones(2007); Moeglin(2006). 다른 유럽 지역에서 나타나는 제국관과 관련해서는 Gawlas(2006); Keller(2006) 참조.

모든 기독교도들이 하나의 정치공동체에 속해야 하는 것은 아니다. 오히려 지리적 위치, 언어, 기타 삶의 조건의 다양함 때문에 여러 형태의 삶의 형식과 정치질서가 존재할 필요가 있다. 한 집단에게 좋은 것이 다른 집단에게 그다지 좋지 않을 수 있다.[7]

아이러니하게 들릴 수 있지만 제국을 직접적인 통치라는 의미에서의 보편적 지배권으로 보지 않은 것은 황제들도 마찬가지였다. 중세 시기 제국관을 이해하는 데 근대 식민제국주의의 모델을 그대로 적용하는 것은 커다란 오해를 낳는다. 근대 제국주의는 권력의 위계 정점에 존재하는 최상위 권력체, 다시 말해 지배권 내에 존재하는 모든 다른 권력 위에 올라서는 정치체제의 수립과 유지를 궁극적인 목표지점으로 삼는다.

결론부터 이야기한다면 중세를 통틀어 그러한 제국은 존재해 본 일도 없고 그러한 제국을 건설하겠다는 계획이 추진된 일도 없다(Ehlers 1998). 샤를마뉴(Charlemagne) 제국이 전성기에 달했을 때조차 남부이탈리아를 비롯한 라틴 기독교 세계의 여러 지역은 비잔틴제국의 통제를 받고 있었으며 샤를마뉴 스스로도 자신이 건설한 왕국이 세계는 물론이거니와 기독교 세계의 유일한 최상위 권력이라는 생각조차 하지 않았다. 따라서 그러한 생각을 현실로 만들어 보겠다는 계획 따위는 처음부터 존재할 수 없었다. 작센족의 수장 오토 대제(Otto the Great)가 건설한 제국 역시 오늘날 독일과 그 동쪽의 영역, 그리고 오늘날 프랑스 남동부와 이탈리아 북부 및 중부를 포괄하는 방대한 것이기는 하였으나 '보편

7 John of Paris(1969, 83): "Non sic autem fideles omnes necesse est convenire in aliqua una politia communi, sed possunt secundum diversitatem climatum et linguarum et condicionum hominum esse diversi modi vivendi et diversae politiae, et quod virtuosum est in una gente non est virtuosum in alia."

권' 혹은 '최상위 권력'이라는 관념과는 거리가 멀었다.

샤를마뉴는 로마의 왕(rex romanorum), 즉 황제라는 의미를 자신의 권력에 광휘를 부여하기 위한 수단 이상으로 여기지 않았다. 아인하르트(Einhard)는 『샤를마뉴 전기(*Vita karoli magni*)』에서 샤를마뉴가 레오 3세(Leo III) 교황이 800년 크리스마스 이브에 그를 황제로 대관했을 때 이를 탐탁지 않게 여겼다고 말하는데,[8] 이것이 샤를마뉴의 겸양함을 드러내려는 의도인지 아니면 정말로 그가 황제라는 칭호 자체에도 관심이 없었는지를 판단하기는 어렵다. 그렇다고 하더라도 샤를마뉴가 레오 교황으로부터 마치 봉신이 봉주로부터 수봉 받듯 대관을 받는 것을 탐탁하게 여기지 않았음은 확실해 보인다. 샤를마뉴의 신앙심을 아무리 강조한다고 해도 그는 자신의 존재를 교회의 시복으로서가 아니라 일차적으로 프랑크 왕국의 왕이라는 차원에서 이해하였으며, 황제라는 칭호는 그 권위에 대한 추인 정도로 여겼던 것이다.

중세의 황제들이 결코 절대적·실질적 의미에서의 보편권력을 추구하지도 자신들의 권력을 그렇게 이해하지도 않았다는 많은 증거들 중 하나는 비잔틴 동로마제국과의 관계에서 그들이 보여 준 태도이다. 중세의 황제들이 힘쓴 것은 비잔틴의 동로마제국 황제로부터 세력권을 인정받거나 동등한 황제로서의 인정과 대우를 받는 것이었지, 결코 비잔틴제국을 굴복시키거나 그 상위의 권력으로서 복종을 이끌어 내는 것은 아니었다. 확실히 이 두 세력 간에는 갈등과 경쟁심리가 작동하고 있었다. 아인하르트는 『샤를마뉴 전기』에서 다음과 같이 적었다.

8 Einhard(1996, 52): "Quo tempore imperatoris et augusti nomen accepit. Quod primo in tantum aversatus est, ut adfirmaret se eo die, quamvis praecipua festivitas esset, ecclesiam non intraturum, si pontificis consilium praescire potuisset."

> 그(샤를마뉴)는 자신의 황제대관을 저주했던 동로마제국 황제들의 질투를 놀라울 정도의 평정심을 가지고 참아 내었다. 그는 그들의 저항을 대범하게 극복했고(이 점에서 그는 그들을 한참 능가했다), 그들에게 많은 사절들을 보내는 가운데 언제나 편지에서 그들을 형제들로 칭했다.[9]

이 짧은 언급에는 동로마제국과 샤를마뉴 제국 간의 현실정치적 갈등이 반영되어 있는 동시에, 동로마 황제들을 대한 샤를마뉴의 태도를 통해 그가 결코 자신을 전 기독교 세계를 아우르는 최상위의 권력자로 보지 않았음을 보여 준다. 오토 대제의 위임으로 동로마제국과의 외교에 참여하였던 크레모나의 리우트프란트(Liutprand of Cremona)나 『황제 프리드리히 1세 원정기(*Historia de expeditione Friderici I imperatoris*)』(968-970)에서 프리드리히 바르바로사(Friedrich Barbarossa)의 십자군 원정을 기록한 수도사 안스베르트(Ansbert)가 동로마제국의 황제들을 격렬하게 비난하였을 때 이들을 분개시킨 주요한 원인은 동로마제국이 적절한 존중을 표시하고 동일한 황제로서 대우하지 않는다는 것이었다.[10]

제권을 중세의 지배자들이 매력적으로 본 것은 그로부터 일종의 직접적인 보편지배권을 기대하였기 때문이 아니다. 중세의 지배자들은 한편으로는 황권이 주는 권위를, 다른 한편으로는 황제가 됨으로써 이탈리아 왕국(Regnum Italicum)을 지배하게 되면 얻게 될 물질적 이익을 탐

---

9 Einhard(1996, 52): "Invidiam tamen suscepti nominis, Romanis imperatoribus super hoc indignantibus, magna tulit patientia. Vicitque eorum contumaciam magnanimitate, qua eis procul dubio longe praestantior erat, mittendo ad eos crebras legationes et in epistolis fratres eos appellando."

10 Liutprand of Cremona(2007, 238-282). 안스베르트의 연대기는 Chroust(1928, 1-115)에 수록.

했다.[11] 십자군 전쟁 이후 북부와 북중부 이탈리아에 부유한 도시들이 들어서게 되면서 특히 후자가 주는 매력은 더해 갔다. 몇 번은 중세 독일의 황제들이 로마에서 대관식을 올리기 위해 병력을 대동하고 알프스를 넘어 이탈리아 땅으로 들어서기도 하였다. 그들은 그러한 의식을 통해 자신을 정당한 황제로 인정받고, 자신의 권위에 대한 어떠한 의문도 불식시키고자 하였다. 다른 한편 그들의 이탈리아 원정은 부유한 도시들과 자치권을 새로 협상하고 세금을 받아내려는 뚜렷한 경제적 목적을 지니고 있기도 하였다.

만일 양측이 적절한 합의를 보지 못하면 황제의 남정(南征)은 매우 위험한 길이 되기도 하였다. 프리드리히 바르바로사가 알프스를 넘어 롬바르디아 평원에 들어섰을 때 그는 성문을 굳게 걸어 잠그고 길을 내주지 않으려는 도시들과 적지 않은 전투를 치르며 힘들게 앞으로 나아가야 하였다. 1176년 프리드리히의 군대는 레냐노(Legnano)에서 롬바르디아 도시동맹군과 사활을 건 싸움을 벌여야 했으며, 결국 치욕적인 패배를 경험하고 물러서야 하였다. 단테(Dante Alighieri)가 『제정론(*De monarchia*)』(1312-1313)을 쓰면서 아마 염두에 두었을 하인리히 7세(Heinrich VII)의 경우는 더 혹독하였다. 황제가 5,000명 가량의 군대를 거느리고 알프스를 넘어 이탈리아에 도착한 것이 1310년이었으며, 로마에서 대관식을 올린 것은 1312년이었다. 2년에 가까운 체류기간 동안 황제는 한편으로 교황과 연합한 반황제파 도시들과 힘든 싸움과 협상을 벌여야 하였으며, 다른 한편으로는 각 도시로부터 얻을 수 있는 이익을 쥐어짜 내기 위해 노력해야 하였다.

그러나 황제들은 보편지배자로서 자신의 지배권을 실질적으로 확

11 Weinfurter(2008, 52-67); Pauler(1997, 9-36).

립하는 일에는 별 관심이 없었으며 처음부터 시칠리아에서 자라나 이탈리아를 자신의 고향으로 알았던 프리드리히 2세(Friedrich II)를 제외하면 이탈리아를 따로 찾거나 친정을 위해 머무는 일도 없었다.

중세의 정치가들과 문필가들에게 보편권력으로서의 제국이라는 관념은 실제의 지위와 통치범위를 염두에 둔 것이 아니라, 앞서 잠시 언급하였듯, 최고의 권위, 혹은 대표성이라는 의미가 훨씬 더 강했다. 중세 초와 중세 성기의 문헌에서 제국은 언제나 고대 로마제국과의 유비관계 속에서 이해되었다. 여기서 염두에 두고 있는 로마제국은 로마의 황제들이 이해한 로마제국이 아니라 기독교회가 희망하고 그렸던 로마제국으로서, 여러 민족과 집단을 아우르는 최상위의 거대정치체를 의미하기보다는 기독교 교회의 보호자이자 모든 기독교도들의 이해를 대변하는 대표정치권력을 의미한다. 레오 3세 교황이 샤를마뉴를 800년 크리스마스 이브에 로마에서 황제로 대관하였을 때 교회가 바랐던 것은 효율적인 보호도 제공하지 못하고 성가시게 간섭하려 드는 비잔틴 황제의 세력을 대체할 새로운 보호자를 내세우는 것이었다. 황제권이 오토 왕조와 살리(Sali) 왕조를 거쳐 호헨슈타우펜(Hohenstaufen) 왕조로 넘어가면서 등장한 신성로마제국(Sacrum imperium Romanum)이라는 명칭은 이러한 사고의 연장선에서만 이해될 수 있다(Koch 1972). 여기서 신성(sacrum)이라는 형용어는 교회의 보호자로서 전체 구속사에서 갖는 제국의 지위를 집약하고 있다. 로마제국의 일차적 의의는 세계의 패권을 차지하는 것이 아니라 교회를 보호하고 원조하는 데 있다. 중세 내내 제국의 정당성의 근거로서 제시되었던 제권전이이론(translatio imperii)은 이러한 맥락에서 그 의미를 드러낸다.[12] 이에 의하면 최초 제권은 로마제

12 제권전이이론에 대한 가장 상세한 토론은 Goez(1958) 참조.

국에 있었으며 제국이 몰락한 이후 비잔틴제국(라틴 기독교 세계에서 이들은 종종 '그리스인들'(Graeci)이라고 불렸다)으로 넘어간다. 하지만 그리스인의 제국은 본래의 사명인 교회를 보호하고 그 이해를 증진시키는 일[13]에 실패함으로써 제권의 정당성을 잃고 만다. 이에 교황은 샤를마뉴의 대관을 통해 제권을 프랑크족에게 넘기게 되고 이후 동프랑크 제국과 오토 제국을 거쳐 제권은 최종적으로 독일인(Teutonici)들의 손에 머물게 된다.

제권전이이론은 다양한 형태로 변형되어 등장한다. 12세기 대표적인 지식인 중 하나인 프라이징의 오토(Otto of Freising)가 주장한 제권전이론은 위에서 제시한 전이의 순서를 고전적으로 따르고 있는 편이지만[14] 이와는 다른 이론도 존재하였다. 이러한 이론들은 각 저자들이 지지하는 왕조의 이해에 맞게 각색되었을 뿐 아니라 일종의 민족적 자긍심 내지 초기적 민족의식이 영향을 드러내기도 한다. 트롸의 끄레띠엥(Chrétien de Troyes)이 제권이 마지막 머무는 곳을 프랑스로 보았던 이유를 그의 주 활동무대가 프랑스였다는 것 이외에 달리 설명할 방도는 없다.[15]

이러한 제국에 대한 이해가 황제를 교회의 종속권력으로 본다는 것을 의미하지는 않았다. 교황으로부터 일반 고위 성직에 이르기까지 중

13 여기서 교회는 안티오크의 대주교와 황제에 의해 이끌어지던, 당시로서는 훨씬 더 잘 조직되고 높은 신학적 논의수준을 보이던 동방교회를 말하는 것이 아니라 베드로의 후계자로서 모든 교회의 수장이라고 스스로를 내세우던 로마 교황의 교회를 말한다.

14 그는 랑고바르드(Langobard)족에게 제권이 '찬탈'되었던 시기를 샤를마뉴의 프랑크족이 제권을 차지했던 시기와 독일인들이 최종적으로 제권을 넘겨받는 시기 사이에 끼워 넣는다. 프라이징의 오토의 제국전이이론에 관한 상세한 논의는 Goez(1958, 111-130) 참조.

15 Goez(1958, 124).

요한 직위는 황제에 의해 임명되고 통할되었으며 서임권 투쟁에서 보이듯 교회는 이러한 구속을 벗어나기 위해 힘든 투쟁을 벌여야 하였다. 황제는 스스로를 신의 대리인(vicarius Dei)이며 인간과 교회를 매개하는 핵심적 역할을 부여받은 것으로 여겼다. 1000년경 제작된 〈리우타르(Liuthar) 기도서〉는 이러한 생각을 잘 보여 준다(그림 1). 여기서 황제 오토 3세(Otto III)는 반인반신의 이미지로 그려지고 있다. 그림에서 그의 몸을 가로지르는 긴 스크롤은 천상과 지상의 경계를 의미하며 그 양쪽으로 황제의 신체가 펼쳐져 있다는 것은 그가 천상과 지상을 매개하는 존재임을 말한다. 그를 하늘에서 대관하는 손은 그의 권위가 신으로부터 직접 비롯된다는 주장을 담고 있다. 이러한 황제권에 대한 신격화는 다른 부분에서도 나타난다. 황제는 만돌라에 둘러싸여 있으며, 주변에는 4 복음서를 상징하는 사람, 황소, 독수리, 사자가 그려져 있다. 이러한 묘사가 사실상 예수 혹은 신과 황제의 유비에 기초해 있다는 사실은 이를 프랑스 샤르트르(Chartres) 대성당 서쪽 문 팀파눔에 새겨진 조각과 비교해 보면 극명해진다(그림 2). 비록 앞서의 기도서보다 2세기가량 늦게 만들어진 조각이지만, 그 안에 담긴 생각은 중세 내내 보편적으로 받아들여진 것이었다. 여기서 예수는 마찬가지로 만돌라에 둘러싸여 있으며, 주변에는 앞서 말한 4 복음서의

그림 1 **오토 3세(Otto III)와 아들들. 〈리우타르(Liuthar) 기도서〉. 10세기경.**

그림 2 만돌라에 싸인 예수와 4 복음서의 상징. 프랑스 샤르트르 대성당 서쪽 문 팀파눔 조각. 12세기경.

상징들이 배치되어 있다.

제국과 제권에 대한 전반적 이해는 13세기 후반까지도 이와 같은 구속사(救贖史)적 맥락을 좀처럼 벗어나지 못하였다. 프라이징의 오토는 제권이 존립해야 하는 가장 중요한 정당성의 하나로 성경의 예언에 기록된 세계종말의 순간에 나타날 안티 그리스도(Antichrist)의 지배를 들었다(Otto of Freising 1990, 8.1-5).

가짜 선지자이며 예언자로서 나타날 안티 그리스도의 등장은 세계를 엄청난 혼란과 고통으로 몰고 갈 것이며, 그의 지배는 제국이 무너지는 순간에 시작될 것이다. 오토의 주장은 그러한 공포를 피하고자 한다면 황권을 전력을 다해 지지해야 한다는 것으로 결말이 지어진다(Otto of Freising 1990, 8.2). 유사한 생각이 오늘날 남아 있는 『안티 그리스도 극(*Ludus de Antichristo*)』(1160)의 대본에도 담겨 있다. 황제는 안티 그리스도의 도래에 맞서 기독교 세계를 보호할 모든 기독교도들과 기독교 국가들의 구심으로 그려진다(*Ludus de Antichirsto*, 1992).

오늘날 우리가 흔히 그리는 중세의 형이상학적 제국론이 본격적으로 모습을 드러낸 것은 사실 14세기이다. 그 기본주장은 국가가 하나의 정부와 수장의 지배를 받음으로써 평화를 유지하게 되듯 기독교 세계와 인류 전체는 보편제국과 그 수장의 지도를 받을 때에야 비로소 평화를 유지하게 된다는 것이다. 이를 위해 이전 국가이론에 등장하던 여러 개념, 특히 형이상학의 언어가 동원된다. 모든 사회는 하나의 구심을 지향할 때 단합할 수 있으며, 바로 그러한 단합을 통해 인간들은 자신에게 걸맞는 지성적·사회적 존재로서의 삶을 영위할 수 있다.

14세기에 제국을 변호하기 위해 쓰인 작품 중 가장 커다란 논쟁을 불러일으킨 저작인 『제정론』에서 단테는 부분은 전체를 최고 목적으로 하듯 모든 왕국은 보편군주와 그의 지배를 따라야 한다고 주장한다.[16] 이를 통해 신이 우주에 구현한 원리, 즉 단일 운동에 의해 우주 모든 부분의 존재와 운행이 지배된다는 원칙이 인간사회 안으로 구현된다(Dante 1989, 1.9.2). 만물에서 최고로 하나인 것이 최고로 선하듯(Dante 1989, 1.15.2) 인류는 전체의 일치를 통해 가장 좋은 상태에 도달하며(Dante 1989, 1.15.8) 이를 위해 보편군주의 지배가 필요하다는 것이 그의 주장이다. 이러한 목적에 봉사하는 황권은 신을 통해 직접 주어진 것으로서 비록 현세의 행복을 추구한다는 목적이 구원이라는 목적에 부차적인 만큼 교회와 그 지도자의 지도를 따라야 하더라도(Dante 1989, 3.15.17-18) 그 자체로 독립적이다.

유사한 주장을 아드몬트의 엥엘베르트(Engelbert of Admont) 역시 내세웠다. 그는 1312-1313년간에 쓴 『로마제국의 기원과 종말(*De ortu et*

16 Dante(1989, 1.6.1-4). 내용 소개와 연구문헌에 대한 정보는 윤비(2011, 407-438) 참조.

fine Imperii Romani)』에서 하나가 전체를 다스려야 한다는 자연의 원칙을 내세워, 인간세계 역시 단일군주에 의해 지배될 때 가장 평화로울 수 있다고 주장한다.[17] 그는 이 세상에는 오직 단 하나의 신의 법이 있고, 단 하나의 바른 종교가 있으며, 이에 부합하는 단 하나의 인간의 법이 있다고 밝히고, 그 귀결로서 단 하나의 국가, 단 하나의 지배자가 서는 것이 당연하다고 주장한다. 단테와 마찬가지로 그의 결론은 "신의 섭리에 의하면 반드시 가장 높고 보편적인 하나의 존엄한 권력이 이 세상에 존재하기 마련이다. 이 권력에게 세상의 모든 국가와 종족은 복종함으로써 온 세상에서 국가와 종족들 간의 조화를 도모하고 지켜내야 한다"[18]는 것이다.

14세기의 저자들은 인류와 인류의 평화에 제국이 필요없거나 심지어 해롭다는 주장을 반박하기 위해 고대 로마제국의 정당성을 밝히고 그 성과를 비정하려는 시도로 뛰어들었다. 단테와 엥엘베르트 모두 고대 로마인들이 자주 오류를 범하고 잘못을 저지르기는 하였으나 그럼에도 그들이 이룩한 세계지배는 용기와 덕, 지혜의 산물로 보는 것이 옳다고 역설하였다. 로마의 제권은 찬탈과 협잡으로 얻어진 것이 아니며, 근본적으로 비난받거나 무용하다고 낙인찍힐 이유가 없다는 것이다. 이를 통해 저자들은 제국이 인류의 평화를 위해 근본적으로 할 수 있는 것이

17 Engelbert of Admont(1998). 엥엘베르트의 주장에 대한 설명과 토론은 윤비(2013); Ubl(2006; 2000; 1999) 참조.

18 Engelbert of Admont(1998, 78): "Ergo ex divinae providentiae ordinatione erit de necessitate aliqua una potestas et dignitas suprema et universalis in mundo, cui de iure subesse debent omnia regna et omnes gentes mundi ad faciendam et conservandam concordiam gentium et regnorum per totum mundum."

없으며, 그 자체의 윤리적 결함과 부정의로 말미암아 교회의 지도에 의존해야만 한다는 주장을 반박하려 했던 것으로 보인다.

그러나 보편권력으로서 제국의 존재를 긍정하고 옹호하려는 이러한 노력이 제국의 보편적 지배를 실질적으로 확립하려는 것과는 거리가 있음을 이해할 필요가 있다. 단테의 경우만 하더라도 황제의 지배라는 것이 매우 추상적으로 제시되어 있을 뿐 아니라, 스스로 황제의 직접적인 지배를 의미하지는 않는다는 것을 밝히고 있다. 엥엘베르트의 경우 특정한 경우에는 제국의 지배영역 축소를 받아들여야 한다고 보았다. 예를 들어 프랑스가 누리는 독립왕국의 지위는 발렌티아누스 황제가 프랑크족에게 부여했다고 믿었던 독립권에 기인하는 것이며, 기타 공로에 대한 반대급부로 주어진 독립권 등을 통해, 혹은 황제의 잘못된 정책으로 인해 생겨난 지배영역의 축소 역시 받아들여야 하는 것으로 그는 믿었다(윤비 2013, 134-136). 뿐만 아니라 그는 황제의 보편지배를 자연법과 만민법에 근거한 것으로 둠으로써, 단테와 마찬가지로 사실상 그가 생각한 제국의 보편지배가 실효적 지배와는 다르다는 점을 보여 주었다(윤비 2013, 136-138).

아이러니하게 들릴수도 있지만, 평화의 확립이라는 이념과 제권에의 봉사라는 두 관념에서 가장 먼저 떠오르는 파두아의 마르실리우스(Marsilius of Padua)는 뒤에서 밝히겠지만 오히려 이러한 형이상학적 제국관에 유보적이었다. 『평화의 옹호자(*Defensor pacis*)』(1324)에서 펼친 그의 주장의 핵심은 정부가 평화의 확립과 구호라는 목적에 맞게 일을 하기 위해서는 그 국가 안에 살아가는 사람들의 의사를 따라야 한다는 것이다. 뒤에서 살펴보겠지만 그는 이러한 주장을 통해 교회가 부당하게 국가의 통치행위에 개입하는 것을 비판하였다. 이로써 그는 당시 로마 교회와 갈등을 벌이고 있던 바이에른의 루트비히 4세(Ludwig IV) 황제의 입장을 강화할 수 있었다. 이에 대해 좀 더 상세히 살피기 전에 중세

제국론의 특징인 제국과 선민의식에 대해 잠깐 살펴볼 필요가 있다.

역사상 등장한 주요 제국들은 한편으로 강력한 선민사상에 의해 추동되고 이를 강화하기도 했지만 다른 한편으로 코스모폴리티즘(cosmopolitism)[19]의 진원지가 되기도 하였다.

중세의 제국에 대한 여러 변호론을 살펴볼 때 드러나는 사실은 그러한 코스모폴리티즘의 결여이다. 이미 밝혔듯이 모든 기독교인은 하나의 공동체를 이룬다는 기본적인 생각은 큰 이견이 없이 중세 내내 공유되었다. 그러나 세속의 국가들도 공동체를 이루어야 하는가에 대해서는 이견이 적지 않았다. 파리의 존에게서 발견되는 강한 이원론에 따르면, 세속의 국가가 관할하는 것은 가장 인간적인 필요를 충족시키는 것과 관련된 일이며 실제 기독교인을 하나의 공동체로 만드는 영적 측면은 교회에 맡겨져야 한다. 실제 제국은 곧 기독교 세계의 정치질서에서 대표성과 권위를 의미하였을 뿐 실제 전체 기독교 세계를 포괄하는 정치집단은 아니다. 바꿔 말한다면 모든 기독교도가 제국의 신민은 아니었다. 제국의 신민은 엄격한 봉건적 권리와 의무관계에 의해 한 왕조의 통치하에 놓여 있는 사람들로 제한되었다.

따라서 중세의 제국관은 고대 로마의 제국관에 비견될 만한 코스모폴리티즘의 요소가 자라날 토양이 못 되었다. 오히려 중세의 제국관

19 이는 흔히 사해동포주의라고 번역되지만 적절하지 못하다. 코스모폴리티즘은 다른 사람들을 우주적 질서, 즉 코스모폴리스의 시민으로 본다. 고대의 정치관념에서 폴리스는 가족과는 구분되는 질서이듯 '시민'은 결코 한배에서 유래한 '동포'일 수 없다. 시민은 다른 시민들과 동등한 권리, 의무를 누리는 가운데 자신의 이해를 공공장에서 대변하고 실현하는 존재이다. 이에 비해 동포라는 관념은 생물학적 연관관계를 강조하며 때로 가부장적 질서를 정당화한다. 그러한 혈연적 연관관계에 기초하여 국가의 질서를 설명하고 그 성원들의 권리-의무관계를 규정하는 것은 근대 민족주의에서 비롯되었다.

에서 두드러지는 것은 일종의 선민사상이다. 이미 앞에서 중세의 정치관 안에 민족의식 내지 애국주의의 요소가 곳곳에 침투해 있음을 지적하였다. 프랑스나 이탈리아인들이 제국에 접근하는 방식은 독일인들과 완전히 같지 않은 경우가 적지 않았다. 다시 말해 독일인들은 제권을 자기 이해에 근거하여 바라보았다. 앞서 보았듯 제권은 특정한 집단, 종족, 민족이 갖는 수월성에 근거하여 교회에 대한 봉사를 위해 신으로부터 선택받았음을 의미한다. 이미 제국전이이론 자체가 황제권을 쥔 종족 내지 민족의 우월성 인정을 전제로 하고 있다. 13세기 후반에 활동했던 로에스의 알렉산더(Alexander of Roes) 같은 경우 『로마제국의 특권에 대한 비망록(*Memoriale de prerogativa Romani imperii*)』(1281)에서 일종의 역할분담론을 펼쳐 독일인의 제권을 정당화한다.[20] 제국을 바라보는 알렉산더의 관점은 전통적인 구속사적 관념에 크게 기대고 있다. 동시에 그는 제권이 직접 신으로부터 유래하며 모든 다른 세속권력의 근원이고 따라서 모든 권력의 위에 서 있다고 주장한다. 그에 의하면 이러한 권력은 프랑크 왕국의 수장인 샤를마뉴를 통해 독일인(알렉산더에게 프랑크족과 독일인은 동일한 존재이며, 당시의 프랑스인들은 프랑크족이 아닌 다른 종족에서 기원한다고 본다)에게 넘겨짐으로써 오늘날까지 이른다. 그는 독일인은 원래 로마인과 같이 트로이의 멸망을 피해 온 유민들로서 로마인과 한 뿌리라고 주장한다. 이러한 사고 위에서 알렉산더는 이탈리아에 교회의 지도권이 머무는 만큼, 독일인이 제권을 수임하는 것이 옳다고 주장한다. 한편 프랑스는 학문의 중심지로 남아야 한다.

대중적 상상력에서 민족적 자긍심을 기반으로 한 선민의식이 제

---

20 Alexander of Roes(1949, 18-66). 이하의 예들 중 일부를 포함한 보다 상세한 논의는 윤비(2011) 참조.

국관과 어떻게 연결되는가를 여기서 상세히 논할 수는 없다. 프라이징의 오토와 그의 비서 라헤빈(Rahewin)이 쓴 『프리드리히 연대기(*Gesta Frederici imperatoris*)』(1157-1160)에는 프리드리히 바르바로사가 로마에 도착하여 대관식을 올리려 할 무렵 대관권은 고대 로마의 후예인 로마시민에게 있다고 주장하는 일단의 무리들을 마주하는 장면이 묘사되어 있다. 여기서 황제는 조소를 띠며 다음과 같이 힐문한다.

> 그대들의 로마의 옛 명성에 대해 알고 싶은가? 원로원의 권위에 대해서? 군영의 질서정연함에 대해서? 기사들의 뛰어남과 절제에 대해서? 기사들이 전투에서 보이는 불굴의 정신과 대담함에 대해서? 우리의 나라를 보라. 우리에게 그 모든 것이 있다. 황권과 더불어 그 모든 것이 우리에게로 왔다. 황제의 지배권이 벌거숭이로 달랑 우리에게 온 것이 아니다. 황권에 깃든 힘과 영예와 더불어 우리에게 온 것이다.[21]

이보다 앞서 11세기에 등장한 작자 미상의 『안노의 노래(*Annolied*)』에서는 아예 로마를 정복한 카이사르가 독일인들(diudisci liudi)의 원조에 대한 고마움의 표시로 황제를 선출할 권리를 영구히 하사한 것으로 그려진다.[22] 한 세기쯤 후에 등장한 데어 스트릭커(Der Stricker)의 독일어

---

21 Otto of Freising and Rahewin(1965, 2. 32): "Vis cognoscere antiquam tue Rome gloriam? Senatorie dignitatis gravitatem? Tabernaculorum dispositionem? Equestris ordinis virtutem et disciplinam, ad conflictum procedentis intemeratam ac indomitam audaciam? Nostram interue rem publicam. Penes nos cuncta hec sunt. Ad nos simul omnia hec cum imperio demanarunt. Non cessit nobis nudum imperium. Virtute sua amictum venit, ornamenta sua secum traxit."

22 Müller-Mertens(2006, 20-21); Nellmann(1979).

속어 서사시 「카를 대제(Karl der Große)」에서는 샤를마뉴가 그 역할을 넘겨받는다. 데어 스트릭커는 450에서 462행에 걸쳐 이에 대해 아래와 같이 적고 있다.

> 그(샤를마뉴)는 로마제국과 내가 앞서 말한 다른 여러 나라들을 손에 쥐게 되자 독일인들에게 감사의 표시를 했다네. 독일인들이 충성을 바친 이래 샤를마뉴는 이들의 도움을 받아 그 나라들을 굴복시켰다네. 그래서 그는 보답으로 독일인들이 자신이 모시고 싶은 자에게 제관을 수여할 수 있는 권리를 주었다네. 그리고 이를 글로 적어 두었네.[23]

여기서 주목할 것은 강한 선민의식 외에 '모시고 싶은 자에게 제관을 수여'한다는 표현이다. 이것이 정확히 무엇을 지칭하는지는 알기 어렵다. 선제후에 의한 황제선출방식이 공식화된 것은 이 작품이 쓰이고 적어도 한 세기도 넘는 시간이 흐른 뒤인 1356년 카를 4세(Karl IV)가 금인칙서(Goldene Bulle)를 공표하면서부터이다. 이에 의하면 황제는 쾰른 대주교, 마인츠 대주교, 트리어 대주교, 라인 궁중백, 작센 공작, 브란덴부르크 변경백, 보헤미아 왕, 총 7인의 투표에 의해 선출되게 되어 있었다. 그러나 1254년에서 1272년에 걸친 대공위시대(interregnum) 이후 이미 제후들에 의한 황제선출은 제도로 굳어져 가고 있었으며, 또 그에

23 Der Stricker(2010, Lines 450-461): "do er Römische riche gewan/vnt dar zv elliv div lant,/div ich iv ê han genant,/do sagt er Tivschen livten danch./swaz er der lande betwanch/sit si im wrden vndertan,/das het er gar mit in getan./des gap er in zelone,/daz si Romische chrone/dem immer geben solten,/den si ze herren wolten./daz waret gevestent mit der schrift." 데어 스트리커의 독일 선민의식에 대한 연구로는 Yun(forthcoming(2020)) 참조.

앞서 이미 황제는 동의에 의해 옹립되어야 한다는 생각이 퍼져 있었다.

뒤에서 이어질 제국과 인민주권론의 등장 간의 관계에 대한 논의와 관련하여 중세 성기 오토 왕조와 살리 왕조를 거쳐 호헨슈타우펜 왕조로 이어지는 독일 황실의 주변에 있던 정치가들과 문필가들이 선출이라는 방식에 큰 의의를 부여하였다는 사실은 주목할 필요가 있다. 고대 그리스의 폴리스가 몰락한 이래 근대 민주주의가 등장하기 전까지 동의와 합의에 의한 정치라는 사고가 존재하지 않았다고 보는 것은 가장 널리 퍼진 오해이다. '모든 이의 이해가 걸려 있는 이슈는 모두가 함께 숙고해서 결정해야 한다'(Quod omnes tangit ab omnibus approbari et tractari debet)는 로마법의 구문은 중세에도 잘 알려지고 존중받았으며 다양한 장에서 다양한 방식을 통해 실현되었다(혹은 다양한 실천을 정당화하기 위해 동원되었다).[24] 이는 특히 12세기 이후에 등장한 다양한 기록들에서 발견되며, 스페인, 프랑스, 영국, 독일에서 서서히 형성되기 시작한 의회제도의 사상적 기반을 제공하였다.

중세 황제권을 옹호하려 하였던 문필가들은 이러한 점에서 황제권의 선출을 가장 이상적인 합의의 원칙에 근거한 것으로 정당화하곤 하였다. 포콕처럼 중세의 황제권이 당연히 군주지배의 확대판으로서 정치질서를 관념화하리라고 생각하는 것은 역사적 사실과 맞지 않는 오해이다. 이에 대해서는 다음 절에서 보다 상세히 논한다.

24 Hofmann(1998, chs. 2-5); Congar(1958).

III. 제국과 인민주권론

앞서도 언급하였듯 중세 성기 이래 오랫동안 로마 교회는 제국과 다른 왕권들과 복잡한 정치적 관계를 맺어 왔다. 교회는 스스로를 인간 삶의 보다 궁극적인 목표, 즉 영혼의 구원으로 이끄는 조직이라고 여겼고 그러한 한에서 세속국가들은 어떠한 방식으로든 교회와 그 수장으로서 교황의 지도를 받아야 한다고 생각했다. 교회를 보호하는 것은 모든 세속군주의 의무이며, 특히 제국과 황제의 의무였다. 교회는 자신과 충돌하는 세속군주들에 대해 교회의 권위에 맞서는 것 자체가 이미 그 본분을 망각한 것이라고 주장하고 그가 교회공동체의 보호 밖에 있음, 즉 파문(excommunicatio)을 선언하곤 하였다. 그에 대해 교회의 이러한 주장에 대해 세속군주가 할 수 있는 일은 주로 그러한 파문 자체를 무효로 하는 것, 즉 교황을 사실상의 무자격자로 몰아세움으로써 결정 자체를 의미 없는 것으로 폄훼하는 것이었다.[25] 물론 다른 옵션도 있었는데 그것은 교회와 적절히 타협하여 파문을 철회시키는 것으로서, 그러한 타협조차 여의치 않을 때는 아예 사죄를 하고 용서를 비는 방법도 있었다. 아마 잘 알려진 사례는 카노사(Canossa)의 굴욕일 것이다. 서임권을 둘러싸고 교황 그레고리우스 7세(Gregorius VII)가 자신을 그 자리에 세워 준 황제 하인리히 4세(Heinrich IV)에게 맞섰을 때 그는 황제를 파문할 권리가 자신에게 있다고 주장하였고 마침 국내정치적으로 위기를 맞고 있던 황제는 사죄를 통한 화해를 모색하게 된다.

25 이는 1303년 프랑스의 필립 미남왕(Philip the Fair)이 프랑스 내 성직자에 대한 과세권을 둘러싸고 대립하던 교황 보니파키우스 8세(Bonifacius VIII)에 대해 벌인 궐석재판에서 실제로 시도하였다.

14세기가 서양 중세 정치사상의 발전에서 중요한 이유는 이러한 분쟁이 그 어느 때보다 그 강도에 있어 격렬하였을 뿐 아니라, 이전 시기와 비교하여 훨씬 더 다양하고 정교한 이론과 논리들을 통해 상호 뒷받침되었기 때문이다. 교황과 교회의 권력에 최고성을 부여하는 측에서는 교황의 인준(approbatio) 없이는 제국을 포함한 어떠한 권력질서도 성립할 수 없다는 주장을 발전시켰다. 사실 인준이론의 모태는 콘스탄티누스의 기진장(Donatio Constantini) 안에 이미 내포되어 있다.[26] 이에 의하면 콘스탄티누스는 실베스테르 교황(Silvester I)이 나병을 치유해 준 것에 대한 보답으로 황권을 교회에 넘겼다는 것이다. 중세 내내 교황의 권위를 옹호하는 측이 닳고 닳을 만큼 써먹은 이 이야기는 두말할 나위 없이 위작이다. 그러나 그 진위 여부와 관계없이 기진장은 강한 영향력을 끼쳤다. 교황으로부터 모든 권력이 부여되고 승인되는 것이라는 기진장의 주장은 교황의 지상권을 주장하는 측이 가장 하고 싶고 듣고 싶은 이야기였던 것이다.

한 가지 분명히 할 것은 인준이 새로운 개념이 아니라는 사실이다(Miethke 2005). 모든 거대 조직에서 그러하듯 교회 내에서도 고위 성직자나 주요한 결정에 교황의 인준이 필요했다. 그런데 이러한 교황의 인준을 교회 행정이 아닌 일반 국가의 업무, 특히 황제의 직무수행에까지 연관시키려 하였을 때 결정적인 문제가 발생했다. 황제는 교황으로부터 제관을 받음으로써 교회에 대해 자신이 갖는 보호와 존경의 의무를 밝혔지만, 그렇다고 해서 황제가 마치 추기경이나 대주교처럼 교황의 아래에서 승인을 받아 존재하고 결정하는 존재라고는 보지 않았다. 교황 이노켄티우스 3세(Innocentius III)가 프리드리히 2세(Friedrich II) 황제를

26 이경구(2008); Fried(2007); Fuhrmann(1966).

거듭 파문하면서 교황이 승인하지 않는 한 선제후들에 의한 선출 자체로는 결코 황제가 될 수 없다고 주장했지만, 호헨슈타우펜의 황제와 그의 측근들은 이를 간단히 무시해 버렸다. 그리고 그를 이어 등장한 여러 황제들 역시 이러한 주장에 크게 구애받지 않았다. 그러나 이러한 무관심과 무시가 최선이 정책이 아닐 수 있는 상황도 종종 발생하였는데, 예를 들어 여러 황제들이 난립하여 분쟁을 벌이는 상황에서 조금이라도 더 많은 지지세력을 확보해야 할 때나 교황과 교회가 가지고 있는 특정한 영향력이 절실할 때에 그러하였다.

인준이론에 가장 정교한 표현을 부여한 이론가는 루카의 바르톨로메우스(Bartolomeus de Lucca 또는 Ptolemy of Lucca)였다. 바르톨로메우스는 무엇이 황권의 구성에 필요한가의 문제를 『제국통치권에 대한 소론(*Determinatio compendiosa de iurisdictione imperii*)』에서 상세하게 논하였다(Ptolemy of Lucca 1909). 그에 의하면 제국의 황제는 일종의 선출군주이다. 선제후에 의한 황제선출방식이 공식화된 것은 1356년 카를 4세(Karl IV)가 공표한 금인칙서에서이지만[27] 1254년에서 1272년에 걸친 대공위시대(interregnum) 이후 이미 제후들에 의한 황제선출은 제도로 굳어져 가고 있었으며, 또 그에 앞서 이미 황제는 동의에 이해 옹립되어야 한다는 생각이 퍼져 있었다. 따라서 바르톨로메우스가 황제를 선출군주로 본 것에는 이유가 있다. 그러나 뒤에서 보게 될 파두아의 마르실리우스와 정반대로 그는 이러한 선출이 갖는 한계에 주목한다. 즉 선제후에 의한 선출 자체만으로 기독교의 이해를 대변할 훌륭한 황제의 정부가 세워지리라고 기대하는 것은 잘못이다. 선을 향한 인간의 의지와 판단력에 근본적인 문제가 있기 때문이다(Yun 2017). 바르톨로메우스는 여기서

27 이에 대해서는 이 책 77쪽 참조.

본래 교부들이 그리스와 로마의 전통에서 수입해 들여온 국가의 기원에 대한 이론을 제시한다. 그에 의하면 인간들은 아담과 이브가 에덴의 동산에서 축출되고 모든 후손들을 원죄의 무게 아래 짓눌리게 한 후에도 한동안 무죄의 시기(status innocentiae)를 보냈다. 인간들은 탐욕 없이 평화를 누렸으며 지도자는 있었지만 그들의 역할은 함께 논의하고 조언하는 것이었다. 탐욕이 번지고 인간들이 더 많은 부와 더 많은 힘을 좇게 되면서 불평등이 만연하고 무죄의 시기는 종막을 고했다. 그리하여 마침내 우리가 알고 있는 정치권력이 나타났다. 모든 권력은 그러한 점에서 죄로부터 비롯된 것이다.[28]

물론 정치권력에 대한 이러한 주장을 원시공산주의의 흠모나 무정부주의의 찬양으로 해석해서는 안 된다. 실제 바르톨로메우스 주장의 요지는 처음부터 흠결이 있는 세속권력은 그 자체로 완전할 수 없으며 따라서 신으로부터 직접 유래하고 그만큼 모든 인간의 제도와 권력의 위에 있는 교회와 교황의 지도를 따라야 한다는 것이었다.[29] 바로 이로부터 인준이론이 출발한다. 즉 교황과 교회는 인간의 제도를 통해 일단 선출된 황제가 정말로 그 중책을 수행하는 데 걸맞는 인물인지를 살피고 검증할 필요가 있다는 것이다. 그러한 검증이 끝나고 최종 인준이 이루어질 때까지 황제는 독일 왕의 지위에 머문다.

인준이론에 대한 제국 측의 대답이 주목을 끄는 이유는 교회의 주장을 거부하기 위한 주요한 이론적 도구로서 인민주권이론이 서서히 부상하였기 때문이다. 인민주권론은 이보다 앞서 이미 언급한 보니파키우스 8세와 프랑스의 필립 미남왕 간의 분쟁에서도 등장하였다. 파리

28 이러한 논의에 대한 토론은 Yun(2017, 43-47) 참조.

29 Yun(2017); Yun(2008, esp. 427-429).

의 존은 모든 세속권력은 교회의 권력 아래에 있으며 교회의 권위와 지도에 따르지 않는 왕을 교황은 마굿간의 시동처럼 내칠 수 있다는 주장에 맞서 세속의 권력은 교회의 권력과 구분되며 그 근원은 인민(populus)의 동의와 선출에 있다는 테제를 내세웠다.[30] 그에 의하면 인간은 영혼의 구제라는 이해와 더불어 육체적 삶의 필요를 충족시키고 평화를 유지하기 위해 노력할 필요가 있다. 장은 전자를 돌보는 것이 교회와 그 지도자의 의무이며, 후자를 돌보는 것이 국가와 정부의 할 일이라고 주장한다. 장은 이를 통해 국가에 대한 교황과 교회의 간섭이 근거가 없음을 주장한다. 장에 의하면 인간들은 다양한 삶의 조건에 노출되어 있고 그에 따라 상이한 이해들을 가지고 있기 때문에 그를 특화해서 돌볼 수 있는 지도자들을 뽑아 그 아래 복종해야 한다.

> 신으로부터 유래하는 자연의 본능에 따라 인간들은 한데 모여 공동체를 이루고 살아야 하며 그 안에서 잘 살아가기 위해서는 각 공동체의 다양성에 따라 다양한 지도자들을 뽑아야 한다.[31]

삶의 조건에 맞게 각자의 공동체가 각자의 지도자를 뽑아야 하는 것이 신이 만든 질서라는 주장은 교회권력의 간섭을 배제한다. 더불어

---

30 John of Paris(1969, 150-151): "Amplius non fuit factum per solum papam, sed populo acclamante et faciente, cuius est se subicere cui vult, sine alterius praeiudicio." 이에 대해서는 Blythe(1992, 142) 참조.

31 John of Paris(1969, 82): "Ex naturali instinctu qui ex Deo est habent ut civiliter et in communitate vivant et per consequens ut ad bene vivendum in communi rectores eligant, diversos quidem secundum diversitatem communitatum."

이는 앞서도 보았듯 보편제국의 필요 역시 절하한다. "인간들이 속의 삶과 관련하여 모든 사람들을 한 사람의 최상위 군주의 발 아래 둘 근거가 자연의 지향에도 신의 법에도 없다"[32]는 이유 때문이다.

이러한 이론이 곧 우리가 알고 상상하는 인민주권론은 아니다. 대관식에서 모두의 눈앞에 반대 의견 없이 국왕의 직이 수여됨을 선포하고 축하하는 행위가 우리가 생각하는 주권의 표현이나 동의의 표현은 아니다.[33] 어쨌든 이 이론은 세속국가의 독자성과 정당성을 옹호하고자 하는 측에게 매력적인 것일 수밖에 없었다. 특히 선출에 의한 황제의 옹립을 제도화해 가던 제국 측에서는 이러한 인민주권론적 주장을 필요에 따라 큰 저항감 없이 수용할 수 있었다.

마르실리우스의 제국론은 앞서 이야기하였듯 단테나 엥엘베르트의 주장과는 사뭇 다른 양상을 보인다. 마르실리우스는 자신의 주저인 『평화의 옹호자』에서 모든 정치체제의 정당성을 평정(tranquilitas)과 평화(pax)의 확보에서 찾았다.[34] 인간은 이러한 목표를 달성하기 위해 법을 만들고 정부를 구성한다. 그리고 법의 제정과 정부구성의 주체는 공동체의 성원 전체(civium universitas) 혹은 그 주요한 부분(valencior pars)이다.[35] 마르실리우스의 이러한 주장은 중세에 등장한 이론 중에서 가장 급진적으로 인민주권의 원리를 설파하고 있다.

마르실리우스의 인민주권론은 이전 정치이론에서 당연하게 받아

---

32 John of Paris(1969, 82): "Quod omnes ad unum supremum monarcham in temporalibus reducantur nec ex inclinatione naturali nec ex iure divino habent."

33 앞의 각주 30에 인용된 "…populo acclamante et faciente…" 참조.

34 Marsilius of Padua(2017, 1.15.5-13).

35 Marsilius of Padua(2017, 1.15.2).

들여진, 정치에 대한 형이상학적 관점과 초월적 이해를 많은 점에서 거부하는 것으로 이어졌다. 아리스토텔레스의 정치학이 소개된 이후 자주 토론의 주제가 되었던 '어떠한 정치체제가 더 좋은가? 군주정인가 귀족정인가 아니면 인민의 지배인가?'의 문제에 대해 그가 내린 답이 이를 전형적으로 보여 준다. 중세 정치사상의 맥락에서 이 문제에 대한 답은 한편으로 실천적인 문제이기도 했지만 다른 한편으로 형이상학적·초월적 문제이기도 하였다. 토마스 아퀴나스(Thomas Aquinas) 이래 이론가들과 아리스토텔레스 주석가들은 군주정이 국가 내 의견의 불일치가 있을 때 이를 수습하기 좋고 강한 결단력과 정책집행력을 갖기 때문에 다른 어느 정부체제보다 우월하다고 보았다. 동시에 이들은 군주정의 우월함이 형이상학적 문제라고 여겼다. 이 세계는 하나의 신에 의해 창조되고 이끌리며, 천체의 움직임이 낮에는 태양을 중심으로, 밤에는 달을 중심으로 이루어지고 벌들의 사회에는 하나의 여왕벌이 그 한가운데 있듯 세계의 당연한 질서는 군주정이다. 이미 12세기 솔즈베리의 존(John of Salisbury)이 말했듯 "인간의 창조행위는 자연을 닮아야 한다(ars imitetur naturam)."[36]

마르실리우스는 이러한 형이상학 원칙을 재해석함으로써 사실상 그 의미를 축소시켰다. 그에 의하면 하나에 의해 지배되는 질서란 반드시 지배자의 수를 의미하는 것이 아니다. 하나란 전체 국가의 성원들이 통일을 이루고 조화롭게 행동한다는 것을 의미하며, 그것은 군주정을 통해서든, 귀족정을 통해서든, 인민의 지배를 통해서든 모두 이루어질 수 있다. 그러한 일치를 이루어 낼 수 있다면, 그 형식은 어떠한 것이어

36 이에 대한 대표적 연구로는 Nederman(2004); Struve(1978). 도상학적·상징론적 전통과 관련한 요약은 Yun(2007) 참조.

도 좋다. 그는 다음과 같이 말하고 있다.

> 이러한 정부, 즉 최상위의 정부는 내 생각으로 반드시 단일해야 한다. 국가가 제대로 통치되기 위해서는 여러 정부가 존재해서는 안 되며, 정부의 위임을 받아 통치하는 국가의 부분기관 역시 이와 같다. 그런데 이들의 통치가 단일하다는 말은 한 개인처럼 행동해야 함을 염두에 둔 것이 아니라, 통치행위가 일치를 보인다는 의미이다. 귀족정이나 인민정처럼 다수가 하나가 되어 잘 통치하는 최상위 정부가 있다는 것이다.[37]

정치와 정부에 대한 초월적·형이상학적 이해를 거부하고 평화의 확보라는 목표 하나만을 사고의 핵심에 놓음으로써 마르실리우스는 교회와 교황의 정치개입 소지를 봉쇄하였다. 심지어 마르실리우스는 교회와 교황권 자체가 특정한 초월적·형이상학적 근거가 아닌 평화의 확보와 유지라는 목표에 비추어 그 정당성을 입증해야 한다고 여겼다. 교회가 어떻게 조직되어야 하는가, 교황은 정말 필요한가의 문제는 오히려 인간들 간의 평화를 유지하는 데 최대한의 도움을 주는 방법은 무엇인가에 대한 면려의 일환이어야 한다는 것이다. 이러한 주장은 사실상 교회가 누려 온 모든 특권과 권력의지의 기반을 송두리째 날리는 것이었다. 교회와 교회의 수장에게 어떠한 권위와 권력을 부여해야 하는가는

---

37 Marsilius of Padua(2017, 1.17.2): "Hunc autem solummodo principatum, supremum scilicet, dico unum numero ex necessitate fore, non plures, si deveat regnum aut civitas recte disponi. Idemque dico de principante secundum illum, non quidem unicum numero principantem secundum suppositum humane speciei, sed secundum officium. Est enim principatus aliquis unicus numero supremus et bene temperatus, secundum quem principantur plures homines uno, ut aristocratcia et policis⋯."

종교의 교리나 모종의 전통에 의해 설명될 수 있는 것이 아니라 오로지 그것이 인간들 간의 평화를 유지하는 데 얼마나 기여하는가에 따라 판단되어야 하는 것이다.

마르실리우스는 이러한 자신의 생각을 전투적으로 밀어붙였다. 국가와 정치체제의 정당성에 대한 그의 근본주의적 실용주의는 심지어 보편제국의 필요성과 필연성에 회의를 표시하는 것으로까지 나아갔다. 『평화의 옹호자』에서 그는 "인간사회의 평화를 유지하기 위해서는 각 지방마다 나름의 통일 정부를 갖는 것으로 충분하다"고 말한다.[38] 이러한 주장은 앞서 본 단테나 엥엘베르트의 관점과는 궤를 달리한다. 여전히 학자들은 이런 주장의 진의는 무엇인가에 대해 논의를 벌이고 있지만, 그 근본적인 이유는 그의 실용주의적인 국가관에서 찾아야 한다. 정부는 인간의 제도로서 그 구성과 작동을 형이상학적 원리로부터 손쉽게 연역할 수 없다고 그는 믿었던 것이다.

파리를 야반도주하듯 떠나 뮌헨에 자리잡은 황제 루트비히 4세에게 탁신하고 있던 마르실리우스의 형편을 고려할 때, 그리고 『평화의 옹호자』 자체가 루트비히에게 헌정되었음을 고려할 때 이러한 주장은 사뭇 놀랍다. 그러나 루트비히 4세의 궁정에서 보여 준 그의 행적은 이러한 주장이 제국에 대한 그의 지지에 별 영향을 끼치지 않았음을 보여준다. 사실상 그는 1328년 루트비히의 로마 원정과 대관에서 결정적 역할을 하였다. 교황 요한 22세(Ioannes XXII)는 그를 거듭하여 파문하였지만 루트비히 측은 대관식을 통해 보여진 로마시민의 동의만으로 이미 황제로서의 정당성은 확보되었으며 교회의 승인이나 조치는 전혀 필요

38 Marsilius of Padua(2017, 2.28.15): "Sufficiunt enim ad convictum humanum quietum unitates numerales principatuum secundum provincias."

하지 않다고 주장하였다.

여기서 우리는 중세의 인민주권이론이 어떠한 맥락에서 주장되고 사용되었는가를 엿보게 된다. 흔히 오해되는 것과 달리 마르실리우스는 군주정이든 민주정이든 간에 특정 정부형태를 옹호하는 것에는 별 관심이 없었다. 자유주의와 민주주의의 계보를 구성하는 데 관심이 많은 오늘날의 관점에서 중세 후기의 가장 급진적 인민주권론자가 사실은 교회의 정치간섭을 배제하고 나아가 실천적으로 제권을 정당화하는 데 주로 이해를 가졌다는 것은 그다지 반가운 이야기가 아닐 수도 있다. 실제 많은 영미권의 마르실리우스 주석가들은 자유주의의 맹아, 중세 말 민주주의의 태동기를 찾아 그의 이론을 뒤졌다.[39] 마르실리우스의 이론이 후대의 사상가들에게 그러한 의미로 어떤 영감을 주고 이론적 발전을 추동했는지를 논하는 것은 이 장의 목적이 아니다. 그러나 적어도 마르실리우스 자신이 일차적으로 의도했던 바가 그런 것이 아니었음은 명백하다.

IV. 결론

중세의 제국은 타국의 주권에 대한 부정에 기초한 최고권력이라는 의미라기보다는 기독교세계의 대표권력이라는 의미를 강하게 지니고 있었다. 따라서 중세 제국의 보편권력으로서의 자기 이해는 실제적인 팽창주의를 의미하지도 그러한 정책의 근거가 되지도 않았다. 뿐만 아니라 중세의 제국을 이해하는 방식에 있어 각 정치집단의 이해, 특히 일종의 민족의식과 애국심으로 말미암아 상이한 접근을 취하기도 하였다.

제국을 바라보는 관점은 오랫동안 구속사적 입장에 크게 영향받

39 이에 대한 최근의 비판은 Garnett(2006, 1-49) 참조.

고 있었다. 13세기 말에서 14세기 전반에 이르는 세속권과 교황권의 충돌은 여기에 중대한 변화를 가져왔다. 양측의 격렬한 분쟁 속에서 한편으로는 로마법, 교회법, 아리스토텔레스 철학, 인문주의(humanism) 등의 다양한 지적 분야에서 훈련을 받은 전문지식인들이 논의에 참여함으로써 논의의 접근법과 언어가 다양해지기 시작했다. 여기에 덧붙여 이들 지식인들에 의해 보다 문제를 섬세하고 정확하게 보려는 시도들이 이루어짐으로써 중세 정치사상의 중요한 업적들이 나왔다.

동시에 14세기를 지나면서 급속히 성장한 여러 정치세력들도 복잡한 파워게임을 벌이기 시작한다. 14세기가 이론적 위기의 시기였다면 15세기는 현실 안에서 세력관계의 재편이 일어나던 시기였다. 콘스탄티노플이 정복되면서 기독교 세계는 이슬람 세력과 다시 정면으로 맞닥뜨리게 되었으며, 한편으로는 봉건체제의 혼란 속에서도 영역군주들이 힘을 길러 속속 모습을 드러내기 시작하였다. 이탈리아의 도시들 역시 흡수와 통합을 통해 하나둘씩 영역국가로 성장하기 위한 야심을 드러내고 있었다. 교황권 역시 단지 정신적 지도권을 넘어 중부 이탈리아를 실제적으로 지배하기 위해 노력하고 있었다.

이러한 여러 요인들과 상호작용하는 가운데 14세기 이래 정치를 다루는 문헌들의 이슈와 주장이 더욱 다양해졌다. 이는 제국론에 있어서도 마찬가지였다. 비록 여기서는 다루지 않았지만, 밤베르크의 루폴트(Lupold of Bebenburg), 초기 인문주의자인 페트라르카(Petrarch), 로마법학자인 바르톨루스 사소페라토(Bartolus of Sassoferrato), 발두스 우발디스(Baldus of Ubaldis), 교황 피우스 2세(Pius II), 속명 엔네아 실비오 피콜로미니(Enea Silvio Piccolomini) 등의 저자들은 나름의 상황에서 각자의 지적 배경 속에 제국의 역할과 전망에 대해 논하고 새로운 이론적 변화를 가져왔다. 16세기 초 마키아벨리(Niccoló Machiavelli)가 로마사론에서 펼친 제국에 대한 논의는 비록 이론적으로 정교하지는 않지만, 적어도 얼마나 먼 길을 중세의 제국론이 14세기 이후 걸어갔는가를 보여 준다. 그에 대한 이야기를 적는 것은 또 다른 장이 필요할 것이다.

참고문헌

1) 일차사료

Alexander of Roes. 1949. *Memoraile de prerogativa Romani imperii*. In *Die Schriften des Alexander von Roes*. Eds. Herbert Grundmann and Herman Heimpel. Weimar: Herman Böhlaus Nachfolger, 18-66.

Alighieri, Dante. 1989. *Monarchia*. Ed. and (German) trans. Ruedi Imbach. Stuttgart: Reclam.

Ansbert. 1928. "Historia de expeditione Friderici I imperatoris." In A. Chroust. *Quellen zur Geschichte des Kreuzzuges Kaiser Friedrichs I. (Historia de expeditione Friderici imperatoris et quidam alii rerum gestarum fontes eiusdem expeditionis)*. MGH Script. rer. Germ. N.S., 5: 1-115.

Augustinus. 2003. *De civitate dei*. Eds. B. Dombart and A. Kalb. Turnhout: Brepols.

Chroust, A. 1928. *Quellen zur Geschichte des Kreuzzuges Kaiser Friedrichs I. (Historia de expeditione Friderici imperatoris et quidam alii rerum gestarum fontes eiusdem expeditionis)*, MGH Script. rer. Germ. N.S., 5: 1-115.

Der Stricker. 2010. "Karl der Große." In *Strickers Karl der Große. Analyse der Überlieferungsgeschichte und Edition des Textes auf Grundlage von C.* Ed. Stefanie Weber. Hamburg: Verlag Dr. Kovač.

Einhard. 1996. *Vita karoli Magni: Das Leben Karls des Grossen*. Stuttgart: Reclam.

Engelbert of Admont. 1998. *De ortu et fine imperii Romani*. In Engelbert von Admont. *Vom Ursprung und Ende des Reiches und andere Schriften*. Ed. and (German) trans. Wilhelm Baum. Graz: Leykam, 9-135.

John of Paris (Johannes Quidort of Paris). 1969. *Tractatus de potestate regia et papali*. Ed. Fritz Bleienstein. Stuttgart: E. Klett.

Liutprand of Cremona. 2007. *The Embassy, in the Complete Works of Liutprand of Cremona*. Trans. Paolo Squatriti. Washington D.C.: The Catholic Uiversity of America Press.

Ludus de Antichristo. 1992. *Das Spiel vom Antichrist*. Ed. and (German) trans. Rolf

Engelsing. Stuttgart: Reclam.

Marsilius of Padua. 2017. *Defensor Pacis. Der Verteidiger des Friedens*. Ed. Richard Scholz, (German) trans. Horst Kusch, with introduction Jürgen Miethke. Darmstadt: Wissenschaftliche Buchgesellschaft.

Nellmann, Eberhard ed. 1979. *Das Annolied*. 2nd ed. Stuttgart: Reclam.

Otto of Freising. 1990. *Chronica sive historia de duabus civitatibus. Chronik oder die Geschichte der zwei Staaten*. Ed. Walther Lammers, (German) trans. Adolf Schmidt. 5th ed. Darmstadt: Wissenschaftliche Buchgesellschaft.

_______ and Rahewin. 1965. *Gesta Frederici seu rectius Cronica*. Ed. Franz-Josef Schmale, (German) trans. Adolf Schmidt. Darmstadt Buchgesellschaft.

Ptolemy of Lucca. 1909. *Determinatio compendiosa de iurisdictione imperii*. Ed. Mario Krammer. Hannover and Leipzig: Hahn.

Schmale, Franz-Josef ed. 1998. *Die Chronik Ottos von St. Blasien und die Marbacher Annalen*. Darmstadt: Wissenschaftliche Buchgesellschaft.

2) 이차자료

뮌클러, 헤어프리트(Herfried Münkler), 공진성 역. 2015. 『제국. 평천하의 논리』. 책세상.

윤비. 2011. 「단테-제국의 이론가」. 전경옥 외. 『서양 고대·중세 정치사상사; 아테네 민주주의에서 르네상스까지』. 책세상.

______. 2011. 「독일민족의식의 발전과 로에스의 알렉산더(Alexander of Roes)의 제국론」. 『서양중세사연구』 28권: 101-128.(곽준혁 외. 『아직도 민족주의인가. 우리시대 애국심의 지성사』. 한길사. 2012에 수정 재수록)

______. 2013. 「제국의 기원과 종말: 아드몬트의 엥엘베르트(Engelbert von Admont)와 14세기 초 신성로마제국의 정치적 비전」. 『서양중세사연구』 31권: 109-140.(양승태 외. 『보편주의』. 책세상. 2016에 수정 재수록)

______. 2018. 「중세 제국, 보편권력, 인민주권」. 『서양중세사연구』 41권: 209-249.

이경구. 2008. 「콘스탄티누스 기진장의 적용사례」. 『역사와 담론』 49: 249-273.

파슨스, 티머시 H., 장문석 역. 2012. 『제국의 지배. 제국은 왜 항상 몰락하는가』. 까치.

하우, 스티븐(Steven Howe), 강유원·한동희 역. 2007. 『제국』. 뿌리와이파리.

Anderson, Benedict. 2006. *Imagined Communities*. Rev. ed. London: Verso.

Beumann, Helmut. 1978. "Die Bedeutung des Kaisertums für die Entstehung der deutschen Nation im Spiegel der Bezeichnungen von Reich und Herrscher." In Helmut Beumann and Werner Schröder eds, *Aspekte der Nationenbildung*. Sigmaringen: Jan Thorbecke. 1978, 317-365.

_______ and Werner Schröder eds. 1978. *Aspekte der Nationenbildung im Mittelalter*. Sigmaringen: Jan Thorbecke.

Bleienstein, Fritz. 1969. *Tractatus de potestate regia et papali*. Stuttgart: E. Klett.

Blythe, James M. 1992. *Ideal Government and the Mixed Constitution*. Princeton: Princeton University Press.

Bues, Almut and Rex Rexheuser eds. 1995. *Mittelalterliche nationes- neuzeitliche Nationen. Probleme der Nationenbildung in Europa*. Wiesbaden: Harrassowitz.

Calasso, Francesco. 1957. *I glossatori e la teoria della sovranità: Studio di diritto comune pubblico*. 3rd ed. Milan: Giuffrè.

Congar, Yves. 1958. "Quod omnes tangit ab omnibus tractari et approbari debet." *Revue Historique de Droit Français et Etranger* 36: 210-259.

Doyle, Michael W. 1986. *Empire*. Ithaca: Cornell University Press.

Ehlers, Joachim ed. 1989. *Ansätze und Diskontinuität deutscher Nationenbildungen im Mittelalter*. Sigmaringen: Jan Thorbecke.

_______. 1998. *Die Entstehung des deutschen Reiches*. München: Oldenburg.

Fried, Johannes. 2007. *Donation of Constantine and Constitutum Constantini. The Misinterpretation of a Fiction and Its Original Meaning*. Berlin: De Gruyter.

Fuhrmann, Horst. 1966. "Konstantinische Schenkung und abendländisches Kaisertum." *Deutsches Archiv für Erforschung des Mittelalters* 22: 63-178.

Garnett, George. 2006. *Marsilius of Padua and the Truth of History*. Oxford: Oxford University Press.

Gawlas, Slawomir. 2006. "Der Blick von Italien auf das mittelalterliche Reich." In *Heilig, Römisch, Deutsch: Das Reich im mittelalterlichen Europa*. Eds. Bernd Schneidmüller and Stefan Weinfurter. Dresden: Michel Sandstein Verlag, 266-285.

Gellner, Ernest. 1983. *Nations and Nationalism*. Ithaca: Cornell University Press.

Goez, Werner. 1958. *Translatio Imperii. Ein Beitrag zur Geschichte des Geschichtsdenkens und der politischen Theorien im Mittelalter und in der frühen Neuzeit*. Tübingen: Mohr-Siebeck.

Hobsbawm, Eric J. 1990. *Nations and Nationalism since 1780. Programme, Myth, Reality*. Cambridge: Cambridge University Press.

Hofmann, Hasso. 1998. *Repräsentation: Studien zur Wort- und Begriffsgeschichte von der Antike bis ins 19. Jahrhundert*. 3rd ed. Berlin: Duncker & Humblot.

Jones, Chris. 2007. *Eclipse of Empire. Perceptions of the Western Empire and Its Rulers in*

Late-Medieval France. Turnhout: Brepols.

Keller, Hagen. 2006. "Der Blick von Italien auf das "römische" Imperium und seine "deutschen" Kaiser." In *Heilig, Römisch, Deutsch: Das Reich im mittelalterlichen Europa*. Eds. Bernd Schneidmüller and Stefan Weinfurter. Dresden: Michel Sandstein Verlag, 286-307.

Koch, Gottfried. 1972. *Auf dem Wege zum Sacrum Imperium. Studien zur ideologischen Herrschaftsbegründung der deutschen Zentralgewalt im 11. und 12. Jahrhundert*. Berlin: Akademie Verlag.

Mazzolini, Sandra. 2016. "Extra Ecclesiam Nulla Salus? What Has Catholic Church Learned about Interfaith Dialogue since Vatican II?" In *Pathways for Inter-Religious Dialogue in the Twenty-First Century*. Eds. Vladimir Latinovic, Gerard Mannion, and Peter C. Pahn. New York: Palgrave Macmillan, 41-52.

Miethke, Jürgen. 2004. "Einleitung." In *Lupold von Bebenburg: Politische Schriften*. Eds. Jürgen Miethke and Christoph Flüeler. Hannover: Hahn, 1-231.

______. 2005. "Nachwort." In *Lupold Bebenbureg. De iuribus regni et imperii. Über die Rechte von Kaiser und Reich*. Ed. Jürgen Miethke, and (German) trans. Alexander Sauter. München: C. H. Beck, 280-328.

______. 2008. *Politiktheorie im Mittelalter. Von Thomas von Aquin bis Wilhelm von Ockham*. Tübingen: Mohr Siebeck.

Moeglin, Jean-Marie. 2006. "Der Blick von Frankreich auf das mittelalteliche Reich." In *Heilig, Römisch, Deutsch: Das Reich im mittelalterlichen Europa*. Eds. Bernd Schneidmüller and Stefan Weinfurter. Dresden: Michel Sandstein Verlag, 251-265.

Motyl, Alexander J. 2001. *Imperial Ends. The Decay, Collapse, and Revival of Empires*. New York: Columbia University Press.

Muldoon, James. 1996. "Extra Ecclesiam non est Imperium: The Canonists and the Legitimacy of Secular Power." *Studia Gratiana* 9: 553-580.

Müller-Mertens, Eckhard. 2006. "Römische Reich im Besitz der Deutschen, der König an Stelle des Augustus. Recherche zur Frage: seit wann wird das mittel-alterlich-frühneuzeitliche Reich von den Zeitgenossen als römisch und deutsch begriffen?" *Historische Zeitschrift* 282: 1-58.

______. 2007. "Imperium und Regnum im Verhältnis zwischen Wormser Konkordat und Goldener Bulle. Analyse und neue Sicht im Licht der Konstitutionen." *Historische Zeitschrift* 284: 561-595.

Nederman, Cary. 2004. "Body Politics: The Diversification of Organic Metaphors in the Later Middle Ages." *Pensiero Politico Medievale* 2: 73-78.

Pauler, Roland. 1997. *Die deutschen Könige und Italien im 14. Jahrhundert von Heinrich VII. bis Karl IV*. Darmstadt: Wissenschaftliche Buchgesellschaft.

Pocock, J. G. A. 1975. *The Machiavellian Moment: Florentine Political Thought and the Atlantic Republican Tradition*. Princeton: Princeton University Press.

Struve, Tilman. 1978. *Entwicklung der organologischen Staatsauffassung*. Stuttgart: Anton Hiersemann.

Tierney, Brian. 1962. ""Tria quippe distinguit iudicia…." A Note on Innocent III's Decretal Per venerabilem." *Speculum* 37: 48-59.

Ubl, Karl. 1999. "Zur Entstehung der Fürstenspiegel Engelberts von Admont(† 1331)." *Deutsches Archiv für Erforschung des Mittelalters* 55: 499-548.

_______. 2000. *Engelbert von Admont. Ein Gelehrter im Spannungsfeld von Aristotelismus und christlicher Überlieferung*. München: Oldenbourg Wissenschaftsverlag.

_______. 2006. "Die Rechte des Kaisers in der Theorie deutscher Gelehrter des 14. Jahrhunderts (Engelbert von Admont, Lupold von Bebenburg, Konrad von Megenberg)." In *Konrad von Megenberg (1309-1374) und sein Werk. Das Wissen der Zeit*. Eds. Claudia Märtl et al. München: Beck: 353-387.

Walther, Helmut G. 1976. *Imperiales Königtum, Konziliarismus und Volkssouveränität*. München: Fink.

Weinfurter, Stefan. 2008. *Das Reich im Mittelalter. Kleine deutsche Geschichte von 500 bis 1500*. München: C. H. Beck.

Yun, Bee. 2007. "A Visual Mirror of Princes: The Wheel on the Mural of Longthorpe Tower." *Journal of the Warburg and Courtauld Institutes* 70: 1-32.

_______. 2008. "Ptolemy of Lucca-A Pioneer of Civic-Republicanism? A Reassessment." *History of Political Thought* 29-3: 417-439.

_______. 2017. "Ptolemy of Lucca's Distrust in Politics and the Medieval Discourse on Government." In *Trust and Happiness in the History of European Political Thought*. Eds. László Kontler and Mark Somos. Leiden: Brill, 33-52.

_______. forthcoming(2020). "Das Komische, das Moralische und das Politische. Der Pfaffe Amis in der Gedankenwelt der Stauferzeit." *Archiv für Kulturgeschichte* 102-1.

3

두 개의 로마 사이에서

단테와 마키아벨리의 제국 이해 비교*

김경희

I. 서론

소련과 동구의 몰락으로 냉전체제가 종결된 후 도래한 미국 중심의 세계 질서는 '제국' 담론의 부활을 이끌어 내었다. 또한 9·11테러 이후 미국이 수행하고 있는 세계 경찰 역할에 대해 많은 논의들이 있어 왔고, 미국을 중심으로 하는 비대칭적 힘의 질서를 강조하면서 '제국' 담론의 재고찰을 주장하는 이들도 있다.[1]

한편 미국 중심의 세계 질서 재편을 제국 담론으로 바라보는 데 동

* 이 장은 『정치사상사연구』 제24집 1호(2018. 3)에 게재된 논문을 옮겨 실은 것이다.

1 독일의 정치학자 뮌클러는 힘의 비대칭적 특징 속에서 제국을 바라보는 대표적 학자들 중의 하나다(Münkler 2015). 동구 몰락 후 초강대국 역할을 수행하는 미국에 대한 논의는 이미 많은 저술들이 있기 때문에 특별히 여기서는 논하지 않을 것이다. 그 개괄적 논의에 대해서는 공진성(2012) 참조.

의하지 않는 입장도 있다. 김상배(2005)의 경우 제국 담론이 "글로벌 거버넌스로 개념화되는 '탈집중의 세계질서'에 대한 논의를 충분히 담아내지 못하는 한계"를 가지고 있다고 지적한다. 복잡다단한 세계 질서 속에서 다양한 힘들의 관계를 파악하지 못하는 현실주의적이며 권력 중심의 제국 논의를 비판하는 것이다. 그런데 제국의 패권적 의미 대신 그 보편주의적 함의에 대해 고찰하는 글도 있다. 공진성(2012)은 힘의 논리에 기반한 배제와 불관용적 지배보다는 관용과 포용의 지배를 통한 보편성에 초점을 맞추고 있다.

이런 다양한 논의들의 배후에는 힘의 비대칭적 우위하에 패권적 질서냐 아니면 포용의 제국적 질서냐의 기로에 선 현재의 모습이 놓여 있다. 문제는 힘을 패권적으로 사용하지 않고 세계 평화와 질서를 위해 포용적 리더십을 발휘하는 것이다.[2] 그런데 서양사상에서 제국의 원형으로 거론되는 것이 바로 고대 '로마'이다. 로마제국에 대해서는 다양한 해석이 존재한다. 그것은 로마의 긴 역사—공화정의 로마, 황제정의 로마, 중세 교황청의 도시로서의 로마, 신성로마제국의 로마 등등—와 관련된다.

이 장에서는 중세의 제국사상을 다룬 2장의 논의를 이어받아 단테와 마키아벨리의 제국관을 비교·고찰할 것이다. 2장이 중세 중·후반기

2 제국에 대한 다양한 논의를 소개한 서울대학교 국제문제연구소의 『세계정치』 26호(2005)는 우리나라의 제국논의에 대해 참고할 만하다. 서양에서 제국의 다양한 의미와 흐름에 대한 간략한 논의로는 박지향(2005)과 최갑수(2005) 참조. 로마의 소프트 파워에 대한 논의는 김경현(2005) 참조. 이 장에서 사용하는 제국의 의미는 강권을 통한 억압적 지배만을 지향하는 패권국과는 다르다. 힘의 우위하에 포용적이고 평화적인 질서의 수호자로서의 의미를 가진다. 이에 대해서는 공진성(2012) 참조.

전반(全般)의 제국사상을 다루고 있다면 이 장에서는 단테와 마키아벨리의 제국론에 한정할 것이다. 특히 단테와 마키아벨리의 로마관을 통해 드러나는 제국론을 다룰 것이다. 로마제국에 대한 서로 다른 이해는 두 사상가들의 제국관의 독특한 특징을 보여 준다. 로마제국을 두 사상가들은 그들 제국론의 모범으로 삼고 있다. 그런데 이것은 현재의 문제를 해석하고 해결하기 위한 것이었다. 결국 과거의 현재화를 통해 미래의 문제를 해결하고자 한 것이다. 이는 오늘날 제국의 문제를 이해하는 데도 큰 도움을 줄 것이다.

단테는 신성로마제국의 로마를 옹호한다. 반면 마키아벨리는 로마 공화정을 옹호하며 공화정의 전성기를 제국으로 이해한다. 이 두 정치사상가들의 활동 시기는 2세기의 간극을 가지고 있다. 단테가 13세기 중반에서 14세기 초반에 활동했다면, 마키아벨리는 15세기 중반에서 16세기 초반을 살다 갔다. 단테는 중세 후기를 마감하는 정치사상가로서 이탈리아와 피렌체의 분열 속에서 평화와 안정의 도래를 꿈꾸었다. 이를 위해 그는 신성로마제국의 황제에 기대게 된다. 물론 당시 로마의 또 다른 주인은 교황이었다. 하지만 단테는 교황을 비난한다. 이는 교황청의 타락과 더불어 피렌체 정치사와 관련된다. 그것은 교황의 도움을 받은 피렌체의 흑당이 백당을 제압하고 그들을 추방하였는데 단테도 백당의 일원으로서 쫓겨났기 때문이다. 교황권의 우위를 주장하는 이들에 맞서 단테는 황제권의 독립성을 설파한다. 신성로마제국의 권력은 하느님으로부터 직접 내려오는 것이라는 주장이다. 신으로부터 부여받은 보편권력을 통해 혼란과 분열에 빠진 이탈리아에 평화가 도래하길 바랐던 것이다.

마키아벨리는 중세를 넘어선 르네상스기에 활동했던 정치사상가이다. 그는 특히 종교에 기반한 중세를 넘어 인간 중심의 사고를 수행한 근대 정치사상의 시조로 유명하다. 마키아벨리는 로마 공화정의 전성기를 제국으로 파악한다. 반면 황제정의 시기는 타락한 제국으로 바라본다. 마키아벨리에게 제국은 자유와 팽창 그리고 포용이었다. 그는 공화정의 자유로운 질서를 통해 더 많은 시민들의 참여를 이끌어 낸 로마의 힘을 성찰하였다. 이는 군대의 무용으로 드러나고, 강한 힘은 포용을 이끌어 낼 수 있었다. 물론 이것은 당시 이탈리아와 피렌체에 부재하는 모습이었다. 마키아벨리는 자기 군대가 없어서 무력하고 나약한 정치체제를 비판하는 데 로마 공화정의 모범을 제시한다.

단테는 하느님의 보편권력에 기대어 속세를 다스리는 황제의 제국에 의지한다. 그러한 보편권만이 개별이익을 추구하는 타락한 권력을 제어할 수 있다는 것이다. 혼란과 분열의 원인은 타락에 있고 그 타락은 보편적이지 못했던 데 있다. 결국 단테에 따르면 평화와 질서는 우주의 주재자인 하느님의 질서 아래에 있어야 하며 그것은 신의 대리자로서 세속의 권한을 부여받은 제국에 의해 가능하다. 특수권력은 혼란과 분열을 가져오기에 보편권력에 의지했다. 정치의 문제를 종교로 해결하고자 한 것이다.

반면 마키아벨리는 보편권력이라는 신의 의지보다는 실제적 힘에 더 초점을 맞추었다. 고대 로마 공화국의 힘은 시민들의 자유와 참여 그리고 그들로 구성된 군대에 있었다고 보았다. 하지만 힘의 축적은 그것을 가능케 했던 기반을 뒤흔든다. 공화주의자인 마키아벨리가 카이사르를 비판했던 이유는 공화정을 무너트리고 황제정의 초석을 놓았기 때문이다. 제국의 힘은 결국 시민들의 자유로운 질서 속에서 나온다는 것이다.

단테는 보편권력의 중심으로서 로마, 특히 그중 하나였던 교황권이 자신만의 사익을 추구하고 타락하자 세속의 보편권력인 신성로마제국의 로마를 옹호했다. 마키아벨리에게 보편의 로마는 이미 사라진 지 오래였다. 교황은 이미 이탈리아의 한 나라인 교황국의 수장으로서 자신의 이익만을 추구했다. 신성로마제국의 황제는 더는 로마에서 세계를 통치하는 보편황제가 아니라 독일의 황제에 불과했다. 보편의 로마가 사라진 세계에서 마키아벨리는 고대 로마 공화국, 그들의 힘에 의지한다. 시민들의 힘, 군대의 힘 그리고 그것을 가능하게 했던 자유와 포용을 설파한다. 이 장에서는 단테와 마키아벨리의 제국론을 살펴봄으로써 보편의 힘, 자유의 힘 나아가 포용의 힘과 제국의 관계를 사고할 것이다. 이는 오늘날 평화와 자유 나아가 포용의 갈림길에 직면한 제국을 성찰하는 데 좋은 단초를 제공할 것이다.

이하에서는 우선 단테의 제국론을 살펴본 후, 마키아벨리의 제국론을 고찰할 것이다. 이후 두 사상가의 제국론을 '로마'라는 키워드로 비교·고찰한 뒤 그것이 주는 함의를 결론에서 간략히 다룰 것이다.

II. 단테와 마키아벨리의 제국론

1. 단테의 제국론

단테 알리기에리(Dante Alighieri, 1265-1321)는 피렌체 출신의 유명 시인이자 정치가이다. 그는 저작으로 『향연(*Convivio*)』, 『신곡(神曲, *La divina commedia*)』과 『제정론(*De Monarchia*)』 등을 남겼다.[3] 그는 분열의 이탈리아와 피렌체 상황을 목도하고 평화와 안정의 도래를 희구하였다. 당시 이

3 단테의 로마관 및 제국론에 대한 연구는 Skinner(2004, 111-115); Ullmann(2000, 210-217); Canning(1996, 150-153); Black(1992, 96-100); Davis(1957; 1993) 등 참조. 국내 연구로는 박경자(2014)와 윤비(2011) 참조. 단테의 정치사상에 일반에 대한 연구로는 D'Entreves(1965) 참조.

탈리아는 황제와 교황의 대립 그리고 프랑스의 개입 등으로 인해 혼란의 연속이었다. 여기에 각 국가들 내의 분열은 앞의 큰 힘들의 분열에 조응하여 앞날을 더 알 수 없는 상황에 이르게 하였다.

1077년 교황 그레고리우스 7세(Gregorius VII)와 신성로마제국의 황제 하인리히 4세(Heinrich IV)의 서임권 투쟁이 후자가 무릎을 꿇은 카노사의 굴욕으로 끝을 맺었다. 하지만 그 후 황제와 교황의 이탈리아를 사이에 둔 대립은 끊임없이 지속되었다. 황제는 이탈리아 북부 지역에 주로 그 지배권을, 교황은 '콘스탄티누스 기진장'(Donatio Constantini)을 통해 옛 서로마 지역에 대한 권한을 주장하였다.[4] 황제와 교황이 서로 우위를 주장하는 가운데 이탈리아의 각 국가들은 자신들의 내부 문제를 외부의 세력과 결탁하여 해결하려고 노력하였다. 그 과정에 나타난 것이 바로 황제파(Ghibelline)와 교황파(Guelf)의 대립이다.

단테의 고향 피렌체는 특히 이러한 문제에 더 깊숙이 연결되어 있었다. 전통 귀족들은 대체로 황제로부터 작위를 받았기 때문에 황제파였다. 하지만 상공업의 발달로 인한 도시의 흥기는 새로운 시민층의 형성을 이끌었다. 이들은 전통 귀족과 대립하며 상공업 시민층에 의한 도시정부를 꾸려 나가게 되고, 교황에 의지하게 된다. 도시 내부의 불화와 반목이 스스로 해결될 수 없는 지경에 이르자 외부세력과 결탁하게 된

4 콘스탄티누스 기진장은 기독교를 로마의 국교로 인정한 콘스탄티누스 대제가 교황 실베스테르 1세(Silvester I, 314-335 재위)에게 옛 서로마 지역의 지배권을 넘겨주었다는 것이다. 물론 중세에 로마 교황청에서 동로마제국과 결별하고 옛 서로마 지역을 중심으로 중세 기독교 제국을 건설하기 위해 지어낸 것으로 15세기에 문헌 비판학을 수행한 인문주의자 로렌초 발라(Lorenzo Valla, 1407-1457)에 의해 가짜로 판명되었다. 하지만 위서(僞書)로 판명되기 전까지 콘스탄티누스 기진장은 진짜로 여겨졌고 교황의 권위를 주장하기 위한 중요한 근거로 사용된다. 이에 대해서는 이경구(2003) 참조.

것이다. 이러한 황제파와 교황파의 대립은 이탈리아 도시들에 거의 보편적이었던 내전 상태에까지 이르게 된다.

황제파와 교황파의 대립 속에서 먼저 승리를 거둔 것은 전자였다. 1260년 몬타페르티(Montaperti) 전투는 피렌체를 중심으로 하는 교황파와 시에나를 중심으로 하는 황제파 간의 대결이었다. 피렌체의 교황파에 의해 쫓겨난 황제파는 시에나 및 동맹 도시들과 연합하여 피렌체를 중심으로 한 교황파와 전투를 벌인다. 시칠리아의 만프레디(Manfredi) 왕의 도움을 얻은 황제파가 몬타페르티 전투에서 승리하고 피렌체는 황제파의 수중에 들어간다.

이후 교황파는 다시 전열을 가다듬고, 교황과 프랑스의 도움을 받아 1266년에 베네벤토(Benevento) 전투에서 승리한다. 피렌체는 교황파의 수중에 들어가게 된다. 승리를 구가하던 교황파는 백파(Bianchi)와 흑파(Neri)로 분열된다. 그리고 단테는 백파에 속하게 된다. 이 두 파의 경쟁 속에서 결국 흑파는 교황 보니파키우스 8세(Bonifacius VIII, 1294-1303 재위)와 프랑스군의 도움을 받아 백파를 몰아내고 권력을 잡는다. 흑파의 승리로 백파의 사람들은 추방을 당하는데 거기에는 단테도 속해 있었다.[5]

결국 이탈리아와 피렌체의 정치는 교황과 황제의 대립 그리고 거기에 개입하는 강대국 프랑스 간의 거대한 싸움과 각 국가들 내의 파벌들인 교황파와 황제파의 대립과 분열이 중첩되어 나타났던 것이다.

분파 투쟁 속에서 원치 않는 망명길에 오른 단테는 이탈리아의 평

5 단테와 피렌체 정치와의 관계에 대해서는 Najemy(1993) 참조. 아울러 단테를 정치·사회철학자로 파악한 논의는 Herde(1990) 참조.

화와 피렌체의 안녕을 희구한다.[6] 그런데 이러한 평화와 안정에 대한 소망을 당시 중세세계의 두 보편권력 중 신성로마제국 황제에 투영하여 사고한다. 교황청은 교황의 타락으로 인해 더 이상 보편권력으로서 평화와 안정보다는 혼란과 분열만을 가져올 뿐이었다. 때문에 단테는 신성로마제국의 황제에 의지한다. 하지만 당시 신성로마제국의 황제는 독일에 있었다. 이에 독일이 아닌 원래 로마제국의 수도였던 로마로 다시 돌아와 그에게 부여된 신성로마제국 황제로서의 역할을 수행할 것을 주장한다.

먼저 단테의 『신곡』에 나타난 교황에 대한 평가를 살펴보도록 하자.[7] 단테는 지옥편 19곡에서 탐욕에 가득 찬 교황청을 비판한다. 그중에서도 성직매매를 들고 있다.[8] 그런데 이러한 탐욕은 교회가 그 본연의 임무인 복음을 전파하고 세속의 것이 아닌 하느님 나라의 일에 전념하는 것을 방기했기 때문이다. 이것은 교황이 프랑스 왕과 결탁하여 세속의 일에 간섭한 것들에서도 볼 수 있다.

> 그러나 복음을 쓴 이는 물 위에 앉아 있는 그 신부[교회]가
> 타락하여 세상의 왕들과 간음하는 것을 보면서 당신처럼
> 신성을 더럽히는 목자들이 나타날 것을 예감하셨소.

6 단테는 망명객의 곤란한 삶을 『신곡』 천국편 17곡에서 다음과 같이 표현하고 있다. "남의 빵을 먹고 사는 맛이 얼마나 짠지,/또 남의 계단을 오르내리는 일이 얼마나/힘든 것인지를 너는 알게 될 것이다"(Dante 2007/천국편, 146).

7 단테의 『신곡』에 나타난 정치사상 및 교황과 국가에 대한 논의는 Ferrante (1984) 참조.

8 "그렇게 빨리 탐욕을 채웠느냐?/탐욕에 눈이 멀어 아름다운 신부도 속였느냐?/게다가 나중에는 성직을 매매하기까지 했느냐?"(Dante 2007/지옥편, 187).

당신은 금과 은으로 하느님을 섬겼으니,
우상숭배자들과 무엇이 다른가?
그들이 하나를 섬겼다면 당신들은 백을 섬겼으니!
(Dante 2007/지옥편, 191)

이것은 콘스탄티누스 기진장에 큰 원인이 있었다. 콘스탄티누스 대제가 교황들에게 세속의 재산과 권력의 소유권을 부여하였기 때문이다. 앞의 인용문에 이어 단테는 다음과 같이 말한다.

아, 콘스탄티누스여! 그대의 개종이 아니라
최초의 부유한 아버지가 그대에게서 받은 봉헌이
얼마나 많은 악의 어머니가 되었던가!
(Dante 2007/지옥편, 191)

콘스탄티누스 기진장 때문에 세속의 부와 권력을 소유하게 된 교황들은 하느님의 사업 대신 자신들의 사익추구에 전념하게 되었고, 이는 세속권력과의 결탁으로 이어지게 되었다. 아비뇽 유수(Avignon Papacy, 1309-1377)가 프랑스 왕과의 결탁 및 그에 이은 자연스런 귀결이었다. 또한 이탈리아 각국에서 일어난 교황파와 황제파의 대립에 개입해 자신들의 이익을 취하였다. 로마 교황청이 타락하여 세속의 탐욕을 추구하고 이탈리아 각국의 내부 분열을 격화시켰으며, 결국 교황청이 베드로의 로마가 아닌 프랑스의 아비뇽으로 옮겨지게 된 것이다. 단테는 이렇게 세속적 부와 권력의 추구로 인해 타락한 교황의 모습을 연옥 32곡에서 자세히 언급하고 있다.

기름진 흙에 잡초가 무성하게 덮이듯,
아마도 훌륭하고 좋은 의도로 바쳐졌을
깃털들이 풍성하게 자라났고,

남은 전차는 이쪽 바퀴와 저쪽 바퀴, 그리고
끌채까지 순식간에 그 깃털로 덮였는데,
한숨을 쉴 시간보다 더 빨랐다.
(…)
그 위에는 논다니가 언덕 위에 높이 솟은
바위처럼 태연스레 앉아서
쉴 새 없이 사방을 둘러보고 있었다.

그 논다니를 빼기지 않으려는 것인지
한 거인이 옆을 지키고 섰는데,
그들은 이따금씩 입을 맞추었다.

그러나 논다니가 두리번거리는 음탕한 눈을
내게 돌렸을 때 그 우악스러운 애인은
으르렁거리며 그녀를 머리부터 발끝까지 후려쳤다.

질투에 잔인한 분노가 겹친 거인은
괴물을 풀어서 숲으로 끌고 갔는데,
숲이 날 가로막는 장벽이 되어

논다니도, 그 이상한 짐승도 볼 수가 없었다.
(Dante 2007/연옥편, 291-292)

기름진 깃털로 덮인 전차는 세속적 부와 권력에 탐닉하는 교회를 가리킨다. 이러한 교회의 정점에는 교황이 있었다. 교황은 여기서 논다니, 즉 창부로 묘사된다. 그리고 그녀를 빼앗기지 않으려고 지키고 서 있는 거인은 바로 프랑스 왕을 의미한다. 특히 마지막 구절은 프랑스 왕 필립 4세(Philippe IV)에 의해 교황 클레멘스 5세(Clemens V)가 교황청을 아비뇽으로 옮긴 아비뇽 유수를 의미한다고 이해된다.

믿음, 소망 그리고 사랑의 덕을 실천하여 평화의 선을 가져와야 하는 교회는 이제 없다. 그렇다고 단테는 자신의 조국 피렌체에 의지할 수도 없었다. 이미 피렌체는 분파 투쟁에 의해 어떻게 해 볼 수도 없는 지경에 이르렀기 때문이다. 『신곡』의 지옥편에서 가장 많이 등장하는 인물들이 바로 피렌체의 분열과 혼란을 가져온 이들이다. 그들은 종교적 그리고 윤리적 죄를 짓고 공동체를 혼란에 빠뜨렸다. 단테는 그의 조상인 카치아귀다(Cacciaguida)를 『신곡』 천국편 15곡과 16곡에 등장시켜 과거의 좋았던 피렌체를 칭송하고 타락한 피렌체를 비난한다. 15곡에 등장하는 카치아귀다에 의하면 과거의 피렌체는 시민들의 소박함이 묻어나는 "평화와 절제의 도시"였다.[9] 하지만 그는 곧이어 16곡에서 피렌체의 타락을 비판한다. 타락의 원인은 우선 도시가 성장하면서 몰려든 인근 지역의 구귀족가문들에 있었다. "사람들이 뒤섞이면 언제나/도시가 타락하는 법. 음식을 이것저것/들이부으면 배탈이 나는 것과 비슷하다"(Dante 2007/천국편, 137). 이후 피렌체의 다양한 유력 가문들에 대한

9 "옛날의 성벽에서 아직 3시와 9시/종소리를 듣는 피렌체는/평화와 절제의 도시를 이루었다./그들이 경배한 여자보다 더 요란한/팔찌나 목걸이를 걸치지 않았고/사치스러운 옷이나 띠도 없었다./딸이 태어난다고 해서 아버지가/두려워하지 않는 시대였다. 결혼할 나이가 너무/낮지 않았고 결혼 지참금도 너무 높지 않았다"(Dante 2007/천국편, 130).

언급이 이어진다. 그리고 그 가문들에 대한 언급은 결국 황제파와 교황파의 피비린내 나는 싸움으로 번진 아미데이(Amidei) 가문에 의한 부온델몬티(Buondelmonti) 가문의 공격으로까지 이어진다. 피렌체 도시의 성장은 귀족들의 유입과 그들이 서로 가문이기주의를 추구하는 데로 인도했고, 그 결과는 끊임없는 분열과 분파투쟁 그리고 내전상태가 되었다는 것이다.

결국 내전의 희생양이 된 단테는 평화와 안정을 희구하며 더 큰 권위에 의존하게 된다. 그것이 바로 제국이다. 당시 제국은 신성로마제국으로, 로마가 아닌 독일 지역에 있었다. 그런데 1309년 독일 왕이 된 하인리히 7세(Heinrich VII, 1312-1313 황제재위)가 대관식을 위해 이탈리아로 온다는 소식에 단테는 황제를 열렬히 지지하는 입장을 표명한다. 이를 위해 그는『제정론』을 저술한다. 그런데 이 저서를 분석하기 전에 교황 보니파키우스 8세의 칙서인 "Unam sanctam"(거룩한 하나의 교회)를 살펴보아야 한다. 왜냐하면『제정론』은 이 칙서에 대한 답변으로 여겨지기 때문이다.

이 칙서는 교황권의 우위를 주장하기 위한 것이다. 따라서 그 핵심은 교황권이 최고 권한임을 설파하는 것이다. 그는 첫 단락에서 거룩한 교회는 오직 하나일 뿐이고, 그 교회의 머리는 그리스도이며, 그리스도의 머리는 하느님이심을 선포하고 있다. 교회와 그 우두머리의 단일성을 설파하는 것이다. "교회 안에는 주님이 하나요, 믿음이 하나요, 세례도 하나이다"(Bonifacius VIII 2009, 217). 두 번째 단락에서는 그 유일신의 대리자인 베드로와 그 후계자인 교황이 교회의 유일한 수장임을 말하고 있다. 단일한 교회의 단일한 머리로서 교황이 모든 인간, 즉 그리스도의 양들을 돌봐야 한다는 것이다. 이어 세 번째 단락에서는 누가복음 22장에 나오는 '두 개의 검'에 대한 논의를 펼친다. 이것은 교황의 황제 및 세속적 권력에 대한 우월성을 주장하는 핵심 논리이다. 영적인 검과 현세적 검이 있는데 이 두 권한이 모두 교황에게 속한다는 것이다.

> 그러므로 두 검, 즉 영적인 검과 현세적인 검 둘 다 교회의 권한에 속한다. 그러나 후자는 교회를 위하여 행사되고 전자는 교회에 의해 행사되어야 한다. 전자는 사제의 검이요, 후자는 비록 국왕들과 군인들의 손에 있지만 사제의 묵인과 용인 속에서 행사되어야 한다. 그러므로 검이 검 밑에 놓여야 하고 현세적 권한은 영적인 권한에 종속되어야 한다.(Bonifacius VIII 2009, 217)

교황이 영적 검뿐만 아니라 현세적인 검에 대해서도 우위를 점한다는 세속권력에 대한 교황우월론은 네 번째 단락에서 한 번 더 강조된다. "영적 권한은 그 품위와 고귀함이 여하한 지상 권한보다도 월등하며, 영적인 것이 현세적인 것을 우선하는 그만큼 (…) 영적 권한은 지상적 권한을 설정하고 (지상적 권한이) 선하지 않으면 이를 판단할 (권리를) 갖는다." 이어지는 다섯 번째 단락에서는 교황이 비록 사람이라 할지라도 그가 가진 권위는 신적인 권위라고 말한다. 그것은 하느님의 말씀인 성서에 명시된 대로 하느님과 그리스도 그리고 그 수석 제자인 베드로를 거쳐 내려온 권한이기 때문이다. 이렇게 성경에 근거해 교황권의 우위를 주장한 후 보니파키우스는 마지막 문장을 다음과 같이 끝맺는다. "그러므로 모든 인간 제도는 로마 교황에게 종속되어야 함을 선언하고 고지하며 구원에 필요한 (교리로) 정의하는 바이다"(Bonifacius VIII 2009, 221).

이렇게 성경에 기대어 세속권에 대한 교황권의 우위를 주장한 교황의 논리를 단테는 또 다른 성경해석에 기대어 반박하고 있다. 단테의 『제정론』은 세 권으로 구성되어 있다. 첫 번째 권이 다루는 문제는 "군주제가 세계의 선익에 필요한 것인가"이다. 두 번째 권의 문제는 "로마

국민은 합법적으로 군주의 직위를 획득하였는가"이며, 세 번째 권의 문제는 "군주의 권한이 하느님에게 직접 의존하는가, 아니면 다른 인물, 즉 하느님의 사자나 대리자에게 의존하는가"이다.

첫 번째 권은 제국이 세계의 선익(善益), 즉 보편적 평화에 필요불가결한지를 다루고 있다. 이것을 이성과 성서의 권위를 통해 입증한다. 전자인 이성의 원리에 입각해 논의를 진행할 때 그 주된 근거가 되는 것은 아리스토텔레스의 철학이다. 단테는 아리스토텔레스의 철학과 하느님의 말씀이 일치를 이루고 있음을 언급하면서 자신의 논지를 전개하고 있다. 이때 사용되는 아리스토텔레스의 저작은 윤리학, 물리학, 형이상학 그리고 정치학 등을 망라하고 있다. 이들과 성서의 논의에 의거하여 단테는 한 인물이 지배할 때 최선의 상태, 즉 행복과 평화의 상태에 도달할 수 있음을 밝히고 있다(Dante 2009, 35-36).

최고의 정의와 평화가 구현되기 위해서는 모두를 아우를 수 있는 "지극히 의지가 결연하고 지극히 능력이 탁월한 사람에게 정의가 깃들어" 있어야 한다. 이런 경우가 곧 단일군주제라는 것이다. 다수 군주제는 혼란을 초래할 뿐이기 때문이다. 여기에 군주가 개인적으로 품을 수 있는 탐욕도 유일하고 최고 권위를 가진 군주에게는 소용이 없다고 말한다. 왜냐하면 "전 세계를 통치하는 군주는 욕구할 만한 것이 없"기 때문이다. 그는 세상 모든 것을 가졌기 때문에 더 이상 바랄 것이 없다는 것이다. 이러한 최고권을 가진 군주는 또한 자유롭다. 왜냐하면 다른 이의 힘으로 존재하는 것이 아니라 스스로의 힘으로 존재하기 때문이다. 그리고 이러한 군주 밑에서 사는 인간은 자유로울 수밖에 없다는 것이다. 이렇게 단테는 철학과 신학을 이용하여 최고 군주권을 가진 한 사람, 즉 제국의 황제만이 인류의 평화와 행복을 가져다 줄 수 있음을 증명하고자 하였다(Dante 2009, 61-64).

단테는 첫 번째 권의 마지막에 역사상 이러한 시기는 바로 로마의 아우구스투스 시대였다고 말한다. 하느님의 아들인 예수 그리스도가 태어나면서 그 보편적 평화와 행복이 최상의 시대였음을 알렸다는 것이다.

『제정론』 2권의 주제는 '로마 제권의 정당성'이다. 이 정당성의 근거는 로마 제권이 바로 법정의에 입각해서 주어졌는가에 있다. 그리고 이 법정의는 바로 하나님이 원하시는 것이다. 왜냐하면 단테에게 "인간 사회에서 하느님이 원하시는 바가 있다면, 그것은 참으로 또 정말 정당한 것으로" 여겨졌기 때문이다. 이 정당한 법정의의 첫 번째 요소는 "가장 품위 있는 국민이 다른 모든 국민을 지배함이 마땅"하다는 것이다. 그런데 이 품위는 자신과 조상의 품위로 구성된다. 그리고 조상의 품위를 설명하는 데 있어 베르길리우스(Vergilius)의 아이네아스(Aeneas)의 품위를 언급하고 있다. 이후 단테는 로마인들 자신의 품위를 설명한다. 이때 등장하는 로마인들은 공공선을 위해 복무하고 희생했던 사람들이다. 단테는 공공선의 추구가 법정의에 부합할 뿐만 아니라 공화국의 선익인 평화와 자유의 정신에 맞다고 보았기 때문이다(Dante 2009, 93). 그 로마인들은 킨킨나투스(Cincinnatus), 파브리티우스(Fabritius), 카밀루스(Camillus), 브루투스(Brutus), 무치우스(Mucius), 카토(Cato) 등이다. 이들은 공공선을 위해 사익을 희생했던 훌륭한 로마의 시민들이었다. 이들의 공공선 추구로 인해 법정의가 실현되었고, 이들이 이룩한 로마가 세계 제권을 획득함으로써 공공선을 도모했다는 것이다.

이후 2권의 후반부에서는 제권을 위한 경쟁에서 로마가 승리한 것은 하느님의 심판 혹은 인정이 있었기에 가능했다는 논지를 전개한다. 제권의 경쟁자들로 등장하는 이들은 아시리아인들의 왕 니누스, 이집트 왕 베소제스, 페르시아인들의 왕 치루스와 크세르크세스, 마케도니아의 왕 알렉산더이다. 하지만 이들은 전부 문턱에서 무너졌다. 오로지 제권 혹은 보편재치권을 부여받은 이들은 로마인뿐이라고 말한다. 이를 입증하기 위해 우선 시인들의 말을 소개한 후 성서를 인용한다. 아우구스투스 황제 시기에 그리스도가 태어났고, 보편재치권을 얻었는데 하느님의 심판에 의해 로마는 제권을 장악하였다는 것이다.[10]

다음에 이어지는 논거는 '결투'에 관한 것이다. 그런데 이것도 실은 하느님의 심판에 의한 것이라고 단테는 주장한다. 결투는 다른 여러 수단을 써 보고 도저히 안 될 때 정의에 대한 열망으로 시도하는 것이다. 그리고 그 결과는 인간의 의지를 떠나 있어 누가 이길지 모른다. 정의에 대한 열정과 의지 그리고 그것에 기반한 쌍방의 동의로 이루어지는 결투의 결과는 오직 하느님만이 아신다는 것이다. 그렇기에 인간의 온갖 수단을 다 써 본 후 해결이 나지 않을 때, 최종적으로 의지하는 수단이 결투이다. 결국 '하느님의 섭리'에 의지하는 것이다(Dante 2009, 126). 그런데 로마인들이 제국을 획득하기 위해 주변 종족들과 싸우는 데 있어 결투의 방법을 사용했고 그들이 이겼다. 결국 하느님이 택하셔서 로마가 제국이 된 것이다.[11]

이러한 로마인들의 품위와 법정의에 대해 이야기한 후 단테는 기독교 신앙윤리에 기반해 논의를 전개한다. 하나는 교회의 타락과 무력(無力)화에 대한 언급이다. 교회가 무력해진 것은 하느님의 심판이고 그것은 교회가 타락했기 때문이다. "교회가 이처럼 빈약해짐은 하느님의 심판 없이는 초래되지 않으니, 그 이유는 가난한 사람들이 교회로부터 원조를 받지 못할 뿐더러(교회의 권능이 곧 그들의 재산이다), 제권이 제공

10 이것은 단테가 그의 또 다른 저서 『향연』에서도 행한 로마 역사의 신성화이다. 로마제국을 기독교에 접맥시켜 보편제국으로 만든 것이다. 이에 대해서는 Davis(1993, 72) 참조.

11 데이비스는 단테가 비록 최종심급에서는 하느님의 결정에 의지했지만, 싸움에서의 승리로 제국의 정당성을 입증하는 것이 힘의 논리에 의지하는 마키아벨리와 비슷하다고 언급한다(Davis 1988, 58).

해 주는 바를 고마운 심정으로 간직하지도 않는 까닭이다"(Dante 2009, 132).

또 다른 논지는 예수가 로마 황제를 인정한 것을 들고 있다. 이는 로마인들을 대표했던 아우구스투스의 정당함, 나아가 로마 제권이 법정의에 입각함을 인정했다는 것이다.

3권에서는 교황권의 우위를 주장하는 논의들을 성경에 대한 재해석을 통해 반박하고 있다. 비판의 논점은 교황권론자들이 성경을 자의적으로 과대해석했다는 것이다. 예컨대 단테는 레위가 유다보다 나이가 많기에 교회가 제국보다 상위에 위치한다는 주장을 비판한다. 이 주장은 교황권의 우위를 주장하는 이들이 레위가 사제직을, 유다가 속세의 통치권을 대표하는데 레위가 유다보다 고령이므로 교회가 제국보다 높다고 하는 것에 근거한다. 하지만 단테는 나이의 많고 적음이 권위의 높고 낮음과 등치될 수 없음을 지적한다. 또한 보니파키우스 8세의 칙서에서 중요한 논거로 사용되는 루카 복음서의 두 개의 검론에 대해서도 단테는 비판한다. 베드로의 후계자인 교황이 성과 속의 모든 권한을 가졌다는 것이다. 하지만 단테는 성경을 달리 해석한다. 예수는 두 자루의 칼이 아니라 칼이 없는 이들은 칼을 구하라는 의미로 이야기했는데, 이 말을 베드로가 잘못 알아들었다는 것이다. 결국 단테는 교황권론자들의 자가당착적 성경 해석을 비판하며 교황권의 우위를 부정하고 있다.

3권의 후반부는 역사 논리에 기반한 비판이다. 콘스탄티누스 기진장은 교황의 세속권을 주장하는 증거로 사용되었다. 하지만 단테는 기진장의 자기모순성을 지적한다. 다시 말해 콘스탄티누스 황제가 가진 제권은 나누어 가지거나 이양할 수 없는 것이다. 따라서 교황에게 그 일부를 분할하는 것 자체가 자기모순이라는 것이다. 또한 샤를마뉴가 황제가 될 수 있었던 것은 교황이 대관을 해 주었기 때문이라는 것에 기반해 교황권의 우위가 주장되었다. 하지만 단테는 다른 역사적 예를 들이댄다. 오토 황제의 경우에는 오히려 황제에 의해 교황의 폐위와 복위가 결정되었다. 이 경우 황제는 교황보다 더 높은 지위에 있게 되는 것이다.

결국 단테는 하느님의 권위에 의존한 당대의 두 보편권력인 황제권과 교황권이 각기 다른 목적을 가지고 있다고 본다. 교황은 영의 구원을 담당해야 하는 반면에 황제는 현세적 삶의 행복을 책임져야 한다(Dante 2009, 211). 단테는 분열과 혼란에 빠진 이탈리아에 평화를 가져오기 위해 적어도 세속에서만큼은 단일권력의 필요성을 절감하였다. 개별이익과 권력을 추구하는 이들이 아닌, 보편권력으로서 제국에 의지한 것이다.

2. 마키아벨리의 제국론

단테와 거의 200년이라는 시간 차이를 두고 활동한 마키아벨리의 경우, 앞서 설명된 두 보편권 즉 교황권과 황제권은 이미 그 의미를 상실하게 된다. 우선 마키아벨리에게 교황청은 여전히 중요한 권력으로 남아 있지만, 하느님의 복음을 대변하는 예전의 보편적 의미는 사라진다. 교황국은 이탈리아의 중·강대국 중 하나로 여겨진다. 나아가 마키아벨리에게 기독교는 모든 것을 지배하는 불문가지의 보편적인 의미보다 정치적 관점에서 사고되기에 이른다.[12]

먼저 교황국 혹은 교황은 이탈리아에 분열을 획책하고, 그들의 타락은 이탈리아인들로 하여금 신심(信心)을 잃게 만든 주원인으로 분석

12 마키아벨리의 종교에 대한 관점은 Viroli(2010); Colish(1999); Fontana(1999) 참조. 국내 연구로는 신철희(2011) 참조.

된다. 그는 『로마사 논고(*Discorsi sopra la prima deca di Tito Livio*)』(이하 『논고』) 1권 12장에서 교회가 이탈리아의 타락에 미친 영향을 두 가지로 요약하고 있다. 그 첫 번째는 교황청의 타락으로 인해 이탈리아가 "모든 경건함과 신앙심을 잃어버리게 되었다"는 점이다. 그런데 이어 교회가 이탈리아에 더 큰 해를 끼친 점으로 분열을 들고 있다. 이것은 교회가 세속 권력의 하나로 작용하면서 그들의 이익을 위해 이탈리아 내부의 분열과 외세의 개입을 촉발시켰기 때문이다. 다시 말해 이탈리아를 통일시킬 정도로 강력하지도, 그렇다고 다른 나라에 복속될 정도로 약하지도 않았기 때문에 항상 분란을 일으켰다는 것이다.

> 교회는 이탈리아를 장악할 만큼 강력하지도 못했고 다른 세력이 장악하는 것을 용납할 만큼 허약하지도 않았기 때문에 교회야말로 이 나라가 하나의 우두머리 밑에 통합될 수 없게 만든 장본인이다. 그리하여 이탈리아는 많은 군주와 영주들의 지배하에 놓이게 되었는데, 이러한 상황은 이탈리아의 내분과 약화를 초래함으로써 강력한 야만인들뿐만 아니라 이탈리아에 쳐들어오는 자는 누구나 손쉽게 이탈리아를 약탈할 수 있게 되었다.(Machiavelli 2003, 124)

교회를 보편종교와 그 지배권을 가진 우월한 권위로 바라보는 종교 우위의 보편적 관점이 사라지고, 이탈리아의 다른 나라들 중 하나로 바라보는 특수와 개별의 관점이 적용된 것이다. 정치적 관점에서 종교적 권위를 바라보는 시각은 마키아벨리의 기독교 비판에서 한 걸음 더 나아가게 된다.

이탈리아인들이 나약해진 원인은 교육에 있고, 그 교육은 종교에 기반한다고 마키아벨리는 말한다. 이는 고대인들과 당시 이탈리아의 종교, 즉 기독교를 비교해 보면 쉽게 알 수 있다. 기독교는 '진리와 참된 길을 제시'하지만, 고대의 이교도들은 '현세적 영예를 더욱 숭상하고 그것을 최고선으로 믿기 때문에' 전자는 내세적 영예를 추구하고 온건한 반면 후자는 반대로 매우 사나우며 대범하게 행동한다. 또한 고대인들은 '군대의 장군이나 국가의 군주와 같이 현세적 영예를 많이 가진 사람들에게만 축복을' 내렸다. 반면 기독교는 '활동적이고 적극적인 인물보다는 겸손하고 명상적인 인물을 더 찬양'하고 '겸손과 비천함 및 인간사에 대한 경멸을 최고선으로' 간주했다. 또한 고대의 종교는 활동적인 삶을 칭송하면서 '정신의 위대함, 육체의 강인함 등'을 최고선으로 여겼다. 결국 고대의 종교는 강인한 사람들을 만들었으며, 기독교는 이탈리아인들을 나약한 사람들로 기른 것이다.

> 세상이 나약해지고 하늘이 수수방관하는 것처럼 보일지라도, 의심할 여지없이 그것은 주로 인간의 보잘것없음에서 비롯되는 것일 뿐이다. 이는 사람들이 우리 종교를 활력이 아니라 나태함의 관점에서 해석해 왔기 때문이다.(Machiavelli 2003, 276)

마키아벨리는 종교를 더 이상 진리와 비진리 혹은 신의 유무 등의 관점에서 파악하지 않는다. 그것이 정치에 끼치는 효과만이 중요할 뿐이다. 특히 그는 활력과 나태의 관점에서 종교를 파악하여 고대의 종교는 시민들에게 용맹과 활력을 고양시켰기 때문에 칭송한다. 반면 기독교는 명상적인 삶과 내세의 삶을 추구하여 나태와 유약함을 부추겼기 때문에 비난받아 마땅하다고 생각한다. 이탈리아인들이 조국을 지키는 데 태만해지고, 무용(武勇)이 없어져 나약해진 핵심적인 이유를 기독교에서 찾은 것이다. 보편적 종교로 믿어 의심치 않던 기독교 그리고 영혼의 구원뿐만 아니라 세속의 삶도 주재하는 강력한 기독교가 아니라 이제는 이탈리아의 타락과 힘없음을 가져온 기독교가 된 것이다.

단테 시기까지 중세의 두 개의 보편권 중 하나로서 큰 권위를 누려온 신성로마제국의 황제는 이제 마키아벨리에게 독일이라는 연방을 이루는 하나의 권위로 파악된다.[13] 마키아벨리는 『논고』 2권 19장에서 독일을 언급한다. 이 지역은 '스위스, 자유로운 도시라고 불리는 공화국, 군주국 및 황제직할지'로 이루어져 있다. 이렇게 많은 정부들로 구성되어 있으면서 내전이 일어나지 않는 이유는 황제라는 상징적 인물이 중재 역할을 잘 수행하기 때문이다. 하지만 황제가 실질적 권력을 가진 이 독일 지역의 지배자는 아니다. 내부 자유도시들의 독립성이 강했기 때문이다. 특히 스위스인들의 자유애와 용맹은 정복 불가능한 것이었다. 이 외에도 독일 내 다양한 정부들의 상호견제와 독립성으로 인해 황제를 예전의 강력한 군주로 만들 수 없는 상황이었다. 이를 마키아벨리는 이렇게 표현한다. "그들 공동체들은 자신들처럼 자유를 누리길 원하는 나라에 대해 공격하는 것을 즐기지 않았으며, 그들 군주국 일부는 가난하여 황제를 도울 수 없었고, 다른 일부는 황제의 권력을 시기하여 도우려 하지 않았기 때문이다"(Machiavelli 2003, 349). 독일의 힘은 황제보다는 자유로운 도시들에 있었다고 마키아벨리는 『군주론』과 『논고』에서 말하고 있다.

『군주론』의 장제목들 중에서 유일하게 '국력'이라는 단어가 들어간 10장에서 마키아벨리는 독일 자유도시의 예를 들고 있다. 질서가 잘 잡힌 도시들은 물자가 풍부하고 군사훈련이 잘 되어 있어서 강력한 힘을 가지고 있다. 따라서 그들은 완전히 독립적이어서 "원할 때만 황제에게

13 마키아벨리는 외교관으로서 독일 지역에 파견되어 다녀온 후 짧은 보고서를 쓰기도 하였다. 이에 대해서는 Machiavelli(1995) 참조. 마키아벨리의 독일관에 대한 연구는 Münkler(2000) 참조. 국내 연구로는 김경희(2015) 참조.

복종"하고, "황제나 다른 인접 세력들을 두려워하지" 않는다(Machiavelli 2008, 75).

독일 자유도시에 대한 칭송은 『논고』 1권 55장에서도 이어진다. 마키아벨리는 부패한 국가들과 독일을 대비시킨다. 독일은 선량함과 종교심이 인민들 사이에 남아 있어 타락하지 않았다는 것이다. 이러한 나라들은 바로 독일의 공화국들로서 그들은 자유를 누리고 법률이 잘 준수되고 있다고 말한다. 독일의 자유도시들에서는 시민들이 자발적으로 조세를 납부해서 공공재정이 튼튼하다. 독일의 실질적 힘은 바로 이러한 자유도시들에 있었던 것이다.

이렇게 볼 때 마키아벨리에게 교황과 황제는 보편권을 소유한 특별한 권력이 아니다. 그들은 이탈리아의 국내외 정치를 이루고 있는 여러 세력들 혹은 국가들 중의 하나일 뿐이다. 오히려 교황은 이탈리아의 분란과 분열을 가져오는 핵심 요인이었고, 황제는 독일에서 상징적 권위로 중재자 역할을 하는 힘 빠진 인물일 뿐이었다. 보편권력은 마키아벨리에게 더 이상 의미가 없었다. 더구나 그것이 기독교에 기반한 것이라고 한다면 문제는 더 심각해진다. 마키아벨리는 기독교를 이탈리아인들의 나태와 나약함의 원인으로 보았기 때문이다. 따라서 마키아벨리는 단테처럼 이탈리아의 분열과 무력(無力)함을 치유해 주고 구원해 줄 보편권력으로서 황제에 기댈 수 없었다. 그는 보편권력이 사라진 곳에서 그들의 조상이었던 로마제국의 힘에 의지한다.

마키아벨리에게 로마제국은 공화국의 전성기를 의미한다. 그는 아우구스투스(Augustus) 이후 황제정의 시기가 1인 군주의 지배와 같다고 보고 비판한다. 이는 마키아벨리가 공화주의자로서 로마 공화국의 자유에 의한 팽창의 기제를 인정한 것과 일맥상통한다. 따라서 그는 카이사르(Caesar)를 독재자로 규정하고 공화국의 자유를 파괴한 인물로 비판한다. 다음에서는 마키아벨리가 제국으로 규정하는 로마 공화정의 전성기와 그것의 핵심 기제에 대해 살펴보도록 하겠다.

마키아벨리는 『논고』 2권 서문 부분에서 제국의 순환에 대해 이야기한다. 아시리아(Assyria)에서 메디아(Media)로, 그리고 페르시아(Persia)로 이어진 후 결국 이탈리아와 로마로 이어졌다는 것이다. 그런데 이때 이 나라들의 번영을 결정적 기틀을 마련한 것이 바로 정치·군사적 역량이자 무용(武勇)으로서 비르투(virtù)이다.[14] 이에 따라 마키아벨리는 로마 공화국의 비르투에 대해 설명하기 시작한다. 특히 『논고』 2권은 로마 공화국의 대외정치를 다룬 장인데 마키아벨리는 그 장의 초반부부터 비르투에 대한 논의를 시작하고 있다.

서문에서 제국의 핵심 기반이 비르투, 즉 정치·군사적 역량임을 언급한 후에 1장에서 로마가 제국을 이룬 원인이 운인지 아니면 실력, 즉 비르투 때문인지를 다루고 있다. 다른 논자들이 전자가 원인이라고 주장한다면, 마키아벨리는 후자 즉 비르투 때문임을 주장하며, 이하의 장들에서 그 비르투의 핵심적인 기반 및 그 주요 양상들을 설명한다. 그것은 바로 로마의 자유정체이다. 이를 통해 인구가 늘고, 그들의 역량이 계발되고, 로마에 복무시켜 거대한 힘을 만들어 내었다는 것이다. 2권 2장은 바로 이러한 자유에 대한 설명이다. 오직 자유로울 때만 공공선이 추구되고 그것을 통해 '영토나 부의 증대'가 이루어진다. 자유로운 정부는 인구의 유입을 촉진한다. 신분의 차별이 없기 때문에 결혼을 하고 아이를 낳아 키우고 싶어 하기 때문이다. 여기에 더해 노력하여 능력을 향

---

14 비르투는 라틴어 비르투스(virtus)에서 나온 말이다. 비르투스는 힘, 역량, 덕 등의 윤리 외적인 의미와 윤리적인 의미 둘 다를 지니고 있다. 마키아벨리에서도 두 가지 의미가 같이 나타나지만 주로 힘, 역량, 무용 등의 도덕 외적·정치적인 의미 등으로 사용된다. 마키아벨리에게서 나타나는 로마의 힘으로서 '비르투 로마나'(Virtù romana)에 대해서는 김경희(2005) 참조.

상시키면 명예와 부를 얻을 수 있기 때문이다. 이렇게 내적인 로마의 자유로운 질서에 더해 외국에 관대한 정책도 로마제국의 탄생에 일조를 하게 된다.[15]

2권 3장의 내용은 바로 로마 인구를 늘리는 방법으로 '사랑'과 '무력'이 사용되었다는 것이다. 사랑으로 문호를 개방하고 안전을 보장함으로써 많은 외국인들을 자발적으로 들어오도록 한 것이다. 이는 앞서 언급한 자유로운 내적 질서와 관련된다. 여기에 더해 정복한 지역의 주민을 강제 이주시킴으로써 인구를 증가시켰는데, 이것이 무력에 의한 방법이다. 이렇게 인구를 증가시킨 로마는 많은 수의 군인들을 가질 수 있었다. 군대는 무기를 가지고 있기에 믿을 수 없는 이들에게 군인의 신분을 줄 수는 없다. 그래서 시민만이 군인이 될 수 있었던 것이다. 로마는 이주자들에게 무기를 허용했고 이는 그들을 시민으로 받아들였다는 의미이다. 이는 질서 있는 훈련과 연결되어 강력한 군대를 만들게 된다. 이런 로마는 이탈리아의 허약한 다른 나라들과 달리 전쟁을 돈이 아닌 군대 혹은 무력으로 수행했다고 마키아벨리는 말한다. 결국 자유로운 공화국만이 많은 시민들을 잘 훈련시켜 강한 군대를 육성하고, 영토와 부를 증가시킬 수 있다는 것이다. 이것은 로마 공화국을 제국으로 발전할 수 있도록 한 훌륭한 시민과 강력한 군대의 문제에 착목하게 만든다.

로마인들은 훌륭한 시민이자 강력한 군인들이었다. 훌륭한 시민의 예는 공화국의 시민으로서 자신들의 자유를 지키고자 한 로마인들의 노력에서 볼 수 있다. 마키아벨리는 스키피오(Scipio)를 탄핵한 카토와 그에게 동조한 로마시민들의 이야기를 하고 있다. 스키피오는 로마를 구

15 마키아벨리에 있어 자유와 제국의 연관성을 강조한 논의는 Hörnqvist(2004)와 Armitage(2002) 참조.

한 위대한 업적으로 인해 엄청난 권위를 얻게 되었다. 그런데 공화국에서 한 시민에게 권력이 너무 많이 주어진다면 그것은 자유에 굉장히 위험한 일이었다. 왜냐하면 자유를 지키는 데 핵심적 제도인 법률과 국가제도가 무용지물이 될 수 있기 때문이다. 따라서 카토는 "행정관조차 두려워하는 시민이 한 사람이라도 있는 도시라면 자유로운 도시라고 불릴 수 없다"고 하면서 스키피오를 탄핵했고 로마시민들은 그것을 수용했던 것이다. 자유로운 제도를 지키고자 했던 시민들의 마음은 군인이 되어 조국에 봉사하는 태도로 드러난다. 그것은 전쟁에서 승리했을 경우 적군의 보물을 사적으로 편취하는 것이 아니라 국고에 자발적으로 귀속시키는 것이다. 사(私)보다 공(公)을 우선시하는 마음과 태도는 바로 로마 공화국을 제국으로 발전할 수 있게 한 핵심 역량이었다.

이렇게 사익보다 공익을 우선시하는 로마인들의 모습은 『논고』 3권에 잘 나타나 있다. 타르퀴니우스(Tarquinius)의 폭군정을 몰아내고 공화정을 수립한 브루투스는 공화국의 자유를 지키기 위해 아들을 사형에 처해야 했다(『논고』 3권 3장). 킨킨나투스는 위기 시에 임시 독재관으로서 복무했고, 자신의 임무가 끝나자마자 어떤 권력이나 물욕도 없음을 증명하듯이 곧바로 자신의 작은 농장으로 돌아갔다(『논고』 3권 25장). 특히 마키아벨리는 공화정을 위한 시민들의 청빈을 강조한다. 청빈은 시민들로 하여금 부의 추구라는 사적 욕구 대신 명예 같은 공적 가치의 추구에 복무토록 하는 것이다. 청빈의 유지는 또한 능력이나 여타 공직의 직무적합성과는 다른 재부(財富) 같은 요소들을 통해 부자나 귀족이 공무를 맡고 시민들을 타락시키는 것을 방지하는 효과를 지닌다(Machiavelli 2003, 490). 결국 청빈의 추구와 유지는 시민들로 하여금 사적인 욕망의 분출구로서 돈이나 재부의 추구를 막고, 공동체의 복무에서 나오는 명예나 영광을 지향토록 하는 것이다. 이는 앞서 언급했던 자유로운 공동체의 유지에도 핵심적인 역할을 수행한다. 시민들이 자신들의 능력을 계발하고 그에 따른 정치적·사회적 성공의 가능성을 가질 때 진정한 자유를 누린다고 생각하기 때문이다. 결국 능력에 따른 성공이 가능한 사회는 사적 부에 대한 열망을 제어하고 이는 공적인 가치를 존중하여 공동체 번영의 결과를 가져온다는 것이다.

> 나는 가난함이 어떠한 지위나 어떠한 명예든 당신이 거기에 이르는 길을 막지 않는다는 사실, 그리고 능력 있는 인재가 어떤 집에 살고 있든지 그 인재를 등용한다는 사실에 대한 사람들의 확고한 믿음보다 이러한 효과〔시민들을 청빈하게 유지하는〕를 만들어 내는 데 더 강력한 어떠한 조건이 있다고 믿지 않는다. 그러한 사회상태는 명백하게 부에 대한 소망을 덜 갖도록 만든다. (…) 첫째는 가난인데, 로마시민들은 가난에 만족했고, 전쟁으로부터 얻는 명예로 충분했으며, 모든 획득물을 공공의 처분에 맡겼다는 점이다.(Machiavelli 2003, 515-517)

결국 자유의 공화국은 시민들에게 자유로운 능력 계발과 발휘의 기회를 제공하고, 그에 따른 성공의 가능성을 제공하는 공동체이다. 이렇게 볼 때 공과 사의 구분이 중요해진다. 공정한 경쟁이나 능력이 아닌 사적 부나 권력 혹은 연줄 등을 이용해 공적인 명예를 추구하는 것은 공화국을 몰락시키는 일이다. 이런 의미에서 마키아벨리는 "다양한 개인들에게 사사롭게 돈을 빌려주고, 그들의 딸을 결혼시키며, 행정관들로부터 그들을 보호하고, 그 밖에도 사적으로 유사한 호의를 베풀어 시혜를 제공하는" 행위를 사적인 방법으로 규정하고, 이를 통해 "공공은 부패"되고 법은 그 권위를 잃게 된다고 이야기한다(Machiavelli 2003, 525).

이렇게 볼 때 마키아벨리에게 로마 공화국의 몰락은 국가가 사적 이익의 투쟁 공간으로 변하고 공적 제도가 사사화함으로써 일어난 것이다.[16] 『논고』 3권 24장에서 그는 농지법이 야기한 투쟁과 최고 지휘권의 연장, 이 두 가지로 인해 공화국이 해체되었다고 적고 있다. 전자는 『논고』 1권 37장에 잘 나타나 있다. 농지법으로 인해 부에 대한 인민과 귀족 간의 투쟁이 법과 제도의 한계를 넘어 진행되었고 이는 공화국의 몰락을 가져왔다. 지휘권의 연장은 공화국 군대의 사병화를 초래했다. 전쟁이 지속되면서 장군의 복무지 순환이나 임기제가 질곡으로 작용했다. 현실의 필요에 의해 지휘권을 연장했으나 이는 두 가지 예기치 못한 결과를 가져왔다. 첫째, "소수의 사람들만이 지휘에 대한 경험을 쌓게 되어 명성이 소수에게만 국한되었다." 둘째, 장군이 오랫동안 한 군대의 지휘관이 되어 동고동락을 하면서 그 "군대를 자신의 파벌로 삼게 되었다." 결국 공화국을 위한 공공의 군대가 개인을 위한 사병으로 전락한 것이다.

마키아벨리는 모범적인 제국으로 로마를 제시한다. 그런데 그가 칭송한 로마제국은 로마 공화국이 전성기일 때였다. 황제정 시기는 아니었다. 오히려 그는 카이사르가 인민을 부패시키고 자유를 파괴한 것과 황제정의 세습 제도를 비판하고 있다. 이것은 앞서 보았듯이 자유 속에서 시민들이 자신들의 역량을 계발하고 그것을 가지고 공동체에 복무할 때 나오는 로마 공화국의 힘을 제국으로 파악한 것이다. 반면 『논고』 1권 18장에 나오듯이 로마가 아프리카, 아시아 그리고 그리스 지역을 점령하고 대적할 상대가 없을 때 로마인들은 부패하기 시작했다. 역량 있는 사람이 아니라, 권세가 있고 자신들을 만족시키는 자들을 공직에 임명했다. 아울러 법률은 '공동의 자유'가 아니라 소수 권력자들의 '권력

16 마키아벨리의 정치이론을 공(公)과 사(私)의 개념으로 살펴본 연구로는 Leonard(1984) 참조.

강화'를 위해 제안되고 제정되었다(Machiavelli 2003, 143-144). 이는 『논고』 3권 16장에서도 반복적으로 언급된다.

> 〔로마는〕 카르타고와 안티오코스를 정복하고 나서 더 이상 전쟁의 위협이 없어졌을 때, 능력보다는 오히려 인민의 호감을 사는 다른 자질에 주의를 기울이면서 로마가 원하는 사람이면 누구에게나 군대를 맡겨도 무방하다고 생각하게 되었다.(Machiavelli 2003, 491)

로마는 더 이상 대적할 적이 사라지게 되자 그들의 자유에 대해 확신했다. 자유에 대한 확신은 아이러니하게도 자유를 고사시키는 부패의 상황을 도래시킨 것이다. 결국 마키아벨리에게 제국은 자유의 정체 속에 시민들의 힘이 결집된 공화국의 제국이었다.

III. 두 개의 로마

단테와 마키아벨리는 200여 년의 시간차를 두고 조국 피렌체의 안위를 걱정했던 정치사상가들이었다. 그들은 분열로 인한 혼란 속에서 그 대안을 사고했다. 그런데 그 대안은 서로 달랐다. 단테는 분열과 혼란 속에서 평화와 안정을 희구했다. 그런데 그것은 단일 의지 속의 보편적 평화였다. 기독교라는 보편종교 속에서 그 권위를 인정받은 신성로마제국 황제의 단일 의지가 중요했다. 이것을 통해 분파 투쟁으로 점철된 피렌체의 분열 및 이탈리아의 혼란을 해결하고자 한 것이다. 반면 마키아벨리는 단테와는 다른 길을 걷게 된다. 물론 마키아벨리도 사적인 이익을 추구하는 가운데 나타나는 부패에 주의했다. 하지만 단테의 종교적이고 보편적인 평화와 공공선의 관점은 아니었다. 단테는 보편권력에 의존했기에 피렌체의 문제를 로마, 즉 신성로마제국의 권위로 해결하고자 하였다. 특수와 개별의 문제를 보편으로 해결하고자 한 것이다. 반면 마키아벨리는 피렌체의 문제를 피렌체가 해결해야 한다고 보았다. 물론 피렌체가 배우고 모방해야 할 대상은 고대 로마였다. 단테는 하느님의 권위와 그 유산에 의지해 황제의 권위를 세웠고 그것은 로마에 있어야 했다. 하지만 마키아벨리에게 로마의 핵심은 피렌체에서 배울 수 있는 것이었다. 로마의 후계자가 로마만이 아닌 피렌체가 될 수도 있는 것이다. 그 유산은 장소나 핏줄에 담겨 있는 것이 아니라 로마가 실행했던 제도와 그 정책에 있기 때문이다. 이를 위해 마키아벨리는 로마의 역량, 즉 비르투 로마나를 분석하고 제시했던 것이다.

이런 점에서 단테의 제국과 마키아벨리의 제국은 정치체제 차원에서도 다른 점을 보인다. 단테의 제국은 1인 지배체제이다. 다시 말해 군주제적 황제정이다. 반면 마키아벨리의 경우는 공화제적 제국이다. 단테는 기독교라는 보편종교하에서 사고했기 때문에 군주제가 최선의 정치체제이다. 이것은 유일신 종교인 기독교 체제의 모상이기도 하다. 신성로마제국 황제의 단일 의지가 지배하기에 다양한 의견이 배제되어야 한다. '다수는 악'이라는 표현은 바로 다양한 의견 대립 속에서 혼란이 온다는 것이고, 그것은 분파 투쟁의 피렌체와 이탈리아 경험을 반영한 것이다. 평화와 안정은 오로지 단일성 속에서 온다는 믿음의 반영이다.

반면 마키아벨리는 다수와 복수성 그리고 차이를 강조한다. 그가 『논고』 1권 초반부에서 로마 공화정의 자유가 가능했던 이유로 드는 것이 바로 불일치(disunione)이다. 귀족과 인민의 갈등과 불화가 견제와 균형 속에 자유로운 체제를 가져왔다는 것이다. 아울러 다양한 외국인들을 포용하여 시민화하는 로마의 체제를 칭송한 것은 바로 자유 속에서 드러나는 다름의 인정이 한 정치체제의 힘을 강화할 수 있다고 보기 때문이다. 단테가 불화와 혼란을 단일 의지 속의 권위와 평화로 극복하고

자 했다면, 마키아벨리는 평화가 힘의 우위 속에서 가능하고, 힘이 다양성 속의 제도화된 불화 속에서 온다고 보았다.

물론 단테와 마키아벨리는 공공선의 추구를 공동체 유지의 핵심으로 보았다는 점에서는 일치한다. 사익의 추구가 파괴적인 불화와 반목을 가져오기 때문이다. 하지만 공공선의 기반을 보는 데는 차이를 보인다. 단테는 공공선의 기반이 최고선의 판단자로서 최고권을 가진 1인 지배자에 있다고 보았다. 하지만 마키아벨리는 지도자의 지혜와 사려 깊음 속에서 나오는 공공선에 대한 판단뿐만 아니라, 공동체 구성원들의 동의와 합의 속에 나타나는 공공선도 중요하다고 보았다. 이는 군주제를 옹호하는 단테와 공화제를 주장하는 마키아벨리의 차이에서 기인한다.

단테는 보편권력이 지배하는 로마를 통해 피렌체와 이탈리아의 평화를 제안했다. 그런데 『신곡』에서 말하듯 신성로마제국의 황제는 당시 자신의 의무를 방기하고 다른 곳, 즉 독일에 가 있었다. 신성로마제국의 황제는 로마에 있어야 했다. 로마만이 제국의 수도이기 때문이다. 베드로가 순교한 교황권의 중심이자 옛 로마제국의 수도였던 로마에서만 황제권이 제대로 행사되고 유지될 수 있다고 본 것이다.

마키아벨리는 고대 로마 공화국이 피렌체에서 부활되기를 염원했다. 그런데 로마 공화국의 부활은 그 비르투의 재생을 통해 가능하다고 보았다. 로마라는 장소가 문제가 아니라 로마의 가치 혹은 역량이 문제였다. 그것은 시민적 공화국의 자유정체 부활을 통한 시민적 덕성과 군대의 무력 확충이다. 이로써 로마제국을 가능케 했던 비르투는 피렌체에서 부활 가능하다.

단테와 마키아벨리가 보았던 서로 다른 로마의 핵심은 무엇보다 보편과 특수에 있었다. 단테는 보편이 특수로 변할 때 타락이 일어난다고 보았다. 보편의 특수로의 변화를 막기 위해 교황과 황제에게 각각의 고유 영역을 분리하여 통치해야 한다고 주장하였다. 이는 특수의 다양성에서 나오는 경쟁과 대립 등을 제어하기 위한 것이었다. 즉 복수성과 특수가 지배할 때 나타나는 탐욕과 분열을 극복하고, 보편권력의 단일성을 통해 평화와 안정을 가져오고자 한 것이었다. 반면 마키아벨리는 개별적이고 고유한 각각의 특수들이 서로 경쟁하고 잘 어울릴 때 자유와 힘이 배가된다고 보았다. 단테가 하느님이 인정한 아우구스투스의 로마를 강조한 것에 비해, 마키아벨리는 공화정의 로마에 초점을 맞춘 것이다. 마키아벨리는 단일성에서 탐욕과 부패가 일어난다고 보았다. 단일성은 자유를 질식시키기 때문이다. 결국 단테가 단일성과 보편제국의 패권을 통한 평화를 지향했다면, 마키아벨리는 다양성을 통한 자유의 제국을 통해 상호 번영을 꾀했다고 볼 수 있다.

IV. 결론

단테의 제국은 신의 섭리와 은총에 의해 권력을 부여받은 신성로마제국이었다. 그는 두 가지 보편권의 분리하에 서로의 본분에 맞는 권력행사를 요구했다. 즉 세속은 황제에게, 영의 인도는 교황에게 맡긴다. 이는 분파이익의 대립 속에 나타나는 혼란을 보편권력의 인정하에 극복코자 한 것이다. 군주의 단일 의지 속에 평화와 안정이라는 공공선을 추구하고, 탐욕과 사익추구의 폭군제에 반대한다. 이 보편권력이라는 힘의 근원은 물론 하느님이다.

마키아벨리의 제국은 군주제 및 폭군제와 대비되는 공화제가 힘을 축적한 경우이다. 그 힘의 근원은 자유로운 정체에서 나오는 시민과 군대의 역량이다. 그는 다양성의 힘을 신뢰했다. 종교의 보편성보다는 자유와 포용 등에서 나오는 힘의 보편성에 더 의지했다. 종교와 군주의 권위에서 위로부터 내려오는 힘이 아니라, 아래로부터 다양한 시민들이 구성해 내는 힘에 의지했다.

단테는 이미 있는 제국의 역할에 초점을 맞추고 제국이라면 어떻게 해야 하는지에 대해 문제를 제기했다. 반면 마키아벨리는 제국이 부재하는 시기, 제국이 되기 위해 필요한 것이 무엇인지에 대해 물음을 제기했다. 아울러 군주제적 제국의 위험성과 부패성을 이야기하고, 그것과 공화제적 제국의 비교를 통해 제국은 무엇인가에 대한 질문을 던졌다.

단테는 기독교를 통해 로마사를 신성화하였다. 신의 인정을 받은 황제에 의해 제국이 통치되고, 그 속에서 다양성으로 인한 혼란이 제어되어야 했다. 신에 의해 지상의 통치를 위임받은 황제는 단일성과 통일성 속에 평화를 유지해야 했다. 반면 마키아벨리는 시민들이 협치를 통해 자유와 포용을 실천한 공화정을 제국으로 바라보았다. 다양성 속에 힘이 길러지고, 그것을 통해 세계의 질서를 유지할 수 있다고 본 것이다.

현재 세계는 과거 단극체제에서 미국 및 중국과 유럽연합 등이 경쟁하는 다극체제로 변화하고 있다. 단극에서 다극으로의 상황변화는 분열과 혼란 속에서 그 대안을 사고했던 단테와 마키아벨리의 시대와 비슷한 맥락에 있다고 볼 수 있다. 단테가 단일 권력을 통한 평화와 안정을 희구했다면, 마키아벨리는 다양성 속의 자유와 포용을 추구했다. 그런데 현재 미국 우선주의를 주장하는 트럼프 대통령의 패권주의적 행태에 세계 각국의 불만이 점증하고 있다. 자국 산업의 보호 및 지지율 상승을 위해 국제법 대신 미국법을 타국에 적용하려는 시도는 가히 자유시장 질서를 유지하고자 하는 의지가 있는지를 의심하게 할 정도이다. 미국은 이미 제국적 지위를 지니고 있었으며 현재도 인정되고 있는 세계 최대의 강대국이다. 하지만 유럽연합 및 중국의 부상으로 인해 앞으로 어떤 제국으로 남아야 할지를 고민해야 할 시기에 와 있다. 단테처럼 기존의 제국이라는 지위에 집착해 타국과의 관계를 자국 위주로 주도하는 단일성과 통일성을 유지하고자 한다면 시대착오적인 패권국이 될 것이다. 하지만 마키아벨리처럼 타국과의 공존 속에 경쟁과 대립을 인정하는 자유와 포용의 질서를 꾀한다면 미래지향적인 제국의 모습이 될 것이다. 트럼프의 미국은 단테보다는 마키아벨리적 대안을 따라야 할 것이다.

모름지기 제국이라면 평화와 공공선의 수호자여야 한다. 그 역할을 수행할 능력이나 의지가 없다면 제국이 아니라 패권국이 될 것이다. 이것은 초강대국이 아닌 다른 나라들에도 국제사회에서 제국의 역할과 의무에 대해 발언할 거리를 제공한다. 아울러 단테와 마키아벨리의 문제 제기는 제국과 힘에 대한 질문을 우리에게 던져 준다. 힘만 있다고 제국은 아니다. 그렇다고 힘이 없는데 제국이 될 수는 없다. 자유와 포용을 통해 다양성을 인정하는 가운데 세계 질서를 평화적으로 유지할 수 있다면 주변국들의 인정과 동의를 충분히 얻어 낼 수 있을 것이다. 아울러 힘의 우위만이 최선의 방책은 아니다. 이념과 가치에 대한 합의와 동의를 이끌어 내지 못하면 세계정치에서 지도자 역할을 할 수는 없을 것이다. 또한 대화와 타협이 통하지 않는 곳, 즉 다양성을 분열과 혼란의 불쏘시개로 이용하고자 하는 곳에서는 단일성을 통한 힘의 논리가 필요하기도 할 것이다. 제국이 세계 경찰의 역할을 수행해야 하는 경우가 바로 그것이다. 억압과 폭력이 난무하는 곳에는 개입하여 평화와 안정을 가져와야 한다. 물론 그것도 오로지 홀로 수행할 수 있는 것은 아니다. 국제적인 인정과 동의 그리고 협력이 필요한 것이다. 또한, 자유가 있는 곳에서는 좀 더 다양한 경쟁과 협력을 통해 공존과 번영을 가져와야 한다. 단테와 마키아벨리의 제국은 때와 장소에 따라 각각 달리 필요한 것이기도 하다. 하지만 그 모든 것에 공통적으로 사고되어야 하는 것이 바로 단테와 마키아벨리가 강조한 공공선이다. 인류세계의 공동복지에 대한 숙고와 합의가 없다면 무질서 지역에의 개입뿐만 아니라 경쟁과 협력을 통한 자유의 증진도 물거품이 될 수 있기 때문이다. 복잡다기한 세계정치 속에서 단테와 마키아벨리의 서로 다른 두 로마가 우리에게 주는 함의는 평화와 질서를 가져오는 다양한 방법과 모습의 암시일 것이다.

참고문헌

공진성. 2012.「제국과 관용: 보편주의의 정치성에 대하여」.『인문학연구』제43권: 527-557.

김경현. 2005.「로마제국: 통합과 방위」.『세계정치』제26집 1호: 149-171.

김경희. 2005.「비르투 로마나(Virtù romana)를 중심으로 본 마키아벨리의 공화주의」.『한국정치학회보』39집 1호: 25-44.

______. 2015.「마키아벨리의 중견국 전략: 독일관을 중심으로」.『다문화사회연구』제8권 1호: 201-229.

______. 2018.「두 개의 로마 사이에서: 단테와 마키아벨리의 제국 이해 비교」.『정치사상사연구』제24집 1호: 49-73.

김상배. 2005.「정보화시대의 제국: 지식/네트워크 세계정치론의 시각」.『세계정치』제26집 1호: 93-120.

박경자. 2014.「단테에서 마키아벨리로: 단테의 정치철학에 드러난 정교 분리와 세속국가 개념」.『철학논집』제36집: 239-263.

박지향. 2005.「왜 지금 제국인가」.『세계정치』제26집 1호: 3-23.

신철희. 2011.「정치와 종교 그리고 민(民): 마키아벨리와 스피노자를 중심으로」.『한국정치연구』제20집 제2호: 339-361.

윤비. 2011.「단테-제국의 이론가」. 전경옥 외.『서양 고대·중세 정치사상사; 아테네 민주주의에서 르네상스까지』. 책세상, 407-438.

이경구. 2003.「콘스탄티누스 기진장의 작성목적」.『서양중세사연구』11권: 27-59.

최갑수. 2005.「제국에서 근대국가로: 유럽사에 대한 하나의 역사적 조망」.『세계정치』제26집 1호: 121-148.

Armitage, David. 2002. "Empire and Liberty: A Republican Dilemma." In Martin van Gelderen and Quentin Skinner eds. *Republicanism: A Shared European Heritage, Vol. II: The Values of Republicanism in Early Modern Europe*. Cambridge: Cambridge University Press, 29-46.

Black, Antony. 1992. *Political Thought in Europe 1250-1450*. Cambridge: Cambridge University Press.

Bonifacius VIII. 2009. "Unam Sanctam"(성염 역. 『제정론』, 경세원, 217-221).

Canning, Joseph. 1996. *A History of Medieval Political Thought 200-1450*. London: Routledge.

Colish, Marcia. 1999. "Republicanism, Religion, and Machiavelli's Savonarolan Moment." *Journal of the History of Ideas* Vol. 60, No. 4: 597-616.

Dante, Alighieri. 2007. *La Commedia*(박상진 역. 『신곡』 지옥편, 연옥편, 천국편. 민음사).

______. 2009. *Monarchia*(성염 역주. 『제정론』, 경세원).

______. 2010. *Convivio*(김운찬 역. 『향연』, 나남).

Davis, Ch. T. 1957. *Dante and the Idea of Rome*. Oxford: Clarendon Press.

______. 1988. "Dante, Machiavelli, and Rome." *Dante Studies* No. 106: 43-60.

______. 1993. "Dante and the Empire." In *The Cambridge Companion to Dante*. Ed. Rachel Jacoff. Cambridge: Cambridge University Press, 67-79.

D'Entreves, A. P. 1965. *Dante as a Political Thinker*. Oxford: Clarendon Press.

Ferrante, Joan. 1984. *The Political Vision of the Divine Comedy*. Princeton: Princeton University Press.

Fontana, Benedetto. 1999. "Love of Country and Love of God: The Political Uses of Religion in Machiavelli." *Journal of the history of Ideas* Vol. 60, No. 4: 639-658.

Herde, Peter. 1990. "Dante als Sozialphilosoph." In *Rechts- und Sozialphilosophie des Mittelalters*. Hrsg. Erhard Mock und Georg Wieland. Frankfurt am Main: Verlag Peter Lang, 83-102.

Hörnqvist, Mikael. 2004. *Machiavelli and Empire*. Cambridge: Cambridge University Press.

______. 2012. "Machiavelli's Three Desires-Florentine Republicans on Liberty, Empire, and Justice." In *Empire and Modern Political Thought*. Ed. Sankar Muthu. Cambridge: Cambridge University Press, 7-29.

Hulliung, Mark. 1993. *Citizen Machiavelli*. Princeton: Princeton University Press.

Leonard, John. 1984. "Public versus Private Claims: Machiavellianism from Another Perspective." *Political Theory* Vol. 12, No. 4: 491-506.

Machiavelli, Niccolò. 1995. "A Portrait of German Affairs. Ritratto delle cose della Magna." *The Prince and Other Political Writings*. Trans. and ed. Stephen J. Milner.

London: J. M. Dent.

_______. 2003. *Discorsi sopra la prima deca di Tito Livio*(강정인·안선재 역. 『로마사 논고』. 한길사).

_______. 2008. *Il Principe*(강정인·김경희 역. 『군주론』. 까치글방).

Morrall, J. B. 1983. *Political Thought in Medieval Times*(박은구 역. 『중세 서양의 정치사상』. 탐구당).

Münkler, Herfried. 2000. "Machiavellis Deutschlandbild. Humanistische Antike-Rezeption und politische Perspektiven." In Hrsg. Wolfgang Leidhold. *Politik und Politeia. Formen und Probleme politischer Ordnung*. Festgabe für Jürgen Gebhardt zum 65. Geburtstag. Würzburg: Königshausen und Neumann, 483-493.

_______. 2015. *Imperien*(공진성 역. 『제국. 평천하의 논리』. 책세상).

Najemy, John M. 1993. "Dante and Florence." In *The Cambridge Companion to Dante*. Ed. Rachel Jacoff. Cambridge: Cambridge University Press, 80-99.

Skinner, Quentin. 2004. *The Foundation of Modern Political Thought*(박동천 역. 『근대정치사상의 토대』 제1권. 한길사).

Ullmann, Walter. 2000. *Medieval Political Thought*(박은구·이희만 역. 『서양 중세 정치사상사』. 숭실대학교출판부).

Viroli, Maurizio. 2010. *Machiavelli's God*. Princeton: Princeton University Press.

2부

근대 정치사상과 제국

4

사무엘 푸펜도르프와 독일 신성로마제국*

김준석

I. 서론

퀜틴 스키너(Quentin Skinner 2010; 1989)에 따르면 근세 초 유럽에서 근대적인 국가 개념이 확립된 것은 국가가 통치자 개인으로부터 그리고 사회 혹은 공동체로부터 독립적으로 존재하는 제도 혹은 체제로 인식되기 시작한 16세기 말과 17세기 초부터이다. 이 과정에서 장 보댕과 토머스 홉스가 각각 절대적이고 불가분한 주권 개념을 통해, 그리고 절대권력을 행사하는 '인위적 인격'(artificial person)으로서의 국가 개념을 통해 결정적인 역할을 담당했음은 잘 알려져 있다. 보댕이나 홉스만큼 잘 알려져 있지는 않지만 17세기 후반 독일에서 활동한 정치사상가 사무엘 푸펜도르프(Samuel von Pufendorf, 1632-1694) 역시 근대국가 개념이 확립되

* 이 장은 『21세기정치학회보』 28집 2호(2018. 6)에 "사무엘 푸펜도르프의 국가 이론 연구: 신성로마제국에 대한 견해를 중심으로"라는 제목으로 게재된 논문을 부분적으로 수정·보완한 것이다.

는 데 중요한 역할을 한 정치사상가 중 한 명으로 꼽을 수 있다. 푸펜도르프의 기여는 1672년에 출간된 『자연법과 국가 간의 법(*De jure naturae et gentium*)』과 이의 요약본으로 1673년에 출간된 『자연법에 따른 인간과 시민의 의무에 관하여(*De officio hominis et civis juxta legem naturalem*)』에서 잘 확인된다(Pufendorf 2005; 1991).

다만 푸펜도르프가 국가 개념의 발전에 독창적으로 기여했다고 말하기는 어렵다. 그는 독창적인 사상가라기보다는 뛰어난 종합자, 절충자였다(Dufour 1991, 561).[1] 푸펜도르프는 근대국가에 관한 보댕과 그로티우스, 그리고 특히 홉스의 주장을 일반에 보다 널리 받아들여질 수 있는 방식으로 재해석하고 종합했다. 하지만 그가 제한적이나마 앞선 사상가들로부터 '차별화'된 자기 자신만의 견해를 제시하려는 노력을 멈추지 않은 것도 사실이다. 푸펜도르프는 특히 두 가지 차별화를 시도했다. 첫째, 푸펜도르프는 국가의 기원 문제와 관련하여 홉스와 그로티우스의 논의를 따르면서도 자연상태에서 인간이 처한 상황의 성격과 그로부터 인간이 국가를 설립하는 이유와 방식에 관해 두 사람과는 다른 견해를 피력한다. 둘째, 푸펜도르프는 국가의 주권에 관한 견해에서 보댕과 홉스의 주장을 충실히 따르면서도 모든 국가가 이들이 정의하는 주권을 보유하지 않았다는 점을 강조한다. 그는 특히 독일의 신성로마제

1 푸펜도르프는 생존 당시와 18세기에 대다수 저작이 여러 나라의 언어로 번역될 정도로 유럽 전역에서 명성을 떨쳤다. 그는 로크와 블랙스톤(William Blackstone), 더 나아가서는 제퍼슨(Thomas Jefferson)과 해밀턴(Alexander Hamilton) 등의 정치사상에 큰 영향을 미쳤다(Dufour 1991, 587). 이는 그의 저작이 많이 읽히지도 자주 연구되지도 않는 오늘날의 상황과 대조를 이룬다. 최근 들어 미국 도서관 기금의 지원으로 푸펜도르프의 책 여러 권이 영문으로 출판되고 있다. 이것이 앞으로 푸펜도르프에 대한 관심의 증가를 가져올지 지켜볼 필요가 있다.

국에서 보댕과 홉스의 주권이론이 적용될 수 없음을 지적한다.

다음에서는 이 중 두 번째 차별화 시도를 중심으로 푸펜도르프의 국가이론을 살펴본다. 보댕과 홉스가 각각 프랑스와 영국이라는 당대 유럽에서 근대적인 주권국가의 이상에 가장 근접한 두 나라 출신이었던 데 반해, 푸펜도르프는 그러한 이상과는 가장 거리가 멀었던 독일 작센(Sachsen) 공국 출신이었다. 작센 공국은 신성로마제국(Heiliges Römisches Reich)의 일부분이었다. 신성로마제국은 공식적으로는 황제를 수장(首長)으로 하는 왕국의 형태를 취했지만 실제 현실에서는 200-300여 개에 달하는 제후국(Reichsfürstentümer)과 제국시(Reichsstädte)가 독립적인 정치단위체로서 각자의 영토를 통치했다. 이 제후국과 제후시가 온전하게 독립국가의 지위를 누린 것은 아니다. 이들의 통치자는 명목상으로는 황제의 '봉신'(封臣)이었고, 황제는 미약하게나마 이들의 독립을 제약할 수 있는 몇 가지 권리를 보유했다. 신성로마제국에는 또한 제국의회(Reichstag)와 두 개의 제국대법원(Reichskammergericht, Reichshofrat)이 존재했다. 제국의회는 제국 전체에 영향을 미칠 수 있는 사안에 관해 논의하고 결정을 내리는 역할을, 제국대법원은 제국 구성원 간에 분쟁이 발생했을 때 이를 중재하는 역할을 담당했다.[2]

푸펜도르프는 원칙적으로는 주권에 관한 보댕과 홉스의 견해를 지지했지만 현실에서 그가 직면한 정치적 상황에 그러한 견해를 곧이곧대로 적용하기 어려웠다. 황제와 제국의 구성원들이 통치권을 때로는 분할하여 때로는 공동으로 행사한 현실의 신성로마제국은 주권국가에 관한 보댕과 홉스의 이론으로 설명될 수 없었다. 이에 푸펜도르프는 독일

2 근세 초 신성로마제국에 관해서는 Wilson(2016); Evans, Schlaich and Wilson (2011); Burkhardt(2006) 참조.

의 상황에 보다 적합한 국가와 주권에 관한 새로운 이론을 제시했다. 1667년에 출간된 『독일 제국의 상태에 관하여(*De statu imperii Germanici*)』에서 새로운 이론의 얼개가 소개되었고, 『자연법과 국가 간의 법』 제7권 제5장에서 보다 정교하고 체계적으로 다듬어진 이론이 제시되었다. 푸펜도르프는 자신의 새로운 이론이 하나의 일반 이론으로서 독일 이외의 상황에도 적용될 가능성을 염두에 두었던 것으로 보인다.

다만 푸펜도르프의 이론적 혁신은 그간 적절한 평가를 받을 기회를 갖지 못했다. 이는 다른 무엇보다도 『독일 제국의 상태에 관하여』에서 그가 신성로마제국을 신랄하게 비판했기 때문이다. 푸펜도르프는 제국이 '괴물'과 유사하다고 주장했다. 설명의 대상이 괴물과 유사하다는 주장은 이를 일반화하거나 체계화하는 것이 가능하지 않다는 뜻으로 이해되었다.[3] 그 결과 그의 이론은 보댕과 홉스 국가이론의 틀 내에서 신성로마제국의 비정상성을 입증하기 위해 고안된 것으로, 정상궤도에서 벗어난 '일탈현상'을 설명하기 위한 '임시방편'의 성격을 지닌 것으로 간주되었다(Haas 2006; Schröder 1999; Meinecke 1998, 225-229; Onuf and Onuf 1993, 65-68; Hammerstein 1977, 189-193; Riley 1976, 19-20).

다음에서는 푸펜도르프가 독일 신성로마제국의 정체(政體)로서의 성격을 밝히기 위해 제시한 이론적 혁신이 예외적인 현상을 설명하기 위한 수단에 그치지 않고, 그 자체로 근세 초 국가 개념의 발전에 대한

3 푸펜도르프의 '괴물' 발언은 앞서 언급한 "신성로마제국은 신성하지도 않고, 로마적이지도 않으며, 제국도 아니다"라는 볼테르(Voltaire)의 발언과 함께 근세 초 독일 제국을 부정적으로 바라보는 시각을 대표하는 견해로 수없이 인용되었다. 볼테르의 발언은 1756년에 출간된 『국가의 일반역사와 관습과 정신에 관한 에세이(*Essai sur l'histoire générale et sur les mœurs et l'esprit des nations*)』의 제70장에 등장한다.

의미 있는 기여였다는 점을 밝히고자 한다. 그는 보댕과 홉스의 이론적 틀을 유지하면서도 보다 탄력적인 관점에서 당대의 다양한 국가형태를 설명함으로써 이론과 현실 사이의 괴리를 좁히고자 했다. 다른 무엇보다도 푸펜도르프는 주권의 분할가능성에 관해 유연한 입장을 취하고자 했다. 이를 위해 그는 '비정규국가'와 '국가체계'의 개념을 정식화했다. 이 두 개념을 통해 그가 보댕과 홉스의 이론을 대체하고자 한 것은 아니다. 푸펜도르프는 보댕과 홉스 이론의 중심성을 인정하면서도 이들의 이론이 지니는 경직성을 다소나마 완화하려 시도했다. 다음에서는 푸펜도르프가 주권 문제에서 이와 같이 탄력적이고 유연한 입장을 취할 수 있었던 것은 그가 현실적으로 처했던 정치적 상황의 특수성 외에도 국가의 기원 문제에 관해 그가 홉스 등의 견해로부터 차별화된 입장을 취했다는 사실에 기인한다는 점을 밝히고자 한다.

다음 II절에서는 먼저 국가의 기원에 관한 푸펜도르프의 주장을 자연상태, 사회계약과 주권에 관한 그의 견해를 중심으로 살펴본다. 이 문제에 관한 푸펜도르프의 견해에서 보댕과 홉스, 그로티우스 등의 영향이 두드러지지만, 또한 그가 이들로부터 자신만의 차별화된 입장을 정립하고자 시도했음을 밝힌다. III절에서는 보댕과 홉스의 주권이론을 적용할 수 없는 신성로마제국이라는 독특한 정치적 현실에 직면한 푸펜도르프가 이를 나름의 방식으로 이해하고 설명하려 시도한 과정을 살펴보고, 이의 타당성을 평가한다.

II. 국가의 기원: 자연상태, 사회계약, 주권

국가의 기원에 관한 푸펜도르프의 견해를 살펴보기에 앞서 그가 정치적 삶의 본질에 관해 '반(反)자연주의'의 입장을 취했다는 점을 지적할 수 있다(Simmons 2006, 253). 여기에서 타깃은 아리스토텔레스의 '자연주의 정치철학'이다. 푸펜도르프는 "물고기가 헤엄치는 자질을 타고나고, 새가 나는 자질을 타고나며, 떡갈나무가 도토리를 맺는 자질을 타고나는 것"과는 달리 인간은 정치사회를 설립하고 그 안에서 정치적인 삶을 영위할 자질을 타고나지 않는다고 지적한다. 그에 따르면 "어떤 것이 자연적으로 이러하거나 저러하다고 말할 때 우리는 그것이 그러한 특성을 저절로 타고났다는 식으로, 마치 그러한 특성을 가지기 위해 그 자신이나 다른 사람이 어떠한 노력도 들일 필요가 없었다는 식으로 이야기"하곤 하는데, 정치적 존재로서의 인간 그리고 인간사회는 이러한 관점에서 이해될 수 없다. 푸펜도르프는 인간은 의식적이고 의도적으로 정치적인 삶을 살기를 선택한다고 주장한다. 인간은 그가 선택할 경우 정치적 존재로서의 삶을 영위할 수 있는 자질을 가지고 태어났다. 이는 마치 말(馬)이 훈련을 통해 활보하는 법을 배울 수 있는 자질을 가지고 태어난 것과 유사하다. 하지만 선택이 이루어지지 않는다면 그러한 자질은 개발되지 않은 잠재적인 능력으로 남을 뿐이다(Pufendorf 2005, 625).

인간은 어떤 이유에서 정치적 존재로서의 삶을 영위하기를 선택하는가? 푸펜도르프는 홉스의 방법론을 채택하여 이 문제에 대한 해답을 자연상태의 인간에 대한 추론으로부터 이끌어 낼 것을 제안한다. 푸펜도르프는 홉스를 따라 자기보존을 가장 중요한 목표로 추구하는 자연상태의 인간이 '지극히 불행한' 삶을 살았으리라 주장한다. 그에 의하면 "정부의 실책이나 부담의 부과에 대해 불평하는 일반 시민들을 침묵시키는 데 자연상태에서 그들이 겪을 수밖에 없는 불행과 혼란을 알려 주는 것보다 더 효과적인 방법"은 없다(Pufendorf 2005, 102, 105). 다만 그는 자연상태의 인간이 자기보존을 위해 필요하다면 "심지어는 다른 사람의 신체에 대한 권리"까지 가진다는 홉스의 견해(Hobbes 1994, 79-80)에는 반대의사를 분명히 밝힌다. 푸펜도르프는 다음과 같이 지적한다.

> 우리는 자기애에 가장 큰 중요성을 부여한다. 하지만 각각의 인간이 언제나 모든 측면에서 타인보다 자신을 중시해야 한다거나 혹은 모든 것을 자신의 사적인 이익을 기준으로 판단하고 그것을 가장 중요한 목표로 삼는 것이 정당하다는 의미에서 그렇게 하는 것은 아니다. 자기애에 가장 큰 중요성을 부여하는 것은 인간이 그의 본성상 자기 자신에 대한 애정을 타인에 대한 애정보다 훨씬 잘 인지할 수 있기 때문이다. 이는 인간이 자기 자신의 존재를 타인의 존재보다 훨씬 잘 인지할 수 있다는 것과 같은 의미이다. 또한 나와 나의 일을 돌보는 것은 그 누구도 아닌 내 스스로가 해야 할 일이기 때문이다. 우리 각자는 인류의 일원이고 이의 보존에 관심을 기울여야 하기 때문에 우리는 공공선을 증진하는 데 협력해야 하지만 나 자신을 특별하게 돌보는 데 있어서는 다른 누구에게도 의존할 수 없다.(Pufendorf 2005, 136)

푸펜도르프에게 자기애는 자기 자신에 대한 배타적인 관심을 의미하지 않는다. 자기애의 추구가 언제나 타인에게 불이익을 초래하는 것도 아니다. 푸펜도르프에게 자기애는 "불가피하면서도 문제시될 필요가 없는" 자연스러운 인간의 본성이다(Carr and Seidler 1996, 368).

푸펜도르프는 자연상태에서의 인간의 삶에 관한 홉스의 견해를 반박하기 위해 추가적으로 두 가지 주장을 제기한다. 먼저 그는 자연상태에서 개개 인간이 다른 이들과 어떤 지속적인 관계도 맺지 않은 채 고립된 삶을 영위한다는 홉스의 견해가 잘못되었음을 지적한다. 그러한 자연상태는 이론적으로만 가능할 뿐 실제 세계에서는 존재할 수 없다. 푸펜도르프는 국가나 정치사회가 설립되기 이전에도 인간은 가족이나 씨족, 부족과 같은 소규모 집단 내지 공동체를 이루어 살았을 것으로 본다. 자연상태의 인간이 미약하나마 사회적 관계 내에서 삶을 영위했다는 것이다. 물론 이 집단과 공동체들 간에 공통의 규칙이나 제도가 존재하지 않았기 때문에 이들은 각자의 생존을 위해 치열하게 경쟁해야 했다. 이 집단과 공동체들 사이의 관계는 오늘날 국가들 사이의 관계와 유사했다. 하지만 이러한 자연상태에서 인간은 적어도 '만인의 만인에 대한 전쟁상태'에 처하지는 않았다. 인간들 사이의 갈등은 홉스가 묘사한 것보다 훨씬 완화된 형태로 나타났을 것이다. 푸펜도르프는 자연상태에서 인간들 사이의 관계는 "완전히 신뢰하기 어려운 친구들" 사이의 관계와 유사했을 것이라고 주장한다(Pufendorf 2005, 108-109, 112; Pufendorf 1991, 115-116, 119; Palladini 2008, 56).

이와 함께 푸펜도르프는 자연상태의 인간이 사회적인 존재였을 뿐만 아니라 이성적인 존재이기도 했다고 주장한다. 그는 "만약 홉스가 주장한 대로 자연상태의 인간에게 만물에 대한 권리가 부여되었다면 그러한 권리는 이성에 의해 허용되는 것 이상 확장될 수 없었다"고 지적한다(Pufendorf 2005, 631). 푸펜도르프는 또한 다음과 같이 말한다.

> 지금 우리가 이야기하고 있는 것은 충동과 감각적인 영혼의 성향에 의해 지배되는 동물의 자연상태가 아니라 이성이라는 가장 고귀한 중요한 능력을 보유한 동물의 자연상태이다.… 인간이 무분별한 욕망의 외침에 굴복하지 않고 이성의 차분한 목소리에도 귀 기울이는 한 야성의 감정이 그에게 만인의 만인에 대한 전쟁과 같은 과도한 폭력을 부추기는 경우에도 더 강력한 이성이 그를 자제시킬 것이다.(Pufendorf 2005, 113)

인간이 일시적이거나 편의에 의한 관계를 넘어서는 사회적 관계를 유지하기 위해서는 먼저 타인과의 관계에서 자신의 욕망과 감정을 억제하는 법을 배워야 한다. 이는 오직 "이성의 차분한 목소리"에 복종함으로써만 가능한데, 이런 의미에서 이성적인 삶의 방식의 체득은 사회적 삶을 영위하는 데 필수불가결한 조건이 된다. 인간은 오직 이성의 행사를 통해서만 사회적인 존재가 될 수 있다.

『리바이어던』 제14장에서 홉스는 자연법의 제1원칙을 다음과 같이 정의한다. "평화를 달성할 희망이 있다면 모든 이는 이를 위해 노력해야 한다. 평화를 달성하는 것이 불가능할 경우에는 전쟁에 호소할 수 있다"(Hobbes 1994, 80). 하지만 이와 같이 자기보존이라는 인간의 필요로부터 자연법을 도출하는 것은, 즉 인간의 도덕률이 어떤 초월적인 근거를 갖는 대신 인간의 이익에 바탕을 둔다고 주장하는 것은 17세기 당시에는 받아들기 어려운 견해였다(Haakonssen 1996, 32; Nutkiewicz 1983, 18). 푸펜도르프 역시 자기보존의 필요성을 자연법의 유일하고 핵심적인 근거로 삼는 것은 적절하지 않다고 보았다. 그는 모든 인간이 자기보존의 욕구를 지닌다는 점을 인정하면서도 보편적으로 받아들여질 수 있는 자연법의 계율을 찾으려 했다. 푸펜도르프는 이 문제에 대한 해답을 이성적인 존재로서의 인간이 가지는 '사회성'(socialitas)에서 찾았다. 푸펜도르프는 다음과 같이 이성에 기초한 사회성의 추구가 인간의 가장 중요한 도덕적 의무, 자연법의 제1원칙이 되어야 한다고 주장한다. "모든 인간은 타인과의 관계에서 평화로운 사회성을 보존하고 증진함으로써 인류 전체의 목적과 성향에 기여하도록 최선을 다해야 한다"(Pufendorf 2005, 137).

푸펜도르프는 사회성의 관념을 그로티우스로부터 차용한 것으로 보인다. 그로티우스는 『전쟁과 평화의 법(*De Jure Belli ac Pacis*)』의 서문에서 인간의 사회성을 "사회에 대한 인간의 욕망," "아무 방식으로나 공존하는 것이 아니라 평화롭게 그리고 인간의 최선의 지적능력에 따라 조직된 공동체 내에서 비슷한 인간들과 살고자 하는 성향"으로 정의한 바 있다(Grotius 2005, 79-81).[4] 하지만 푸펜도르프의 사회성 개념은 그로티우스의 사회성 개념과 두 가지 점에서 차이를 보인다. 먼저 그로티우스는 사회성을 '욕망' 또는 '성향'으로 정의한다. 이는 그가 사회성을 인간본성의 일부분으로 간주했음을 의미한다. 이에 반해 푸펜도르프는 사회성의 증진에 '최선을 다할' 의무 혹은 필요성에 관해 이야기할 뿐 이를 인간의 본성에 속하는 것으로 여기지 않는다. 그에게 인간은 한편으로는 "공동의 이익에 기여할 능력을 지닌 동물"이지만, 다른 한편으로는 "악의에 가득 차고, 오만하며, 쉽게 화를 내고, 타인에게 해를 입히는 존재"이기도 하다(Pufendorf 2005, 136-137). 사회성은 이렇게 반(反)사회적인 본성을 지닌 인간이 가질 '필요'가 있는 것이다. 혹은 가지도록 '훈련'되거나 '명령'될 필요가 있는 것이다(Palladini 2008, 30-31; Westerman 1998, 189).

사회성 개념에서 푸펜도르프와 그로티우스 사이의 또 하나의 차이점은 푸펜도르프가 사회성이 인간의 자기보존 욕구와 밀접하게 관련된다고 본다는 점이다.

> 우리의 이성은 우리에게 다음과 같은 사실을 알려 준다. 우리가 우리 자신의 안전을 욕구한다면 우리는 타인을 적절히 배려해야 하고 배려하지 않을 수 없다는 것이다. 왜냐하면 우리의 안전과 행복은 타인의 호의와 도움에 달려 있기 때문이다. 또한 인간은 본성상 자신이 도움을 제공했다면 이에 대해 보상을 받기를 원하며, 그러지 못했을 경우 타인에 대한 원조를 중단하기 때문이다. 따라서 조금이라도 분별력이 있는 사람이라면 타인을 배려하지 않을 수 없다. 우리가 우리 자신을 합리적으로 사랑한다면 우리는 다른 이의 사랑을 얻기 위해 노력해야 한다. 왜냐하면 다

4 물론 리처드 턱(Richard Tuck 1983)과 같이 그로티우스가 『전쟁과 평화의 법』의 서문에서 언급한 사회성 개념에 큰 중요성을 부여하지 말 것을 주장하는 이도 있다. 턱은 그로티우스의 진심은 카르네아데스로 대표되는 회의주의의 자기이익 개념을 자신의 이론 체계 안으로 수용하는 데 있었다고 주장한다.

른 이가 자발적으로 우리의 행복을 증진하리라고 기대할 수 없기 때문이다.(Pufendorf 2005, 140)

푸펜도르프는 인간이 사회적이어야 하는 궁극적인 이유가 자기보존의 필요성에 있음을 분명히 밝힌다. 그는 인간은 "스스로의 안전을 위해서라도 사회적일 필요가 있다"고 주장한다(Pufendorf 1991, 35). 사회성 자체가 최종 목표가 아니라 이를 통해 자기보존의 필요성을 충족시키는 것이 중요하다는 것이다. 우리가 다른 이들의 사랑을 얻기 위해 노력해야 하는 이유는 그것이 그 자체로서 가치가 있기 때문이 아니라 그렇게 하지 않고서는 다른 이들이 자발적으로 우리의 행복 증진을 위해 노력할 유인을 갖기 어렵기 때문이다(Hont 1987, 266-267).

푸펜도르프는 홉스와 그로티우스의 방법론과 아이디어, 개념을 차용했지만 인간의 본성과 인간들 간 관계의 성격에 관해 두 사상가보다 복잡한 그림을 그린다. 푸펜도르프는 홉스를 따라 자연상태의 인간이 자기보존을 최우선적인 목표로 삼음을 주장한다. 하지만 그는 그러한 사실이 인간이 이성적으로 행동하고, 그들 간에 사회적인 관계를 형성하고 유지할 가능성을 배제하지 않는다고 보았다. 푸펜도르프는 그로티우스를 따라서 사회성을 강조했다. 하지만 그는 사회성의 추구와 자기보존이 서로 배타적이지 않다고 보았다. 오히려 그는 자기보존을 위해 인간이 사회성을 적극 개발할 필요가 있다고 주장했다.

이와 같은 자연상태의 인간이 국가를 설립하는 이유는 무엇인가? 푸펜도르프는 다음과 같이 답한다.

자연상태에서보다는 시민정부의 통치하에서 나는 타인이 나에 대해 행하는 자연적인 의무의 수행으로 인해 발생하는 혜택을 더 잘 받을 수 있다. 하지만 그렇다고 해서 내가 모든 이를 적대적인 방식으로 대해야 할 만큼 자연상태가 비참한 불확실성에 처해 있는 것은 아니다. 내가 다른 이와 힘에서 동등하거나 더 강하다면 그리고 다른 이가 말과 행동으로 나와 평화롭게 살고 싶다는 의사를 전하면서 이의 진실성과 진정성을 실제 증거를 제시하여 확인한다면 내가 도대체 무슨 이유에서 그를 나의 적으로 대하겠는가? 어떻게 모든 우정은 가짜이며, 언젠가는 그가 마음을 바꿀지도 모른다는 의심만으로 나에게 그를 예방차원에서 공격할 수 있는 권한이 부여되겠는가?… 자연상태에서 자연법이 완전히 무력한 상태로 남아 있는 것은 아니다. 물론 평화롭게 살기를 거부할 수 있는, 처벌하고 강제할 힘을 보유한 정부의 통치하에서 이 법이 더 잘 준수될 것이라는 데에는 의심의 여지가 없지만 말이다. 그럼에도 불구하고 우리는 사악한 이의 노골적인 악의에 시의적절하게 대처할 뿐만 아니라 타인의 선의도 존중해야 한다. 그러한 선의가 언제나 좋은 결과를 가져오고 절대 변하지 않는 것은 아니겠지만 말이다.(Pufendorf 2005, 632)

푸펜도르프에 따르면 자연상태는 '만인의 만인에 대한 전쟁상태'와는 거리가 멀다. 자연상태에서 인간들 사이에 우정도 가능하며, 자연법도 그 힘을 잃지 않는다. 다만 자연상태의 인간들 간에는 완전한 신뢰의 관계가 구축되기 어렵다. 자연상태에서 인간은 한편으로는 '이성의 목소리'에 귀 기울이는 사회적인 존재이지만, 다른 한편으로 그들은 여전히 서로를 '의심하고 불신하며, 타인을 힘으로 누르려 하고, 필요하다면 그들을 파멸시킴으로써 자신의 힘을 키우려 하는' 성향을 지닌 존재이기도 하다. 인간들 가운데에는 법 없이도 살 수 있는 이들도 있지만 자신의 이익을 위해서라면 서슴지 않고 법을 무시하는 이들도 있다. 인간은 서로에게 가장 큰 혜택을 베푸는 존재이지만 또한 가장 큰 해악을 끼치는 존재이다. 따라서 국가가 필요하다. 모든 인간이 국가의 통치를 받을 때 사회성은 더 단단한 기초 위에 설 수 있고, 자연법도 더 잘 준수

될 수 있다. 국가의 통치하에서 인간은 타인으로부터의 혜택을 더 안전하게 누릴 수 있을 것이고, 자신의 삶을 보다 윤택하게 만들 수 있는 기술을 습득할 수 있을 것이다. 인간은 국가의 통치하에서 이전보다 한층 더 나은 삶을 누릴 수 있을 것이다(Pufendorf 1991, 133-134; Palladini 2008, 41-42).[5]

요컨대 푸펜도르프의 자연상태는 홉스가 이야기하는 '비참한 전쟁상태'와는 거리가 멀었기 때문에 그에게 인간이 국가를 설립하기로 합의하는 이유 역시 홉스와는 다르게 이해된다. 홉스에게 국가의 설립은 당장 내일의 안전을 기약할 수 없는 비참한 상태의 극복으로 이해된다. 이에 반해 자연상태의 인간이 초보적인 수준에서나마 타인과 사회적인 관계를 유지할 수 있을 만큼 이성적인 존재임을 강조하는 푸펜도르프는 국가의 설립이 더 나은 삶, 개선된 삶을 위해 필요하다고 본다.

그렇다면 국가는 어떻게 만들어지는가? 푸펜도르프는 국가는 모든 사회구성원의 의지를 한 사람 혹은 하나의 위원회에 종속시켜 이 한 명 혹은 위원회에게 공공의 이익, 특히 공공의 안전에 반하는 행동을 자행하는 이를 처벌하거나 제재할 권력을 부여함으로써 만들어진다고 주장한다. 그는 특히 모두의 의지를 부여받은 한 사람 혹은 위원회가 어

5 푸펜도르프는 이러한 일반적인 이유 외에도 자연상태의 인간이 국가를 필요로 하는 두 가지 이유를 추가적으로 제시한다. 그중 하나는 자연상태에서는 공동의 목표를 달성할 수 있는 최선의 방법에 관해 너무나 다양한 견해가 존재하고, 또 그러한 방법이 무엇인지 알아낼 수 있는 인간들 사이의 능력의 격차가 너무나 크다는 것이다. 다른 하나는 자연상태의 인간은 설령 모두에게 이익이 되는 것이 무엇인지 충분히 잘 인식하는 경우에도 좀처럼 자발적으로 이를 실행에 옮기려 하지 않는다는 점이다. 푸펜도르프는 인간의 이러한 성향을 "느릿느릿한 냉담함"(sluggish coldness)이라 부른다(Pufendorf 2005, 638; Pufendorf 1991, 136).

떤 결정을 내리든지 간에 이는 모두의 결정으로 간주되어야 한다고 주장한다(Pufendorf 2005, 638). 푸펜도르프의 이러한 견해는 '인위적 인격'(artificial person)으로서의 국가에 관한 홉스의 견해를 거의 그대로 빌려온 것이다.[6] 푸펜도르프는 이러한 과정을 거쳐 탄생한 국가가 "고유한 명칭에 의해 개개 인간들로부터 분리되고 구분"되는 존재, "어느 한 사람, 다수의 인간, 심지어는 사회의 모든 구성원도 전용할 수 없는 특별한 권리와 속성"을 지니는 존재로 간주되어야 함을 강조한다. 그는 이와 같이 통치자로부터 그리고 사회와 공동체로부터 독립적으로 존재하는 국가를 "합성적 도덕 인격"(composite moral person)으로 부르기를 제안한다(Pufendorf 2005, 645; Pufendorf 1991, 136).

사회구성원의 의지의 결집은 이들 사이에 계약을 체결함으로써 이루어진다. 홉스가 단 한 번의 계약으로 사회구성원의 의지가 결집되고 그 결과 국가가 수립될 수 있다고 본 반면, 푸펜도르프는 적어도 두 차례에 걸쳐 서로 다른 내용의 계약이 체결될 필요가 있다고 보았다. 첫 번째 계약에서는 자연상태의 인간이 안전과 복지의 문제에 공동으로 대처하기 위해 사회를 구성하기로 합의한다. 첫 번째 계약이 체결된 후에는 정부의 형태에 관한 칙령이 반포된다. 이후 두 번째 계약이 체결되는데, 여기서는 한 명 혹은 복수의 인간들에게 국가를 통치할 책임과 권한

6 홉스에 따르면 "외국의 공격이나 인간들 간 권리침해를 막을 수 있는… 공통의 권력을 수립할 수 있는 유일한 방법은 모든 권력을 한 사람 혹은 하나의 합의체에 양도하여 모두의 의지를 다수결에 의해 하나의 의지로 결집하는 것이다. 이는 곧 한 사람 혹은 하나의 합의체를 임명하여 그로 하여금 모두의 인격을 지니게 하고, 그들의 인격을 지닌 그가 공공의 안전을 위해 무엇을 하든 그의 모든 행위가 그들 자신의 행위임을 인정함을 의미한다. 이와 함께 모두의 의지를 그의 의지에, 모두의 판단을 그의 판단에 종속시킴을 의미한다"(Hobbes 1994, 109).

이 부여된다(Pufendorf 2005, 639-640; Pufendorf 1991, 136-137).

두 번의 계약 체결과 한 번의 칙령 반포를 통해 설립된 국가의 통치자 혹은 통치 집단에는 최고 권력으로서의 주권이 부여된다. 주권이 필요한 이유는 무엇인가? 푸펜도르프는 이를 계약을 통해 국가를 통치할 권한을 부여받은 자 혹은 집단이 사회구성원 모두의 안전이라는 임무를 효과적으로 수행하기 위해 이들에게 통치자의 의사를 분명하게 이해시킬 필요가 있다는 데서 찾는다. 통차자의 의사는 명령을 내리거나 규칙을 제정함으로써 전달되는데, 신민들은 이 명령과 규칙을 통해 무엇을 해야 하고 무엇을 하지 말아야 할지, 무엇이 자신의 것이고 무엇이 타인의 것인지, 무엇이 정의롭고 무엇이 정의롭지 못한지 알게 된다. 이때 국가의 의사가 최대한 명확하게 전달되어야 한다. 그렇지 않을 경우 신민들은 심각한 혼란에 빠질 수 있다. 이러한 상황이 발생하는 것을 방지하기 위해 국가의 통치자에게 최종적인 결정권한으로서의 주권이 주어져야 한다. 누구도 그 정당성을 문제 삼을 수 없는 최고 권력이 부재한 경우 국가의 의사 전달 능력이 손상될 수 있고, 이는 국가의 "위엄과 평온"을 위험에 빠뜨릴 수 있다(Pufendorf 1991, 139).

명확한 의사 전달이 국가가 주권을 필요로 하는 가장 중요한 이유라면 이는 자연스럽게 주권이 여러 개인이나 집단들 사이에 분할되어서는 안 된다는 주장으로 이어진다. 복수의 주권자가 존재하여 최종적인 결정을 내릴 수 있는 권력의 소재지가 불분명해질 경우 누구의 명령이나 법이 최종적인 권위를 갖는지 알 수 없는 신민들은 혼란에 빠질 것이다. 그밖에도 주권의 분할은 여러 가지 부작용을 초래한다. 예컨대 법을 제정할 수 있는 권한과 이를 준수하도록 강제할 수 있는 권한을 각각 다른 개인이나 집단에 부여하는 것은 두 권한 모두를 무력화시킨다는 점에서 불합리하다. 전쟁과 평화의 문제를 결정할 수 있는 권한과, 이를 위해 필요한 경우 세금을 징수하고 이를 거부하는 이를 제재하거나 처벌할 수 있는 권한을 분리하는 것 역시 마찬가지 문제를 일으킨다. 푸펜도르프는 종교 문제에서도 국가가 최종적인 권한을 보유해야 한다고 주장한다. 국가와 교회가 종교 문제에서 다른 목소리를 내는 경우, 예컨대 한편에서는 명령에 따르지 않으면 죽음에 처해질 수도 있다고 위협하고, 다른 한편에서는 명령을 따르면 사후에 지옥에 떨어질 수 있다고 위협한다면, 신민은 명령에 복종하든 그렇지 않든 자신이 처한 상황이 불합리하다고 느낄 것이다(Pufendorf 2005, 664-665).

주권의 불가분성과 관련하여 푸펜도르프는 보댕과 홉스의 견해를 거의 그대로 따른다. 보댕에 따르면 주권을 보유한 통치자는 법률을 제정하거나 폐지할 권한, 고위관리를 임명하거나 해임할 권한, 재판의 최종심급에서 판결을 내릴 권한, 화폐를 발행할 권한, 도량형을 통제할 권한, 사면의 권한 등등 오늘날로 치면 입법, 사법, 행정 전 영역에 걸친 광범위한 권한을 행사해야 한다(Bodin 1992, 56-88). 보댕은 만약 "인민들은 관리를 임명하고, 재정을 지출하며, 사면을 내리고… 귀족들은 법을 제정하고, 전쟁과 평화의 문제를 결정하며, 관세와 세금을 징수하고… 여기에 더해서 군주가 존재하여 모든 인민들로부터 충성 서약을 받고, 재판에서 최종 판결을 내리는" 그러한 국가가 존재할 수 있냐고 누군가 나에게 묻는다면 "나는 주권은 불가분하기 때문에 그러한 국가는 존재한 적도 없고, 상상될 수도 없다고 답하겠다"고 주장한다(Bodin 1992, 103-104). 홉스 역시 "갈라진 나라는 버틸 수 없다"는 성경 구절을 인용하면서 주권자는 "화폐 주조권, 미성년 상속자의 재산 및 신병 처분권, 시장에서의 선매권(先買權) 등의 권한은 양도할 수 있지만 사회의 안전과 평화의 유지라는 국가가 설립된 근본 이유와 관련된 권한은 어떠한 경우에도 양도할 수 없다"고 주장한다. 이러한 권한에는 군대 통솔권, 사법권, 징세권, 반란을 조장할 수 있는 이단적인 학설을 규제할 권한 등이 포함된다. 홉스는 자신의 조국인 영국에서 벌어진 내전의 가장 중요한 원인이 주권의 분할에 있었다고 지적하기도 한다(Hobbes 1994, 115-116).

자연상태에서 인간이 처한 상황을 묘사하고 이로부터 인간이 국가를 설립하는 이유를 설명하는 데 있어 푸펜도르프는 홉스와 그로티우스의 견해를 재해석하고 종합하면서도 이들과는 차별화된 견해를 제시하려 시도했다.[7] 국가가 수립되는 방식에 관한 설명에서도 푸펜도르프는 사회계약을 두 종류로 구분하는 등 차별화를 모색했다. 다만 국가의 설립 방식과 주권에 관한 설명에서 푸펜도르프는 보댕과 홉스의 견해를 별다른 수정을 가하지 않고 받아들였다. 특히 주권의 불가분성에 관한 설명에서는 양자의 견해를 거의 그대로 따르는 모습을 보였다. 기존 견해에 따르면 푸펜도르프가 신성로마제국에 대해 시종일관 부정적인 평가를 내린 것은 그가 이와 같이 주권에 관한 보댕과 홉스의 주장을 가감 없이 받아들였기 때문이다. 보댕-홉스 국가모델의 틀에서 황제와 제후국-제후시 사이에 통치권이 분할된 신성로마제국은 '괴물'로 밖에는 이해될 수 없었다는 것이다. 다음 장에서는 이러한 견해가 푸펜도르프의 의도를 적절히 파악한 것으로 보기 어렵다는 점을 밝히고자 한다. 푸펜도르프는 신성로마제국의 '비정상성'을 비판하는 것을 넘어 이를 개념적으로 정의함으로써 국가이론의 외연을 확장하려 시도했다. 그는 국

7 자연상태에 관한 푸펜도르프의 견해는 로크에게 적지 않은 영향을 끼친 것으로 보인다. 푸펜도르프와 같은 해(1632)에 태어난 로크는 푸펜도르프의 정치이론을 매우 높이 평가했다. 그는 "Some Thoughts Concerning Reading and Study for a Gentleman"이라는 제목의 글에서 푸펜도르프의 『자연법에 따른 인간과 시민의 의무에 관하여』와 『자연법과 국가 간의 법』을 자신의 저서 『통치론(*Two Treatises on Government*)』과 함께 정치학 분야의 필독서로 꼽았다(Locke 1997, 351-352; Forde 2014, 96-97).

가의 기원에 관해 앞선 사상가들로부터 차별화된 견해를 제시했듯이 국가의 형태와 관련해서도 차별화된 입장을 취하고자 했다.

III. 푸펜도르프의 신성로마제국론

1. '괴물'로서의 신성로마제국: 기존 견해의 비판

보댕과 그로티우스, 그리고 홉스의 논의에 바탕을 두고 국가이론을 구축하는 데 있어 푸펜도르프가 부딪힌 가장 큰 딜레마는 이러한 이론으로 자신의 조국인 독일의 정치적 현실을 설명할 수 없다는 것이었다. 독일에는 신성로마제국이라는, 영국과 프랑스의 국가와는 다른 종류의 정체가 존재했다. 신성로마제국의 가장 결정적인 특징은 주권이 여러 정치적 행위자들 사이에 분할되었다는 것이었다. 주권의 불가분성을 주장하는 보댕-홉스 이론의 틀 안에서 제국의 이와 같은 현실을 개념적으로 설명하는 것이 가능한가?

기존 견해에서는 정부형태에 관한 아리스토텔레스의 고전적인 분류법에 근거하여 이 문제에 대해 두 가지 해결책을 제시했다(Friedeburg and Seidler 2007, 148-166; Franklin 1991, 309-328). 첫 번째 해결책은 신성로마제국의 주권이 분할되지 않았으며, 제국은 군주정 혹은 귀족정으로 정의될 수 있다고 주장하는 것이다. 즉 주권이 군주 1인 혹은 소수의 귀족들에 있다고 주장하는 것이다. 이는 보댕이 신성로마제국을 이해한 방식이었다. 보댕은 여러 특이한 점이 존재함에도 불구하고 신성로마제국은 근본적인 차원에서 "300명 혹은 400명으로 구성되는 귀족정"으로 분류될 수 있다고 주장했다. 그는 제국의 정치체제가 베네치아 공화국의 그것과 유사하다고 지적했다(Bodin 1992, 100). 두 번째 해결책은 신성로마제국을 군주정의 요소와 귀족정의 요소가 공존하는 혼합정으로 정의하는 것이다. 이 경우 주권은 군주와 귀족들 간에 분할되어 보유되는 것으로 이해된다.

푸펜도르프는 두 가지 해결책을 모두 비판하고 거부한다.[8] 먼저 첫 번째 해결책의 경우 독일인 푸펜도르프는 그와 같이 '편의적'인 해석을 지지할 수 없었다. 그는 신성로마제국을 군주정 혹은 귀족정으로 분류하는 이들을 다음과 같이 비판한다.

푸펜도르프에 따르면 황제가 존재함에도 불구하고 제국이 본질적으로 귀족정임을 주장하는 이들은 크게 세 가지 근거를 제시한다(Pufendorf 2007, 162-163). 첫째, 황제가 누리는 화려한 외양과 각종 칭호, 그가 거행하는 여러 정치한 의식에도 불구하고 그가 실제로 행사하는 권한은 미약하기 짝이 없다. 특히 신성로마제국의 황제는 국가의 중대 사안에 대해 자신의 판단에 따라 결정을 내릴 수 있는 권한을 가지고 있지 않다. 둘째, 황제는 원로원의 의장과 같이 다른 구성원들에 비해 좀 더 많은 권한을 부여받은 우두머리에 비견될 수 있다. 그러한 우두머리를 두는 것은 귀족정의 본질에 배치되지 않는다. 셋째, 국가의 형태와 실제 통치가 이루어지는 방식이 구분될 필요가 있다. 군주가 존재하는 경우에도 귀족들의 합의체가 사실상 최고 권력기관으로서의 권한을 행사한다면 이러한 국가는 귀족정으로 간주되어야 한다.

8 신성로마제국의 정치체제로서의 성격에 관한 기존 논의에 대한 비판은 주로 『독일 제국의 상태에 관하여』에서 이루어졌다. 1667년 네덜란드의 헤이그에서 출간된 이 책에서 푸펜도르프는 본명 대신 세베리누스 디 몬잠바노(Severinus de Monzambano)라는 필명을 사용했다. 푸펜도르프는 1694년 세상을 떠나기 직전 책의 내용을 일부 수정했고, 이 수정본은 1706년에 출간되었다. 그는 이 책에 상당한 중요성을 부여했던 것으로 보인다.

푸펜도르프는 이에 대해 다음과 같은 반론을 편다. 일단 푸펜도르프는 신성로마제국 황제의 권한이 제한적이라는 지적에는 별다른 이의를 제기하지 않는다. 이는 푸펜도르프 자신이 여러 차례 강조한 바이기도 하다. 하지만 황제의 권력이 제한적이라는 사실이 곧바로 제국을 귀족정으로 분류할 수 있는 근거가 되지는 않는다. 푸펜도르프는 두 가지를 지적한다. 먼저, 그는 신성로마제국에는 공공의 사안을 숙의·협의하고 최종적인 판단을 내릴 상설화된 귀족의회 혹은 원로원이 존재하지 않는다는 점을 지적한다. 제국의회가 존재하기는 하지만 특정한 사안이 발생하는 경우에만 소집된다는 점에서 그리고 국가의 중대 사안에 관한 결정 권한을 보유하지 않는다는 점에서 역할이 제한적이었다(Pufendorf 2007, 164-165).[9]

그렇다고 제국의 제후들이 파견한 법률가들로 구성되는 슈파이어(Speyer)와 빈에 위치한 두 제국대법원이 귀족의회나 원로원의 역할을 대신할 수 있는 상황도 아니었다. 두 법원은 항소심 법원이라는 점에서 한계가 명확했다. 몇몇 주요 제후국은 자국의 신민이 대법

9 흥미롭게도 푸펜도르프가 『독일제국의 상태에 대하여』를 집필한 1664년 바로 전 해에 레겐스부르크(Regensburg)에서 개최된 제국의회는 1806년 제국이 해체될 때까지 해산하지 않고 모임을 지속했고, 이후 역사가들에 의해 '영구의회'(Immerwährende Reichstag)로 불리게 되었다. 집필 당시뿐만 아니라 책을 출판했던 1667년 당시에도 푸펜도르프는 이러한 사실을 미처 예견하지 못했을 가능성이 크다. 반면, 수정본을 준비하던 1690년대 당시의 푸펜도르프는 이러한 사실을 충분히 인지했을 것이다. 그렇다면 그는 이러한 상황 변화에 근거하여 제국의회의 지위에 관해 이전과는 다른 판단을 내려야 했을까? 책의 영문본 편집자(Michael Seidler)는 제국의회의 상설화는 어디까지나 '사실상'(de facto)의 변화였을 뿐 '법적'(de jure)인 보장을 받지는 못했고 언제라도 해산될 수 있었기 때문에 푸펜도르프가 이의 전반적인 성격에 관해 다르게 판단했어야 할 이유는 없다고 본다(Pufendorf 2007, 165, 편집자주 b).

원에 항소하는 것을 금지할 수 있는 권한을 부여받기도 했다(Pufendorf 2007, 142-143). 소송 진행절차가 복잡하고 최종 판결이 나오기까지 많은 시간이 소요된 것도 문제였다. 특히 슈파이어에 위치한 제국대법원(Reichskammergericht)은 오랜 소송 기간으로 악명이 높았다(Pufendorf 2007, 145).

다음으로 푸펜도르프는 신성로마제국에서 황제의 권한이 강력하게 제한되기는 했지만 그렇다고 선제후를 비롯한 제국의 여타 구성원들이 황제에 대해 우위를 차지한 것도 아니라고 지적한다. 푸펜도르프보다 한 세대 앞서 활동한 켐니츠(Bogislaw Philipp von Chemnitz, 1605-1678)는 황제가 자신의 의지를 관철시키려면 반드시 제국 구성원의 동의를 얻어야 한다는 사실로부터 황제가 제국 구성원들에 사실상 '종속'된 것으로 볼 수 있다고 주장한 바 있다. 켐니츠는 특히 황제 선출 시에 후보자와 선제후들이 'Wahlkapitulation'이라는 협약을 체결하여 황제의 권한과 특권을 제한하는 관행으로 인해 황제와 제국 구성원 간 힘의 균형이 후자의 편으로 역전되었다고 주장했다(Pufendorf 2007, 169-172).[10] 푸펜도르프 역시 1519년 카를 5세가 황제로 선출되면서 공식적인 제도로 자리 잡은 이 협약의 중요성을 인정한다. 하지만 이는 어디까지나 황제가 "자신의 직할지를 통치할 때와는 다른 방식으로 독일을 다스리겠다"는 약속이었을 뿐 어느 한편의 다른 편에 대한 우위를 확인할 목적으로 체결되지 않았다(Pufendorf 2007, 112). 조금 다른 시각에서 보면 'Wahlkapitulation'은 황제가 사전에 합의된 범위를 넘어 권한을 행사하

10 신성로마제국의 황제는 7인의 선제후(후에 9인으로 확대)에 의해 선출되었다. 16세기 이후 황제의 자리는 합스부르크가에 의해 사실상 독점되었다. 합스부르크가는 지금의 오스트리아와 보헤미아, 모라비아, 헝가리, 그리고 독일 남부의 일부 지역을 직할지로 통치했다.

는 경우 제국 구성원이 이를 따르지 않겠다는 의사의 표명이었다. 이로부터 황제와 제국 구성원 간 관계의 역전을 이야기하는 것은 큰 타당성을 가지지 못한다(Pufendorf 2007, 171-172).[11] 요컨대 푸펜도르프는 신성로마제국을 귀족정으로 보아야 한다는 주장에 대해 독일에서 황제의 권한 행사에 큰 제약이 존재하기는 했지만 귀족 중심의 정치제도가 이를 대체할 만큼 큰 역할을 부여받은 것은 아니며, 황제와 선제후국을 비롯한 제후구성원들 사이의 관계에서 후자가 전자에 대해 결정적인 우위를 차지한 것은 더더욱 아니라는 반론을 펼친다.

신성로마제국의 군주정으로서의 성격을 옹호하는 이들에 대한 푸펜도르프의 반론은 무엇인가? 먼저 제국을 '절대군주정'으로 보는 견해와 '제한군주정'으로 보는 견해를 구분할 수 있다. 이 중 전자의 견해는 너무나 비현실적이기 때문에 진지하게 고려할 필요가 없다. 반면 신성로마제국을 제한군주정으로 분류해야 한다는 주장에는 보다 신중하게 대응할 필요가 있다(Pufendorf 2007, 167-168, 173-174). 신성로마제국을 제한군주정으로 보는 이들은 황제가 제국의 기본법과 제국의회에 모인 제국 구성원의 동의에 의거하여 권한을 행사한다는 점을 강조한다. 제국 구성원의 동의 없이 황제는 "새로운 법을 제정할 수 없고, 종교 문제에서 어떤 변화도 시도할 수 없으며, 전쟁을 시작하거나 평화조약을 맺을 수도, (다른 국가와) 동맹을 체결할 수도 없다." 제국 구성원이 황제에 대해 행하는 충성 서약에는 그가 "자신들의 도움과 재원을 공공의 이익을 위해 활용하는 한에서만 그에게 복종하겠다"는 내용이 포함

11 'Wahlkapitulation'은 라틴어로는 'capitulatio caesarea', 영어로는 'electoral capitulation'으로 번역된다. 적절한 한국어 번역어를 찾기 어려워 여기에서는 독일어 용어를 그대로 사용한다.

된다. 'Wahlkapitulation' 역시 신성로마제국의 귀족정으로서의 성격보다는 제한군주정으로서의 성격을 입증하는 데 더 유용한 것으로 보인다 (Pufendorf 2007, 174).

이러한 견해에 대해 푸펜도르프는 두 가지 반론을 제기한다. 첫째, 보통의 제한군주정에서는 군주의 권한행사가 법과 규칙, 그리고 신민들의 동의에 의해 아무리 많이 제약되더라도 여전히 군주는 신민들에 비해 훨씬 큰 권한을 보유한다. 즉 여러 제약에도 불구하고 군주의 권한과 신민들의 권한 간에 상당한 격차가 존재하는 것이 일반적이다. 하지만 신성로마제국의 경우에 이는 전혀 사실이 아니다. 황제가 행사할 수 있는 권한의 크기와 개개 제후국이 행사할 수 있는 권한의 크기를 절대적으로 비교하면 전자가 훨씬 더 큰 권한을 행사하는 것처럼 보일 수도 있겠지만, 각자의 영토 내에서 제국 구성원들은 사실상 통치권을 독점적으로 행사한다. 신성로마제국의 거의 모든 제후들은 각자의 영토에서 군주나 다름없는 지위를 누린다. 이들 중 일부는 황제의 동의를 구하지 않고 제국 안팎의 국가들과 전쟁을 벌이거나 동맹을 체결하기도 한다 (Pufendorf 2007, 174-175).[12]

둘째, 푸펜도르프에 따르면 제한군주정에서 군주는 공공의 이익을 위해 필요한 경우 국가 내의 모든 인적·물적 자원을 총동원하여 활용할 수 있다. 이때 군주는 국가의 단일하고도 유일한 '영혼'으로서 자원의

12 1648년의 베스트팔렌 조약에서는 외국과의 조약체결권은 어디까지나 "황제와 제국에 반하지 않는 한에서, 공공의 평화를 해치지 않는 한에서, 제국과 제국에 대한 충성 서약에 위배되지 않는 한에서" 허용된다고 규정되었고, 푸펜도르프도 이를 분명히 인지하고 있었을 것이다. 하지만 이 조항은 실제 현실에서는 자의적으로 왜곡되거나 간단히 무시되었고, 푸펜도르프는 이러한 현실을 염두에 두고 이와 같이 주장한 것으로 보인다.

동원과 활용 과정 전반을 총괄한다. 예컨대 외부의 적과의 사이에 전쟁이 발발할 조짐이 보이는 경우 군주는 국가의 안전과 평화를 위해 병력을 동원하고 세금을 징수하여 전쟁에 대비할 수 있다. 이와는 대조적으로 신성로마제국에서 "왕으로 불리는 자는 제국으로부터 세금을 거둘 수 없다. 또 제국 차원의 공동 재정도 부재하기 때문에 전쟁을 위해서는 자기 자신의 재원에 의존할 수밖에 없다. 또한 공동의 군대도 부재하기 때문에 개개 제후들과 제후국들은 각자의 방식으로 자신의 영토에서 군대와 재정을 운용한다. 이들은 공공의 이익을 위한 기여에는 매우 인색하고, 그나마 기여를 약속한 경우에도 이를 계속 미루려 하기 때문에 끊임없는 설득이 필요하다"(Pufendorf 2007, 175). 이러한 상황에서 황제가 제국의 '영혼'의 위치에 서는 것은 요원해 보인다.

황제나 제후국 중 어느 한편이 신성로마제국의 주권을 보유하는 것으로 볼 수 없다면 아리스토텔레스 분류법 내에서 대안은 제국을 군주정과 귀족정이 결합된 혼합정으로 정의하는 것이다.[13] 신성로마제국의 가장 중요한 특징이 주권의 분할이라면 혼합정은 유망한 후보가 됨 직하다. 하지만 푸펜도르프는 이러한 시도에 대해서도 회의적인 입장을 취한다. 그에 따르면 아리스토텔레스와 폴리비우스 등은 '몇몇 사람이나 기구들 사이에서 주권이 분할되는' 체제를 혼합정으로 이해하지 않았다. 그들에게 혼합정의 핵심은 주로 '다른 형태의 정체로부터 필요한 제도를 차용하여 결합'하는 데 있었다. 이 차이를 보다 잘 이해하기 위해 푸펜도르프는 "주권 그 자체와 이를 집행하는 방식"을 구분할 것을 제안한다. 이러한 관점에서 보면 아리스토텔레스와 폴리비우스 등

13 아리스토텔레스와 폴리비우스의 혼합정에 대한 견해를 간략히 소개한 것으로 Hahm(2009, 186-196) 참조.

이 이야기하는 혼합정은 후자의 측면에서 정의된다. 주권 자체의 분할이 아니라 주권을 집행하는 복수의 방식의 공존이 혼합정의 핵심이다(Pufendorf 2005, 678).

예컨대 민주정의 경우 국가의 모든 시민이 빈번하게 회합을 갖는 데에는 명백한 한계가 존재하기 때문에 상당한 권한을 부여받은 책임자를 임명하거나 수 명으로 이루어진 위원회 등을 구성하여 전체 시민의 동의를 구해야 할 만큼 중요하지 않은 사안을 처리하도록 할 수 있다. 즉 군주정의 요소, 귀족정의 요소를 차용하여 정부 운용에 활용하도록 할 수 있는데, 이 경우에 국가의 주권은 전체 시민에게 있다는 민주정의 원칙은 변함없이 유지된다. 군주정에서 국가적으로 중대한 사안에 관한 결정을 내리는 과정에서 원로원이나 전체 시민에게 조언을 구하는 경우에도 마찬가지 이야기를 할 수 있다. 이에 반해 신성로마제국에서는 주권 자체가 황제와 여러 제국 구성원들 사이에 분할되어 행사된다. 단순히 주권을 행사하는 과정에서 상이한 요소들이 상호 차용되어 결합되는 수준이 아닌 것이다. 신성로마제국을 혼합정으로 보는 견해는 제국의 이와 같은 근본적인 특징을 간과하고 있다(Pufendorf 2005, 678).

결국 푸펜도르프에 따르면 신성로마제국은 군주정과 귀족정, 혼합정 중 어떤 형태의 정치체제로도 분류되기 어렵다. 군주정이나 귀족정으로 볼 수 없는 가장 중요한 이유는 이들이 주권이 분할된 제국의 현실을 적절하게 설명하기 어렵기 때문이다. 신성로마제국은 혼합정으로 정의되기도 어렵다. 혼합정은 주권이 분할되어 행사되는 정체가 아니라 두 개 이상의 통치방식이 절충적으로 혼합된 정체를 지칭할 뿐이다. 그렇다면 대안은 무엇인가? 푸펜도르프는 전통적인 분류법을 넘어서는 새로운 개념을 제시한다. 아마도 『독일 제국의 상태에 관하여』를 통틀어 가장 많이 인용되었을 구절에서 그는 다음과 같이 주장한다.

…이제 우리는 독일이 잘못 만들어진 괴물과 유사한(monstro simile) 비정규적인 국가라고 말할 수밖에 없다. 나의 생각으로는, 오랜 시간 동안 황제의 게으름과 나태함, 제후들의 야심, 성직자들의 끈덕짐으로 인해 독일 제국은 정규 왕국에서 추락하고 타락했고, 그 결과 이제는 제한적인 왕국도 아니고(외관상으로는 그렇게 보일수도 있지만), 동맹으로 결합된 다수 주권 국가들의 체계(systema)[14]도 아닌, 양자 사이에서 변동을 거듭하는 상태에 이르게 되었다. 이와 같이 비정규적으로 구성됨으로써 제국은 불치병에 걸리게 되었고, 황제는 이를 정규제국, 왕국으로 되돌리려 하고, 제후들은 완전한 자유를 확보하려 끊임없이 노력하는 가운데 내부적으로 수많은 격변을 겪게 되었다. 하지만 일단 한번 쇠퇴나 타락이 시작되면 빠른 속도로 진행되는 것이 일반적이기 때문에 제국을 예전의 형태로 되돌리기란 쉽지 않다. 절벽이나 경사로에 놓인 돌은 조금만 충격이 가해져도 걷잡을 수 없이 바닥으로 추락하게 마련이다. 이 돌을 다시 정상에 올려놓기 위해서는 큰 어려움을 극복해야만 한다. 따라서 현재의 독일은 큰 동요나 격변을 겪지 않는 이상 정당하고 정규적인 왕국의 법으로 되돌아가기 어렵다. 그러기는커녕 거의 필연적으로 연합적 체계로 다가가고 있다.(Pufendorf 2007, 176-177)

신성로마제국에 대한 이 신랄한 비판에서 우리는 '비정규국가'와 '체계'라는 두 가지 새로운 개념과 마주하게 된다. 푸펜도르프는 전통적인 분류법으로는 제국의 정치체제로서의 성격을 적절하게 규정하기

14 라틴어 원문의 'systema'를 영어 번역본에서는 '체계'(system)로, 독일어 번역본에서는 '연맹' 혹은 '연방'(Föderation)으로 번역하고 있다(Pufendorf 1994, 199). 여기에서는 영어 번역본에 따라 체계로 통칭한다.

어렵다고 보고, 이전과는 다른 관점에서 주권이 분할된 제국을 개념화할 것을 제안한다. 다만 『독일 제국의 상태에 관하여』에서 푸펜도르프는 개념에 대한 별다른 설명 없이 "괴물과 유사한 비정규적인 국가"인 신성로마제국이 점차 "체계"와 유사해지고 있으며, 이것이 현재 독일이 직면한 '재앙'의 근본원인임을 지적하는 데 머문다(Pufendorf 2007, 199-201). 이러한 이유로 기존 견해에서 푸펜도르프가 신성로마제국을 이와 같이 생소한 개념으로 정의한 것은 당대 유럽의 어느 나라와도 비교하기 어렵고, 널리 통용되는 개념으로는 파악되지 않는 제국의 특이한 성격 때문이라고 지적된다(Schröder 1999, 967; Meinecke 1998, 226-227). '비정규국가'와 '체계' 두 개념이 일반화되기 어려운 특수한 현상을 설명하기 위해 임시방편적으로 고안되어 여기에 큰 중요성을 부여하기 어렵다는 것이다.

이러한 견해는 재고될 필요가 있다. 푸펜도르프는 비정규국가와 체계를 그 자체로 의미 있는 국가의 형태에 관한 새로운 개념으로 제시했다. 푸펜도르프는 조심스럽게 보댕과 홉스를 넘어 새로운 정치체제의 가능성을 제시하려 시도했다. 이는 『독일 제국의 상태에 관하여』에 비해 훨씬 체계적이고 이론적인 『자연법과 국가 간의 법』에서 '비정규국가'와 '체계' 두 개념이 다루어지는 방식에서 잘 확인된다.

2. '비정규국가'와 '체계': 대안적인 개념의 모색

우리는 『자연법과 국가 간의 법』 제7권 제5장에서 '비정규국가'와 '체계'에 관한 푸펜도르프의 상세한 설명을 찾아볼 수 있다. 먼저 비정규국가의 개념부터 살펴보자. 푸펜도르프는 정규국가와 비정규국가의 구분에 관한 아이디어를 홉스로부터 가져왔다. 홉스는 『리바이어던』 제22장에서 '정규 시스템'(regular system)과 '비정규 시스템'(irregular system)을 구분하면서 전자를 "한 명의 인간 혹은 다수 인간의 합의체가 전체를 대표"하는 시스템으로, 후자를 그렇지 않은 나머지 모든 시스템으로 정의했다(Hobbes 1994, 146).[15] 이에 근거하여 푸펜도르프는 정규국가를 "주권이 단일한 행위자에 의해 독점되어 하나의 의지에서 비롯되고 분할되거나 손상되지 않은 상태에서 국가 전체를 포괄"하는 정치체로 정의한다. 비정규국가는 단일 행위자에 의한 주권의 독점이 이루어지지 못한 국가, 주권이 여러 행위자 사이에 분할된 국가로 정의된다(Pufendorf 1991, 142).

비정규국가가 정규국가가 아닌 국가, 정규국가의 '부정형'이기는 하지만 푸펜도르프는 이를 부정적으로만 이해하지 않는다. 기존 연구에서는 좀처럼 인용되지 않는, 비정규국가의 성격에 관한 푸펜도르프의 설명을 조금 길게 인용하면 다음과 같다.

> 비정규국가를 질병이나 일탈로 보면 안 된다. 왜냐하면 정규국가를 잘못 운용한 결과 혹은 일관되지 못한 법이나 적절하지 않은 제도로부터 비롯되는 병적인 국가는 언제나 불명예스러운 상황에서 등장하기 때문이며, 그 외관에서 사생아적인 자취를 남기기 때문이다. 이에 반해 정부의 비정규성은 내밀한 방식으로 제도적 틀에 영향을 미치는 데 그치지 않고, 그 정당성을 공개적으로 인정받음으로써 부끄러움이나 죄의식을 느낄 필요 없이 스스로를 공중에 드러낼 수 있다. 따라서 질병은 최초로 국가를 세우는 이들의 의도에 포함되지 않고 국가가 설립된 이후에 이의 타락이나 결함의 결과 발생하지만, 비정규성은 처음부터 계획되지는 않았

15 홉스는 '시스템'(system)을 "수 명의 인간이 하나의 이익 혹은 하나의 사안을 중심으로 결합"한 것으로 정의한다(Hobbes 1994, 146).

다고 하더라도 적어도 그 존재의 정당성을 국가건립자의 의지나 의도에서 확인할 수 있다. 이는 건축의 규칙에 따라 설계는 되었지만 자재가 부실하거나 거주자의 무관심으로 인해 지붕이 새고, 벽이 흔들리고, 기둥에 금이 가고, 지반이 가라앉는 등의 현상이 발생한 건물과, 건축자가 애초에 일반적인 규칙에 맞지 않게 설계를 하거나 건축 이후에 발생한 결함을 부적절하게 수리한 건물 사이의 차이와 유사하다. 또한 어떤 비정규성은 건물이 완성된 후에 발생할 수도 있고, 감지하기 어려운 방식으로 은밀하게 발생할 수도 있다. 혹은 오랜 시간에 걸쳐 서서히 발생할 수도 있다. 이러한 경우 국가를 애초에 설립한 자나 개혁하려는 자 혹은 새로운 설계도를 그리려는 자는 무지로 인해 혹은 현재의 정황이 국가의 정확한 구성을 고려하기 어렵게 만들기 때문에 정규국가의 제도적 틀을 도입하지 못할 수도 있다.(Pufendorf 2005, 678-679)

일단 푸펜도르프가 비정규국가에 긍정적인 평가를 내리고 있지 않다는 점은 분명하다. 푸펜도르프에게 비정규국가가 정규국가와 비교할 때 덜 바람직한 국가형태라는 데에는 의심의 여지가 없다. 그럼에도 '차선'의 국가형태일지언정 비정규국가의 독자성과 지속가능성을 인정하는 것은 충분히 가능하다.

먼저 푸펜도르프가 비정규국가에 대해 이전과는 상당히 다른 뉘앙스의 주장을 펼치고 있음을 확인할 수 있다. 『독일 제국의 상태에 관하여』에서 푸펜도르프는 "정규 왕국에서 추락"한 신성로마제국이 "불치병"에 걸렸다고 주장했다. 하지만 『자연법과 국가 간의 법』에서는 비정규국가가 질병에 걸린 국가가 아님을 명확히 한다. 질병에 걸린 국가는 일반적인 건축의 규칙에 따라 지어졌지만 "자재가 부실하거나 거주자의 무관심으로 인해 지붕이 새고, 벽이 흔들리고, 기둥에 금이 가고, 지반이 가라앉은" 국가이다.

이에 반해 비정규국가는 정규국가의 설립을 불가능하게 만든 여러 특별한 상황으로 인해 불가피하게 정규국가와는 다르게 만들어진 국가이다. 푸펜도르프는 "인간이 언제나 정해진 건축의 규칙에 따라서만 집을 지을 수는 없다"고 말한다(Pufendorf 2005, 670). 여러 특수한 상황으로 인해 일반적인 규칙에 따라 건축될 수 없는 집도 존재할 수 있다. 비정규국가의 등장에 불가항력적인 측면이 존재하기 때문에 푸펜도르프는 또한 비정규국가의 통치자나 국민이 자신의 국가에 대해 '부끄러움이나 죄의식'을 느낄 필요가 없다는 점을 강조한다. 비록 비정규국가의 설립에 관해 정해진 설계도는 존재하지 않지만 이 국가의 설립자는 자신이 무엇을 하고 있는지, 자신이 지으려고 하는 건축물이 어떤 형태를 취하는지 정확히 알고 있으며, 왜 이러한 형태의 국가를 설립할 수밖에 없는지 분명하게 설명할 수 있다.

이러한 관점에서 보면 비정규국가로서의 신성로마제국은 설립 당시 독일의 고유한 환경으로 인해 한 사람 혹은 하나의 합의체에 단일한 주권을 부여하는 정규국가와는 다른 설계도에 의거하여 수립된 국가로 간주될 수 있을 것이다. 혹은 애초에는 정규국가의 설계도에 따라 설립되었지만 이후 독일이 겪어야만 했던 특별한 역사적 경험으로 인해 비정규국가로 변환된 국가로 간주될 수 있을 것이다. 중요한 것은 이 일련의 과정이 명시적·합리적으로 설명 가능하며 신성로마제국은 실수나 무능으로 인해 왜곡된 국가가 아니라는 점이다. 이러한 견해는 주권이 분할된 혼합정의 정부형태를 가진 국가를 국가로 볼 수 없다는, 이는 "국가의 타락"에 불과하다는 보댕의 주장과 대조를 이룬다(Simmons 2006, 270; Bodin 1992, 105).

『자연법과 국가 간의 법』에서 푸펜도르프는 그가 『독일 제국의 상태에 관하여』에서 신성로마제국이 점차 유사해지고 있다고 지적한 '체계'에 대해서도 상세한 설명을 제공한다. '체계'는 어떤 종류의 정치체제인가? 체계는 한마디로 우리가 오늘날 '국가연합'(confederation)으로 통칭하는 정치체제이다. 푸펜도르프 당대에는 네덜란드 연방과 스위스가 대표적인 체계였다.[16] 체계는 둘 이상의 독립 국가들 간 연합이라 할 수 있는데, 정치적 독립을 유지하기를 원하지만 공동의 강력한 적에 개별적으로 맞서 각자의 생존을 보장하기에는 힘이 충분치 않은 국가들 사이에 주로 결성된다(Pufendorf 2005, 82). 체계는 참여국의 대표들로 구성되는 협의체를 중심으로 작동한다. 협의체의 의장이나 상설위원회를 따로 두어 협의체에서 공동의 관심사가 보다 효과적으로 논의되고 정책 결정이 신속하게 내려지도록 도울 수 있다(Pufendorf 2005, 684).

체계는 역시 특정한 목표를 공동으로 성취하기 원하는 국가들 간에 결성되는 동맹과 구분되어야 한다. 동맹은 당장 실현될 필요가 있는 이익을 위해 결성되기 때문에 이를 유지하는 것이 더 이상 이익의 실현에 도움이 되지 않을 경우 일부 국가가 탈퇴하거나 동맹 자체가 해체된다. 체계는 동맹에 비해 훨씬 장기적인 목표를 추구한다. 체계는 일단 결성되어 어느 정도 안정화되고 제도화되면 당장 이익이 실현되느냐 그렇지 않느냐에 상관없이 존속하는 경향을 보인다. 물론 체계의 구성원 자격을 유지하는 것이 국가의 핵심적인 이익에 배치되거나 상당 기간 이익의 손상을 초래한다면 탈퇴나 해체의 가능성이 높아질 것이다. 하지만 이익의 손상이 부분적이거나 일시적이라면 큰 영향을 받지 않을 것이다. 푸펜도르프는 동맹을 결성할 때 체결하는 조약과 체계를 결성할

16 16세기 말 스페인으로부터 사실상의 독립을 쟁취한 후 네덜란드 연방(Republiek der Zeven Verenigde Nederlanden)은 홀란트를 비롯한 7개 주가 느슨하게 결속된 국가연합으로 존재했다. 15세기 말에 합스부르크의 지배로부터 독립한 스위스 역시 20여 개의 'Ort'가 'Eidgenossenschaft'라 불린 국가연합을 이루었다.

때 체결하는 조약의 차이를 다음과 같이 정의한다. 동맹 조약에서 각 국가는 "나는 이 특정한 전쟁에서 동맹 구성원의 자격으로 당신과 손을 잡았다. 우리가 적을 공격하는 방식은 공동의 조언에 따라 조율될 것이다"라고 약속한다. 이에 반해 체계의 결성을 위한 조약에서 각국은 "이 체계에 가입한 우리들 중 어느 누구도 전쟁과 평화의 문제에 관한 한 전체 구성원의 동의가 없이는 각자의 권리를 행사하지 않을 것이다"라고 약속한다(Pufendorf 2005, 682-683).

체계의 구성원은 원칙상 독립적인 정치체로 간주된다. 이러한 점은 대부분의 체계에서 공통의 사안을 결정하는 절차와 관련하여 거의 예외 없이 다수결제가 아닌 만장일치제를 채택한 데서 잘 확인된다. 체계의 의사결정과정에서 어느 한 구성원만 반대 의사를 표시해도 법안이나 정책이 채택되지 않는다. 체계에서 다수 구성원은 소수 구성원에게 압력을 행사하여 이들이 원치 않는 정책이나 법안에 동의하도록 강제할 수 없다. 체계의 어떤 구성원도 자신의 의사에 반해서 정책이나 법안을 받아들이도록 강제될 수 없다. 이와 관련하여 푸펜도르프는 "나는 네가 그럴 의향이 없다면 나의 권리를 행사하지 않겠다"는 약속과 "나는 너에게 나의 의사에 반해서 나의 권리를 행사하도록 나를 강제할 권한을 주겠다"는 약속을 구분해야 한다고 지적한다. 체계가 결성될 때 이에 가입하려는 국가는 전자를 약속할 뿐 후자를 약속하지 않는다(Pufendorf 2005, 684).

푸펜도르프는 체계가 이와 같이 독립적인 정치체로 간주되기는 하지만 여기 참여하는 국가들은 주권의 전부는 아니더라도 적어도 일부분은 여타 체계 구성원들의 동의하에 행사할 것을 약속한다는 점을 강조한다. 체계는 이에 참여하는 국가들이 주권의 일부를 '포기'하기로 합의하는 경우에만 성립된다는 것이다(Pufendorf 2005, 682; Pufendorf 1991, 145). 비정규국가와 마찬가지로 체계는 주권의 불가분성 원칙에 부합하지 않는 정치체제이다. 푸펜도르프는 체계의 참여국들을 '주권의 완전한 행사를 포기한 독립국가'로 정의한다. 그는 참여국들이 자발적으로 특정 사안에 공동으로 대처하기로 합의했고, 정책의 결정이 "권위에 의거하지 않고 토론과 이성을 통해" 내려지기 때문에 체계 참여국의 자유는 손상되거나 축소되지 않는다고 주장한다(Pufendorf 2005, 684). 푸펜도르프에게 체계는 미묘한 '균형' 위에 서 있는 정치체제이다.[17]

결국 푸펜도르프는 비정규국가와 체계 개념을 통해 완전한 주권국가와 이들로 이루어진 국제체제 사이에 적어도 두 개의 정치체제가 존재할 수 있음을 주장한다. 다시 강조하거니와 푸펜도르프가 이러한 정치체제에 관심을 갖게 된 것은 신성로마제국이라는 특수한 현상을 설명하기 위해서였다. 하지만 그는 이로부터 보다 일반적인 중요성을 지닌 개념을 발전시켰다. 크리거(Krieger 1965, 159)의 표현을 빌리면 푸펜도르프는 독일의 현실을 설명하기 위해 개념을 고안했을 뿐만 아니라 현실의 도움을 받아 포괄적으로 적용 가능한 개념을 찾으려 시도했다. 신성로마제국은 '설명의 대상'인 동시에 '설명의 도구'였다. 푸펜도르프는 원칙적으로는 보댕-홉스가 주장했듯이 단일하고 불가분한 주권을 보유한 국가가 표준이 되어야 한다고 보았다. 하지만 그는 또한 실제 현실에 존재하는 모든 국가가 그러한 표준에 부합하지 않는다는 사실을 잘 알고 있었다. 그는 표준에 부합하지 않는 국가를 이론적으로 설명할 수 있는 새로운 개념적 도구가 필요하다고 보았고, 신성로마제국의 사례를 상세히 검토함으로써 이를 찾아내는 데 성공했다. 신성로마제국의 도움

17 국가연합(confederation) 개념을 처음 정식화한 푸펜도르프는 연방주의 사상의 선구자 중 한 명으로 꼽히기도 한다. 이러한 견해에 대해서는 Forsyth (1981, 80-85); Eulau(1941, 658-659) 참조.

을 받아 푸펜도르프는 근대국가의 기본 구성 원리인 주권과 관련하여 보다 많은 현실의 정치체제를 포괄할 수 있도록 이론적 지평을 확대할 수 있었다(Seidler 2012, 159).

무엇이 푸펜도르프로 하여금 원칙적으로는 보댕-홉스식의 주권국가를 지지하면서도 그러한 표준에서 벗어난 정치체제를 포용하도록 했을까? 무엇이 그로 하여금 '자가당착'의 위험을 무릅쓰고 표준적인 정치체제의 존재를 상정하면서 그 표준에서 벗어난 정치체제 역시 독자적인 존재근거를 가진다고 주장하도록 했을까? 푸펜도르프의 '이중성'을 어떻게 설명할 수 있을까?(Riley 1976, 10) 단순히 푸펜도르프가 독일인이었다는 것이 이유의 전부는 아닌 듯하다. 여기에서는 이러한 의문에 대한 해답을 국가의 기원에 관한 그의 견해에서 찾아볼 수 있음을 조심스럽게 제안하고자 한다.

앞서 살펴보았듯이 국가의 기원 문제에서 푸펜도르프는 보댕과 그로티우스, 홉스의 주장을 기본적인 이론 틀로 받아들이면서도 이들과 차별화된 입장을 취했다. 특히 그는 홉스와는 달리 자연상태에서 인간이 자기보존을 최우선적인 목표로 추구하면서도 상당 부분 사회적이고 이성적인 존재임을 강조했다. 그는 자연상태에서 인간들 사이의 관계가 '완전히 신뢰하기 어려운 친구' 사이의 관계와 유사하다고 보았다. 이와 같은 이유에서 푸펜도르프는 자연상태의 인간이 국가를 설립하는 이유가 당장 내일의 안전을 기약하기 어려운 전쟁상태로부터 벗어나는 데 있다는 홉스의 견해에 동의하지 않았다. 대신 그는 더 나은 삶, 개선된 삶을 위해 국가를 설립한다고 보았다.

홉스가 보댕을 따라 주권의 불가분성을 옹호한 것은 부분적으로 자연상태의 인간이 매우 긴박한 이유에서 국가의 보호를 필요로 하기 때문인 것으로 보인다. 분할된 주권의 행사가 원활하게 이루어지지 못하여 정치적 혼란이 발생하고 이로 인해 국가가 약화되거나 해체된다면 인간은 '만인의 만인에 대한 전쟁상태'로서의 자연상태에 처할 것이다. 앞서 지적했듯이 홉스는 영국 내전의 원인을 권력이 국왕과 의회 사이에 분할될 수 있다는 견해가 받아들여진 데서 찾는다. 그는 내란을 겪고 난 후 영국에는 "주권자의 권리는 분리될 수 없다는 것"을 알지 못하는 사람은 거의 없다고 지적한다(Hobbes 1994, 115-116). 잘 알려져 있다시피 홉스에게 내전은 자연상태의 인간이 실제로 어떤 상태에 처했을지 직접 확인할 수 있는 몇 가지 상황 중 하나였다(Hobbes 1994, 77).

이에 반해 국가의 수립이 더 나은 삶의 실현을 위해 필요하다고 본 푸펜도르프는 만에 하나 주권이 분할된 결과 국가가 약화되거나 해체되더라도 그것이 곧바로 절체절명의 위기를 초래하지는 않으리라고 믿었을 가능성이 높다. 그는 국가가 제 역할을 다하지 못한 결과 자연상태가 도래하더라도 인간이 도저히 감당하기 어려운 상황에 처하리라고 생각하지 않았을 것이다. 물론 이러한 믿음이 주권의 분할에 대한 그의 우려를 완전히 해소하지는 못했겠지만 적어도 이에 대한 '심리적 저항감'은 상당히 완화되었을 것이다. 바로 이러한 이유에서 푸펜도르프는 보댕이나 홉스에 비해 유연하고 탄력적인 입장을 취하여 한 명의 군주 혹은 하나의 협의체가 독점적으로 주권을 보유한 국가를 표준으로 간주하면서도 그렇지 않은 국가도 나름의 독자적인 존재 근거를 지닌다고 보았을 것이다.

IV. 결론

지금까지 푸펜도르프의 국가이론을 살펴보았다. 서두에서 지적했듯이 푸펜도르프는 심오하게 독창적인 사상가는 아니었다. 하지만 그는 뛰어난 종합자였다. 그는 보댕과 홉스, 그로티우스 등의 사상을 수용하여 근대국가에 관한 나름 독자적인 이론을 제시했다. 먼저 국가 기원의 문제와 관련하여 푸펜도르프는 홉스와 그로티우스의 견해를 종합하여 자연상태의 인간을 자기 이익을 최우선적으로 추구하면서도 사회성을 보유한 존재로 그려 냈다. 이러한 인간들로 이루어진 자연상태가 만인의 만인에 대한 전쟁상태와는 거리가 멀었기 때문에 푸펜도르프는 이로부터 국가를 설립하는 이유를 홉스와 같이 죽음에 대한 공포가 아닌 더 나은 삶의 향유에서 찾았다. 다만 푸펜도르프는 계약에 의해 설립된 국가에 단일하고 불가분의 주권이 부여되어야 한다는 보댕과 홉스의 견해를 별다른 이의를 제기하지 않고 받아들였는데, 그는 곧 이러한 관점으로는 자신의 조국인 독일의 정치적 현실을 설명할 수 없다는 딜레마에 처하게 된다. 푸펜도르프는 신성로마제국의 정치체제로서의 성격을 설명하기 위해 아리스토텔레스에서 기원한 군주정-귀족정-혼합정의 전통적인 설명방식 대신 비정규국가와 체계라는 새로운 개념을 사용할 것을 제안했다. 그의 개념적 혁신은 현실의 신성로마제국을 설명하기 위한 수단으로서의 가치를 지니는 데 그치지 않고, 근세 초 국가이론의 지평을 넓히는 데 기여했다.

혹자는 푸펜도르프의 국가이론이 마키아벨리-보댕-그로티우스-홉스-로크로 이어지는 근세 초 유럽 정치사상사에서 작은 곁가지에 불과했으며, 따라서 그의 견해를 상세하게 살펴보는 것이 큰 가치를 지니지 않는다고 주장할지도 모르겠다. 하지만 푸펜도르프의 국가이론을 구체적으로 검토하는 것은, 특히 그의 신성로마제국론에서 드러난 국가형태에 관한 견해를 살펴보는 것은 다음 두 가지 점에서 유용하다. 첫째, 영국이나 프랑스, 이탈리아 도시국가가 아닌 독일의 신성로마제국이라는 자주 다루어지지 않는 정치제도를 배경으로 등장한 국가이론을 살펴봄으로써 근세 초 유럽에서 국가에 관한 정치사상이 진화하고 발전한 다양한 궤적을 보다 잘 이해할 수 있는 기회를 얻을 수 있다. 둘째, 한편에서는 국가의 변화 혹은 소멸을 이야기하고, 다른 한편에서는 국가의 부활 혹은 귀환을 이야기하는 시대에 푸펜도르프 국가이론의 검토는 전통적인 주권국가 패러다임으로는 설명하기 힘든 국가 혹은 정체(政體)의 등장을 개념적으로 이해하려는 시도에 일정한 도움을 줄 수 있을 것으로 기대된다.

참고문헌

김준석. 2018. 「사무엘 푸펜도르프의 국가이론 연구: 신성로마제국에 대한 견해를 중심으로」. 『21세기정치학회보』 28집 2호: 1-26.

Bodin, Jean. 1992. *On Sovereignty*. Ed. and trans. J. H. Franklin. Cambridge: Cambridge University Press.

Burkhardt, Johannes. 2006. *Vollendung und Neuorientierung des frühmodernen Reiches, 1648-1763*. Stuttgart: Klett-Cotta.

Carr, Craig L. and Michael J. Seidler. 1996. "Pufendorf, Sociality and the Modern State." *History of Political Thought* 17(3).

Dufour, Alfred. 1991. "Pufendorf." J. H. Burns and Mark Goldie eds. *The Cambridge History of Political Thought, 1450-1700*. Cambridge: Cambridge University Press.

Eulau, Heinz H. F. 1941. "Theories of Federalism under the Holy Roman Empire." *American Political Science Review* 35(4).

Evans, R. J. W. 2011. Michael Schlaich and Peter H. Wilson eds. *The Holy Roman Empire, 1495-1806*. Oxford: Oxford University Press.

Forde, Steve. 2014. *Locke, Science and Politics*. Cambridge: Cambridge University Press.

Forsyth, Murray. 1981. *Unions of States: The Theory and Practice of Confederation*. New York: Leicester University Press.

Franklin, Julian H. 1991. "Sovereignty and the Mixed Constitution: Bodin and His Critics." J. H. Burns and Mark Goldie eds. *The Cambridge History of Political Thought, 1450-1700*. Cambridge: Cambridge University Press.

Friedeburg, Robert von and Michael J. Seidler. 2007. "The Holy Roman Empire of the German Nation." Howell A. Lloyd, Glenn Burgess and Simon Hodson eds. *European Political Thought, 1450-1700*. New Haven and London: Yale University

Press.

Grotius, Hugo. 2005. *The Rights of War and Peace*, Book I. Indianapolis: Liberty Fund.

Haakonssen, Knud. 1996. *Natural Law and Moral Philosophy: From Grotius to Scottish Enlightenment*. Cambridge: Cambridge University Press.

Haas, Julia. 2006. *Die Reichstheorie in Pufendorfs "Severinus de Monzambano": Monstrositätsthese und Reichsdebatte im Spiegel der politisch-juristischen Literatur von 1667 bis heute*. Berlin: Duncker & Humblot.

Hahm, David E. 2009. "The Mixed Constitution in Greek Thought." R. K. Balot ed. *A Companion to Greek and Roman Political Thought*. Oxford: Wiley-Blackwell.

Hammerstein, Notker. 1977. "Samuel Pufendorf." M. Stolleis ed. *Staatsdenker im 17. und 18. Jahrhundert: Reichspublizistik, Politik, Naturrecht*. Frankfurt am Main: Alfred Metzner.

Hobbes, Thomas. 1994. *Leviathan*. Indianapolis: Hackett.

Hont, Istvan. 1987. "The Language of Sociability and Commerce: Samuel Pufendorf and the Theoretical Foundations of the 'Four-Stage Theory." A. Pagden ed. *The Languages of Political Theory in Early Modern Europe*. Cambridge: Cambridge University Press.

Krieger, Leonard. 1965. *Politics of Discretion: Pufendorf and the Acceptance of Natural Law*. Chicago & London: The University of Chicago Press.

Locke, John. 1997. *Political Essays*. M. Goldie ed. Cambridge: Cambridge University Press.

Meinecke, Friedrich. 1998. *Machiavellism: The Doctrine of Raison d'État and Its Place in Modern History*. D. Scott trans. New Brunswick: Transaction Publishers.

Nutkiewicz, Michael. 1983. "Samuel Pufendorf: Obligation as the Basis of the State." *Journal of the History of Philosophy* 21(1).

Onuf, Peter and Nicholas Onuf. 1993. *Federal Union, Modern World: The Law of Nations in an Age of Revolutions, 1776-1814*. Madison: Madison House.

Palladini, Fiammeta. 2008. "Pufendorf Disciple of Hobbes: The Nature of Man and the State of Nature: The Doctrine of Socialitas." *History of European Ideas* 34(1).

Pufendorf, Samuel. 1991. *On the Duty of Man and Citizen According to Natural Law*. Michael Silverthorne trans. J. Tully ed. Cambridge: Cambridge University Press.

_______. 1994. *Die Verfassung des Deutschen Reiches*. Horst Denzer ed. und trans. Frankfurt am Main und Leipzig: Insel Verlag.

______. 1994. *The Political Writings of Samuel Pufendorf*. C. L. Carr ed. L. Michael Seidler trans. Oxford: Oxford University Press.

______. 2005. *Of the Law of Nature and Nations*. Basil Kennett ed. Clark Barbeyrac trans. New Jersey: The Lawbook Exchange Ltd.

______. 2007. *The Present State of Germany*. Edmund Bohuntrans ed. M. J. Seidler trans. Indianapolis: Liberty Fund.

Riley, Patrick. 1976. "Three 17th Century German Theorists of Federalism: Althusius, Hugo and Leibniz." *Publius* 6(3).

Schröder, Peter. 1999. "The Constitution of the Holy Roman Empire after 1648: Samuel Pufendorf's Assessment in His Monzambano." *The Historical Journal* 42(4).

Seidler, Michael L. 2010, 2015. "Pufendorf's Moral and Political Philosophy." Stanford Encyclopedia of Philosophy. https://plato.stanford.edu/entries/pufen-dorf-moral/(검색일: 2017. 08 23).

______. 2012. "'Monstrous' Pufendorf: Sovereignty and System in the Dissertations." C. Cuttica and G. Burgess eds. *Monarchism and Absolutism in Early Modern Europe*. London and New York: Routledge.

Simmons, John A. 2006. "Theories of the State." D. Rutherford ed. *The Cambridge Companion to Early Modern Philosophy*. Cambridge: Cambridge University Press.

Skinner, Quentin. 1989. "The State." Terence Ball, James Farr, and Russell L. Hanson eds. *Political Innovation and Conceptual Change*. Cambridge: Cambridge University Press.

______. 2010. "The Sovereign State: A Genealogy." Hent Kalmo and Quentin Skinner eds. *Sovereignty in Fragments: The Past, Present and Future of a Contested Concept*. Cambridge: Cambridge University Press.

Tuck, Richard. 1983. "Grotius, Carneades and Hobbes." *Grotiana* 4(1): 43-62.

Westerman, Pauline C. 1998. *The Disintegration of Natural Law Theory: Aquinas to Finnis*. Leiden; New York; Köln: Brill.

Wilson. Peter H. 2016. *The Heart of Europe: A History of the Holy Roman Empire*. Cambridge, MA: Harvard University Press.

5

프랑스 계몽주의와 혁명 그리고 제국적 공화국*

홍태영

I. 서론

제국은 일종의 보편성의 표현이다. 이미 중세 기독교 제국이 그러하였고, 근대 유럽에 출현하기 시작하여 제국을 지향했던 많은 정치공동체들이 그러한 기독교적 보편성을 흉내 내었다. 18세기 프랑스인들 역시 그러한 경향 중의 하나로서 제국에 대한 열망을 감추지 않았으며, 그것은 한편으로는 영국과의 경쟁에서 승리에 대한 욕망 그리고 철학적으로 계몽주의적 보편성에 기반하고 있었다. 프랑스혁명과 이어지는 전쟁 그리고 나폴레옹 제국 형성의 과정은 그러한 열망이 표현되는 과정이기도 하였다. 특히 영국과의 경쟁에서 승리에의 욕구는 팽창과 정복 그리고 지배의 열망 표출로, 중세 이래 대륙의 중심에 있었던 프랑스의 지배에 대

---

* 이 장은 『한국정치외교사논총』 39집 특별기획호(2017. 11)에 게재된 논문을 수정·보완한 것이다.

한 야망이 제국과 공화국이라는 표현 속에 내재되어 있다고 볼 수 있다.

월러스타인은 프랑스가 안쪽은 경제적인 측면에서 바라보고 바깥쪽은 정치적인 측면에서 바라보았다면, 영국은 그 반대로 바깥쪽을 경제적인 측면에서 바라보고 안쪽을 정치적인 측면에서 바라보고 있었다고 지적하면서 두 나라의 차이를 말하고 있다(월러스타인 1999, II, 172). 월러스타인은 프랑스가 경제적으로 내부시장이 충분했기 때문에 외부로의 진출에 소극적이었다고 말한다. 좀 더 구체적으로 들여다본다면 이미 루이 13세 시기 종교전쟁에 개입하기 직전 루이 13세와 그의 재상 리슐리외는 '전쟁'을 통한 국제정치적 개입을 선호하였고 동시에 그를 통해 국내정치에서 귀족과의 관계에서 우위를 점하는 방식을 취하였다(임승휘 2011). 루이 13세는 관직매매를 통해 왕실의 수입을 증대시켰고 동시에 관복귀족의 독립성과 안정성을 확보해 줌으로써 관료제를 형성하는 효과를 얻었다. 리슐리외와 루이 13세는 국제정치를 중시하면서 국내정치를 그에 종속시키고자 하였고, 그에 따라 전쟁을 통해 유럽에서 세력균형을 유지하고 귀족적 권력의 재조정을 가져올 것을 기대하였다. 하지만 전비의 증가는 국가재정의 악화를 가져왔고 그것은 다시 무분별한 관직매매로 이어지면서 장기적으로—18세기에 보여지듯이—국왕의 권력약화를 가져오게 하였다.

잘 알려져 있듯이, 1763년 파리조약은 100여 년간에 걸친 프랑스와 영국의 경쟁에서 영국의 우위가 결정적으로 확립되었음을 의미하는 것이었다. 영국은 이제 17세기에 이루어졌던 네덜란드의 헤게모니를 계승하게 되었다. 1세기 동안 영국은 대외무역을 강조하였기 때문에 해군과 식민지에 중점을 두었고 해군과 식민지에 대한 강조는 영국이 프랑스와의 장기적 투쟁에서 군사적 승리를 거둘 수 있게 하였다(월러스타인 1999, II, 406). 프랑스가 국내의 장애들을 극복하는 데 매달리는 동안 영국은 프랑스를 앞지른 것이다.

18세기 프랑스가 영국과 경쟁을 벌이면서 절대왕정과 귀족들의 부패와 재정적 곤란이 심해지는 상황이 발생함에 따라 당시 프랑스 계몽주의자들을 비롯한 많은 이들은 프랑스의 난관을 극복하고 새로운 프랑스의 모습을 찾고자 하였다. 그러한 지적 노력의 과정에서 공화국과 제국에 대한 사유들이 전개되었다. 이 장에서는 18세기 계몽주의자들의 공화국과 제국에 대한 사유가 무엇이었으며, 그것은 이후 프랑스 혁명과 나폴레옹 제국 시기에 어떻게 전환되어 구체화되는가를 살펴보고자 한다.

II. 프랑스 계몽주의자들의 공화국과 제국

18세기 프랑스에서 가장 쟁점이 되는 문제는 군주정의 새로운 전환의 모색이었다. 영국이 17세기 동안 혁명을 거치면서 입헌군주정으로 자리 잡았다면, 프랑스의 군주정은 전제정 혹은 폭정으로 변질·타락할 가능성이 우려되었다. 따라서 전제정으로의 길이 아닌 프랑스의 부흥을 가져올 새로운 길에 대한 모색이 이루어진 시기가 18세기였고, 그 과정에서 공화국과 덕성, 상업과 제국, 사치 등의 쟁점을 둘러싸고 사유들과 논쟁들이 전개되었다. 17세기 말 루이 14세 때 절정에 이른 프랑스의 절대왕정 이래 전제정에 대한 견제는 계몽주의의 중요한 과제였다. 전제정에 대한 견제로서 등장한 개념이 공화국이었다. 공화국은 왕정에 대립하는 개념이 아니라 프랑스의 절대왕정을 완화시킬 수 있는 개념으로서 제시되었다. 18세기 프랑스의 선택지는 무엇이 될 수 있는가에 대해 다양한 세력들에 의한 다양한 입장들이 전개되었다. 프랑스혁명의 기원에 탐색에 열중하였던 혁명사가 베이커는 18세기 프랑스에는 세 가지 담론이 공존하였다고 파악하였다. 정의(justice), 이성(reason), 의지(volonté)가 그것들이다(Baker 1993). 우선 정의 혹은 법의 담론으로 이해될 수 있는 첫 번째 흐름은 프랑스의 전통적인 입헌주의 전통에 기대어 국왕의 권력을 제한하고 동시에 고등법원, 즉 귀족의 권력을 강화하여 군주의 전제정화를 막고자 하는 것으로 말제브르, 몽테스키외 등이 주장하였다. 두 번째는 의지의 담론으로서 마블리, 루소 등에 의해 대표되는 고전적 공화주의 전통의 복원이다. 이들에게 자유는 공통의 정치적 의지의 활성화된 표현으로 간주되었고, 그것의 정치적 실현을 주장하였다. 마지막은 이성의 담론으로서 중농주의자들에 의해 주도된 흐름이며, 자연/본성(nature)에 근거하여 사회질서를 구성하고자 하였다. 의지의 담론이 고대 도시공동체 모델에 근거했다면, 이성의 담론은 근대성의 담론으로서 문명과 시민사회의 진보에 대한 확신을 가졌으며, 군주정에 대한 개혁을 모색하였다. 베이커의 이러한 분류는 18세기에 존재했던 여러 흐름들을 구별하는 이점은 있지만, 사실 구체적으로 정치세력화되는 과정에서 그것들이 뚜렷하게 구별되는지는 의문이 든다. 오히려 18세기 프랑스에서 존재한 쟁점들을 분석하면서 다양한 흐름들이 어떻게 중첩되거나 혹은 분열되는지를 보는 것이 현실의 흐름을 파악하는 데 도움이 될 수 있다.

당시 애국심(patriotism)은 군주정이 전제정으로 전화되려는 경향에 맞설 수 있는 장치로서 강조되었다(Shovlin 2006, 5). 많은 이들에 의해 제시된 공화정은 단지 군주정에 대한 대립적 개념은 아니었다. 공화정의 내용으로서 혼합정, 예를 들어 몽테스키외가 영국을 군주정의 형태이지만 공화정이라고 했던 것(Montesquieu 1951), 혹은 페늘롱의 "공화주의적 군주주의"(안두환 2016a) 내지는 애국적인 왕(patriotic king)이라는 개념을 통해 절대왕정이 폭정 혹은 전제정으로 흐르는 것을 막고자 했던 것이다. 따라서 공화주의의 내용은 다양한 스펙트럼을 지니고 있었다. 애국심은 영국과의 7년 전쟁과 이후 패배에 따른 후유증을 극복하고 프랑스 정치의 새로운 정당성의 범주로서 등장한 것이다. 당시의 애국파들은 시민들로 하여금 사적인 이익을 공적인 덕목에 종속시키는 시민적 덕목의 향상이 프랑스의 새로운 도약의 계기가 될 수 있을 것으로 기대하였다. 이 과정에서 사치(luxury)는 습속(moeurs)을 타락시키면서 공적 덕성과 애국심의 발전을 저해하는 것으로 경계의 대상이 되었다. 하지만 이미 페늘롱 그리고 주요하게는 몽테스키외가 지적했듯이, 상업(commerce)의 역할에 대해서는 사치와 구별되면서 상업과 덕성의 화해가 시작되었다. 상업과 덕성은 양립할 수 있지만, 사치와 덕성은 불가능한 것이었다. 사치가 습속을 파괴하는 것으로 간주되었다면, 상업은 사회의 습속을 부드럽게 하는 것이었다. 농업을 부활시키는 것만으로 충분치 않다고 평가하면서 상업의 새로운 가능성을 제기하여 건전한 상업과 해로운 투기가 구별된 것이다. 18세기 유럽에서 상업이라는 개념은 단지 시장무역과 경제적 배열만이 아니라 소통, 교환, 상호작용 등 보다 일반적인 것까지를 포괄하고 있었다(Muthu 2012). 따라서 18세기의 많은 계몽주의자들에게 상업은 사회성, 인간성을 성숙시키고 예술과 문학을 자극하고 빈자에게는 일자리를 주며, 부의 재분배효과를 통해 평등한 사회질서를 가져올 것으로 기대되었다(Shovlin 2006, 23).

귀족들의 고등법원에 힘을 실어 주고자 했던 몽테스키외의 사유는 상업에 대해서는 훨씬 더 근대적인 시각을 제시하였다. 그는 상업적 공화국 나아가 제국적 공화국으로의 경향까지 보였으며, 상업이 충분히 시민의 덕성을 가져올 것이라고 기대하였다. 몽테스키외는 『로마의 흥망성쇠론』(1735)에서 로마의 제국으로의 발전 과정을 면밀히 살펴보았다. 결국 전통적인 공화주의자들이 주장하였듯이, 로마 공화국은 제국으로 전환되면서 로마인의 자유의 상실을 가져왔다. 몽테스키외는 그리스의 알렉산더에 대해서는 높이 평가하였다. 특히 알렉산더가 정복지에서 행한 방식에 대해 다음과 같이 로마와 비교하고 있다. “로마가 모든 것을 파괴하기 위해 정복했다면, 알렉산더는 모든 것을 보존하기 위해 정복하기를 원했다." 이러한 점에서 알렉산더는 다문화주의자였다. 다만 알렉산더의 편견은 아리스토텔레스의 가르침, 즉 그리스인은 야만인보다 우위에 있다고 확신하는 데 있었고, 그것은 그대로 몽테스키외에게서도 등장하여 아시아인은 정치적 자유를 실행하지 못한다고 믿었다. 따라서 정치적 자유를 실천하는 사람들이 아시아인들을 정복해야 하고 그것이 계몽의 의무라고 생각했다(Mosher 2012). 몽테스키외가 보기에 알렉산더 대왕은 근대에 고대적 모델을 제공하고 있다. 식민지역의 다양성을 인정한 상호인정의 정치라는 차원에서 그러하고 또한 전사들과 상인 사이 동맹의 잠재력을 보여 주었기 때문이다. 알렉산더의 정복이 보여 준 전사와 상인의 결합을 통해 상업은 야만적 습속을 부드럽게 하였다. 상업은 제국적 정복에 대한 대안으로 작동하였다. 몽테스키외에게 중심적 개념이 되고 있는 "부드러운 상업"이 그것이다. 영국과 네덜란드가 보여 주었던 동인도회사와 같이 국가의 보증을 받으면서 개척과 무역을 실행하는 사적인 무역회사의 활동은 몽테스키외에게 제국에 대한 새로운 시야를 제공하였다.

많은 프랑스인들이 오스트리아 왕위계승전쟁으로부터 얻은 교훈은 중상주의적 상업이 지속적인 국제적 우위의 토대가 되지 못한다는 사실이었다. 상업은 일시적으로 국가를 부강하게 할 수 있지만, 결국 농업만이 덕성의 기초가 될 수 있으며, 농업적 번영만이 정치체의 부를 가져다 줄 수 있다고 보았다. 그것이 바로 콜베르주의(Colbertism), 즉 중상주의에 대한 비판이었다. 그와 함께 농업에 기반한 일종의 '덕성의 정치경제학'(political economy of virtue)이 탄생하였다(Shovlin 2006, 48). 즉 이러한 관점의 저술가들은 부가 국력의 토대가 된다는 점을 받아들였지만 동시에 시민적 관여와 그것을 유지시키는 습속 없이는 국가 역시 안정적이고 강력하게 유지될 수 없다는 점을 강조하였다. 이러한 덕성의 정치경제학의 토대가 되는 부로서 우선은 농업이 강조되었다. 이전의 중상주의에서 강조되었던 국제적인 상업은 일시적인 부의 성장을 가져올 수 있지만 중요한 역할을 수행하는 것은 다름 아닌 농업에서의 부였다. 이러한 입장을 대표하는 흐름은 중상주의를 비판하며 등장한 중농주의(physiocratie)였으며, 미라보 후작은 정치경제학과 애국심을 결합하면서 새로운 국가적 부흥의 프로그램을 제시하고자 하였다.[1] 이러한 중농주의자들의 정치적 목적은 군주 및 군주를 둘러싼 파리의 궁정귀족들—이들은 토지보다는 무역을 통해 부를 축적한다고 간주된다—에 대항하여 봉건영주들의 권력을 옹호하고 지방영주들의 권력의 일정한 분점을 요구하는 것으로 볼 수 있다(Shovlin 2006, 67-68).[2] 미라보 후작은 자신의 『조세이론(*Théorie de l'impôt*)』(1760)을 통해 왕이 영주들의 동의 없이 세금을 올릴 수 있는 권리를 갖지 않으며, 농업투자에 대해 손해를 끼치고 있는 현존제도는 폐지되거나 적어도 지방영주들에 의해 총합되는 단일한 조세제도로 대체되어야 함을 제안하였다(Shovlin 2006, 95).

---

1 중농주의로 번역되는 physiocratie는 물론 이전의 중상주의(mercantillisme)에 대비되어 농업을 중시하였다는 점에서 '중농'주의일 수 있지만, 중농주의자(physiocrate)들 중의 한 명이었던, 뒤퐁 드 르무르(Dupont de Nemours)는 1767년 *Physiocratie*라는 글 모음집을 출간하면서 첫 번째 글로 「자연법(Droit naturel)」을 두었으며, 같은 해 르 메르시에 드 라 리비에르(Le Mercier de la Rivière) 역시 『정치사회의 자연적이고 본질적인 질서(*L'Ordre naturel et essentiel des Sociétés politiques*)』를 발간하였다. 케네 역시 physiocratie를 자연법에 근거하여 설명하고자 하였다(Cartelier 1991). 결국 physiocratie의 의미는 gouvernment de la nature(gouvernment=cratie, nature=physics), 즉 '자연의 통치'라고 할 수 있다.

2 그러한 의미에서 알튀세르가 지적하였듯이, 몽테스키외 등 군주정에 대항하여 봉건영주들의 권력을 옹호하는 입장이 시대의 흐름을 파악하지 못한 것으로 볼 수도 있다.

18세기에 유일하게 단일한 학파를 형성하였다고 간주되는 중농주의자들 역시 농업에 자신들의 시야를 한정하지는 않았으며, 서서히 상업의 의미를 이해하기 시작하였다. 그에 따라 상업적 농업, 즉 자본의 투자에 의해 형성된 농업경영의 가능성을 평가하기 시작하였다(Shovlin 2006, 103). 1760년대 곡물수입의 자유화 정책이 전개된 것은 이들의 영향이었다고 할 수 있다. 본격적으로 케네(François Quesnay)와 함께 중농주의자의 언어는 권리와 이윤(interest)으로 옮겨 가기 시작하였다. 결국 중농주의자들은 덕성의 추구와 부의 추구가 결합하는 것에 대해 인정하기 시작하였고, 그것이 이루어지는 정치사회적 질서로서 계몽군주 혹은 '합법적 전제군주정'(legal despotism)을 추구하였다. 합법적인 전제군주는 자의적이지 않으며, 자연적 질서로부터 유추된 확정된 법에 따라 통치하는 군주이다. 결국 이것이 중농주의의 원래의 함의라고 할 수 있는 '자연에 따르는 통치'이다. 훗날 애덤 스미스가 『국부론』을 케네에게 헌정하는 것에서 알 수 있듯이 중농주의는 경제학적 언어의 선구적 구성이라고 할 수 있다. 1770년 후반 중농주의자 튀르고(A. R. J. Turgot)와 재무총감이었던 네케르(Jacques Necker)의 경쟁은 18세기 오랫동안 지속되었던 논의를 집약하고 있다. 튀르고는 토지소유와 결합된 시민에 대한 개념을 통해 프랑스의 부흥과 애국심을 자극하고자 하였고, 네케르는 공적 재정을 활용한 새로운 콜베르주의, 즉 중상주의를 통한 프랑스의 부흥을 주장하였다(Shovlin 2006, 142-143). 네케르는 사치가 부의 불가피한 결과이며 사치가 결코 국력을 손상시키지 않을 것이라 확신하였다.

1770년대에 이르러 궁정과 궁정귀족들에 대한 비판이 높아지기 시작하였는데, 그 비판의 지점은 궁정귀족들의 사치와 그들의 투기적인 상업에 대한 것이었다. 이러한 궁정귀족들에 대한 비판은 동시에 전제군주에 대한 비판과 결합되었다. 1771년 모푸(R.-N.-C.-A. de Maupeou)의 쿠데타는 국왕의 권위가 파리고등법원이라는 귀족들의 견제기능 속에서 존재할 수 있음을 보이려 했던 것으로 국왕의 전제정화에 대항하는 귀족들의 애국적인 반란을 꾀한 것이었다. 쿠데타의 실패로 프랑스의 절대왕정이 영국적 입헌군주제로의 길로 들어설 수 있었을 것이라는 몽테스키외 이래의 오랜 바람이 좌절되었다.

사치는 새로운 공화국에서 배제되어야 할 것이었다. 이러한 흐름들에 비추어 가장 완고한 입장을 제시했던 것은 루소였다. 루소는 전통적 공화주의의 흐름을 대표하면서 덕성스러운 공화국을 제시하였고 상업에 대한 경계를 분명하게 보이고 있다. 당연히 제국(주의)적 경향에 대해서는 거부한다. 19세기의 콩스탕이 이미 루소 이전에 자코뱅주의의 원조로서 지목한 이는 마블리였다. 마블리는 영국 모델이 프랑스 군주정 개혁의 열쇠가 될 것이라고 제안했지만, 불랑비예가 영국 귀족의 역할에 주목한 반면 그는 평민과 제3신분의 역할에 주목한 반군주주의자이자 평등주의자였다(Hammersley 2010, 86-90). 마블리는 영국 공화주의자(commonwealthmen)의 사상을 가장 잘 적용시킨 사상가로 알려졌으며, 그가 '애국적 왕'의 모델로 생각했던 사람은 바로 프랑스의 샤를마뉴(Charlemagne) 대제였다(Sonenscher 2002). 마블리가 염두에 두었던 것은 일종의 연방제 공화국으로, 샤를마뉴 대제의 경우 100여 개의 다른 지방을 정복하고 지배하에 두었지만 각 지역에 의회를 두고 모든 계급의 시민들에게 개방적이었다. 이러한 연방주의적 체제는 넓은 영토의 국가에서 공화주의적 정부를 유지할 수 있는 방식이었다.

중농주의자가 '공통의 이익'을 사적 개인들의 이익의 총합으로 사유했다면, 루소는 공론장, 심의 등을 통한 일반이익의 형성을 강조하였다. 루소는 분명 『사회계약론』과 같은 글에서 바람직한 그리고 이상적인 정부의 구성에 대해 고민했지만, 또 다른 한편으로는 구체적인 정부의 통치의 문제 혹은 기술적이고 현실적인 고민을 드러내는 경우도 분명 존재한다. 예를 들어 「미라보에 보낸 편지」에서 루소는 중농주의자의 정치가 자연법을 따르는 정치를 강조하는 것은 경제로부터 직접적으로 정치를 유추하는 오류를 범하는 것이라고 보았고, 정부/통치는 구체적인 상황 속에서 법 적용의 문제를 고민하는 것이라고 주장하고 있다(Pénigaud 2015). 또한 생피에르 신부의 '영구평화론'에 대한 논평에서도 마찬가지로 이상적인 공화국과 그들 간의 국제관계에 대한 고민과는 다른 현실적인 군주들의 행태와 문제점들을 제시하고 있다.[3] 그는 그러한 의미에서 생피에르 신부가 제안한 영구평화론에 대해 "의미 있고 유용한 기획"이라고 평가했지만, 그것의 실현가능성에 대해서는 회의적, 즉 "불합리한 기획"이라고 보았다. 그것은 생피에르 신부가 이성을 너무나 맹신하여 군주들이 열정에 따라 어리석은 행위를 한다는 사실을 인지하지 못했기 때문이라고 루소는 말하고 있다. 즉 군주들은 이러한 영구적인 평화보다는 그들 눈앞의 직접적인 이익을 선호한다는 것이다(Rousseau 1964, 594). 그러한 의미에서 결국 루소의 회의(懷疑)는 칸트와 같은 해결책, 즉 민주공화국들 간의 평화, 민주공화국들 간의 소극적인 연맹을 통한 전쟁의 부재라는 평화로 갈 수밖에 없을 것이다.

18세기 영국이나 프랑스의 사상가들은 정복에 의한 영토 확장의 제국에 대항하여 무역에 기반한 해양제국을 높이 평가하였다(Andrew 2011, 10). 그럼에도 불구하고 아테네의 해양제국은 로마의 영토제국보다 선호되었다고 보기 어려운데, 몽테스키외의 경우 로마가 비상업적이며 따라서 무역보다는 덕성에 기반한 공화국이라는 점 때문에 선호하였

3 생피에르 신부는 왕조들 사이의 세력균형에 의해 이루어지는 평화체제는 오래 지속될 수 없다고 주장하면서 군주정보다는 공화정들 사이의 연방을 영원한 평화가 가능할 수 있는 체제로 보았다. 또한 그는 상업을 통한 부의 안전한 확보가 국가 간의 관계를 평화롭게 바꿀 수 있을 것이라고 기대하였다(안두환 2016b).

다. 하지만 18세기 상업의 발달과 무역의 확장, 그에 따른 팽창의 욕구는 확대되고 있었다. 특히나 상업과 무역에 기반한 확장은 단순한 정복이나 영토 확장의 욕망 때문이라기보다는 그것들을 통한 재정수입의 확대와 그에 따른 왕국의 재정적 안정화를 추구하고자 하였기 때문이다. 그러한 의미에서 디드로나 레날 등 많은 계몽주의자들은 프랑스가 새로운 로마, 혹은 영국과 같은 무역의 제국, 즉 상업적이고 공화주의적인 제국, 혹은 제국적 공화국이 되기를 바랐다(Andrew 2011, 137-139).

18세기 후반에 상업은 거의 모든 논의의 중심에 놓여 있다. 중농주의자들의 경우 농업에 기반하여 경제가 활성화되지만, 그것을 실현을 위한 도구로서 상업의 필요성에 대해 인식하기 시작하였다. 전통적인 중농주의자들이 농업에 기반한 덕성스러운 공화국에 대한 기대를 갖는다는 점에서 전통적 공화주의자였지만, 서서히 상업 및 시장의 필요성을 인식하면서 '제국적 공화국'에 대한 가능성을 열어 둔다. 몽테스키외와 같은 공화주의자들 역시 상업은 이제 공화국의 덕성이 실현되기 위한 중요한 장치라고 간주하였다. 아마 루소는 고전적 공화주의의 흐름을 끝까지 견지하고자 했던 공화주의자였을 것이다. 이러한 흐름들 각각은 프랑스혁명이라는 사건을 만나며 특정한 상황 속에서 부각되면서 상이한 주도적 역할을 한다. 주요하게 프랑스혁명의 전개 속에서, 즉 군주제 유럽과의 전쟁, 공포정치, 테르미도르와 이후 총재정부, 그리고 나폴레옹의 제국 등 일련의 사건의 발생과 정세의 변화 속에서 18세기의 다양한 사유들은 새로운 문제의식과 함께 재등장한다. 동일한 사유와 모습은 아니지만 그 사유의 뿌리와 전개들을 인지할 수 있다.

III. 프랑스혁명과 공화국

1790년 5월 22일 제헌의회는 공식적으로 '정복권'(le droit de conquête)을 포기하였다. 자유롭게 표명된 인간의 의지만이 국가를 형성할 수 있다는 것이다(소불 1984, 上, 213). 이러한 제헌의회의 입장은 국왕의 바렌느 탈주사건(1791년 6월 21일)을 거치면서 군주제와 외국 군주들 사이의 결탁이 있음이 드러나고, 군주정에 대한 불신, 공화정에 대한 욕망이 거세지면서 변화되기 시작하였다. 더구나 1791년 8월 27일 오스트리아의 레오폴트 황제와 프로이센의 프리드리히 빌헬름이 공동으로 '필니츠 선언'을 발표하면서 유럽이 프랑스의 혁명에 간섭할 수 있음을 선언하였다. 프랑스 국민은 이러한 외국의 간섭 가능성에 대해 격앙될 수밖에 없었다.

1. 전쟁과 공화국

1791년 말부터 1792년 초에 걸쳐 전쟁은 프랑스에서 화두였다. 왕을 비롯한 궁정의 입장에서는 전쟁을 통해 외국의 개입에 의한 자신의 구원을 기대하고 있었다. 또한 브리소(J.-P. Brissot) 등의 지롱드파 역시 대내적·대외적 상황을 고려하여 전쟁을 바랐다. 로베스피에르 등의 소수만이 전쟁에 반대하였다. 왜 브리소는 전쟁을 원하였고, 로베스피에르는 전쟁을 반대하였는가? 우선 브리소는 전쟁을 통해 반역자들과 루이 16세의 정체를 폭로할 생각이었다. 브리소는 "자유를 공고히 하기 위해서는 전쟁이 요청"되기 때문에 전쟁이 국민의 이익에 부합한다고 주장하였다(소불 1984, 上, 229에서 재인용). 프랑수아 퓌레는 프랑스혁명에서 브리소의 시간은 바로 이 시점, 즉 1791년 10월 22일 프랑스혁명에서 전쟁에 대한 논의가 시작되면서부터였다고 말한다(Furet 1991). 브리소의 독창성은 그가 전쟁의 문제를 내부의 문제로 끌어들이는 능력에 있었다. 브리소는 외교정책을 통해 혁명적 동학을 확장하고자 하면서 프랑스혁명의 운동 속에 유럽 열강들에 대항하는 투쟁을 포괄하고자 의회에 제안하였다. 이미 혁명의 초기 단계에서부터 공화주의자였던 브리소와 같은 혁명가들은 1789년 혁명으로 1791년에 만들어진 입헌군주제에 만족하지 못하였고 공화국의 건설이라는 과제의 실현을 위해 전쟁을 통한 혁명의 재도약을 추진하고자 하였다. 그것은 왕들의 유럽과의 전쟁을 통한 프랑스 국왕과의 전쟁의 시도였다. 프랑스의 공화주의적 보편주의의 실현을 위한 전쟁은 곧 프랑스의 공화국 건설이라는 선결과제의 해결을 요구하는 것이었다. 전쟁을 주장했던 브리소는 물론 카라(J.-L. Cara), 마라(J.-P. Marat), 데물랭(Camille Desmoulins) 등 자코뱅파들은 전쟁을 통해 '귀족들의 음모'를 제거하고 동시에 혁명에 두 번째 도약의 계기를 주고자 하였다. 전쟁은 귀족들의 음모에 대항하는 혁명적 열정을 확장하기 위한 국제적 상황의 산물이었다. 이러한 과정에서 지롱드 집단이 형성되었다.

반면, 로베스피에르는 전쟁을 원하는 브리소에 반대하는 연설에서 로마의 예에 비추어 프랑스의 상황을 설명한다.

> 로마 인민들이 원로원과 귀족이 강탈해 간 권리를 요구하자, 원로원은 전쟁을 선포합니다. 그러자 인민들은 이전에 느끼던 분노나 권리 문제도 잊어버린 채 오직 전쟁에만 몰두했고, 결국 인민들은 원로원에 권한을 그대로 맡겨 두었으며, 귀족은 또 한 번 승리할 수 있었지요. 이런 종류의 사건에 대해 요행수를 노리는 투기꾼이나 야심가, 군인에게 전쟁은 유리한 전략입니다.(로베스피에르 2009, 108-109)

즉 전쟁을 통해 애국적 국민들은 내부의 문제에 관심을 버리고 전쟁에 집중하게 되면서 그들의 '대의'에 등을 돌리게 되고 그 과정에서 "잘못된 원칙이 발달하고 맹목적인 신뢰가 커지면 공공정신이 사라지는 일"이 발생할 수 있음을 로베스피에르는 우려하였다. 또한 로베스피에르는 전쟁이 시작되는 순간 "군사귀족들이 삶과 죽음을 좌지우지할 수 있는 권력을 소유"하게 될 것이며, 부패와 음모를 기획하는 사악한 세력들이 등장할 것이라고 우려하였다.

> 자유로운 사람들, 또는 자유롭기를 원하는 사람들은 그러한 대의가 제공하는 모든 능력을 언제 발휘할 수 있습니까? 바로 그들이 자기 땅에서, 자기 고향을 위해 동료 시민들, 아내와 아이들 앞에서 싸울 때입니다. 바로 그럴 때 모든 지휘관은 동료 시민들이 보는 앞에서 싸워야 하므로 시민들을 배신할 수 없고, 만약 배신한다면 처벌을 면할 수 없습니다. 그러나 조국의 시선이 미치지 않는 곳에서, 낯선 나라에서 전쟁을 수행하면 이 모든 장점들은 사라질 것이고 가장 자유로운 땅은 가장 불길하고 가장 음험한 술책에 노출될 것입니다. 그때 국가의 운명은 자신을 위해 싸우는 국민 전체가 아니라 하나의 군대, 한 명의 장군의 손아귀에 떨어질 것입니다.(마생 2005, 221에서 재인용)

로베스피에르의 반대에도 불구하고 의회는 압도적 다수로 전쟁을 선포하였다(1792년 4월 20일). 전쟁이라는 상황은 조국의 위기를 의미하였고, 국왕과 외국 군주들의 음모에 대한 우려, 특권계급에 대한 두려움 속에서 프랑스 국민을 자극하였으며, 나아가 민주주의적 운동을 추동하였다. 지롱드파조차도 '수동적 시민'의 무장을 요구하였고, 전쟁을 통한 외국의 음모에 대한 대항과 혁명적 열정이 결합하였다. 그리고 이러한 프랑스 인민의 혁명적 열정은 결국 1792년 8월 10일 봉기로 이어졌고, 왕정의 폐지와 공화정의 선포로 이어졌다.

1792년 11월 19일 국민공회는 프랑스가 전쟁을 통해 이웃나라들을 공화국으로 전환시킬 것을 인정하는 법령을 채택하였다. "국민공회는 자신들의 자유를 회복하기 원하는 모든 인민에게 우애와 도움을 줄 것임을 프랑스 국민의 이름으로 선언하며 그러한 인민을 도와주기 위하여 그리고 자유의 대의를 위하여 살아왔고 고통받아 온 시민들을 보호하기 위하여 필요한 명령을 장군들에게 내릴 책임을 행정권에 위임하는 바이다"(소불 1984, 上, 278-279에서 재인용). 공화국 프랑스는 군주제적인 유럽에 선전포고를 하였다. 당시 외교위원회의 위원장이었던 브리소는 "모든 유럽이 불타고 있을 때만이 우리는 평온할 수 있을 것"이라고 하면서 프랑스를 둘러싼 주변국들의 공화국으로의 전환을 구상하였다(소불 1984, 上, 279). 즉 프랑스를 독립적인 '자매공화국'으로 둘러싸이게 할 생각이었고, 나아가 그레구와르(Grégoire) 신부는 요새도 국경도 없는 유럽이 도래할 것이라고 전망하였다. 결국 이러한 야망은 전쟁을 통해 이웃 나라들을 공화국으로 전환시키기 위한 합병전으로의 변모를 의미하는 것이기도 하였다.

로베스피에르 집권 시기 대외적인 위협과 국내에서의 반혁명 위협으로부터 혁명과 공화국을 지키기 위한 '국민총동원령'이 선포되었다.

> 이제부터 적군이 공화국의 영토로부터 쫓겨 나갈 때까지 모든 프랑스인은 군대에의 복무를 위해 영구징집된다. 젊은이는 전쟁터로 갈 것이다. 기혼남자들은 무기를 제조하고 식량을 운반할 것이다. 부녀자들은 막사와 제복을 만들고 병원에서 간호를 맡을 것이며, 아이들은 헌 리넨 천으로 외과용 가제를 만들고, 노인네들은 광장에 모여 장병들의 사기를 고무하고 군주들에 대한 증오심과 공화국의 통합성을 가르칠 것이다.(소불 1984, 上, 323)

공화국을 지키고 또한 그것을 확장하기 위한 전쟁이 요구되었고, 시민들은 덕성을 요구받았다. 로베스피에르는 "평화 시의 민중적 정부의 활력소가 덕성이라면, 혁명 시의 민중적 정부의 활력소는 덕성인 동시에 공포"라는 점을 강조하였다(1794년 2월 5일 연설). 공포정치는 프랑스의 공화국을 지키기 위한 불가피한 조치로서 작용하였다. 사실 공포정치는 당시 프랑스와 외국과의 전쟁이라는 상황과의 연관성을 고려할 수밖에 없다.[4] 당시의 혁명정부는 일종의 전시(戰時)정부였다.[5] 혁명정부는 전쟁상태에 돌입해 있는 만큼 "비상조치를 필요로 하며", "벼락처럼 행동해야" 하고, 모든 저항을 분쇄해야 한다는 것이다. 그 누구도

---

4 게니페는 공포정치의 탄생이 이데올로기나 특정 상황, 혹은 인권 또는 자코뱅의 음모나 그들의 덕성의 유토피아에 대한 염원의 산물로 볼 수 없으며, 다양한 혹은 모든 혁명적 동학의 산물로 이해해야 한다고 주장한다(Gueniffey 2000, 14).

5 공포정치 당시 군대는 '국민화'를 위한 작업을 수행하였다. 1793-1794년 겨울에 실시된 '군통합법과 군편성법'에 의해 연대단위로 재편성되면서 지휘관에 대한 선거원칙이 확립되었다. 생쥐스트는 "군대의 특정지휘관을 선출하는 일은 병사들의 시민권에 속하며, 장군을 선출하는 일은 전체의 시민권에 속한다"고 주장하였다. 산악파에게 군대는 일종의 공화주의 정신을 습득하는 교육기관이었다. 생쥐스트는 병사들이 소유권 및 정치적 권리를 행사하면서 공화주의 원칙을 실행에 옮길 것이라고 생각했다(Bertaud 1988, 192). 당시 군대 내부에서 사용되던 암호들을 살펴보면 흥미롭다. 암호들은 고대 로마공화국으로부터 온 것들—덕성·용기·승리·로마·카토(Cato)·단일성(unité)·형제애(fraternité) 등—을 비롯하여 법률과 국민공회에 대한 복종을 의미하는 단어 등으로 이루어졌다. 또한 군대 내에서 다양한 연극 활동 등을 통해 애국심과 공화주의에 대한 고취가 이루어졌다. 더불어 나라 전체의 수준에서는 자연스럽게 시민축제를 통하여 군대와 인민 간의 연대를 강조하였다. 이전의 연맹제는 물론, 툴롱 탈환을 기념하는 축제 등이 그것이다(윤선자 2008). 혁명력 2년 애국주의적 병사의 희생을 추모하는 축제는 자코뱅이 자신들이 지키고자 하는 원칙의 교육 목적을 위해 이루어졌다. 1792년 4월 15일에 샤토비유(Châteauvieux)에서 이루어진 스위스 병사들에 대한 추모 축제가 그것이다.

"동일한 체제 내에 평화와 전쟁, 건강과 질병을 공존시킬" 수는 없는 법이다. 따라서 혁명정부는 강제력을 장악해야 하며, 공포정치를 실시해야 한다는 것이다(소불 1984, 下, 35). 위기의 악화가 공포정치를 확립시켰고, 혁명정부가 확립되고 강화되면서 공포정치는 조직화되고 합법화되었다(소불 1984, 下, 41).

이와 같은 일종의 비상상황 속에서 지롱드파와 산악파 사이의 대립은 다양한 측면에서 뚜렷하게 드러났다. 경제적 자유를 강조하였던 지롱드파는 물자의 부족과 그에 따른 가격 폭등 등의 비상상황에서 주저하였고, 결국 긴급경제체제의 확정에 따른 통제경제의 실시가 요구되었다. 로베스피에르는 "재산의 평등이란 한낱 허깨비에 불과한 것"이라고 비난했지만, 동시에 "재산의 지나친 불균형이야말로 수많은 해악과 범죄의 원천"임을 역설했다(1793년 4월 24일 국민공회 연설). 상퀼로트나 로베스피에르 등 산악파에 공통된 이상은 각기 자신의 토지와 점포를 소유하며 고용노동을 하지 않고서도 가족을 부양할 수 있는 농민과 수공업자 같은 독립적인 소생산자로 구성되는 사회였다. 이러한 이상사회에 대한 관념은 18세기 프랑스의 상황과도 연관된 것이고, 이미 루소에게서도 드러난 이상사회의 모습이라고 할 수 있다. 로베스피에르는 1793년 4월 24일 새로운 권리선언에 관한 연설에서 소유권이 자연권이 아니라 법에 의하여 규정되는 하나의 권리로서 사회적 제도라고 이해하였다.

반면에 지롱드의 소유(권)에 대한 인식은 산악파의 그것과 명확히 구별되어 자유주의적 경향이 뚜렷하였다. 지롱드의 한 흐름을 형성하였던 콩도르세가 국민공회 시기 제안한 헌법안을 들여다보면, 그는 분명 사회계약론의 전통에 서 있었다(Boroumand 1991). 무엇보다도 집합적 존재로서 정치체가 인권선언을 제정하고 공권력의 한계를 규정하며, 그 공권력의 기능은 개인의 권리 보호에 한정된다. 이러한 입장은 자연권은 사회 속의 인간의 권리로서만 존재할 수 있으며, 공적인 덕목이 사회체 번영의 목표라고 설정하였던 산악파의 입장과 명확히 구별된다. 또한 콩도르세의 경우 '보편적' 국민으로서 프랑스에 대한 관념을 지니고 있었고, 그에 따라 폭정과 무지 속에 있는 다른 인민들을 구원하는 임무를 갖는다는 점을 강조하였다. 하지만 그는 유럽 열강들의 제국주의적 지배에 대해서는 비판적인 시각을 동시에 가지고 있었다. 그럼에도 불구하고 기본적으로 콩도르세는 비유럽인에 대한 유럽인의 우위에 대해 전혀 의심하지 않았고, 그에 따라 유럽이 비유럽 지역을 문명화해야 한다고 주장하였다(Pitts 2005, 171).

지롱드와 친밀하였고 또한 로베스피에르와도 거리가 멀지 않았던, 그리고 한편으로는 '공화국 보편주의의 화신'으로도 기려진 그레구와르 신부의 공화주의적 보편주의는 결코 제국주의와 모순되지 않았다. 그레구아르 신부가 유태인을 포함한 유색인종들에 대해 인종적 평등을 제도화하고자 했던 것은 프랑스혁명의 공화주의적 보편주의에 기인한 것이었지만 동시에 식민지를 활성화하고 유색인종들을 프랑스 제국에 편입시키면서 굳건히 하고자 하는 욕구의 표현이기도 하였다(Sepinwall 2005, 93). 사실 그의 공화주의적 보편주의는 피억압인들에 대한 포용의 차원에서 프랑스 국민의 일원으로 인정하는 것이었지만, 동시에 그들의 강한 변화, 즉 물리적·정신적·정치적 차원에서 전적으로 프랑스인이 되기를 요구하는 것이기도 하였다. 또한 그레구아르 신부의 노예폐지에 대한 주장에도 불구하고 식민지역은 프랑스 공화국과의 관계를 통한 제국적 야망을 결코 숨기지 않았다. 1794년 2월 국민공회는 노예제를 폐지하였지만, 이 법령이 모든 프랑스의 식민지에 동일하게 적용되지는 않았다. 마르티니크(Martinique), 과달루프(Guadeloupe), 레위니옹(Réunion), 모리스(Maurice)에는 공화국 총독이 파견되었고, 과달루프 지역의 노예들은 유일하게 자유를 누릴 수 있었다.

지롱드의 자유 및 소유의 공화국이라는 관념은 18세기 계몽주의 시기 몽테스키외 등의 자유주의적 헌정주의자들과 중농주의자들의 결합이라고 볼 수 있다. 헌법, 자연권 및 사회계약, 소유권 등에 대한 강조에서 뚜렷한 유사성을 보인다. 그들은 모두 국가권력의 역할과 관련하여 최소주의적 입장으로 개인의 자연권을 보장하는 의미에 한정한다. 이러한 과정에서 전쟁은 자유공화국의 연장선상에서 프랑스적 보편주의의 실현이기도 하다(물론 내부의 공화국 형성, 귀족들의 음모에 대항한다는 의미를 갖지만…). 그러한 점에서 지롱드의 공화국은 근대적 공화국이며, 제국적 공화국, 특히나 상업에 근거한 제국적 공화국을 염두에 두고 있다.

2. 소유의 공화국 그리고 제국적 공화국

테르미도르 이후 등장한 흐름은 소불이 말한 대로 '명사들의 공화국'이 되었고, 어느 시기보다도 소유(권)에 대한 강조가 뚜렷해졌다. 공포정치 과정에서 사라진 지롱드 세력은 다시 등장하지 않았지만, 지롱드의 입장에 가장 유사한 흐름을 보였던 이가 로드레르(P.-L. Roederer)이다. 그는 소유권과 관련하여 중농주의자와 평등파 사이에서 대안적 해결책을 찾으려 하면서 근대적 공화국에 적합한 소유 및 사회적 평등에 대한 관념을 마련하고자 하였다(Scurr 2000). 마블리와 루소의 영향을 받은 평등파와 로베스피에르의 주장들은 로드레르의 시각에서 볼 때 자연권에 대한 침해의 가능성을 안고 있었다. 그들은 소유를 사회적 제도로 파악하면서 사회의 필요와 이익에 종속시키고 있다. 로드레르는 중농주의는 물론 마블리, 루소를 동시에 비판하며 절충적인 개념을 확립하면서 근대적 공화국에 적합한 개념들을 제시하였다(Scurr 2000). 그는 중농주의에 대해서는 토지의 절대화를 비판하였고 노동분업이 근대적 공화국에서 사회적 응집에 가져오는 효과에 주목하고 그 역할을 평가하였다. 또한 자본의 축적이 가져오는 동학적인 잠재력을 평가하면서 토지소유자의 이익과 대공장주의 이익의 균형성을 강조하였다. 그의 견해에 따르면 토지소유자, 자본소유자, 농업노동자의 이해관계가 결합되어 있는 것이 근대적 공화국의 특징이며 사회 발전의 모습이다.

1795년 8월 22일 혁명력 3년의 헌법(Constitution de l'An III, article 6)은 노예제는 폐지하지만 식민지역은 "공화국의 통합적 부분"으로 전환되고 "동일한 헌법에 종속된다"고 적고 있다. 산악파들이 주도했던 국민공회 시기에 비식민주의적 헌법[6]을 채택했다면, 테르미도르와 함께 식민주의가 부활하였다. 식민지는 단일하고 분할될 수 없는 공화국의 통합적 부분으로 인식되었다. 브와시 당글라(F.-A. de Boissy d'Anglas)는 식민지 독립을 반대하면서 식민지는 프랑스의 강대국 정치를 위해 보존되어야 하며, '식민제국'은 인민에 대한 경제적 지배와 불평등교환을 통해 세계적 수준에서 상업을 통합하여 강대국을 유지하는 것이 주요한 과제라고 주장하였다(Gauthier 1992, 265). 이러한 주장은 이미 혁명 직후 자유주의자들의 견해를 다시 채택하는 것이기도 하였다.[7] 테르미도르 이후 공화주의의 중심에 있었던 그레구와르 신부의 경우 그의 공화주의와 제국주의는 모순되지 않았다. 노예제 폐지에 대해서는 찬성했음에도 불구하고 그레구와르 신부 등 테르미도르 공화주의자들은 공화국과 제

6 1793년 산악파가 주도한 국민공회의 헌법 118조부터 121조(Constitution de 1793 ou de l'An I, article 118-121)까지 프랑스 공화국과 외국과의 관계를 규정하고 있는 조항에 따르면, 프랑스 인민은 기본적으로 자유로운 인민들과의 친구이자 동맹임을 강조하고 있다. 또한 다른 국민을 간섭하지 않으며, 다른 영토를 침범한 적과는 결코 평화를 맺지 않는다고 규정하고 있다.

7 프랑스의 보호하에 노예들은 이제 프롤레타리아로 전환되어야 했고, 그들에게 '노동에 대한 사랑'을 심어 주어야 했다. 이것은 "박탈된 자유에서 족쇄가 채워진 시민"으로의 전환의 역사였다(Bancel et al. 2003, 31).

국 사이의 연관성을 찾았다(Sepinwall 2005, 155). 그들은 노예제에 대해서는 반대하지만 식민주의 정책을 추진하면서 영국과의 경쟁에서 승리하고자 하였다. 식민지역은 모국의 이익을 위해 봉사하는 체계를 만들면서 제국의 모습을 갖추고자 한 것이다.

테르미도르 이후 프랑스 공화국은 스파르타나 아테네가 아닌 로마의 제국적 공화국이 되어 갔다. 1798년 외교장관 탈레랑은 "이집트는 로마 공화국의 변방이었고, 이제 프랑스 공화국의 변방이 되어야 한다"고 주장하였다(Andrew 2011, 153). 프랑스혁명은 야만인은 문명화되어야 한다는 계몽주의의 믿음을 프랑스가 헐벗은 모든 인민을 문명화해야 한다는 제국주의적 원리로 전환시키도록 하였다. 나폴레옹 제국 시기에 꽃피우게 될 제국적 공화국 그리고 제국주의는 이미 1795년 테르미도르 이후 확립되었고, 더 멀리는 이미 18세기 상업적 공화국 그리고 공화주의적 제국 속에서 배태하고 있었다. 하지만 제국적 공화국이 되어 가면서 공화국에 대한 무게는 사라지고 제국의 성격이 압도하게 되었다.

테르미도르 이후 서서히 국민군과 인민 사이의 공화주의적 연대는 무너지기 시작하였다. 1797년 자코뱅과 상퀼로트의 몰락, 왕당파의 세력화 속에서 공화주의적 부르주아들은 일정한 정치적 한계를 드러냈다. 서서히 장군들은 자신들의 고유한 독자적인 힘을 얻기 시작하였다. 그들은 국가에 압력을 가하기 시작하였고, 군을 자신의 충실한 부하로 만들었다. 1796년 나폴레옹의 이탈리아 정책은 하나의 명백한 분기점을 이룬다. 개인적 야심이 정책 결정의 주된 동기로서 국민적 요구를 대신하기에 이르렀던 것이다(소불 1984, 下, 168). 이러한 변화는 그것이 군사적 승리에 뒤따르는 위광으로 장식되었던 만큼 더욱 위험한 것이었다. 애국주의는 공화주의적이고 휴머니즘적 속성을 상실했고, 민족주의의 배타적 속성으로 전환되기 시작하였다. 이리하여 공민정신과 혁명적 열정은 외국에 대한 경멸감, 군사적 영광, 국민적 허영심 등으로 바뀌어

갔다. '위대한 민족'(Grande Nation)이라는 민족적 자만감을 불어넣은 말은 총재정부 말기부터 유행했다. 시민군은 자신의 운명을 조국(la patrie)과 자신을 일치시키는 전능한 지도자의 손에 맡기게 되었다.

나폴레옹은 이탈리아 원정에 오르기에 앞서 1796년 3월 26일 다음과 같은 성명을 발표한다.

> 장병 여러분, 여러분은 헐벗었고 시원치 못합니다. 본인은 여러분이 이 지구상에서 가장 풍요로운 평원에 이르기를 희망합니다. 비옥한 지방과 대도시들이 여러분의 지배하에 놓일 것입니다. 그곳에서 여러분은 명예와 영광 그리고 부를 발견할 것입니다.(소불 1984, 下, 171에서 재인용)

공화주의는 이제 그 의미를 상실하였고, 지배를 위한 제국적 야망이 그 자리를 차지하였다. 특권계급과 전제정에 속박된 유럽의 인민들에게 자유를 가져다 주어야 한다고 출발한 혁명전쟁은 정복을 통해 자매공화국들로 둘러싸이게 되었다. 하지만 자매공화국은 프랑스에 정치적으로 종속되고 경제적으로 착취당하는 식민지와 유사하였다. 공화국 프랑스는 '제국적 공화국'(Imperial Republic)이 된 것이다. 나폴레옹은 이탈리아를 정복하고 난 뒤 롬바르디아와 발텔리나, 베니스 그리고 시스파나드 공화국 일부를 통합하여 '시잘핀 공화국'을 만들고 헌법을 제정하였다. 이 시잘핀 공화국에는 2만 5천의 점령군이 주둔하였고 그 경비는 시잘핀 공화국이 부담하였다. 총재정부는 동맹조약과 통상협정을 강요하기 위해 시잘핀 공화국의 양원에 개입하여 반대파를 제거하였다. 시잘핀 공화국은 "프랑스 공화국의 배타적인 이익에 봉사하고 이탈리아 반도에서 프랑스 공화국이 모든 정치적 분쟁의 조정자가 되는 데 이바지해야 할" 뿐이었다(소불 1984, 下, 203).

1798년에 시작된 이집트 원정은 서인도제도의 상실을 이집트로 메꾸자는 생각 그리고 새로운 식민지를 통해 얻을 이익이라는 관점에서 이루어진 것이었다. 이러한 이집트 원정은 이탈리아 개입 못지않게 프랑스혁명의 역사에서 전환점을 이룬다. 1796년 희망봉을 장악한 이후 인도 항로의 지배자라고 믿어 왔던 영국이 수에즈 항로의 중요성을 깨닫고 있었고, 터키, 러시아 역시 프랑스의 진출에 놀라고 있었다. 그 결과 제2차 대불동맹이 결성되면서 총재정부의 팽창주의 정책에 반발하기 시작하였다. 이집트 사건은 러시아와 터키를 영국에 결탁시키면서 제2차 對프랑스동맹을 결성시켰다. 거기에 오스트리아, 스웨덴이 곧 합류하면서 완전한 모습을 갖추었다.

1799년 11월 9일 이른바 브뤼메르 18일의 쿠데타가 발생하였다. 브뤼메르 쿠데타가 쉽게 성공할 수 있었던 요인 중의 하나는 당시의 사회적 요구에 부합했다는 점이다. 즉 프랑스혁명으로부터 비롯된 새로운 사회의 주요한 계급인 토지소유농민과 부르주아가 사회적 평화와 안정을 요구했다는 점이다(소불 1984, 下, 223-224). 그러한 의미에서 나폴레옹의 등장은 프랑스혁명에서 없어서는 안 될 후주였다고 소불은 평가한다. 브뤼메르 쿠데타 후 나폴레옹은 프랑스 병사들에게 다음과 같이 포고한다. "문제는 더 이상 제군들의 국토방어가 아니라 적국의 침공이다." 1800년 6월 14일 알프스를 넘어 공세에 나선 나폴레옹은 우세한 오스트리아군에 맞선 마렝고 전투에서 승리를 거두면서 뤼네빌 조약을 맺었다. 이 조약을 통해 나폴레옹은 이탈리아의 치사르피나, 리구리아 공화국을 프랑스 보호령으로 만들고 라인강 좌안과 벨기에, 룩셈부르크 등을 할양받아 영토를 확장하였다. 그리고 1802년 영국과 프랑스가 맺은 아미앵조약으로 프랑스혁명전쟁의 총성이 멎었다. 이 조약으로 프랑스는 1794년 이후 유럽에서 얻은 영토의 전부를 인정받았으며, 프랑스 내부에서는 종신통령으로 선출될 수 있는 체제를 준비할 수 있게 되었다. 그리고 1804년 12월 2일 나폴레옹은 국민투표를 거쳐 황제가 되었다.

IV. 제국주의 이전의 제국적 공화국: 콩스탕과 토크빌

프랑스혁명 이후 제국에 대한 꿈과 그 실현을 위한 전쟁은 나폴레옹 제국의 건설을 가져왔지만, 이는 결코 근대적인 제국이 아니었다. 지롱드를 중심으로 하는 자유주의적 공화파들이 꿈꾸었던 '제국적 공화국'은 그들도 물론 잘 알았듯이 군사적 힘을 통한 영토의 확장과 정복을 통한 공화국의 이식으로써 이루어질 수 있는 것이 아니었다. 영국이 건설한 제국은 그러한 의미에서 프랑스의 공화주의자들이 꿈꾸던 제국적 공화국이었을 것이다. 그리고 결국 19세기 말에 이르러 프랑스 자본주의는 제국주의적 진출을 통해 그 꿈을 실현하고자 하였다. 하지만 이 역시 영토적 정복과 시장의 확장이라는 지극히 경제적 이유에서 이루어진 제국이었다.

1815년 이후 복고왕정과 1830년의 자유주의적 입헌군주정에서는 프랑스혁명과 나폴레옹 제국의 연장선상에서 제국에 대한 열망을 포기하지는 않았다. 이미 혁명과 전쟁을 거치면서 프랑스는 과거 제국으로 부상하던 시점에 가지고 있던 많은 영토를 상실하였고, 겨우 카리브해의 마르티니크와 과달루프, 레위니옹, 생피에르 정도를 가지고 있었다. 그리고 복고왕정의 마지막 해인 1830년 오토만 제국으로부터 알제리의 일부를 빼앗아 오면서 알제리 정복을 시작하였으며 1847년에 이르러 과거 오토만 제국이 지배하던 전 지역을 장악할 수 있었다. 당시 정부의 중심이었던 기조(François Guizot)는 뷔조(T. R. Bugeaud) 장군의 폭력적 방식을 비난하긴 했지만, 그의 정복전쟁이 프랑스의 지배를 확장한다는 점에서 전적으로 지지하였다. 또한 좌파 블랑(Louis Blanc)이나 생시몽주의자 앙팡틴(B. P. Enfantin) 역시 프랑스 내부의 혼란을 극복하기 위한 좋은 장치로서 식민지 정복을 찬성하였다(Pitts 2005, 167).

사실 강력한 영국의 팽창 속에서 프랑스는 알제리에 한정된 진출이 가능하였다. 당시 정치 일간지 『르 콩스티튀셔널(*Le Constitutionnel*)』은 알제리 점령이 "세계 문명의 신기원을 여는 출발점"이라고 주장하면서 그 의미를 부여하였다(심재중 2007, 121에서 재인용). 1830년대는 프랑스 역사상 분명 다양한 차원에서 전환이 발생한 것은 분명하다. 마르크스가 "금융가들의 시대"라고 부를 만큼 자본의 축적과 그에 따른 산업의 발달이 본격화되는 시점이기도 하였으며(마르크스 1987), 사이드가 말하듯이 '오리엔트'(Orient)라는 개념이 등장하는 시점이기도 하다(사이드 2015). 1830년대는 프랑스의 해외진출에 관심이 집중되고 증가하면서 그와 관련한 다양한 살롱들이 증가하였고, 구체적으로 지리학회(société de géographie)들의 본격적인 등장이 눈에 띄는 시기였다(Bancel et al. 2003, 58-59). 이러한 지리적 팽창과 식민지 개척이 이전 시기부터 존재한 것은 분명하고, 대표적으로 나폴레옹의 이집트 원정과 같이 체계적인—단지 군사적인 점령에 그치지 않고 이집트에 대한 본격적인 연구로서 이집트학의 형성이라는 측면에서—정복이 있었던 것도 사실이다. 하지만 프랑스혁명 전후 18세기 동안의 논의에서 보이듯이 제국과 공화국은 고전적 공화주의의 논의의 연장선상이자 그 문제의식의 변형이었다고 볼 수 있다.

콩스탕과 토크빌은 19세기 전반기의 대표적인 자유주의 사상가이면서 공화국과 혁명에 대한 경험을 통해 자유주의를 풍부히 하고자 했던 이들이다. 하지만 둘의 경향성은 분명하게 대비된다. 반세대 정도 앞선 콩스탕은 혁명과 나폴레옹 제국의 경험을 가지고 있었고, 그로부터 그의 유명한 연설 "고대인의 자유에 비교되는 근대인의 자유"에서 드러나듯, 명백한 근대적 자유의 옹호자였다. 콩스탕에게 중요한 것은 사적인 영역에서의 독립과 근대의 상업적 자유였다. 따라서 그에게 전쟁과 정복은 인민 대부분의 이익에 반하는 시대착오적 행위였다(Constant 1980, 118). 팽창 정책은 평화롭고 상업적 자유를 누리는 근대적 시민들의 이익을 침해할 뿐만 아니라 개인과 시민의 희생을 통해 국가권력을 강화시키고 군대의 힘을 확장하며, 지방의 희생을 통해 중앙정부의 권한을 강화하는 효과를 가져온다고 우려하였던 것이다(Pitts 2005, 175). 콩스탕은 인민이나 정복자는 정복을 통해 얻어지는 "기이한 영광"의 유혹에 굴복하여 "모두가 기이해지는 통일성"을 추구하면서 국민적 다양성을 훼손하게 될 것이고 인민적 정부도 전제군주적인 지배를 행하게 될 것이라 보았다(Constant 1980, 147-153).

콩스탕은 아이티 공화국의 경우 "충분히 이성적인 입법자, 충분히 규율된 군대, 능력 있는 정치가와 프랑스와 같은 정도의 예의를 갖춘 외교관"을 가진 흑인 공화국으로서 그들의 헌법은 "유럽 대부분 나라들의 헌법보다도 더 낫다"고 평가하였다(Pitts 2005, 181). 콩스탕의 죽음 직전에 알제리 정복의 시작이 있었기 때문에 알제리 정복전쟁에 대한 그의 견해는 거의 없다. 다만 샤를 10세 말기의 이 점령전쟁에 대한 강한 비난의 글을 『르 탕(*Le Temps*)』에 기고하였다. 콩스탕은 유권자들에게 '환상과 유혹'으로부터 1814년 차트(Chart) 체제를 구원할 것을 호소하였다. 자유주의자로서 콩스탕의 사유는 프랑스적이기보다는 독일적 낭만주의의 흐름을 간직하고 있었던 탓에 비록 입헌주의에 대한 분명한 원칙을 가지면서도 "경제적 인간"이나 애덤 스미스적 정치경제학에 대한 보편적 믿음을 갖지 않았다(Holms 1994, 219-285). 정치적 낭만주의의 흐름 속에서 콩스탕은 각각의 공화국 혹은 공동체에서 자유의 실현가능성을 염두에 두고 있었다.

이와 대비되어 토크빌에게는 고전적 공화주의의 흔적이 남아 있다. 콩스탕이 군사주의와 제국주의적 팽창을 근대적 자유의 사회를 위험에 빠뜨릴 것이라고 보았다면, 토크빌은 그것들이 현재의 난관을 해결하기 위한 해결책이 될 수 있으리라 기대하였다(Pitts 2005, 193). 제국주의적 기획은 집단적 노력을 요구하고 국민적 영광을 약속하리라고 토크빌은 본 것이다. 알제리 정복은 프랑스에서 국민적 자존심과 공적 덕목을 활성화하기 위한 정치적 노력의 측면으로 간주되었다. 이러한 토크빌의 사유에 대하여 존 스튜어트 밀은 "저급하고 천박한 생각"이라고 표현하면서 토크빌과 프랑스의 처신을 비난하였다(서병훈 2011, 129). 밀의 경우 영국의 제국주의적 진출에 대해 철저하게 "문명화"의 시각에서 접근하고자 하였다(서병훈 2012). 반면에 프랑스의 경우 문명화에 대한 시각은 19세기 말 제3공화국의 공화주의자들에게 뚜렷하게 나타나기 시작하였고, 19세기 전반기에 문명화의 사명이라는 담론이나 사유는 훨씬 약한 상태였다. 예를 들어 밀은 문명화된 사회만이 국민권에 대한 배타적 권리를 인정한 반면, "야만인들의 경우 국민으로서의 권리를 갖지 못한다"고 주장하였다. 하지만 토크빌은 반(半)문명화된 사회의 경우도 국민의 권리를 인정하고자 했으며, 유목종족의 경우 정치적 조직의 부재를 강조하는 로크적 전통의 주장에 반대하여 그들 역시 그들 나름의 토지 이용방식과 소유권을 인정해야 한다고 주장하였다(Pitts 2005, 200-201). 토크빌의 경우 영국의 자유주의자들과 같이 문명화의 사명에는 무관심하였고, 그에게 정복에 대한 정당화는 위대함과 정치적 힘의 표현이라는 것만으로 충분하였다. 토크빌이 주장한 프랑스 제국의 유지와 팽창의 이유는 두 가지인데, 첫째는 프랑스 국민들의 정치적 연대를 만들기 위함이었고, 다른 하나는 확장하고 있는 영국에 비교되어 프랑스의 국제적 명성과 지위를 잃지 않을까 하는 두려움 때문이었다(Pitts 2005, 220). 이는 특히나 영국과의 지속적인 경쟁관계 속에서 팽창하는 영국에 대한 견제의 필요성이 있다고 판단한 것이다. 그러한 의미에서 토크빌은 영국의 위선, 즉 문명화 사명이나 온정적 제국주의관을 주장하였던 영국 자유주의자들의 위선을 비판하였다.[8]

8 영국은 이미 19세기 들어 자유주의적 제국주의관을 분명히 하고 있었다. 19세

그러한 의미에서 토크빌의 이러한 생각은 아직까지 충분히 근대적이지 못한, 그래서 고전적인 공화주의의 흔적의 효과가 아닐까? 알제리 정복에 대한 토크빌의 사유를 이해하기 위한 우회로가 『미국의 민주주의』 속에 나타난 미국의 제국적 팽창에 대한 분석이다. 이에 비추어 프랑스의 알제리 정복에 대한 토크빌의 사유들을 비교할 수 있다. 『미국의 민주주의』에 나타난 토크빌의 민주주의에 대한 분석은 분명히 사회학적이다. 그리고 그의 민주주의에 대한 사회학적 분석은 민주주의에 대한 규범적 가치판단이나 도덕적 판단과는 구별되어 존재한다. 그러한 의미에서 『미국의 민주주의』에 나타난 아메리카 인디언에 대한 분석은 미국이 제국으로서 팽창해 가는 모습에 대한 사회학적 분석이다. 『미국의 민주주의』—특히 1권 18장 「합중국에 거주하는 세 종족의 현황과 전망」—에서 토크빌은 미국의 영토적 팽창에 대하여 분석하면서 이중적인 평가를 내린다. 한편으로 토크빌은 원주민의 권리와 삶에 무관심한 유럽인들의 침략적 행태를 비난하지만, 다른 한편으로 미국의 팽창이 그 나라의 정치적·경제적 생명력을 가져다주는 데 불가피한 측면이 있음을 평가하였다. 영국계 아메리카인들은 잔혹했던 스페인계 주민들과 달리 "피도 흘리지 않고… 윤리적 원칙도 어기지 않은 채 평온하게 합법적으로" 인디언들을 절멸시키고 그들의 권리를 빼앗는 데 성공했다는 점에 주목한다(토크빌 1997, 1권, 442). 아메리카인들의 영토 확장을 분석한 뒤 토크빌은 미국이 어떻게 거대한 영토에 기반한 공화국을 유지할 수 있는가에 대해 탐구한다. 즉 토크빌은 아메리카 대륙이라는 광

기 영국의 제국주의관, 특히 밀(J. S. Mill)의 사상에 대해서는 이 책의 7장 참조. 시기적으로 영국이 가장 먼저 자본주의 발전을 이룩하면서 해외 식민지 개척에 나섰던 것과도 관련된다. 반면 19세기 전반기까지 프랑스는 프랑스혁명과 고전적 공화주의의 영향이 남아 있었다고 할 수 있다.

활한 영토 속에서 다양한 인종과 종족, 그리고 여러 개로 나뉘어진 주들을 통해 어떻게 통치하고 특히 어떻게 공화국을 유지하는지에 대해 묻고 있다. 이를 가능하게 하는 것은 공화국과 상업이다. 아메리카인들이 정복을 해 나가면서 불평등을 원칙으로 삼고 그것을 법제화했다면 연방이 해체되고 공화국의 운명이 위협을 당했겠지만, 아메리카인들은 "도덕성에 높은 가치를 부여하고 신앙심을 존중하며 권리들의 존재를 인정"하는 공화주의를 유지함으로써 공화국의 항구성을 보장하는 것이다(토크빌 1997, 1권, 509-516). 또한 상업적 유대는 연방의 주들을 결합시키는 역할을 한다. 토크빌은 영국계 아메리카인들이 상업에 대한 열정을 통해 "세계에서 가장 앞선 해양세력"이 될 것을 예언하였다(토크빌 1997, 1권, 524). 미국의 이러한 '제국' 건설에 대한 토크빌의 평가에 비추어 본다면 그는 '제국적 공화국'의 틀 속에서 프랑스의 알제리 점령을 보고 있다고 할 수 있다.

알제리 정복 초기에 토크빌은 알제리와 프랑스의 적절한 통합을 통한 '새로운 문명'에 대한 희망을 갖기도 하였다. 하지만 이후 알제리를 직접 방문하고 경험하면서 그러한 통합의 불가능성을 깨닫기 시작하였고, 통합보다는 군사적 지배의 필요성, 알제리를 통한 프랑스의 국제적 명성의 확장 등에 더 관심을 가지게 되었다(Pitts 2005, 211-212). 그러다 보니, 초기에 알제리 지도자 압델카데르(Abdelkader)에 대한 경의와 '민족적 지도자'로서 높은 평가는 사라지고 나중에는 중세 유럽의 왕과 같이 자신의 권력을 독점하고자 하는 사람으로 묘사하였다. 결국 토크빌 역시 프랑스 영광이라는 제국적 프랑스에 대한 기대감 속에서 알제리 그리고 식민지 정복을 바라보기 시작하였음을 의미한다. 그것은 19세기 말에 이르러 뚜렷해지는 근대적인 제국주의 진출의 이데올로기였다.[9]

9 19세기 말 프랑스 제3공화국에서 제국주의관은 프랑스의 공화주의적 보편주

V. 결론을 대신하여

프랑스혁명은 18세기 세계경제의 헤게모니에 대한 영국과 프랑스의 투쟁의 결과로서 프랑스의 패배에 기인한 것이었다. 그리고 영국의 승리의 물결을 뒤집어엎으리라고 기대했던 프랑스혁명은 반대로 지속적인 영국의 승리를 확인하는 데 결정적이었다(월러스타인 1999, III, 145). 홉스봄의 말처럼 18세기 내내 영국과 프랑스가 경쟁하였고, 프랑스가 무역과 식민지제국을 급속히 확장시킴으로써 영국과 적대했지만, 프랑스는 한마디로 고전적이고 귀족적인 절대주의국가였다(홉스봄 1991, 42). 반면 영국은 명예혁명 이후 정치적으로 그리고 재정혁명을 통해 경제적으로 근대적인 제도와 체제를 정비하면서 근대적 국가로 탈바꿈하였고 또한 18세기 후반의 산업혁명을 통해 자본주의적 발전의 획기적인 계기를 만들었다. 따라서 두 나라의 경쟁은 신구체제의 경쟁이었고 영국의 승리는 당연한 결과일 것이다. 19세기 들어 영국은 자본주의적 발전 조건, 즉 공업화된 경제 특히 면공업을 기반으로 식민지 팽창이 가능하였고, 또한 강력한 해군력을 바탕으로 거의 모든 지역에서 우위를 점할 수 있었다.

18세기 말 칸트는 국제사회에서 전쟁이 없는 평화를 이루기 위한 첫 단계로 '공화주의적' 형태의 국가 건설을 주장하였다. 그리고 궁극적으로 이러한 공화국들 간의 '국가연합'을 통한 안전 문제의 집단적 해결이 영구적인 평화를 가능하게 할 것이라 기대하였다. 칸트에게 국가

의의 (제국적) 확장을 통한 식민주의의 구체화였다. 제국주의라는 속성을 모두 가지고 있으면서 공화주의적 입장에서 공화국의 이상인 자유, 평등, 형제애를 통해 '문명화'의 사명을 실현하고자 하는 것이었다. 이에 대해서는 이 책의 6장 참조.

들 간의 평화를 갈구하는 것은 '일종의 도덕적 명령'이기도 하였다. 또한 칸트의 영구평화론의 추가조항에서는 양립할 수 없는 '상업적 정신'에 대해 논하고 있다. 상업적 정신은 "조만간 각 민족을 지배"할 것이며, "금력이야말로 국가권력 안에 포함되는 모든 권력 가운데서 가장 믿을 만한 것이기 때문"에 전쟁을 막고 평화를 추구할 것이라고 칸트는 내다보았다(칸트 1992, 54). 칸트 역시 근대의 중요한 요소로 등장하고 있는 '상업'의 힘을 인식했다고 보인다. 그 상업이 국가들 간의 평화를 가져올 것이라는 예견은 19세기에 뚜렷하게 실현된다. 19세기 중반 영국의 코브던(Richard Cobden)과 프랑스의 생시몽주의자 슈발리에(Michel Chevalier) 간에 맺어진 영불자유무역협정은 그러한 이상에 부합하는 결실이기도 하였다. 적어도 유럽 내부에서 국가들 간의 평화는 이루어지는 듯했다. 다만 그 전쟁의 형태가 시장을 둘러싸고 유럽 밖에서 이루어졌고, 그러한 제국주의적 진출의 경쟁 결과는 유럽에서의 제1차 세계대전 발발이었다. 또한 국제연맹이라는 이상주의적 해결의 실패와 제2차 세계대전의 발발은 끝이 없는 제국적 야망의 결과물이기도 하였다. 그리고 그러한 전쟁들의 반성의 결과물 중의 하나가 유럽연합이다. 18세기 이래 꿈꾸었던 '제국적 공화국', 즉 '부드러운 상업'을 통한 공화국들 간의 연합이라는 이상의 실현이자 평화의 구현이다. 적어도 유럽 내부에서는 영구평화가 가능해 보이는 듯하다.

참고문헌

김희영. 2002.「계몽주의와 프랑스적 정체성」.『외국문학연구』10: 303-339.

로베스피에르, 막시밀리앙, 배기현 역. 2009.『로베스피에르: 덕치와 공포정치』. 프레시안북.

마르크스, 칼, 이종훈·임지현 역. 1987.「루이 보나파르트의 브뤼메르 18일」.『프랑스 혁명사 3부작』. 소나무.

마생, 장, 양희영 역. 2005.『로베스피에르, 혁명의 탄생』. 교양인.
박윤덕. 2014.「프랑스혁명과 전쟁」.『프랑스사연구』 30호: 91-118.
사이드, 에드워드, 박홍규 역. 2015.『오리엔탈리즘』. 교보문고.
서병훈. 2011.「'유치한 제국주의'-토크빌을 위한 변명」.『정치사상연구』 17(2): 126-150.
_______. 2012.「'제국주의자'의 우정: 토크빌과 존 스튜어트 밀」.『한국정치학회보』 46집 5호: 5-24.
소불, 알베르, 최갑수 역. 1984.『프랑스대혁명사』, 上 下. 두레.
심재중. 2007.「아프리카와 흑인의 이미지: 18-19세기 프랑스를 중심으로」.『불어문화권연구』 17권: 107-128.
안두환. 2016a.「폭정과 전쟁에 반하여-프랑수아 드 페늘롱의 덕성군주론」.『평화연구』 24(1): 117-153.
_______. 2016b.「홉스를 넘어서 홉스로: 생-피에르 신부의 사중 영구평화론」.『국제정치논총』 56집 3호: 7-49.
안병찬. 2015.「프랑스 제1제국으로의 이행: 정치엘리트 집단의 역할을 중심으로」.『서양사연구』 53권: 203-228.
월러스타인, 이매뉴얼, 나종일 외 역. 1999.『근대세계체제』, I, II, III. 까치.
윤선자. 2008.『축제의 정치사』. 한길사.
이용재. 2016.「나폴레옹 전쟁-총력전 시대의 서막인가」.『프랑스사연구』. 34호: 55-83.
임승휘. 2011.「'속은 자의 날'을 어떻게 볼 것인가?: 프랑스 절대왕정의 문제적 '근대성'」.『프랑스사연구』 25: 29-57.
제임스, C. L. R., 우태정 역. 2001.『블랙 자코뱅』. 필맥.
칸트, 임마누엘, 이한구 역. 1992.『영원한 평화를 위하여』. 서광사.
토크빌, 알렉시스 드, 박지동 역. 1997.『미국의 민주주의』. 한길사.
홉스봄, 에릭, 정도영 역. 1990.『자본의 시대』. 한길사.
_______. 박현채 외 역. 1991.『혁명의 시대』. 한길사.
Andrew, Edward G. 2011. *Imperial Republics. Revolution War and Territorial Expansion from the English Civil War to the French Revolution*. Toronto: University of Toronto Press.
Armitage, David. 2002. "Empire and Liberty: A Republican Dilemma." In Martin van Gelderen and Quentin Skinner eds. *Republicanism: A Shared European Heritage, Vol. II: The Values of Republicanism in Early Modern Europe*. Cambridge:

Cambridge University Press.

Baker, Keith M. 1993. *Au tribunal de l'opinion*. Traduction de L. Evrard. Paris: Payot.

Bancel, Nicolas, Pascal Blanchard et Françoise Vergès. 2003. *La république coloniale: essai sur une utopie*. Paris: Albain Michel.

Bertaud, Jean-Paul. 1988. *The Army of the French Revolution. From Citizen-solidier to Instrument of Power*. R. R. Palmer trans. Princeton: Princeton University Press.

Blum, Carol. 1986. *Rousseau and the Republic of Virtue. The Language of Politics in the French Revolution*. Ithaca and London: Cornell University Press.

Boroumand, Ladan. 1991. "Les Girondins et l'idée de République." F. Furet et M. Ozouf. *La Gironde et les Girondins*. Paris: Puf.

Boyd, Richard and Ewa Atanassow eds. 2013. *Tocqueville and the Frontiers of Democracy*. Cambridge: Cambridge University Press.

Campbell, Peter R. 2010. "The Politics of Patriotism in France (1770-1788)." *French History* Vol. 24, No. 4.

Cartelier, J. 1991. "L'économie politique de François Quesnay ou l'Utopie de Royaume agricole." *Quesnay. Physiocratie*. Paris: GF-Flammarion.

Claeys, Gregory. 1989. "Republicanism versus Commercial Society: Paine, Burke and the French Revolution Debate." *History of European Ideas* Vol. 11.

Constant, Benjamin. 1980. *De l'Esprit de conquête et de l'usurpation* (1814). In *De la liberté chez les Modernes*. présenté par M. Gauchet. Paris: Hachette.

Furet, François. 1991. "Les Girondins et la guerre: les débuts de l'Assemblée législative." F. Furet et M. Ozouf. *La Gironde et les Girondins*. Paris: Puf.

Gauthier, Florence. 1992. *Triomphe et mort du droit naturel en Révolution 1789-1795-1802*. Paris: Puf.

Gueniffey, Patrick. 2000. *La politique de la Terreur: essai sur la violence révolutionnaire, 1789-1794*. Paris: Fayard.

Hammersley, Rachel. 2010. *The English Republican Tradition and Eighteenth-century France. Between the Ancients and the Moderns*. Manchester and New York: Manchester University Press.

Holms, Stephen. 1994. *Benjamin Constant et la genèse du libéralisme*. Paris: Puf.

Kemilainen, Aira. 1989. "The Idea of Patriotism during the First Years of the French Revolution." *History of European Ideas* Vol. 11.

Livesey, James. 2009. "The Limits of Terror: The French Revolution, Rights and

Democratic Transition." *Thesis Eleven* No. 97.

Montesquieu. 1951. *De l'Esprit des lois*. dans *Oeuvres complètes* II. Paris: Gallimard.

Mosher, Michael. 2012. "Montesquieu on Empire and Enlightenment." In *Empire and Modern Political Thought*. Ed. Sankar Muthu. Cambridge: Cambridge University Press.

Mossé, Claude. *L'Antiquité dans la Révolution française*. Paris: Albin Michel.

Muthu, Sankar. 2012. "Conquest, Commerce and Cosmopolitanism in Enlightenment Political Thought." In *Empire and Modern Political Thought*. Ed. Sankar Muthu. Cambridge: Cambridge University Press.

Pénigaud, Théophile. 2015. "The Political Opposition of Rousseau to Physiocracy: Government, Interest, Citizenship." *History of Economic Thought* Vol. 22, No. 3.

Pitts, Jennifer. 2005. *A Turn to Empire: The Rise of Imperial Liberalism in Britain and France*. Princeton: Princeton University Press.

Platon, Mircea. 2012. "Physiocracy, Patriotism and Reform Catholicism in Jean-Baptiste-Louis Gresset's Anti-Philosophe Enlightenment." *French History* Vol. 26, No. 2.

Rousseau, J. J. 1964. "Jugement sur le projet de paix perpétuelle." *Oeuvres complètes*, III. Paris: Pléiade.

Scott, William. "Commerce, Capitalism and the Political Culture of the French Revolution." *History of European Ideas* Vol. 11.

Scurr, Ruth. 2000. "Social Equality in Pierre-Louis Roederer's Interpretation of the Modern Republic, 1793." *History of European Ideas* 26.

_______. 2004. "Pierre-Louis Roederer and the Debate on Forms of Government in Revolutionart France." *Political Studies* Vol. 52.

Sepinwall, Alyssa G. 2005. *The Abbé Grégoire and the French Revolution*. Berkeley: The University of California Press.

Shovlin, John. 2006. *The Political Economy of Virtue. Luxury, Patriotism, and the Origins of the French Revolution*. Ithaca and London: Cornell University Press.

Sonenscher, Michael. 2002. "Republicanism, State Finance and the Emergence of Commercial Society in Eighteenth-century France-or from Royal to Ancient Republicanism and Back." In M. van Gelderen and Q. Skinner eds. *Republicanism. A Shared European Heritage. Vol. I. The Values of Republicanism in Early Modern Europe*. Cambridge: Cambridge University Press.

Whiteman, Jeremy J. 2001. "Trade and the Regeneration of France, 1789-91: Liberalism, Protectionism and the Commercial Policy of National Constituent Assembly." *European History Quarterly* Vol. 31(2).

Wright, Hohnson K. 2002. "The Idea of a Republican Constitution in Old Regime France." In M. van Gelderen and Q. Skinner eds. *Republicanism. A Shared European Heritage. Vol. II. The Values of Republicanism in Early Modern Europe*. Cambridge: Cambridge University Press.

6

보편적 인권과 제국

노예해방과 동화주의의 모순*

권윤경

I. 서론: 역사적 배경과 문제제기

프랑스는 근대 이후 영국과 경쟁하며 거대한 식민 제국을 수립했다. 그러나 '영국은 그 무엇보다 제국'이라는 영국과 달리 프랑스는 전통적으로 제국이라는 정체성이 희박할 뿐만 아니라 제국 이념이나 사상에 대한 연구도 매우 부족하다. 그 이유 중 하나는 공화국이라는 정체성이 제국을 은폐하거나 흡수했기 때문이다. 제국주의가 절정에 달한 시대에도 프랑스는 제국 대신 "가장 거대한 프랑스"(la plus grande France)라는 표현을 선호했다. 여기서 흔히 프랑스 제국의 '역설'로 간주되는 문제가 나타난다. 프랑스 제국이 가장 거대하게 팽창한 때는 '자유, 평등, 우애'를 모토로 내건 제3공화국 시기였다. 공화국이 제국 정복의 주체가 되

* 이 장의 내용 중 상당 부분은 먼저 발표된 권윤경(2017)에서 가져와 수정·보완한 것이다.

었을 때 공화주의와 식민주의 간의 관계는 어떻게 이해해야 할까? 모든 제국은 각자 자신의 방식으로 제국의 보편성을 주조해 낸다고 볼 때, 프랑스 공화주의가 표방한 보편성(인간과 시민의 권리, 자유, 합리성 등)은 어떻게 제국 지배와 교착되었을까? 이 장에서는 '해방자'로 불리는 한 노예제폐지론자의 긴 정치적 이력을 통해 공화주의적 식민주의의 형성 과정을 조망해 보겠다.

1. 프랑스 식민주의의 역사와 노예제 문제

먼저 프랑스 식민주의의 역사를 장기적 관점에서 개관할 필요가 있다. 16세기 이후 소위 '신세계' 발견으로 유럽의 역사는 중대한 전환점을 맞았다. 이 '대항해 시대'의 문을 연 것은 이베리아 반도의 스페인과 포르투갈이었고, 이후 네덜란드가 동인도회사를 앞세워 17세기에 황금기를 맞게 된다. 그러나 17세기 이후 서구의 식민지 팽창을 주도한 것은 후발주자인 두 경쟁국가, 프랑스와 영국이었다. 여기서 프랑스 제국의 역사는 일반적으로 두 단계로 나뉜다. 신세계 발견 이후 나타난 이른바 근대 초(early modern)의 '1차 제국' 시기에 프랑스는 북아메리카와 인도를 두고 영국과 경쟁을 벌였으나 결정적으로 7년전쟁(1756-1763)에서 패배하면서 식민지 대부분을 상실하고 영국에 해상 지배권을 내주었다.

7년전쟁 후 프랑스에게 남은 주요 식민지는 설탕 대농장 체제로 특화한 서인도제도의 '설탕섬들'이었다. 이 섬들의 엄청난 수익성은 18세기 후반 프랑스 제국을 떠받쳤다. 생도맹그(Saint-Domingue: 지금의 아이티), 마르티니크(Martinique), 과들루프(Guadeloupe) 섬을 비롯한 이 '설탕섬들'에서는 급증하는 설탕 수요를 충족시키기 위하여 점점 더 많은 흑인 노예를 아프리카로부터 수입했다. 그중 1760년대부터 전성기를 맞은 생도맹그의 설탕 경제는 혁명 직전까지 유럽 시장을 지배했다. 생도맹그의 설탕 대농장은 여기에 자금과 인력을 공급하는 프랑스 항구 도시의 상인, 금융업자, 노예무역선, 설탕 제당업자들과 연결되어 번영했다.[1]

1789년 프랑스혁명이 발발하면서 식민지 제국에도 근본적인 변화가 일어났다. 누구도 예상치 못하게 생도맹그섬에서 혁명을 기회로 삼아 대규모 노예반란이 일어났다. 노예반란, 내전, 영국 및 스페인과의 혁명전쟁이 겹쳐 식민지에 대한 통제권을 잃어버린 프랑스혁명정부의 현지 위임관들은 결국 흑인 노예들을 공화국에 끌어들이기 위해 1793년 노예해방령을 선포했다. 이를 넘겨받은 것은 당시 급진주의의 정점에 달해 있던 로베스피에르의 국민공회였다. 국민공회는 생도맹그의 노예해방을 승인했을 뿐만 아니라 이를 보편적 노예해방으로 승화시켜 1794년 2월 노예해방령을 선포했다. 프랑스혁명은 노예제를 조건 없이 폐지하고 해방노예들에게 시민권을 부여하는 한편, 식민지를 본국의 일부로 통합시키는 1795년 헌법을 제정함으로써 프랑스 식민주의에 완전히 새로운 전통을 부여했다. 그러나 쿠데타를 일으켜 1799년부터 집권한 나폴레옹은 1802년 노예제 복구를 시도했다. 다른 식민지들에는 노예제가 복구되었지만 생도맹그의 해방노예들과 유색인들은 프랑스군에 맞서 결사 항전한 끝에 1804년 아이티(Haiti)라는 국명으로 독립했다.[2]

1 서론에서 다루는 내용이 방대해서 각 주제들에 대한 참고문헌들을 충실히 소개하지 못하는 것에 대해 양해를 구한다. 이에 대해서는 한글 번역서를 위주로 간략하게 언급하도록 하겠다. 대서양 노예제에 대한 많은 연구서들 중 대표적으로 Blackburn(1997) 참조.

2 아이티 독립전쟁의 지도자였던 데살린(J.-J. Dessalines)은 프랑스 식민주의와의 연을 완전히 끊는다는 의미에서 식민화 이후 멸절된 토착 원주민들이 섬을 부르던 이름인 '아이티'를 차용했다. 아이티 혁명에 대한 한국어 자료는 권윤경(2016; 2014; 2012) 및 듀보이스(2014); 벅모스(2012); 제임스(2007) 참조.

이 아이티 혁명(Haitian Revolution, 1791-1804)의 결과 프랑스는 아메리카에서 세력을 재확립하려던 꿈을 완전히 포기하게 된다. 나폴레옹은 루이지애나를 비롯한 광대한 북미 영토를 미국에 매각했고(이른바 '루이지애나 매입'(Louisiana Purchase)), 덕분에 미국의 영토는 두 배로 늘어났다.

아메리카를 포기한 프랑스는 아프리카로 눈을 돌려 1830년 알제리 정복전쟁으로부터 '2차 제국'의 불씨를 피워 올렸다. 1814년 나폴레옹 몰락 후 돌아온 부르봉 왕가는 시대착오적인 반동 정책 때문에 스러져 가던 왕조의 명운을 되살리고자 알제리 정복전쟁의 포문을 열었다. 복고왕정은 1830년 7월혁명으로 타도되었지만 알제리 정복의 기획은 이후 정권들에 계승되며 아프리카 식민화를 선도했다. 7월왕정(1830-1848), 제2공화국(1848-1851), 그리고 제2제정(1851-1870)을 거치며 프랑스는 피비린내 나는 정복전쟁을 통해 알제리에서 프랑스 세력권을 점차 확대해 나갔다.

프랑스 제국주의가 절정을 맞이한 것은 1870년 프랑스-프로이센 전쟁으로 나폴레옹 3세의 제2제정이 몰락한 후 수립된 제3공화국하에서였다. 소위 '아프리카 쟁탈전'(Scramble for Africa)에서 보듯이 1880년 이후는 서구 제국주의 팽창의 절정기였다. 1880년 무렵 마침내 왕당파와 제정파의 위협을 물리치고 공화국 체제를 안정시킨 공화주의자들은 이후 '문명화 사명'의 기치 아래 공격적인 식민지 팽창 정책을 펼쳐 나갔다. 독일 통일 전쟁에서 패해 알자스-로렌을 빼앗긴 프랑스 군부와 민족주의자들 역시 식민지 팽창을 통해 명예를 회복하고 프랑스의 '위대함'을 되찾고자 했다. 결과적으로 프랑스는 북아프리카뿐만 아니라 서아프리카, 인도차이나, 남태평양 등지에서 식민지를 확대하여 영국의 뒤를 이어 세계 2위의 식민지 대국이 되었다.[3]

3 프랑스 근현대 식민주의 전반의 역사에 대한 한국어 자료로 망스롱(2013) 참조.

식민주의의 긴 역사를 놓고 볼 때 1차 제국과 2차 제국 사이에는 식민 이념과 식민지 경영의 측면에서 차이점이 있다. 최근 많은 연구들은 두 시기 간의 연속성을 강조하고 있는 추세이지만 거시적으로 보면 둘 사이의 차이점을 그려 볼 수 있다. 1차 제국은 기본적으로 근대 초 상업 자본주의 팽창의 궤적 내에 있었다. 근대 초 제국에서는 동인도회사를 비롯한 특허장 회사들이나 사략 면허(상선들이 정부의 허락을 받아 적대국의 상선을 합법적으로 약탈하던 제도)에서 보듯이 중상주의의 기치 아래 공적 부문과 사적 부문들이 뒤섞여 있었다. 특히 근대 초 제국과 근대 제국 간의 결정적 차이점은 식민지의 흑인 노예제에서 찾아볼 수 있다. 유럽 내에서 농노제를 위시한 인신적 구속이 철폐되던 시점에 거꾸로 유럽 제국은 식민지에서 열대 상품 작물을 집약적으로 경작하기 위하여 노예제를 되살렸다. 이를 통해 아프리카, 아메리카, 유럽의 세 대륙을 잇는 소위 삼각무역과 횡대서양(transatlantic) 체제가 생겨났다.

유럽 제국에 막대한 이익을 안겨 주던 흑인 노예제는 19세기 중반 무렵 대부분의 서구 국가들에서 폐지되었다. 1833년 영국의 노예제폐지령과 1848년 프랑스의 노예해방령이 결정적이었다. 가장 늦게 노예제를 폐지한 것은 앞의 두 나라가 노예제를 폐지하면서 반사 이익을 얻었던 미국, 쿠바, 브라질이었다. 19세기 후반이 되면 흑인 노예제는 대부분의 서구 국가에서 공식적으로는 과거의 제도가 되었다. 이는 19세기 중반에 벌어진 다른 역사적 변화들(영국 동인도회사 해산, 사략 면허 폐지)과 함께 중상주의에 기초한 근대 초 제국의 시대가 끝났음을 알려 주는 지표가 된다. 이제 나타날 새로운 제국의 시대는 산업 자본주의, 민족주의, 공식적 제국의 지배로 특징지어지게 될 것이다.

여기서 노예제 문제는 1차 제국과 2차 제국 사이의 전환점을 이룬다는 점에서 중요하다. 18세기 후반부터 대서양 양편에서 활발하게 벌어진 노예제폐지운동(abolitionism, anti-slavery movement)은 전통적으로 근대 인권운동의 선구자로서 기독교 박애주의나 '인류애'(humanitarianism) 운동의 일환으로 연구되어 왔다.[4] 이것이 서구의 우월성을 다시금 증명하는 유럽중심주의적 인권의 역사로 치환되었음은 물론이다. 그러나 최근 많은 연구들은 노예제폐지운동을 서구 식민주의와 제국 역사의 구조 내에서 재평가하고 있다.[5] 중상주의, 군사적 정복, 비체계적인 제국 지배, 그리고 노예제로 정의되는 구식민주의에 대한 비판은 18세기부터 점증하여 계몽주의의 시대에 정점에 달했다. 노예제폐지운동은 단지 기독교적 박애주의가 아니라 비효율적이고 비윤리적인 예전의 제국 경영 방침에 대한 개혁 요구에 다름 아니었다.

따라서 노예제폐지운동은 반식민주의(anti-colonialism)가 아니라 새로운 방식의 식민주의에 대한 요구이기도 했다. 노예제폐지론자들은 대부분 식민지 팽창 자체가 아니라 식민지 경영이 이토록 무도한 방식으로 이루어지는 데 대해 분노했다. 그들이 바라는 것은 문명화된, 인도주의적 방식의 식민화였지 식민지 포기가 아니었다. 이는 식민주의 이념으로 볼 때 근대 초의 착취형 식민주의에서 근대의 '개발형'(mis en valeur) 식민주의 담론으로의 이행을 의미했다. 물론 17세기 몽테스키

4 반노예제 운동(antislavery movement)은 노예제와 노예무역에 대해 반대하는 광범위한 도덕적·문화적 흐름들을 포괄한다. 반면 노예제폐지론(abolitionism)은 노예제를 폐지하는 방법, 절차, 그리고 해방 이후 사회 재조직에 대해 구체적 기획이 있는 정치적 운동을 말한다.

5 현재에도 노예제폐지론 연구가 가장 활발한 곳은 영미권이다. 영국은 국제 노예제폐지운동에 앞장섰고, 미국에서는 영국과 연결되어 복음주의적 노예제폐지운동이 활발했다. 20세기 중반까지도 이 연구들은 많은 경우 자화자찬하는 기념비적 서술에 머물렀다. 이에 반대하여 노예제폐지론을 박애주의가 아닌 자본주의의 변화 속에서 파악한 윌리웜스(2014)의 책은 이후 대논쟁을 불러일으켰다.

외(Montesquieu)나 18세기 디드로(Denis Diderot), 그리고 19세기 콩스탕(Benjamin Constant)처럼 계몽주의 전통 내에서 급진적 반정복주의, 반식민주의 비판을 개진한 이론가들도 존재했다. 이들은 해외 팽창은 필연적으로 압제를 낳을 뿐만 아니라 해외에서의 정복 사업이 국내 정치에 스며들어 압제를 재생산할 수 있음을 경고했다. 그러나 이러한 비판은 프랑스 정계에서 주변화되어 있었고, 위의 저자들조차 이러한 견해를 일관적으로 개진하지 못한 채 단편적 논평에 머물렀다.

게다가 노예제폐지론자들은 근본적으로 초국가적 관점을 지향했다. 노예제와 노예무역은 국경을 건너 사슬처럼 이어져 있었기 때문에 이 문제를 따지다 보면 자연히 국제주의자가 되기 마련이었다. 문제의 성격상 일국 내에서만 폐지운동을 전개하는 것은 아무 의미가 없었다. 치열한 국제 경쟁 속에서 영국이 노예무역이나 노예제 경제를 포기하면 다른 나라들이 그 자리를 대신 차지할 것이 자명했다. 노예제를 뿌리 뽑기 위해서는 아프리카의 공급, 식민지의 수요, 노예제를 지지하는 유럽 본국의 경제 구조를 연쇄적으로 바꿔 나가야 했고, 그 결과 노예제폐지운동은 근대 역사상 최초의 국제 인권운동이 되었다. 노예제폐지운동에 결부된 조직, 인물, 지식들은 대서양을 횡단하며 거대한 순환회로를 만들었다. 그러나 이러한 초국가적 네트워크는 다른 한편으로 제국주의와 직결되었다. 영국은 1807년 먼저 노예무역을 폐지하고 나폴레옹 패망 후 유럽 주요국가로 하여금 노예무역 폐지를 위한 국제조약에 동참하게 만들었다. 그 후 영국 해군은 공해를 순찰하며 노예무역선을 나포하는 데 앞장섰는데, 이는 영국의 제해권을 더욱 공고하게 만들어 주었다. 게다가 서구 노예제폐지운동은 이후 신세계의 노예제뿐만 아니라 아프리카의 노예무역과 아프리카 대륙 내부 노예제까지 뿌리 뽑아야 한다고 주장함으로써 아프리카 식민화를 뒷받침했다. 구식민주의가 자행한 노예제라는 범죄를 보상하기 위해 아프리카로 인류애의 십자군을 보내야 한다는 것이 노예제폐지론자들의 주장이었다.

그 결과 노예제폐지운동은 정복의 시대를 마감하고 새로운 식민주의 시대를 여는 새로운 이념을 제공했다. 서구가 노예제폐지의 주체이며 따라서 인권의 선구자라는 인식은 근대 제국주의의 핵심 이념인 '문명화 사명'의 기틀이었다. 국제적인 노예무역 및 노예제폐지운동의 선도자였던 영국이나, 프랑스혁명 이후 '해방의 사명'(mission libératice)을 문명화 사명에 결합시킨 프랑스는 물론이고, 노예제를 가장 늦게 폐지한 나라 중 하나인 미국까지 노예제라는 천인공노할 악습에 대항한 거룩한 투쟁을 선포했다. 현지에 파견된 선교사들이나 관료들은 아프리카와 아시아의 내부 노예무역에 대항하여 오늘날 표현으로 하자면 '인도주의적 개입'을 요구했다. 아프리카 식민화 역사에서도 가장 잔혹한 지배자로 악명 높은 벨기에의 레오폴 2세 역시 노예제폐지론자들의 협조하에 인도주의의 이름으로 콩고를 정복하고 통치했다. 노예제를 통해 식민지와 부를 일군 서구 제국들은 이제 노예제폐지의 기치를 들고 새로운 식민지들로 진군했다.

여기서 강조해야 할 것은 서구 제국들이 이미 완성된 인권 담론을 들고 식민지로 진군한 것이 아니라는 점이다. 식민지의 인권, 노동, 시민권에 대한 담론은 본국에서의 문제와 연결되어 형성되었다. 영국의 연구자들은 영국 노예제폐지운동이 어떻게 자본주의 발달의 큰 궤적 내에서 본국의 노동, 계급, 젠더 문제들과 엮여 대중화될 수 있었는지 연구해 왔다(Bender 1992). 이에 따라 페터슨(Derek Peterson)은 노예제폐지론과 영국 제국주의의 관련성에 관한 논문집의 서론에서 노예제폐지론을 "대위법적(contrapuntal) 담론"으로 보자고 제안했다(Peterson 2010). 영제국 자체를 이미 완성된 제국주의 이념의 구현체로 보지 않고 도덕적 담론들이 경합하는 하나의 장(場)으로 보자는 것이다. 최근 연구들이 특히 주목하는 것은 노예제폐지운동이 서구의 국민 정체성 형성에 큰 영향을 미쳤다는 사실이다. 노예제폐지운동이 대중운동으로 발전한 영국의 경우 이것이 수평적인 시민 의식이나 '영국인의 자유' 이념을 발전시키고 유색인들에 대한 우월의식을 조장하는 데 기여했다.

노예제폐지운동이 대중화되지 못하고 엘리트 내의 정치운동으로 남은 프랑스의 경우 영국만큼 이에 대한 연구가 활발하지 못하다. 그러나 프랑스 노예제폐지운동은 영미권의 기독교 박애주의가 아니라 세속적인 정치운동으로 발달하면서 19세기 후반 프랑스 정치의 핵심 이념인 공화주의와 연결되었다. 여기서 공화주의 이념은 프랑스 내에서 완성된 후 식민지에 적용된 것이 아니었다. 프랑스혁명부터 제3공화국에 이르기까지 국민국가와 제국 간의 모호하면서도 서로 겹치는 경계선은 공화국과 공화국 시민의 정체성에 대한 논쟁과 밀접하게 결부되었다. 결정적으로 노예해방은 프랑스 공화국의 '건국 신화'(founding myth) 중 하나가 되었다. 1794년 프랑스의 혁명정부가 서구 강대국들 중 최초로 (단명하기는 했지만) 노예해방을 단행했다는 사실은 이후 프랑스 자유주의자들과 공화주의자들이 영국이 아니라 프랑스가 노예해방의 원조라고 주장하는 근거였다. 19세기 후반 제3공화국이 주창한 '문명화 사명'의 핵심인 '해방의 사명'의 근저에는 이렇게 주조된 기나긴 자유의 계보가 있었다. 군주정이나 제정이 아니라 공화국이 식민 팽창의 주체가 되었을 때, 가장 급진적인 공화주의자들마저도 그 앞에 무장해제당했다.

2. 공화국과 제국: 쇨세르의 공화주의적 식민주의

따라서 프랑스 식민주의를 이해하려면 그 근저에 있는 공화주의와의 관계를 파악해야 한다. 공화주의는 영국식의 다문화주의나 자치주의 대신 동화주의(assimilationism)라는 프랑스 특유의 식민 통치 이념을 낳았다.[6] 이는 식민지인들이 공화국이 표방하는 보편주의 이념들—자유, 평등,

우애—에 동화되어 프랑스인이 될 것을 촉구했다. 공화국은 '하나이며 나눌 수 없는 것'이기에 개별 민족 집단들의 결합체로서의 제국이 아니라, 동등한 개인-시민들의 결합으로 존재하는 동일한 공화국 체제가 식민지를 통합시킬 것이다. 공화주의는 이 시민-개인들의 자발적 결사 외에 모든 종류의 집단 정체성을 공동체주의(communitarianism)라고 부르며 공화국의 사회적 통합을 저해하는 것으로서 배격했다. 식민지 동화주의는 20세기에는 이민자들에 대한 사회통합 정책으로 전환되어 다른 형식으로 유지되어 왔다. 현재 계속되는 사회 분열과 테러리즘 속에서 공화주의적 동화주의의 유효성에 대한 의문이 제기되는 가운데, 그 속에 숨겨진 식민주의적 유산을 되새겨 볼 필요가 있다.

이처럼 프랑스 2차 제국의 핵심이라고 할 수 있는 노예제폐지론, 공화주의, 식민주의의 연결선상에서 셋을 결합시킨 중심적 인물이 바로 이 장에서 살펴보려는 빅토르 쇨세르(Victor Schoelcher, 1804-1893)이다. 19세기 프랑스 정치가 중 그만큼 프랑스 정치의 격랑을 온몸으로 맞으며 끝까지 살아남은 인물도 드물다. 그는 7월왕정기부터 공화주의자로 활동하다 1848년 2월혁명 후에는 제2공화국의 급진 산악파 국회의원이 되었다. 이 열혈 공화주의자는 1851년 루이 나폴레옹이 쿠데타를 일으켰을 때 바리케이드 위에서 직접 싸운 끝에 제2제정 동안 영국에서 망명 생활을 해야 했다. 1870년 귀국한 후에는 제3공화국의 종신 상원의원이자 공화국의 원로로 존경받으며 정치 활동을 이어 나갔다. 네 개의 정권을 거치며 평생 프랑스 공화국의 건설과 안정을 위해 싸운 쇨세르는 노예제폐지, 사형제폐지, 감옥 개혁, 여성과 아동 인권, 식민지 개혁에 평생을 헌신한 인권 정치의 선구자로 평가받는다. 1949년 프랑스

6 동화주의에 대한 기본 정의는 고전인 Betts(2005[1966]) 참조.

정부는 그의 유해를 공화국 영웅들의 묘지인 팡테옹(Pantheon)으로 옮겨 안장했다.

그의 다양한 이력들 중 핵심적인 것은 '해방자'(Libérateur)라는 그의 별칭이 말해 주듯 식민지 노예제를 폐지하기 위한 투쟁이다. 쇨세르는 7월왕정기에 프랑스 노예제폐지운동의 중심인물로 부상하여 2월혁명 직후 단행된 노예해방 과정을 주도했고, 제3공화국기에도 식민지 정치의 중심인물로 남았다. 영국의 윌버포스(William Wilberforce)나 미국의 링컨(Abraham Lincoln)과 같은 다른 나라의 소위 '해방자들'과 달리 그는 노예제폐지운동부터 노예해방, 그리고 해방 후 사회 재조직에 이르기까지 모든 과정에 관여한 유일한 인물이다. 결정적으로 그는 해방노예들은 동등한 프랑스 시민권을 부여받아야 하고 식민지는 프랑스의 일부로 통합되어야 한다고 끈질기게 주장함으로써 식민지 동화주의의 선구자가 되었다.

그러나 그동안 쇨세르는 연구 대상이라기보다는 숭배의 대상으로서 민족 영웅의 신화 속에 박제되어 있었다. 20세기 말 프랑스 정계는 팡테옹에 모셔진 쇨세르를 '인권의 프랑스'라는 기치하에 다시금 이용했다. 하지만 이후 쇨세르에 대한 실증적·비판적 연구들이 진행되면서 그에 대한 재평가가 진행되고 있다.[7] 비판적인 연구들이나 옛 식민지 출

---

7 그동안 쇨세르에 대한 연구들은 주로 상찬 일색의 인물 전기들이었다. 예전 연구들에 대해서는 권윤경(2017)의 참고문헌과 각주 1-5번 참조. 보다 비판적인 접근을 위해서는 참고문헌에 있는 두 명의 쇨세르 전문가를 참조하는 것이 좋다. 넬리 슈미트(Nelly Schmidt)는 노예제와 노예제폐지론 연구자로서 프랑스에서 거의 유일한 쇨세르 전문가이고, 안 지롤레(Anne Girollet)는 법제사적 관점에서 쇨세르를 조명한다. 그밖에 영미권 노예제폐지론 쪽에서는 Jennings(2000) 참조. 탈식민주의적 관점에서 쇨세르를 조명한 예로는 Nesbitt(2013); Wilder(2009); Tomich(2008); Bongie(2002) 참조.

신 지식인들은 동화주의가 결국 식민지 유지를 위한 이념임을 지적하면서 쇨세르 신화를 해체할 것을 요구하고 있다. 쇨세르는 박애주의적 해방자인가? 아니면 또 다른 식민주의자인가? 이 장에서는 이러한 이분법적 구분 자체를 지양하고 쇨세르를 당대의 담론적 맥락과 식민지 정치 내에 위치시킴으로써 그가 표방한 공화주의적 식민주의의 성격을 보다 면밀히 분석하고자 한다.

19세기 말 프랑스에서 공화주의가 마침내 승리했을 때 프랑스 내 반식민주의는 주변화된 소수파에 불과했다. 클레망소(Georges Clemenceau)와 같이 식민주의 팽창에 비판적이었던 급진 공화파마저 집권 후에는 모로코 침공을 옹호하는 제국주의자가 되었다. 쇨세르나 클레망소와 같은 급진 공화파를 식민주의자로 만든 것은 무엇이었나? 공화국은 어떻게 제국이 되었으며, 그 사이의 긴장과 역설은 프랑스 식민주의에 어떠한 자취를 남겼는가?

II. 1848년 노예해방과 프랑스 식민주의의 전환[8]

서인도제도 최대의 설탕 생산지였던 생도맹그가 1804년 아이티로 독립하면서 프랑스는 물론 아메리카 노예제 자체가 큰 타격을 받았다. 아이티의 전례를 따라 신세계 전체에서 노예반란이 빈발했다. 영국의 주도로 노예무역이 폐지되면서 아프리카로부터의 새로운 노동력 수급도 어려워졌다. 그럼에도 불구하고 노예제는 수십 년을 더 버텨냈다. 프랑스의 경우 아이티 독립 때문에 본국의 노예제폐지운동은 역풍을 맞았다.

8 이 절에 관련한 더 자세한 내용은 권윤경(2017) 참조.

1830년까지 프랑스 내에서 노예제폐지론은 혁명기 급진 자코뱅주의의 잔재이자 '생도맹그의 재난'을 가져온 위험한 이상주의로 평가절하되었다. 프랑스혁명은 노예제폐지론을 급진 정치의 일부로 만들었고, 가톨릭교도가 대부분인 프랑스에서는 영국식의 복음주의적 대중운동도 불가능했다.

프랑스 노예제폐지운동이 본격적으로 부활한 것은 1830년 반동적인 부르봉 왕조에 대항한 7월혁명이 성공하여 프랑스혁명의 명맥을 잇는 새로운 입헌 군주제가 수립된 이후였다. 부유한 상인 가문의 아들로 살롱과 프리메이슨 협회를 드나들며 소일하던 쇨세르는 1830년대 초반 문학잡지와 공화주의 잡지에 노예제를 비판하는 글들을 기고하면서 프랑스 노예제폐지운동에서 두각을 나타내기 시작했다. 1837년에는 당시 프랑스의 주류 노예제폐지운동 단체였던 '프랑스노예제폐지협회'(Société française pour l'abolition de l'esclavage, 이하 'SFAE')가 개최한 논문 대회에서 수상하며 노예제폐지운동에 정식 입문했다.

두 가지 혁명 전통이 그의 노예제폐지론의 근간을 이루었다. 하나는 프랑스혁명의 전통이었다. 대혁명은 1794년 노예제를 폐지하고 유색인들에게 평등한 시민권을 부여함으로써 해방의 전통을 세웠다. 이어 1795년 헌법은 최초로 "식민지는 본국의 일부"로 헌법의 지배하에 놓일 것임을 선언함으로써 동화주의의 시작점이 되었다. 쇨세르는 이전까지 자코뱅 급진주의와 '혁명적 과잉'의 상징으로 여겨지던 노예해방령 및 식민지 동화 정책을 공화주의적 노예제폐지론의 의제로 재정의했다.

그의 노예제폐지론을 형성한 또 하나의 요소는 아이티 혁명의 유산이었다. 당시 식민당파는 섣부른 노예해방은 식민지의 상실로 이어질 것이며, 흑인은 노예제 없이는 노동할 수 없는 열등한 존재라고 주장하기 위해 걸핏하면 아이티 혁명을 들먹였다. 이에 반박하는 것이 노예제폐지론자들의 중심 과제였다. 그러나 쇨세르는 자유주의자들처럼 아이티 혁명을 '변명'하는 데 그치지 않고 도리어 본국 혁명이 아니라 생도맹그의 봉기가 노예해방을 일궈 냈다고 찬양했다. 그가 보기에 흑인들은 폭력으로 압제에 항거함으로써 오히려 자신들의 인간성을 증명하고 진정한 공화주의자가 된 것이었다. 따라서 아이티 혁명은 흑인의 열등성에 대한 모든 인종주의적 편견을 불식하는 사건이었다.[9]

이로부터 쇨세르가 도달한 결론은 노예제의 완전한, 즉각적 폐지였다. 그는 프랑스 노예제폐지론자 가운데 가장 빠르게 '즉시주의'(immédiatisme)를 표방한 인물들 중 하나였다. 이러한 점들로 볼 때 사실상 쇨세르는 당대 프랑스 노예제폐지운동 내에서 예외적 인물에 가까웠다. 주류 노예제폐지 단체인 SFAE는 7월왕정 말기까지도 온건한 점진주의적 폐지를 추구했다. 자유주의자가 대부분이었던 SFAE 내에서 쇨세르의 급진주의적 공화주의는 소수파에 속했다. 그는 오히려 루이 블랑(Louis Blanc)과 같은 유토피아 사회주의자들과 친분이 있었다. 게다가 대부분 파리의 정치엘리트에 속했던 SFAE 회원들은 노예제 식민지를 직접 본 적이 없었던 데 반해 쇨세르는 아메리카와 아프리카로 자료를 수집하러 다니는 정력적인 여행가였다. 아이티 혁명에 대한 그의 가감 없는 찬양, 프랑스혁명 전통에 기초한 급진적 공화주의, 즉각적이고 보편적인 노예제폐지안, 그리고 식민지에 대한 실제 지식에 기초한 노예제폐지 후 사회조직 계획 등은 쇨세르를 당대 프랑스 반노예제운동의 지형에서 독특한 인물로 만들었다.[10]

9 아이티 혁명이 쇨세르에 미친 영향에 대해서는 필자의 "Forgotten Island of the Liberator: Haiti's Influences on Victor Schoelcher's Abolitionism"(forthcoming) 참조.

10 19세기 전반 프랑스 노예제폐지운동 전반에 대해서는 Jennings(2000); Schmidt(2000); Motylewski(1998) 참조.

쇨세르의 즉시주의는 7월왕정 내내 큰 반향을 일으키지 못했다. 1833년 영국의 노예제폐지가 불러일으킨 기대가 무색하게도 노예제폐지 문제는 7월왕정 내내 답보 상태에 머물렀다. 7월왕정기에 식민지의 노예소유주들과 프랑스 항구도시의 상인들을 주축으로 한 식민당파는 전략을 수정했다. 이제 노예제폐지의 원칙은 인정하되 노예들과 식민지가 '준비'될 때까지 해방의 시점을 끝없이 뒤로 늦추는 것이다. 이들이 매수한 언론사와 의원들의 로비 활동, 정부의 현상유지 정책, 그리고 SFAE를 비롯한 주류 노예제폐지운동의 미온적 태도 때문에 노예제 문제는 점진적 개혁 이상으로 나가지 못했다. 1847년부터 노예제폐지운동 내에서 공화주의자들이 부상하기 시작했지만, 1848년 2월혁명 직전까지도 실제 노예해방은 요원해 보였다. 7월왕정기에 시도된 점진적 해방 조치들에 의해 자유민들이 크게 늘었음에도 불구하고 식민지에는 여전히 25만 명의 흑인 노예들이 있었다.

1차 해방 때와 마찬가지로 기회는 혁명과 함께 도래했다. 1847년 겨울 쇨세르는 세네갈을 비롯한 아프리카 식민지로 노예제 관련 자료 수집을 위한 여행을 떠났다. 여행 도중 2월혁명(1848년 2월 22-24일)이 일어나 제2공화국이 선포되었다는 소식을 듣고 급히 귀국길에 오른 그는 3월 3일 파리에 도착하자마자 당시 임시정부의 식민해군부 장관이던 아라고(François Arago)를 방문했다. 이때 아라고는 이미 식민지 대리인단을 접견한 후 노예해방 문제를 선거 후 제헌의회에서 결정하도록 유보하는 지령을 내린 후였다. 해방은 또 다른 생도맹그를 낳을 것이라는 이들의 협박에 대해 쇨세르는 즉각 해방을 선언하지 않으면 노예들이 봉기하여 정말로 제2의 아이티 혁명을 목도하게 될 것이라고 맞받아쳤다. 예전부터 쇨세르와 친분이 있었고 노예제 폐지의 대의에도 공감하던 아라고는 그를 식민해군부 정무차관이자 노예제폐지위원회(Commission pour l'abolition de l'esclavage, 이하 '위원회')의 의장으로 임명하여 노예해방 문제를 심의하게 했다.

그 결과 위원회가 출범한 3월 5일부터 해산한 7월까지 그는 노예해방령 작성 과정을 주도하게 되었다. 역사가들은 종종 쇨세르가 '거의 혼자 힘으로' 노예해방을 가져왔다고 평하곤 하는데 이는 혁명이라는 예외적 상황 때문에 쇨세르 개인이 미치는 영향력이 평상시와 비교할 수 없이 컸던 까닭이다. 위원회는 3월부터 두 달이 채 못 되는 기간 동안 임시정부 인사들, 식민해군부 관료들, 노예제폐지론자들, 식민지와 항구도시의 로비스트들, 식민지의 유색인 대표들과 함께 열띤 토론을 벌였다. 의장 쇨세르는 식민지의 동요를 막기 위해서는 최대한 단기간 내에 전면적인 노예해방령을 선포해야 한다는 자신의 결의를 밀어붙였고, 그 결과 1848년 4월 27일 마침내 전면적이고 즉각적인 노예해방령이 선포되었다. 혁명이라는 예외적 상황과 노예해방령 작성 과정을 주도한 쇨세르의 리더십 때문에 1848년의 해방령은 프랑스 주류 노예제폐지운동의 틀을 한참 벗어나는 급진성을 띠게 되었다.[11]

이를 통해 쇨세르는 공화주의적 해방의 전통을 만들어 냈다. 그에 따르면 노예제는 군주제와 제국의 유산으로서 공화국과는 공존할 수 없었다. 따라서 영미권 노예제폐지론과 달리 쇨세르는 노예제폐지론, 반인종주의, 식민지개혁론을 박애주의나 종교의 견지가 아니라 공화주의라는 세속주의적 정치 기획으로 묶어 냈다. 해방은 기독교적 자선이 아니라 공화국의 권리와 자유에 대한 문제였다. 이를 통해 프랑스혁명기의 1차 해방과 1848년의 2차 해방을 연결하는 공화주의적 해방의 전통이 확립되었다. 1871년 제3공화국이 공화국을 복구한 후 넘겨받을 해방

11 1848년 봄에 이루어진 노예해방의 과정에 대해서는 Régent(2007); Schmidt(2003); Jennings(2000); Blackburn(1988); Adélaïde-Merlande(1981) 참조.

의 계보 역시 이것이었다.

또한 1848년은 노예해방과 동시에 프랑스 식민주의의 방향이 재설정된 해였다. 공화국을 선포하고 노예제를 폐지함으로써 프랑스는 식민지를 대대적으로 재편할 수밖에 없었다. 그동안 식민지는 왕정 체제하에서 예외적 법령이 통치하는 치외법권 지역이었다. 본국에서 불가능한 노예제가 식민지에서 가능했던 이유도 이 때문이었다. 그러나 이제 '하나이며 나눌 수 없는' 공화국에 식민지란 무엇이 될 것인가? 그리고 노예제가 폐지된 후 해방 노예들과 식민지의 유색인 주민들은 공화국 내에서 어떠한 지위를 가질 것인가? 이 질문에 답하며 쇨세르가 정초한 공화주의적 동화주의의 기본 방향이 설정되었고, 동시에 그 문제점들 역시 함께 배태되었다.

쇨세르가 입안한 1848년 해방의 핵심은 크게 아래의 두 가지로 나눌 수 있다.[12]

1) 완전한 시민권: 먼저 노예제를 폐지한 영국의 경우 폐지 이전 몇 년간의 '도제기간'(Apprenticeship)을 두어 해방노예들의 대농장 이탈을 방지하고 이들이 자유민이 될 수 있도록 '준비'시키고자 했다. 쇨세르는 이 도제체제는 제2의 노예제나 다름없다고 주장하며 어떠한 중간 단계나 이행기 없이 노예제를 즉각 완전히 폐지할 뿐만 아니라 해방노예들과 유색인 주민들에게 본국과 동등한 시민권을 부여할 것을 주장했다. 여기서 핵심적 사안은 참정권을 부여하는 문제였다. 참정권 제약은 7월 왕정을 무너뜨린 중요 쟁점 중 하나였거니와 제2공화국이 이룬 가장 큰

12 위원회 회의 내용과 쇨세르의 주장은 노예제폐지위원회 의사록인 *Abolition de l'esclavage: procès-verbaux, rapports et projets de décret de la commission instituée pour préparer l'acte d'abolition immédiate de l'esclavage*(1848)에 의거하여 재구성했음. 이하 PV로 표기.

성취는 남성 보통선거권을 도입한 것이었다.[13] 쇨세르는 이 보통선거권을 당장 닥칠 제헌의회 선거부터 즉각 해방노예와 유색인들에게도 부여하고 식민지에도 의회 의석을 배분해야 한다고 주장했다.

위원회 내에서도 그를 제외한 거의 모든 이들이 이에 반대했다. 노예해방의 원칙에 대해서는 수긍하더라도 해방된 노예들에게 프랑스인과 동등한 참정권을 주는 것에까지 찬성하는 사람은 거의 없었다. 그들의 반대 이유는 주로 "해방노예들은 정치 교육이 되어 있지 않다. 어제까지 노예였던 사람들을 프랑스인들과 동화시킬 수는 없다"는 것이었다(PV 1848, 72-73). 자유주의적 정의에 따르면 참정권은 자율적인 개인으로서 합리적 판단 능력을 보유한 사람에게 주어져야 했다. 피부색에 대한 편견 때문이 아니라 해방노예들은 '아직' 이러한 능력이 없다는 것이 그들의 판단 근거였다.

이에 대한 쇨세르의 반론은 우선 시민권은 보편적이어야 하므로 이를 어떠한 자격으로 재단하여 예외를 만들어서는 안 된다는 것이었다. 공화국 내에서 절반 시민이나 1/4 시민이 대체 무슨 어불성설이란 말인가? 무엇보다 쇨세르에게 중요한 것은 "이러한 법령이 발휘하게 될 도덕적 효과"였다. 반대편에 있는 자유주의자들에게 그는 이렇게 대답했다.

> …사람들은 어제까지 노예였던 사람들이 그 다음 날 바로 지적인 투표권자가 될 수는 없다고 꼬집어 말한다. 그들이 깨닫지 못하는 것은 백인들과 마찬가지로 흑인들은 바로 그 보통선거권을 행사함으로써 이를 잘 활

13 7월혁명 이후 참정권을 확대한 7월왕정하에서도 참정권을 가진 시민은 인구의 1-2%에 불과했다. 당시 유럽에서도 (남성) 보통선거권은 급진적인 정치 실험에 속했다. 영국의 경우 1884년 3차 선거법 개정 후에야 남성 보통선거가 실제로 구현되었다.

용할 수 있게 된다는 사실이다. 정치 생활은 정치적 권리들을 행사함으로써 비로소 배울 수 있는 것이다.(Schoelcher 2008, 177)

즉, 쇨세르에게 참정권이란 단지 법적 동화에 그치는 것이 아니라 사회적 통합을 위한 바탕이었다. 활발한 정치적 참여야말로 노예를 시민으로 만들기 위한 최상의 도덕적 교육이기 때문이다.

2) 행정적·법적 통합: 더 나아가 보통선거는 쇨세르가 주창한 식민지 동화주의의 핵심 내용이기도 했다. 식민지 동화주의의 유일한 선례는 프랑스혁명기에 제정된 1795년 헌법이었다. '동화'라는 말은 1795년 혁명가 브와시 당글라(F.-A. de Boissy d'Anglas)가 처음으로 사용했다. 그러나 당시 동화주의 정책은 식민지 농장주들의 반혁명적 분리주의에 대항하는 성격이 컸고, 혁명전쟁과 노예 폭동 때문에 사실상 본국이 식민지를 통제하거나 새로운 체제를 적극적으로 도입할 수도 없는 상황이었다. 쿠데타로 집권한 나폴레옹은 곧 식민지를 예전대로 특별법에 의해 통치되는 예외 지역으로 복귀시켰고, 복고왕정이나 7월왕정하에서도 식민지의 법적·행정적 지위는 크게 변하지 않은 채로 남았다.

쇨세르는 혁명기의 전통을 되살려 식민지를 법령이 아닌 헌법의 테두리 안에 넣고 본국과 동등한 법적·행정적 체제하에 통합시키고자 했다. 이는 이후 식민지 동화주의의 기조가 되었다. 쇨세르의 동화주의는 '하나이며 나눌 수 없는 공화국'의 원칙에 의거한 것이었다. 그는 7월왕정 때부터 식민지는 본국과 동일한 법에 의거하여 통치되어야 한다고 주장했다. 1848년 해방령은 보통선거와 식민지의 의회 대표권을 통해 동화주의 전통의 막을 올렸다. 쇨세르는 이로써 식민지가 본토의 도(道)와 같은 지위—해외도(départements d'outre-mer)—가 되었다고 가정했다. 그러나 이를 제2공화국의 헌법에 관철시키려는 쇨세르의 노력은 결실을 맺지 못했다. 제2차 세계대전 전까지도 대부분의 식민지는 헌법이 아니라 갖가지 특별법의 지배하에 머물렀다. 쇨세르 이후 도통합은 서인도제도 식민지 주민들의 핵심적 요구가 되었으며 결국 탈식민화의 시대인 1946년 도통합법으로 이어지게 된다.

쇨세르에게 이는 식민지를 오랫동안 지배해 온 농장주들의 과두제(소위 plantocracy)를 타도하기 위한 것이었다. 구체제의 예외적 법령 체제하에 식민지는 사실상 백인 농장주들의 자의적인 정치적·사법적 지배에 내맡겨져 있었다. 이들은 계속되는 개혁 요구에도 불구하고 자신들의 지배 근간인 노예제와 인종차별적 사회 체제를 고수했다. 이러한 맥락에서 식민자들이 요구하는 식민지 자치란 기존 체제를 유지하는 것이었고, 독립한 미국의 선례는 이들을 계속 유혹했다. 혁명 후 쇨세르는 과두제 지배의 근간이었던 식민지 참사회(conseils coloniaux)를 즉각 폐지하여 해방 과정에 관여하지 못하게 만들었다. 그는 공화국 위원이 해방 과정을 일괄 주도해야 하며, 이후 국민의회에 맡겨서 본국과 똑같은 지방 행정 조직을 만들어야 한다고 주장했다. 또한 식민지의 법제 또한 본국과 같이 개편해서 해방노예들이 배심원으로 평등하게 참여할 수 있어야 한다고 주장했다.

그러나 이때부터 이미 동화주의는 크게 두 가지 측면에서 문제점을 표출하고 있었다. 첫째, 프랑스 공화주의의 보편주의에 기초한 동화주의는 사실상 전 제국에 걸쳐 일률적으로 적용되기는 어려웠다. 원칙상 보편적인 프랑스 시민권은 1789년 당시부터 이미 적용 단계로 오면 극도로 모호한 개념임이 드러났다. 한편에서는 보편적 개인의 자격—자율적·합리적 개인—에 따라 참정권을 제약하려 했고, 다른 한편에서는 시민의 권리는 보편적이라는 인권선언의 원칙을 전유하여 권리를 쟁취하려는 집단들(노동자, 여성, 유대인, 식민지인)의 도전이 잇따랐다. 특히 식민지에 '프랑스' 시민권을 적용시키는 데에는 무수한 문제들이 따랐다. 식민지는 프랑스 헌법이 미치는 정식 영토가 아니라 특별법에 의해 지배되는 곳이었고, 식민지인들은 속지주의에 따르건 속인주의에 따르건 프랑스인들이 아니었다.

결정적 문제는 프랑스의 식민지가 더 이상 쇨세르가 생각하던 "네 개 구식민지들"(quatre vieilles colonies: 마르티니크, 과들루프, 레위니옹, 기아나)에 국한되지 않는다는 사실이었다. 1830년부터 프랑스는 알제리를 중심으로 북아프리카에서 공격적인 식민지 팽창 중이었다. 그러나 쇨세르의 해방령과 시민권은 사실상 수 세기 동안 프랑스화된 네 개 구식민지를 대상으로 구상된 것이었다. 새롭게 식민지가 된 알제리, 세네갈, 인도양 식민지들의 경우 '원주민(indigénat) 체제'가 지속되었다. 앙티유 주민들과 반대로 원주민들은 프랑스 국적은 지녔지만 시민권은 부여받지 못했다. 세네갈과 인도양 식민지들의 경우 일부 주민들에게 투표권을 부여했지만, 이는 특별법하에 주어졌지 공화국의 보편 시민권에 의한 것이 아니었다. 알제리의 경우 원주민은 일체 고려의 대상이 아니었고, 이주한 프랑스인들에게만 투표권이 주어졌다(Girollet 1998 참조).

따라서 프랑스 시민권은 사실상 프랑스 시민권, 식민지 시민권, 원주민 시민권으로 나뉘었다. 식민지마다 그 주민들의 범주에 따라 법 적용이 달라졌다. 프랑스인들이 보기에 식민지인들 사이에도 인종과 문화에 따라 암묵적인 계서제가 존재했기 때문이다. 무슬림 아랍인들보다 흑인이 선호되었는데 이는 흑인들이 일종의 문화 부재의 상태로 간주되어 '문명화'하기 용이하다고 생각되었기 때문이다. 여기에는 흑인들을 '선한 야만인'(bon savage)이나 일종의 문화적 백지 상태(tabular rasa)로 보는 계몽주의 이후의 전통이 깔려 있다.

둘째, 식민지는 막 수립된 공화국에 '공화국 내 시민들 간의 차이를 어떻게 조율할 것인가?'라는 심대한 질문을 제기했다. 그러나 정치적 평등에 대한 믿음은 문화적 차이에 대한 존중과 공존하지 못했다. 결국 보편적 시민권과 법적 동화주의란 '문명화'라는 문화적 동화주의를 내포하고 있었다. 이론상 시민권은 개인과 공화국의 관계이며, 이 개인들은 '보편적'이다. 그러나 추상적 시민권 개념 내에는 기실 특정한 문화적 내용이 담겨 있었다. 시민권은 보편적 인간성에 기초한 동등한 권리를 상정했지만 이 보편적 시민의 특질(자유, 평등, 합리성, 세속성)은 서구 전통에 기원한 것이었다.

또한 시민권은 권리뿐만 아니라 시민도덕과 결부된 자격과 의무를 포함하고 있었다. 이는 해방 후 노동 문제에서 극명하게 나타나면서 해방노예들과 프랑스 정책결정자들 간의 문화적 간극을 드러냈다. 공화국의 자유주의 경제 논리에 의하면 자유노동이란 임금 노동이며 해방노예들은 대농장에서의 근면한 임금 노동을 통해 자신들이 자유를 누릴 '자격'이 있음을 스스로 증명해야 할 터였다. 제2공화국은 '자유, 평등, 우애'라는 공화국의 모토를 식민지에서는 '노동, 질서, 재산권'으로 바꿔 걸었다. 쇨세르 역시 이후 마르티니크와 과들루프에서 국회의원 선거전을 벌이면서 끊임없이 노동과 질서를 외쳤다. 해방노예들에게 시민권을 준 것이 성급한 일이었다는 반대파의 주장을 불식시키기 위해 식민지인들은 근면한 노동을 통해 동료 유럽인들의 인정을 얻어야 한다는 것이다(Schoelcher 1849).

그러나 산업혁명 이후 자본주의의 공습하에 놓여 있던 많은 유럽 농민들과 마찬가지로 해방노예들에게 자유란 임금 노동자가 되는 것이 아니라 아무리 작더라도 스스로의 땅뙈기를 소유한 자영농이 되는 것이었다. 역설적이지만 아메리카의 식민지에서 이에 성공한 거의 유일한 집단은 아이티의 농민들이었다. 프랑스혁명 때부터 아이티의 모든 지배자들은 설탕 대농장 체제를 부활시키려고 했지만 아이티의 농민들은 아이티 혁명의 전통에 힘입어 이에 결사적으로 저항했다. 쇨세르를 비롯한 유럽의 관찰자들은 이를 두고 자급자족적인 자연 경제로 퇴보했다고 혀를 찼다(Dubois 2012). 제2공화국은 임금 노동 체제에서 이탈하려는 일체의 움직임을 '아프리카적 악습'이며 '아이티화'라며 공격했다. 결국 식민지인들이 자신들의 문화나 공동체 때문에 시민됨의 자격을 충족시키지 못했을 때 이들은 인종적 혹은 문화적 결함의 소유자로 낙인찍혔다. 우파는 이를 두고 '흑인종'의 선천적 결함을 운운했고, 좌파는 노예제의 유산을 아직 극복하지 못했다고 한탄했다. 이때 시민권은 통합이 아니라 배제의 원리로 작동했다. 해방 후 사회 재조직의 실패를 결국 이러한 집단적 결함의 소치로 보게 됨에 따라 인종차별은 다른 방식으로 재확립되었다.[14]

III. 해방의 사명: 제3공화국하 쇨세르의 식민주의

혁명이 열어 놓은 기회의 공간을 활용하여 노예해방을 최대한 신속하게 선포하려던 쇨세르의 계획은 현명했던 것으로 드러났다. 1848년 4월 27일 노예해방령이 선포된 직후부터 제2공화국은 노동계급과 맞서며 급속히 보수화되었다. 노예해방을 뒷받침하는 식민지 공교육과 금융 제도를 확충하고 식민지를 헌법 체제하에 포함시키기 위한 쇨세르의 투쟁은 모두 실패로 끝났다. 결국 1851년 루이 나폴레옹이 쿠데타를 성공시키고 곧 제2제정이 들어서면서 살아남은 것은 노예해방뿐, 참정권을 비롯하여 해방노예를 시민으로 만들기 위한 시도들은 거의 다 수포로 돌아갔다. 쇨세르는 정치적 권리가 사회경제적 자율성을 위한 바탕이 되리라 생각했지만 이것 역시 실패로 끝났다. 부유한 백인 재산소유주들(대

14 이는 프랑스 식민지뿐만 아니라 대부분의 노예제 식민지에서 해방 후 비슷한 양상으로 벌어졌다. Cooper et al.(2000) 참조.

부분 옛 농장주들)이 산업화되어 가는 설탕 경제를 장악했고, 해방노예들은 대부분 농업 노동자가 되었다.

루이 나폴레옹의 쿠데타에 목숨 걸고 저항했던 쇨세르는 제2제정 동안 영국에서 20년 간 망명 생활을 해야 했다. 1870년 프로이센군에 패배한 황제가 퇴위하면서 귀국한 그는 다시 한 번 정치 생활을 이어나갔다. 빅토르 위고(Victor Hugo)와 함께 "48년의 옛 공화주의자"(quarante-huitards)로 불리며 공화국의 원로로 존경받던 그는 마르티니크 국회의원이자 종신 상원의원으로서 식민지 문제를 논의할 때 빠지지 않는 중요한 인물이 되었다. 그러나 이제 일흔을 훌쩍 넘긴 '해방자'는 상원이나 식민해군부에 대한 자신의 영향력을 통해 식민지 문제에 관여할 뿐, 더 이상 식민지를 오가며 정력적인 정치 활동을 벌이지는 않았다.

그렇다면 1880년 이후 쥘 페리(Jules Ferry)를 주축으로 한 공화파 정부가 공격적 제국 팽창 정책을 전개할 때 쇨세르의 입장은 어떠했을까? 제3공화국 초반까지만 해도 급진 공화파와 사회주의자들 쪽에서 식민 팽창에 대한 반대 의견이 만만치 않았다. 저울추가 팽창 쪽으로 넘어간 분수령은 1885년 마다가스카르 정복전쟁을 놓고 의회에서 벌어진 대논쟁이라고 할 수 있다. 문명화 사명과 인권의 원칙이 격돌했던 논쟁 끝에 의회는 정복을 위한 예산안을 통과시켰다. 클레망소는 이를 놓고 "인권이 모든 인간존재들에게 적용되는 것은 아니라는 주장이 공화국 국회의 표결을 통해 공식적으로 표명된 것은 이번이 처음이다"라고 통탄했다(망스롱 2013). 동시에 문명화 사명과 인권은 공화주의자들에 의해 새롭게 결합되었다. 쥘 페리는 식민지 팽창을 통해 아프리카 내부의 노예무역과 노예제를 퇴치하는 것이야말로 프랑스가 스스로에게 지운 신성한 인류애의 의무라고 주장했다. 이후 제국주의는 정부와 공화파 내에서 이념적 헤게모니를 장악했고, 반식민주의는 주변화되었다.

쇨세르는 프랑스의 호전적 팽창주의에 대해 침묵을 지켰다. 그는 해군식민부 산하 각종 위원회들에 속해 있었지만 당시의 맹렬한 제국 팽창 분위기 속에서 소외되었다. 하지만 동시에 그는 제국주의에 대해 적극적으로 반대하지도 않았다. 물론 그는 1870년의 패배 이후 독일에 대한 복수심에서 대거 나타난 민족주의적 팽창주의자들과는 달랐지만, 식민주의에 원칙상 동조한다는 점에서 그 시대의 일부였다. 그의 식민주의는 주로 현존하는 제국을 방어하는 입장을 취했고, 이 점에서 처음에 식민주의에 반대했던 공화파들과 유사했다. 1885년 페리가 주장한 문명화 사명의 허울을 적극 비판했던 클레망소 같은 경우에도 집권 이후 알제리 방어를 위해 필요하다는 구실로 1905년 모로코 침략을 승인하게 된다.

또한 쇨세르는 구체제식의 착취형 식민주의에 반대하여 식민지 개혁을 적극 주장했다. 그는 식민지도 프랑스의 일부라면 마찬가지로 번영할 수 있는 동등한 권리를 주어야 한다는 생각하에 식민지 개발론을 지지하고 인도주의적 식민화를 주장했다. 이는 당시 경제학자 르루아 볼리우(P. P. Leroy-Beaulieu)가 주창한 근대식 새로운 식민주의 이념과도 일맥상통했다(Leroy-Beaulieu 1874). 그러나 쇨세르가 선호한 식민화 유형은 유럽인들의 이민을 통한 정착 식민지 건설이었다. 1848년부터 그는 노예제 해방 이후 부족한 노동력을 보충하기 위해 아프리카, 인도, 중국 등지에서 이주 노동력을 수입하는 것에 시종일관 반대했다. 유럽인들이 이주해야 유럽의 잉여 인구를 해소하고 식민지에 자연스럽게 서구 문명을 전파할 수 있다는 것이다.

기본적으로 쇨세르의 입장은 1848년과 비교해 크게 달라지지 않았다. 전방위적 제국주의의 시대가 왔지만 여전히 그는 완성하지 못한 48년 해방의 꿈을 그리고 있었다. 노예해방과 동화주의는 그의 식민주의 이념을 구성하는 두 축이었다. 그중 노예제는 여전히 그의 최우선적 관심사였다. 제3공화국하에서도 노예무역과 노예제는 다른 형태로 계속되었다. 프랑스는 동아프리카와 인도양에서 밀무역 형태로 노예무역을 지속시켰고, 아프리카 식민지들에서는 계약 노동이나 의무 노동의 명목 하에 실질적인 강제 노동 체제가 자리 잡았다. 쇨세르는 브라질과 같이 아직 노예제가 잔존한 나라들의 노예제폐지운동에 조력하는 한편, 아프리카와 동방의 노예제 폐지를 위한 새로운 협회 결성을 촉구했다.

특히 그는 아프리카나 아시아로부터 프랑스 식민지로 수급해 오는 이주 노동자들 문제에 관심을 기울였다. 그가 보기에 이 이주 노동은 '제2의 노예제' 혹은 가장된 노예무역이나 다름없었다. 서인도제도 식민지에 도착한 인도와 중국 노동자들의 임금은 기존 수준의 4분의 1밖에 안 되었고, 그중 3분의 1은 도착한 지 10-20년 내에 사망했다. 원래 계획대로 정해진 기간 내에 돈을 벌고 돌아가는 이들은 거의 없었다. 쇨세르는 이주 노동자들을 농장주들에게 유리한 노동 규율에 종속시키지 않고 본국과 같은 노동법하에 속하게 해야 한다고 계속 주장했지만 헛수고였다. 농장주들은 식민지적 예외에 따라 이들에게 본국보다 훨씬 가혹한 노동 규율을 부과했다. 그는 이주 노동자들을 자의적으로 착취하던 식민지 농장주들과 다시 한 번 맞서 싸워야 했다.[15]

무엇보다 쇨세르를 동시대의 식민주의자들과 구별 짓는 것은 동화주의에 대한 그의 변함없는 신념이었다. 1830-1840년대까지만 해도 그는 이론상 문명화가 진행되어 식민지가 충분히 성숙하면 독립도 가능하다고 생각했지만, 제3공화국기가 되면서 점차 식민지의 자치나 독립은 상상할 수 없는 것으로 치부하게 되었다. 그는 영국이 식민지 자치로 향할 때 프랑스는 동화로 향해야 한다고 주장했다. 그가 유일하게 지지하

15 제3공화국기 쇨세르의 정치 이력에 대해 본격적으로 다룬 연구는 드물다. 여기서는 Schmidt(1994)와 Girollet(2000)를 주로 참조하였다.

는 식민지 독립은 아이티의 경우였는데, 그때 나폴레옹 정권은 공화국이 아니었고 아이티 독립은 오히려 친노예제 정권에 대항해서 프랑스혁명의 정신을 수호한 것이기 때문이었다. 일단 공화국이 식민지배의 주체가 된 이상 그에게 문제는 식민지에 대한 자의적·착취적 지배 체제를 떨쳐 내고 본국과 동일한 헌정하에 통합시키는 것일 뿐이었다.

그러나 식민지 동화주의는 1890년대 전까지 의회 내에서 큰 반향을 얻지 못했다. 특히 서인도제도 유력자들의 반대가 극심했다. 그의 적들은 이제 대지주나 사업가로 변신한 구농장주들, 항구도시의 상인들, 그리고 동화주의에 대한 유색인 주민들의 요구가 공공질서를 교란시킨다고 여겼던 식민지 관료들이었다. 반대로 1848년 이후 식민지 동화주의는 이른바 '쇨세르주의'(schoelcherisme)로 불리며 과들루프를 중심으로 식민지 주민들 사이에서 주요한 정치 세력이 되었다. 여기서 식민지 유력자들이 특히 두려워하는 것은 식민지 주민들에 대한 보통선거권과 동화주의적 통합이 가져올 기득권 약화였다. 쇨세르에게 동화주의의 핵심은 본국 결정에 식민지가 참여하게 하는 것(식민지의 의회대표권)과 식민지의 도통합이었다. 도통합은 곧 식민지의 법제와 지방 행정 조직 모두 본국과 같은 체제로 재편되는 것을 의미했다. 총독 대신 도지사, 농장주 배심원들 대신 배석판사, 식민지 참사회 대신 선출제 도참사회가 들어선다면 백인 권력의 아성이 무너질 터였다. 반대로 알제리의 백인 정착민들은 적극적으로 동화주의를 요구했다. 서인도제도와 달리 알제리 식민지의 원주민들은 프랑스 시민권을 받지 못했기 때문에 그들은 보통선거권의 후폭풍을 염려할 필요가 없었다.

1875년부터 의회의 매 회기마다 식민지 주민들의 정치적 지위가 문제시 되면서 쇨세르는 동화주의를 더욱 벼렸다. 쇨세르가 주창했던 식민지 의회 대표권은 제2공화국 때에도 제대로 관철되지 못했으며, 제2제정에 의해 이후 폐지되었다. 제3공화국이 들어선 후에도 식민지인들의 참정권과 의회대표권은 기본적으로 제2제정기에 이루어진 1854년 원로원결의안에 따르고 있었다.[16] 쇨세르는 1875년 30인 위원회 앞에서 식민지의 의회 대표권 유지를 주장하며, 유색인 유권자들은 "가슴으로, 영혼으로, 언어로, 복장으로, 관습으로 어느 모로 보나 완전히 프랑스인들이며… 오늘날 끈질긴 노력 덕에 문명의 장자인 프랑스인의 수준에 올라서 있다"고 평가했다(Schmidt 1994, 212). 그러나 식민지에 의석을 배분하는 문제는 제3공화국 내내 의회에서 일진일퇴를 거듭했다.

쇨세르는 당시 부상하던 소위 '과학적' 인종주의를 경멸했으며, 프랑스인됨이란 '피와 흙'의 문제가 아니라 공화국의 가치에 대한 합의에 달려 있다는 혁명기의 급진적인 국민/민족 정의를 계승했다. 식민지인들의 대표권이 문제시될 때마다 쇨세르는 분노하며 식민지는 프랑스 본국의 지방들과 마찬가지로 프랑스의 일부라고 강변했다. 인종적 구분을 일체 거부하는 그의 공화주의는 식민지 주민들에게도 마찬가지로 적용되었다. 서인도제도 식민지에서는 19세기 말부터 기득권층과 이에 도전하는 쇨세르식 동화주의 사이에서 제3의 세력, 즉 흑인 노동운동 세력이 생겨났다.[17] 쇨세르는 이를 인종적 분리주의라고 비판하며 식민지에는 "단지 공화국이 모두 평등하게 만든 프랑스인들만이 존재할 뿐"이라고 주장했다(Schmidt 1994, 246).

그러나 구식민지 주민들에 대한 쇨세르의 믿음은 다른 식민지로는 확대되지 못했다. 1880년대 프랑스령 인도 식민지에서는 속칭 '포기자'(renonçants)의 수가 점차 늘어났다. 이들은 완전한 프랑스 시민인 유

16 프랑스 '2차 제국'하 식민지 시민권과 의회대표권의 역사에 대해서는 Urban (2015) 참조.

17 에게지프 레지티무스(Hégésippe Légitimus)가 주도하는 흑인 사회주의 노동운동을 말한다.

럽계 이주자들과 현지 종교법의 지배를 받는 원주민들 사이에 창출된 제3의 집단으로서 종교법상의 지위를 포기하고 프랑스 국적을 얻은 소수의 원주민들을 말한다. 이들이 자신도 지방 참사회 선거에서 유럽인들과 동등하게 투표하게 해 달라고 요구하자 1883-1884년대에 본국에서 논쟁이 벌어졌다. 이 문제를 심의한 쇨세르는 유럽계 이주민들이 포기자들에게 잠식당할까 두렵고, 포기자들은 아직 완전히 동화되지 못했다고 주장하며 거부 의사를 밝혔다. 1848년 당시 위원회에서는 쇨세르의 식민지 참정권에 반대하는 측에서 이와 거의 같은 반대 의견을 제기했음을 생각하면 역설적이다. 힌두교도들에 대한 그의 평가는 "(인정할 수밖에 없는바) 완전히 야만적인 종교 법률에 순종하는 퇴행적인 다수이며, 이 종교법은 같은 인간인 천민들을 모세의 법률에서 말하는 불결한 동물의 수준에 놓고 카스트 신학에 따라 지극히 비천한 것으로 본다"는 것이었다(Girollet 2000, 340). 따라서 그는 시민권 분리는 차별이 아니며 프랑스의 위신과 영향력을 유지하기 위한 정당한 방법이라고 주장했다.

정계에서 은퇴한 쇨세르가 생을 마치기 전 마지막으로 내놓은 저작은 아이티 혁명의 영웅 투생 루베르튀르(Toussaint Louverture)에 대한 전기였다(Schoelcher 1889). 프랑스혁명 100주년인 1889년을 기념하기 위해 쓴 이 책에서 그는 자신이 평생을 바친 주제를 집대성했다. 해방노예 출신으로 한때 생도맹그의 사실상 지배자였다가 노예제를 복구하러 간 나폴레옹군에 생포되어 프랑스의 감옥에서 홀로 죽어 간 이 흑인 영웅은 쇨세르가 평생 가장 애착을 보인 인물이었다. 그야말로 쇨세르가 신봉하는 혁명적·해방적 공화주의를 가장 잘 구현하는 인물처럼 보였기 때문이다. 노예 출신인 루베르튀르가 노예제의 억압을 벗어나 프랑스 공화국이 가져다준 문명과 해방을 수호하려는 혁명적 투쟁에 앞장서는 순간이야말로 쇨세르에게는 모든 인종적 편견을 타파하는 '진실의 순간'이었다. 공화국에 의해 구원받아 공화국을 수호하는 해방노예의 드라마는 쇨세르가 결코 포기할 수 없었던 공화주의적 식민주의의 유토피아였다. 프랑스대혁명과 1848년 2월혁명의 연속선상에서 만들어진 이 꿈은 제3공화국하의 제국주의 팽창과 맞물려 이제 문명화 사명 이념의 중핵이 되었지만, 시대에 추월당한 왕년의 '해방자'는 여전히 옛날의 이상을 간직한 채 눈을 감았다.

IV. 쇨세르의 노예제폐지론과 식민주의 사이의 교착 관계

앞에서 1830년대부터 1880년대에 이르기까지 식민지와 관련된 쇨세르의 사상과 실천을 살펴보았다. 그의 노예제폐지론은 식민주의의 장기 지속적 역사 속에서 어떻게 이해할 수 있을까? 전반적으로 평가할 때 그의 노예제폐지론은 계몽사상 이후 프랑스의 식민지 개혁파가 제국에 대해 가지고 있던 기본 입장을 체화하고 있다. 식민주의적 정복 일체에 원칙적으로 반대하는 반식민주의 전통은 19세기 이후 주류 사상계와 정치계 내에서 거의 사라지고, 대신 군사적 정복과 무법적 통치를 문명화되고 체계화된 식민 통치로 전환하려는 신(新)식민주의가 대세를 이루었다. 공화주의자들은 혁명기의 '해방의 사명'을 계승하여 공화국의 제국주의적 팽창을 정당화하거나 은폐했다. 피츠(Jennifer Pitts)는 이를 두고 공화주의는 기본적으로 정치적 덕과 공화국의 정치적 강건함을 찬양하기 때문에 공화국의 영광을 드높이기 위한 방편으로 군사주의나 영토 팽창욕에 취약할 수 있음을 지적했다. 이러한 측면들은 19세기 전반 자유주의적 공화주의자들(liberal republicans)에게서 본격적으로 나타났다. 이들은 국내에서는 반자유주의적 정권에 대항하여 싸우면서도 알제리 정복에 대해서는 대부분 묵인하거나 찬성했다(Pitts 2011, 262-263). 식민지 팽창에 대한 쇨세르의 입장은 기존의 식민지를 개혁하는 것이 중심이었던 1830-1840년대보다 제국주의가 기세를 올리던 제3공화국 시대에 더 명확하게 드러나게 된다. 그는 제국주의의 특정 지배 방식에 대해 비판했을 뿐, 제국 팽창과 유지 자체에 대해서는 의문을 제기하지 않았다.

쇨세르의 노예제폐지론은 시대의 변화에 따라 제국의 구조 내에서 서로 다른 역할을 부여받았다. 그의 기나긴 정치적 이력 속에서 노예제폐지론은 1830-1840년대에 식민지 개혁론의 첨병이었다가 1848년 노예해방을 거쳐 제3공화국에 이르면 식민주의를 정당화하는 공화주의 이념으로 전환된다. 여기서 1848년 노예해방은 중요한 분기점이 되었다. 해방 이전 쇨세르는 권리에 대해 원칙주의적 입장을 가지고 있었다. 즉, 자연권은 박탈할 수 없는 것이고 노예들은 언제나 그 권리의 주인이었기 때문에 해방은 빼앗긴 권리를 회복하는 것일 뿐이다. 그러나 노예해방을 기점으로 쇨세르와 노예제폐지론자들의 견해는 점차 시혜적·온정주의적인 것으로 바뀌어 해방노예들의 삶을 옥죄었다. 자유는 공화국이 값없이 '선물'한 것이라는 수사는 아이티 혁명을 비롯하여 노예해방 과정에 노예들이 기여한 바를 삭제하고 그들을 수동적인 존재로 만들었을 뿐만 아니라 이들에게 해방자에 대한 의무와 빚을 지웠다.[18] 그 빚은 모범적인 프랑스 시민으로 동화되어, 즉 공공질서를 지키는 근면한 임금 노동자가 되어 갚아야 했다. 공화국이 정해 놓은 틀에서 벗어나는 행위는 이후 '배은망덕'하거나, '열등한 인종의 한계'에서 벗어날 수 없는 것'으로 단죄될 것이었다. 노예해방 후 모든 식민지들에서 자유는 자명한 것이 아니라 '문제적'인 것이 되었고, 식민지 당국과 해방노예들은

18 '선물'(gift)은 서구가 노예해방을 어떻게 인식해 왔는지 이해하는 데 매우 중요한 키워드이다. 이에 대해서는 Wood(2010) 참조.

자유의 내용을 규정하기 위해 갈등을 벌였다.[19]

또한 쇨세르의 노예제폐지론은 그의 제국 경영 이념인 동화주의와 밀접하게 관련되어 있다. 노예제라는 기형적·폭력적 제도는 식민지와 본국 사이의 헌정적·법적 동일성의 원칙에 의거하여 사라져야 했다. '하나이며 나눌 수 없는' 공화국은 공화국 내의 동등한 개인-시민으로 구성되어야 하며, 여기서 노예제는 공화국을 좀먹는 예속적 관계를 표상하는 절대악이었다. 동시에 그는 동화주의를 노예제라는 과거의 죄업에 대한 일종의 보상으로 정의했다. 식민지를 착취와 정복의 대상으로 보았던 옛 식민주의의 악업을 되갚기 위해서라도 공화국의 이상—자유, 평등, 우애—을 전파하여 식민지를 '문명화'해야 한다는 것이다.

동화주의의 이상은 제국주의를 정당화할 뿐만 아니라 제국의 정체성 자체를 은폐하는 데 기여했다. 공화주의 좌파에게 프랑스 제국은 '제국'이 아니라 '거대한 프랑스'였고, 이론상 동질적인 공화국의 지리적 확장이었다. 그리하여 프랑스 공화주의는 식민주의에 대하여 하나의 '우화'를 창조해 냈다. 즉, "식민화는 공화주의적 형제애의 확장이며, 프랑스는 모국으로서 식민화된 자녀들을 현지 폭군들의 압제로부터 보호한다"(Vergès 1995, 4)는 것이다. 린 헌트(Lynn Hunt)가 분석했듯이 프랑스혁명가들이 부친을 살해한 형제들의 평등한 연대(자매들은 배제한 가운데)로서 프랑스혁명을 하나의 "가족로망스"로 상상했다면(헌트 1999), 쇨세르는 노예제를 폐지하고 식민지를 헌법하에 통합하는 완전한 동화를 통해 "식민지는 프랑스 대가족의 일원"이 되었다고 선언했다(Schoelcher 2008, 167). 이러한 가족의 상징은 제국의 지배를 은폐할 뿐만 아니라 이

19 이에 대해서는 Holt(1992) 참조. 노예해방 이후 자메이카 사회를 분석한 홀트의 기념비적인 저작의 제목은 『자유라는 문제(*Problem of Freedom*)』이다.

'대가족' 내의 실제적 위계 관계를 정당화했다. 식민지는 프랑스 본국이라는 '큰 형'에 대해 언제나 아우의 지위에 머물 수밖에 없었다.

이 신화에서 '해방자' 쇨세르는 특별한 역할을 부여받았다. 슈미트가 말하듯 "쇨세르는 살아 있을 때에나 그보다 더 오래 살아남은 신화 속에서나 두 개의 프랑스가 존재한다는 환상을 존속시키는 데 기여했다. 1789년, 1848년 혁명과 공화국의 프랑스와 보수적이고 노예제를 지지하며 시민권 주기에 인색한 또 하나의 프랑스 말이다"(Schmidt 1994, 260). 19세기 이후 공화국의 적들(극우 왕당파, 노예제지지론자, 파시스트)이 인종차별주의를 내세우며 식민지인들을 열등한 존재로 멸시했기에 공화주의자들은 인권의 이름으로 이에 반대하여 식민지 주민들의 '동화될 수 있는 능력'을 옹호했다. 이는 공화국의 적들만 패배시키면 프랑스 제국 자체는 문제없다는 환상을 조장했으며, 결국 공화주의자들로 하여금 공화국이 주체가 된 또 다른 인종차별적 폭력에 눈감게 만들었다.

게다가 쇨세르 스스로 증명했듯이 그가 정초한 공화주의적 동화주의는 모순투성이였다. 우선 서인도제도의 구식민지 중심으로 형성된 그의 동화주의는 1880년대 이후 제국의 전방위적 팽창과 맞닥뜨리며 여러 가지 문제를 노출했다. 쇨세르식 동화주의의 모델은 오랫동안 프랑스화가 진행된 대서양 연안의 구식민지들이었으며, 이후 알제리를 비롯한 새로운 식민지들에 적용되기에는 무리가 많았다. 그 과정에서 명백히 드러난 것은 법적·정치적 동화에 초점을 두는 쇨세르식 동화주의가 문화적 동화주의를 전제로 했다는 사실이다. 피츠를 비롯하여 많은 이론가들이 지적했듯이 공화주의는 보편적 시민권 개념에 근거하지만 그 내용은 사실상 문화적으로 특수한 역사성을 가지고 있다. 따라서 프랑스 공화주의가 주창하는 정치적 해방은 실상 특정 형태의 문화에 대한 동화주의를 내포하고 있다. 즉, 프랑스 시민이 되려면 자신의 원래 종교적·전통적·집단적 정체성을 벗어던지고 프랑스 문화에 동화되는 과정이 선행되어야 하는 것이다(Pitts 2011, 263). 쇨세르는 구식민지 주민들의 의회 대표권을 수호하면서 그들은 프랑스인임에 틀림없다고 강변했지만, 그의 이러한 신념은 알제리의 무슬림 원주민, 인도의 힌두교도들, 인도차이나의 원주민들에게는 적용되지 않았다.

더구나 법적·정치적 동화가 해방노예들과 식민지 주민들을 교육시키고 사회생활에 참여하게 하여 이들의 사회경제적 자립을 뒷받침하게 될 것이라는 쇨세르의 이상은 결국 실현되지 못했다. 다른 식민 관료들과 마찬가지로 해방노예들의 임금 노동에 입각한 설탕 대량 생산 체제를 포기하지 않았다는 점에서 쇨세르 역시 이후 해방노예들의 사회경제적 종속에 일정 부분 책임이 있다. 마르티니크 출신의 시인이자 정치가로서 '네그리튀드'(Négritude) 운동의 창시자 중 하나인 에메 세제르(Aimé Césaire)는 1848년 해방의 결과에 대해 이렇게 말했다.

> 그는 앙티유(Antilles: 프랑스령 서인도제도)의 흑인들에게 정치적 자유를 가져다주었다. 비록 흑인들이 재산과 경제적 안전을 얻도록 하여 그 자유를 완전케 할 수는 없었다 할지라도, 그는 적어도 구질서를 파열시키지 않을 수 없는 충격적인 모순을 만들어 냈다. 즉, 근대 식민지인들을 완전한 시민이자 동시에 전적인 프롤레타리아로 만든 모순을.(Césaire 2008, 28)

결국 '영국식 자치주의와 프랑스식 동화주의'라는 일반론과 프랑스 공화국의 프로파간다에도 불구하고 사실상 프랑스 제국은 체계적으로 동화주의를 실천한 적이 없었다. 1848년에서 1890년까지 쇨세르의 동화주의는 의회에서 연전연패했다. 그 후에도 식민지 현지(특히 인도차이나)의 관료들을 중심으로 동화 정책 대신 식민지 현지 문화와 기존 권력 구조에 적응할 것을 주장하는 '연합'(association) 정책이 제기되면서 동화주의는 연합주의와 경쟁해야 했다. 식민지인들의 지위만 놓고 보아도 연구자들이 말하듯이 2차 프랑스제국하 시민권의 역사는 계속되는 분열과 분화의 과정이었다(Urban 2015). 제국이 팽창하면서 다종다양한 주민들이 제국의 관할권 내에 들어왔고, 이들을 동등한 프랑스인으로 만들어 낸다는 것은 정책결정자들이 보기에 가능하지도, 바람직하지도 않았다. 결국 프랑스 당국은 수없이 다양하게 파편화된 권리의 레퍼토리들 중 매 상황에 적합해 보이는 조합을 찾았다. 프랑스령 알제리나 세네갈의 복잡한 상황이 보여 주듯 한 지역 내에서도 종족, 종교, 지역에 따라 다양한 지위를 가진 주민들이 공존했다. 동화주의는 실상 제국의 일부 지역과 일부 주민들에게만 적용되었으며, 포괄적 제도로서보다는 이념으로서의 존재 의미가 더 강했다.

V. 결론: 보편과 특수 사이에서

쇨세르의 업적, 특히 그가 주도한 1848년 해방에 대한 평가는 엇갈린다. 쇨세르는 공화주의 영웅인가, 아니면 또 하나의 식민주의자인가? 1848년이 남긴 노예해방과 시민권은 공화국의 이상을 구현하는가, 아니면 더 교묘한 제국주의의 덫인가? 쇨세르를 비롯한 노예제폐지론자들은 오늘날 말하는 '인도주의적 제국주의'(humanitarian imperialism)의 선구자들이었나? 더 나아가 쇨세르가 대표하는 프랑스 공화주의의 보편적 가치들은 권력의지를 가리는 가면이나 위선에 불과했나? 역사학계의 평가 역시 비슷한 양상을 보여 준다. 한편으로 쇨세르 기획의 한계를 지적하는 측에서는 그의 동화주의가 결국 식민주의 담론과 얽힌 지배 이념의 일부였음을 비판한다. 반면 다른 한편에서는 당대의 주류 온건파 노예제폐지론자들과 차별화되는 그의 1848년 해방 계획의 급진성을 높이 평가한다. 그 이유는 쇨세르가 계몽주의에서 프랑스혁명으로 이어진 인권의 보편성에 대한 믿음을 일체의 타협 없이 견지했기 때문이라는 것이다(Nesbitt 2013; Tomich 2008).

이 장에서는 이러한 이분법적 구분을 지양하는 가운데 쇨세르의 노예제폐지론이 내포한 해방과 억압을 함께 생각할 수 있는 틀을 찾고자 했다. 미국의 탈식민주의 연구자 게리 와일더(Gary Wilder)는 그동안 프랑스 공화국의 제국주의 지배를 비판하는 연구들이 많은 경우 보편주의와 특수주의 간의 이분법적 대립을 상정한 것이 문제라고 말한다. 그 결과로 예전의 연구들은 공화국의 식민 팽창과 이 과정에서 발생한 인종차별, 학살, 착취 등은 공화국의 보편주의적 원칙에 충실하지 못했기 때문이라고 비판하거나, 원칙상의 보편주의와 실제의 차별 사이 균열에 초점을 맞췄다. 특히 방법론상 개인주의(methodological individualism)에 매몰된 많은 연구들은 개별 식민 관료나 식민 사상가들이 스스로의 공화주의에 얼마나 충실했는지, 그리고 그들의 권력의지나 정치적 이해관계가 이들의 공화주의적 신념을 어떻게 배반했는지에 집중했다.[20] 이러한 분석틀의 문제점은 그 과정에서 프랑스 공화주의 자체에 대해서는 문제제기를 하지 않는다는 것이다. 이를 통해 인종차별은 공화주의의 대척점에 놓이거나 진정한 공화주의가 실현되지 못한 결과로 간주된다(Wilder 2005, 6-8).

필자는 와일더의 문제제기를 따라 프랑스 공화주의를 '가장된' 보편주의로 평가하거나 프랑스 공화국이 자신들이 내세운 보편주의적 이

20 와일더가 대표적으로 비판하는 저서는 제3공화국기 문명화 사명을 분석한 대표작으로 손꼽히는 앨리스 콘클린(Alice Conklin)의 『문명화 사명(*A Mission to Civilize*)』(1996)이다.

상을 '배반'했다고 비판하는 접근법을 지양한다. 이러한 방식으로 보자면 쇨세르는 유럽중심주의를 보편주의로 포장한 가짜 보편주의자이거나, 아니면 공화주의 이상을 실제로는 제대로 관철시킬 수 없었던 좌절한 이상주의자가가 될 것이다. 하지만 위에서 보았듯이 쇨세르는 신실한 공화주의자였고 동시에 식민주의자였다. 그의 동화주의가 문제점을 드러낸 것은 그가 공화주의적 보편주의에 충실하지 못했기 때문이 아니라 그의 공화주의 때문이었다.

이는 공화주의를 곧 보편주의이자 반(反)인종주의로 단순화하는 분석틀의 문제점을 드러낸다. 인종차별은 단지 반공화주의적 특수주의의 산물이자 공화주의 원칙에 충실하면 사라질 무언가에 불과할까? 쇨세르를 비롯한 프랑스 공화주의자들은 인종 구분 자체에 반대했지만 그들이 만들어 낸 제국은 인종차별에서 결코 자유롭지 않았다. 듀보이스(Laurent Dubois)가 말하듯 공화국은 프랑스혁명 때부터 해방을 도입함과 동시에 새로운 차별 구조, 곧 "공화주의적 인종주의"(republican racism)를 만들어 냈다(Dubois 2000). 쇨세르는 식민지의 인종차별적 구분항들을 없애고 모든 식민지인들을 동등한 개인-시민으로 대우하면 인종차별이 사라지리라고 믿었다. 이후로 지금까지도 프랑스 공화국은 인종 집단을 구분하는 모든 지표들(인종을 지칭하는 단어, 인종별 센서스)을 거부한다. 그러나 피부색을 명시하는 공식적 관행들이 사라진 뒤에는 또 다른 문화적 구분항들이 생겨났다. 노예제 시절부터의 사회문화적 특징들은 이제 아프리카적 구습, 도덕적 해이, 성적 방종, 나태, 비기독교적 가족 등으로 불리며 해방노예들을 차별하는 근거가 되었다. 공화주의의 보편적 개인-시민의 이상에 '아직' 미치지 못한다고 간주되는 집단들의 권리(특히 참정권)는 유보되었고, 이로써 이들을 열등한 집단으로 솎아 냈다. 공화국은 신체적·유전적 특질은 불변한다고 믿는 '과학적' 인종주의는 거부했지만, 대신 문화적 구분선에 따라 이들 집단을 다시 인종화

(racialize)했던 것이다. 더구나 집단 정체성에 입각한 정치(identity politics) 일체를 거부하는 공화국 체제 내에서 이들은 자신들의 소외를 거론할 방도를 찾기도 힘들었다. 제3공화국하 식민지에서 유색인들이 겪는 사회경제적 차별 문제를 제기하는 이들에게 쇨세르는 이렇게 말했다. 공화주의를 배격하는 인종적 분리주의를 삼가라고.

이에 따라 와일더는 국민국가와 제국을 동시에 만들어 간 프랑스 공화주의를 "보편화하는 동시에 특수화하는"(simultaneously universalizing and particularizing) 것으로 보기를 제안한다. 한나 아렌트의 이론을 빌리자면 프랑스혁명은 보편적 인간의 권리를 주권국가의 시민권 범주 내에서 정의했고, 따라서 여기에 기원한 근대 국민국가 자체가 "보편성과 특수성 사이의 구성적 긴장"(constitutive contradiction between universality and particularity) 위에 서 있다. 이 보편성과 특수성 사이의 이율배반(antinomy), 즉 보편적 시민을 만들어 내는 동시에 그 보편주의를 통해 열등한 집단을 다시 구분해 내는 이 동학이 공화국 정치 문화의 핵심이었다는 것이다(Wilder 2005, 3-15).[21] 이러한 태생적 이율배반 혹은 구성적 모순이 쇨세르의 공화주의적 동화주의의 핵심에 자리 잡고 있었다. 따라서 쇨세르의 '진정한' 의도를 따지거나 그가 공화주의 원칙에 얼마나 충실했는지 재는 것으로는 그의 노예제폐지론과 식민주의 사이의 관

21 사실 이러한 동학은 젠더 문제에서 일찍부터 분석된 바 있다. 조앤 스콧(Joan Scott)은 프랑스혁명으로 탄생한 보편적 시민권이 어떻게 여성을 열등한 집단으로 본질화하고 특수화하여 배제하는 효과를 냈는지, 그리고 거꾸로 여성들은 어떻게 스스로를 여성 집단으로 호명하는 특수화 전략을 통해 공화국의 보편적 소명을 완성하고자 했는지 보여 준다. 그 때문에 페미니즘은 태생적으로 근대 정치 문화 내에서 역설적인 존재가 되었지만(여기서 원제인 "Only Paradoxes to Offer"가 나왔다), 이 평등(동일성)과 차이 사이의 이율배반이야말로 근대 페미니즘의 운동 원리였다(스콧 2006).

계를 제대로 평가할 수 없다는 것이 필자의 생각이다. 쇨세르식 동화주의의 가능성과 한계 모두 그가 신봉한 공화주의의 틀 내에서(그 틀에 반해서가 아니라) 노정되었기 때문이다.

이러한 관점에서 볼 때 쇨세르의 유산 역시 보다 복합적으로 조명할 필요가 있다. 쇨세르의 동화주의나 노예제폐지론의 내적 구조만을 놓고 좁은 사상사적 맥락에서 그의 유산이 해방이냐 억압이냐를 따지는 것에는 한계가 있다. 이후 쇨세르의 해방과 동화주의는 식민지 주민들에 의해 폭넓게 전유되었기 때문이다. 동화주의의 정치적 함의는 지극히 복합적이었다. 동화주의가 반드시 해방을 담보하거나 식민지 특수주의가 항상 반동적인 것은 아니었다. 문제는 계속 변화하는 제국의 맥락과 구조 내에서 해방과 동화에 대한 요구가 어떻게 위치하느냐는 것이다. 같은 쇨세르식 동화주의라도 언제(1848년? 1884년? 1946년?) 어디에서(본국 의회에서? 식민지 노동운동에서?) 누가(서인도제도 주민들이? 알제리 백인들이? 알제리 원주민들이? 공화파 식민 관료들이?) 요구했느냐에 따라 그 의미가 천차만별이었던 것이다.

기본적으로 쇨세르의 기획은 프랑스혁명과 아이티 혁명의 전통을 되살려 공화주의와 접합시킴으로써 이후 프랑스 식민지 정치에서 보편적 시민권과 이에 기반한 동화주의를 핵심적 개념으로 만들었다. 보편적 시민권은 저 위에 있는 불변의 법칙이 아니라 보편성의 의미를 정의하기 위해 다양한 집단들이 투쟁하는 장(場)이었다. 한편으로 보자면 위에서 계속 강조했듯이 쇨세르식 동화주의는 이후 식민지 지배 이념으로 전환되었다. 쇨세르가 강조한 보편적 시민권은 식민지에 보편적으로 적용되기보다는 제국의 다종다양한 신민들 내에 새로운 위계질서를 낳았다.

그러나 동시에 쇨세르의 유산은 이후 시민권 개념을 고도로 정치화시켜 식민지인들이 싸울 수 있는 터전을 만들었다. 노동운동사나 사회경제사는 식민지의 시민권이나 참정권운동을 평가절하하는 경향이 있지만, 새로운 연구들은 실상 이후 식민지 노동운동에서 시민권 개념이 중심이 되었음을 보여 준다(Cooper 2005). 시민권은 기본적으로 '권리를 가질 권리'(the right to have rights)로서 다른 자원들에 대한 접근권을 요구할 수 있는 바탕이었다. 따라서 동등한 시민권을 통해 식민지인들은 법적 동화뿐만 아니라 사회경제적 측면에서 본국과의 형평성을 요구했다. 즉, 본국에서 시행된 노동이나 복지 정책을 식민지에 확대시키기를, 동시에 노예제나 강제노동처럼 본국에서 불가능한 일을 식민지에서 자행하는 일이 없기를 요구했던 것이다. 두 번에 걸쳐 공화국이 해방노예들에게 (원칙상이나마) 완전한 권리를 부여했다는 역사는 제3공화국이 무시할 수 없는 전통이자 압박이 되었다.

쇨세르의 유산은 20세기 탈식민화의 시대에 예상치 못한 모습으로 변모하여 나타나기도 했다. 탈식민주의 정치가이자 사상가였던 세제르는 당대의 주류 공화주의자나 노예제폐지론자들과도 종종 불화했던 쇨세르의 급진성을 또 다른 방식으로 전유했다. 쇨세르를 일종의 '예언자'로 간주했던 세제르는 1848년의 약속은 지나간 과거가 아니라 달성하지 못한 미래라고 천명했다. 그는 쇨세르로부터 영감을 받아 1946-1948년 구식민지들을 프랑스의 도로 통합하여 해외도(DOM)[22]로 만들기 위한 도통합안을 추진했다. 이는 식민지를 해외도로 통합하여 본국의 사회복지 및 노동 정책을 식민지로 확대시키는 한편, 식민지 독립 대신 프랑스 제국을 좀 더 민주적인 연방으로 안으로부터 재조직하기 위한 시도였다(Wilder 2009).[23]

---

22 지금은 département et région d'outre-mer(DROM)으로 바뀌었으며, 프랑스령 마르티니크, 과들루프, 레위니옹, 기아나, 마요트가 여기에 속한다.

23 세제르에 대해서는 권윤경(2015) 참조. 도통합안을 통해 세제르가 목표로 했던 것들은 대부분 실패로 돌아갔다. 프랑스연방안은 실패했고 본국과 식민지

따라서 필자는 식민지인들의 자유에 대한 열망은 서구적 자유 개념에 의해 표현될 수 없었다거나, 공화국이 주창한 보편적 자유는 식민지인들을 구속하는 '그릇된' 보편주의에 불과했다고 보는 일부 탈식민주의 연구자들의 관점에는 동의할 수 없다. 이는 전통과 근대, 서구와 비서구, 그리고 보편과 특수 사이의 오래된 이분법을 재생산한다. 앞에서 보았듯이 이후 식민지인들은 1848년의 보편적 수사를 전유하여 실질적 자유를 요구하며 공화국의 보편성을, 프랑스 국민국가와 제국의 의미를 재정의하고자 했다. 그것은 쇨세르의 기획이 '선물'한 것이 아니라 그의 동화주의를 다른 방식으로 전유한 식민지인들의 몫이었다.

오늘날 프랑스 사회에서 공화주의적 동화주의는 여전히 동화보다는 새로운 차별과 소외를 낳으며 실패를 노정하고 있다.[24] 이것이 (프랑스 지식인들이 종종 주장하듯) 공화주의의 보편적 원칙으로 돌아가서 다시 시작하는 것으로 해결될 문제일지는 의문이다. 그보다는 오히려 식민주의의 과거를 돌아봄으로써 통합하는 동시에 배제하는 공화주의의 동학을 해체하여 이해하고, 소외당한 시민들과 아울러 공화국의 의미를 재정의하는 것이 필요하지 않을까?

간의 불평등 역시 개선되지 않았다. 나중에 세제르는 도통합안이 통합이 아니라 분리와 열등성을 낳았다고 환멸을 토로했다. 여기서 길게 설명할 수는 없지만 도통합안 실패 역시 프랑스 공화주의의 자장 내에서 노정되었다.

24 현대 프랑스의 동화주의와 이주민 문제에 대해서는 박단의 단행본(2013)과 그 외 논문들 참조.

참고문헌

1) 쇨세르의 출판 저작들 및 관련 정부 간행물

1833. *De l'esclavage des noirs et de la législation coloniale*. Paris: Paulin.

1840. *Abolition de l'esclavage: Examen critique du préjugé contre la couleur des Africains et des sang-mêlé*. Paris: Pagnerre.

1842. *Des Colonies Françaises: Abolition immédiate de l'esclavage*. Paris: Pagnerre.

1842-45. *Colonies étrangères et Haïti, résultats de l'émancipation Anglaise*, 2 tomes. Paris: Pagnerre.

1846. *L'Egypte en 1845*. Paris: Pagnerre.

1847. *Histoire de l'esclavage pendant les deux dernières années*, 2 tomes. Paris: Pagnerre.

1848. *Abolition de l'esclavage: procès-verbaux, rapports et projets de décret de la commission instituée pour préparer l'acte d'abolition immédiate de l'esclavage*. Paris: Imp. Nat.

1849. *La vérité aux ouvriers et cultivateurs de la Martinique suivie des rapports, décrets, arrêtés, projets de lois et d'arrêtés concernant l'abolition immédiate de l'esclavage*. Paris: Pagnerre.

1880. *L'esclavage au Sénégal en 1880*. Paris: Librairie centrale des publications populaires.

1882. *Polémique Coloniale, 1871-1881*. Paris: Dentu.

1886. *Polémique Coloniale, 1882-1885*. Paris: Dentu.

1889. *Vie de Toussaint-Louverture*. Paris: Ollendorff.

2008[1948]. *Esclavage et colonisation*, textes choisis et présentés par Emile Tersen. Paris: PUF.

2) 관련 연구서

권윤경. 2012. 「부르주아-민주주의 혁명과 식민지: 프랑스혁명, 아이티 혁명, 다시 생각하는 혁명의 시대」. 『서양사론』 113호: 263-300.

______. 2014. 「노예제의 폭력, 노예혁명의 폭력: 아이티 혁명기 폭력의 성격에 대한 고찰, 1791-1804」. 『서양사론』 122호: 31-58.

______. 2015. 「탈식민화 시대에서 전지구화 시대로: 에메 세제르의 〈식민주의에 대한 담론〉과 포스트식민주의적 조건들」. 『서양사론』 127호: 199-226.

______. 2016. 「프랑스혁명사의 "전지구적 전환": 혁명사 연구의 새로운 방향에 대한 사학사적 고찰」. 『서양사연구』 54권: 33-68.

_______. 2017. 「노예해방과 시민권: 1848년 혁명과 빅토르 쇨셰르의 공화주의적 동화주의」. 『프랑스사연구』 37호: 71-105.

듀보이스, 로런트. 2014. 『아이티 혁명사: 식민지 독립전쟁과 노예해방』. 삼천리.

망스롱, 질, 우무상 역. 2013. 『프랑스 공화국 식민사 입문: 인권을 유린한 식민침탈』, 경북대학교출판부.

박단. 2013. 『프랑스 공화국과 이방인들』. 서강대학교출판부.

벅모스, 수잔. 2012. 『헤겔, 아이티, 보편사』. 문학동네.

스콧, 조앤 W. 공임순 외 역. 2006. 『페미니즘 위대한 역설: 프랑스 여성참정권 투쟁이 던진 세 가지 쟁점』. 앨피.

윌리웜스, 에릭, 김성균 역. 2014. 『자본주의와 노예제도』. 우물이있는집.

제임스, C. L. R., 우태정 역. 2007. 『블랙 자코뱅: 투생 루베르튀르와 아이티혁명』. 필맥.

헌트, 린, 조한욱 역. 1999. 『프랑스혁명의 가족 로망스』. 새물결.

Adélaïde-Merlande, Jacques. 1981. "La commission d'abolition de l'esclavage." *Bulletin de la société d'histoire de la Guadeloupe* 53-4: 3-34.

Bender, Thomas ed. 1992. *Antislavery Debate: Capitalism and Abolitionism as a Problem in Historical Interpretation*. Los Angeles: University of California Press.

Betts, Raymond. 1961. *Assimilation and Association in French Colonial Theory*. New York: Columbia University Press.

_______. 2005[1961]. *Assimilation and Association in French Colonial Theory, 1890-1914*. Lincoln: University of Nebraska Press.

Blackburn, Robin. 1988. *The Overthrow of Colonial Slavery, 1770-1848*. London and New York: Verso.

_______. 1997. *The Making of New World Slavery: From the Baroque to the Modern, 1492-1800*. London and New York: Verso.

_______. 2011. *The American Crucible: Slavery, Emancipation and Human Rights*. London: Verso.

Blanchard, Pascal, Nicolas Bancel and Françoise Vergès. 2003. *La République coloniale: essai sur une utopie*. Paris: Albin Michel.

Blérald, Alain-Philippe. 1988. "La problématique démocratique dans le discours abolitionniste de Victor Schoelcher: essai de philosophie politique." *Revue française de science politique* 38(2): 249-270.

Bongie, Chris. 2002. ""C'est du papier ou de l'Histoire en marche?": The Revolutionary Compromises of a Martiniquan homme de couleur Cyrille-Charles-

Auguste Bissette." *Nineteenth-Century Contexts* 23(4): 439-473.

Césaire, Aimé. 1945. "Hommage à Victor Schoelcher." *Tropiques, Revue Culturelle* 13-14: 229-243.

_______. 1976. *Oeuvre historique et politique*. Fort-de-France: Desormeaux.

_______. 2008[1948]. "Victor Schoelcher et l'abolition de l'esclavage." In *Esclavage et colonisation: par Victor Schoelcher*. Ed. Émile Tersen. Paris: PUF.

Conklin, Alice L. 1998. *A Mission to Civilize: The Republican Idea of Empire in France and West Africa 1895-1930*. Stanford: Stanford University Press.

Cooper, Frederick. 2005. *Colonialism in Question: Theory, Knowledge, History*. Berkeley: University of California Press.

_______. 2015. *Citizenship between Empire and Nation*. Princeton: Princeton University Press.

_______, Rebecca Scott and Thomas Holt. 2000. *Beyond Slavery: Explorations of Race, Labor, and Citizenship in Postemancipation Societies*. Chapel Hill: University of North Carolina Press.

Dorigny, Marcel ed. 1995. *Les abolitions de l'esclavage de L. F. Sonthonax Schoelcher*. Paris: Presses Universitaires de Vincennes and Éditions UNESCO.

Dubois, Laurent. 1999. "L'abolitionnisme de Victor Schoelcher, un humanisme mâtiné de colonialisme et de moralisme." *Cahiers d'Histoire* 44(3): 415-432.

_______. 1999. "Les quatre vieilles colonies: la dialectique de l'assimilation et du principe de la départementalisation chez Victor Schoelcher." *Esclavage, résistances et abolitions*. Edited by Marcel Dorigny. Paris: CTHS.

_______. 2000. "La République Métissée: Citizenship, Colonialism, and the Borders of French History." *Cultural Studies* 14(1): 15-34.

_______. 2000. "Republican Antiracism and Racism: A Caribbean Genealogy Dubois." *French Politics, Culture and Society* 18(3): 5-17.

_______. 2000. *Victor Schœlcher, abolitionniste et républicain: approche juridique et politique de l'œuvre d'un fondateur de la république*. Paris: Karthala.

_______. 2012. *Haiti: The Aftershock of History*. New York: Metropolitan Books.

Girollet, Anne. 1998. "La politique coloniale e la IIe République: un assimilationnisme modéré." *Revue française d'histoire d'outre-mer* 85: 71-83.

Holt, Thomas C. 1992. *The Problem of Freedom: Race, Labor, and Politics in Jamaica and Britain, 1832-1938*. Baltimore: JHU Press.

Jennings, Lawrence. 2000. *French Antislavery: The Movement for the Abolition of Slavery in France, 1802-1848*. Cambridge and New York: Cambridge University Press.

Leroy-Beaulieu, Paul. 1874. *De la colonisation chez les peuples modernes*. Paris: Guillaumin et cie.

Motylewski, Patricia. 1998. *La Société française pour l'abolition de l'esclavage*. Paris: L'Harmattan.

Nesbitt, Nick. 2013. "Victor Schoelcher, Tocqueville, and the Abolition of Slavery." *Caribbean Critique: Antillean Critical Theory from Toussaint to Glissant*. Liverpool: Liverpool University Press.

Peterson, Derek R. ed. 2010. *Abolitionism and Imperialism in Britain, Africa and the Atlantic*. Athens, OH: Ohio University Press.

Pitts, Jennifer. 2011. "Republicanism, Liberalism, and Empire in Postrevolutionary France." In *Empire and Modern Political Thought*. Ed. Sankar Muthu. Cambridge: Cambridge University Press.

Régent, Frédéric. 2007. *La France et ses esclaves, de la colonisation aux abolitions*. Paris: Grasset.

Rosanvallon, Pierre. 2001. *Le sacre du citoyens: Histoire du suffrage universel en France*. Paris: Folio.

Sainville, Léonard. 1950. *Victor Schoelcher, 1804-1893*, Paris: Fasquelle.

Schmidt, Nelly. 1994. *Victor Schœlcher et l'abolition de l'esclavage*. Paris: Fayard.

_______. 1998. "1848 dans les colonies française des Caraïbes: ambitions républicaines et ordre colonial." *Revue française d'histoire d'outre-mer* 85(3): 33-69.

_______. 1999. *Victor Schoelcher en son temps*. Paris: Maisonneuve et Larose.

_______. 2000. *Abolitionnistes de l'esclavage et réformateurs des colonies, 1820-1851: analyse et documents*. Paris: Karthala.

_______. 2003. "The Drafting of the 1848 Decrees." In *The Abolitions of Slavery*. Ed. Marcel Dorigny. New York: Berghahn Books; Paris: UNESCO.

Tomich, Dale. 2008. "Thinking the "Unthinkable": Victor Schoelcher and Haiti." *Review* (Fernand Braudel Center) 31(3): 401-431.

Urban, Yerri. 2015. "La longue genèse de la citoyenneté dans le second Empire colonial 1798-1898." *La Révolution française* [En ligne], 9, mis en ligne le, Consulté le 24 octobre 2016. http://lrf.revues.org/1460(검색일: 2018. 06. 01).

Vergès, Françoise. 1999. *Monsters and Revolutionaries: Colonial Family Romance and*

Métissage. Durham and London: Duke University Press.

_______. 2001. *Abolir l'esclavage: une utopie coloniale, les ambiguïtés d'une politique humanitaire*. Paris: Albin Michel.

_______. 2009. "Untimely Vision: Aimé Césaire, Decolonization, Utopia." *Public Culture* 21(1): 101-140.

Wilder, Gary. 2005. *The French Imperial Nation-State: Negritude and Colonial Humanism between the Two World Wars*. Chicago: University of Chicago Press.

Wood, Marcus. 2010. *The Horrible Gift of Freedom: Atlantic Slavery and the Representation of Emancipation*. Athens, GA: University of Georgia Press.

7

밀에 나타난 관리형 제국통치

이병택

I. 밀의 자유주의와 역사철학

존 스튜어트 밀(John Stuart Mill)은 진지한 자유주의자이면서도 인도를 식민지로 통치한 동인도회사에서 30년 이상을 성실하게 일하였다. 동인도회사가 1858년 세포이반란으로 의회에 식민지 통치를 넘겨준 후에 회사는 그가 동인도회사에서 한 공헌의 보답으로 상당량의 사례금을 지급하였다. 밀은 동인도회사에서 일하면서 능력을 인정받은 아버지 제임스(James Mill)의 후원으로 17살에 입사하여 일을 배웠다. 제임스 밀은 『영국령 인도의 역사(*The History of British India*)』(1871)를 저술함으로써 상당한 인정을 받아 동인도회사에 고용되었다. 이 방대한 저작으로 그는 "보통 잘못이해된"(commonly misunderstood) 인도의 상태에 대한 인식을 바꾸어 놓고자 했다(James Mill 1826, 2). 그는 1권 제1책에서 동인도회사의 역사를 개괄하고 있으며 제2책부터 인도인의 역사를 정리한다. 제2책의 첫 번째 두 단어가 "야만적 민족들"(Rude nations)로 시작한다는 점은 대단히 이채롭다. 그는 근대의 진보(progress) 역사관의 입장에서 인도의 역사를 개관하고 정부형태, 법, 세금, 종교, 매너를 중심으로 그 사회상태를 평가하고 있다. 그는 인도의 역사를 근대적 시각에서 분석함으로써 유럽의 탐구자들이 지금까지 정신적 수준이 높은 나라로서 인도인에 대해 보낸 "특별한 존경"(particular respect)을 회수하고 있는 것이다(James Mill 1826, 135). 방대한 자료를 섭렵했을 뿐 아니라 그 자료를 근대역사학의 성과에 바탕해서 분석했다는 점에서 그 책은 아마도 아들인 존 스튜어트 밀에게 큰 영향을 끼쳤을 것이라고 생각된다.[1]

서구가 근대를 경험하고 사회를 보는 변화된 시각으로 다른 나라를 보기 시작하였고, 이렇게 바뀐 시각에서 제임스 밀은 인도를 설명한다. 예를 들어 법과 관련해서 그는 서구의 법 질서 관점에서 힌두법의 결점을 본다. 그는 정의 배분의 영역이 도덕이나 관습으로부터 분리되어 있지 않으며, 시민법과 형법이 구별되지 않는다는 지적으로부터 힌두법을 평가한다. 그러한 점들로부터 그는 인도인들이 '야만적'이고 '무지한' 민족임을 드러내고 있다. 오늘날에도 일상적으로 통용되는 문명사적 관점에 대해 왈가왈부할 필요는 없을 것이다. 비교하는 행위가 인간의 자연스러운 행위임을 부정할 사람은 별로 없으리라 본다. 그러나 서구 근대가 가진 독특한 점은 문명의 우위를 주장한다는 데 있는 것이 아니라 진보의 관점을 역사철학으로 내세운다는 것에 있을 것이다. 진보는 역사의 법칙인 셈이다. 자유주의자인 존 스튜어트 밀도 19세기의 진보에 기초한 역사철학을 받아들였다. 법칙은 대단히 기묘한 존재처럼 보인다. 한편으로는 진보가 역사의 법칙이라면 진보를 재촉하는 인간의 행위가 필요 없을 것처럼 보이기도 한다. 그러나 다른 한편으로 법칙이란

1 밀의 문명론적 역사관은 필자가 이해하는 한 그의 아버지 제임스 밀의 견해를 그대로 받아들이고 있다고 생각된다.

말은 사람들에게 그 길로 가도록 강제하는 위협용으로 흔히 사용되었다. 흥미로운 것은 어느 누구보다도 밀은 "진보로 가는 지름길"(shortcuts to progress)을 찾는 데 열심이었다는 점이다(Varouxakis 2013, 154). 근대의 과학적 필연의 관념에서 볼 때 법칙과 인간의 열심은 분명 서로 잘 어울리는 짝은 아닌 것 같지만 말이다.

자유주의자로서 밀의 문명사관이 잘 드러나는 글은 1859년 발표된 「비개입에 대한 몇 마디 말(A Few Words on Non-Intervention)」이다. 여기서 그는 국익을 매개로 한 담론이 다른 나라 사람들에게 미칠 수 있는 오해, 즉 영국인의 협소함에 대한 인상을 지적한다. 그래서 이익의 담론을 넘어서 자유의 확산에 기초한 문명사적 담론을 도덕적으로 정당화하고자 한다. 그는 문명국과 문명국의 관계에 적용되는 규칙과 문명국과 비문명국의 관계에 적용되는 규칙은 달라야 한다고 한다. 서로 다른 상황에 동일한 규칙을 적용할 수 없다는 말이다. 무엇보다도 일상적인 국제관계는 상호성에 따른다. 그러나 비문명인은 그 규칙을 준수하리라 믿을 수가 없다. 문명화되지 못한 마음은 그 정도의 노력을 할 정도가 못 되고, 그들의 의지는 즉각적인 동기가 아닌 먼 미래의 동기에 종속되기에 충분하지 않다. 둘째, 아직 야만적인 민족들(nations)은 정복되어 외부인들에게 복속되는 것이 더 혜택이 될 것이다. 그들은 독립이 혜택이 될 수 있는 시간의 한계를 넘어서지 못했다. 그들에게는 문명국에 있어 진보의 핵심적 요소가 되는 '독립'과 '민족성'(nationality)은 도움을 주기보다는 방해가 된다. 그들에게 독립과 민족성은 악이거나 혹은 적어도 의심스러운 재화(questionable good)이다. 구체적 예로 밀은 골(Gaul) 민족이나 스페인이 로마제국의 일부분이 되지 않은 것이 더 나았겠느냐고 반문한다(Mill 1984, 118-119).

사실 필자에게 다소 충격적인 부분은 밀의 문명사에 대한 견해라기보다는 그에게서 드러나는 확신에 찬 어조에 있다. 1850년대 중반에 그는 동인도회사로부터 휴가를 내어 방문한 시라큐스섬 시실리 항구에서 아내에게 다음과 같은, 즉 아테네가 시라큐스(Syracuse) 원정에서 승리했거나 혹은 최소한 자유가 강했던 아테네가 유지될 수 있었다면 인류는 지금보다 "천 년 이상 더 진보했을" 것이라는 소감을 적어 편지를 보냈다(Varouxakis 2013, 101-102). 밀은 비록 가정의 용법으로 말한 것이지만 그의 가정에는 일반적인 추론으로는 도달할 수 없는 확신이 들어가 있다. 로마인의 지배에 대한 흄(David Hume)의 기술은 좋은 비교의 준거가 될 수 있다. 흄은 때로 정복자 로마인의 관대함(generosity)에 대해 언급한다. 그러나 로마제국에서 일어났던 "군사적 폭정"(military despotism)은 사람들의 "기백"(genius)을 침잠시켰고 과학과 덕성의 고상한 원리를 파괴했다고 말한다(Hume 1983, 160). 대체로 흄의 추론은 우리의 일상적인 것 이상을 크게 벗어나지 않는 반면에 밀의 추론은 일상적인 수준에서 받아들이기 힘든 강력한 확신의 주장으로 연결되고 있다. 무엇이 그에게 그토록 큰 추론의 확신을 주는 것인지는 앞으로 밝혀져야 할 사안임에 틀림없다.

문명과 비문명에 대한 강력한 구분은 밀이 주장하는 "자기결정"(self-determination)에 대한 원리를 의심스럽게 만든다. 월저(Michael Walzer)는 그를 자기결정 혹은 자력 원리의 아이콘으로 간주한다. 그 원리를 월저는 "공동적 자율성(communal autonomy)을 인정하고 지지하도록 항상 행동하라"는 말로 표현한다(Walzer 1977, 90). 여기에 문명과 야만의 구분을 접합하면 유보조항이 붙게 된다. 즉 야만적인 민족에는 자기결정의 권리가 인정되지 않는다. 여기서 흥미로운 점은 밀이 말하는 나라의 경계에 대한 생각이다. 그에 따르면, "문명의 나라는 야만적 이웃들을 가지지 않을 수 없다"(Mill 1984, 119). 그리고 영국 정부와 인도 현지 국가들의 관계가 여기에 해당한다. 그에게 있어 나라의 경계는 영토적 경계와 다른 것임에 틀림없다. 그 관계의 변천에 대한 역사를 다음과 같이 밀의 입을 통해 듣는 것은 나름 의미가 있을 것이다.

문명국이 야만적 이웃들에 대해 수비자세, 즉 침략에 대한 단순한 저항의 자세로 항상 있을 수는 없다. 일정 정도 참고 난 이후에는 문명국이 야만적 이웃을 정복하거나 혹은 야만적 나라가 의존상태가 될 정도로 큰 권위를 발휘하게 된다. 그런 때가 되면 야만적 나라는 더 이상 대적할 수 없게 되고 문명국은 그들의 정부를 세우거나 끌어내리는 일에 많은 관여를 하게 된다. 이렇게 되면 그들은 의존하는 습관에 빠져들게 되고, 문명국은 그들에게서 허용한 모든 악에 대해 도덕적으로 책임을 지게 된다. 영국 정부는 점유의 안정을 위해 인도 현지 국가들의 군사적 힘을 무력화시켰다. 그러나 현지의 폭군적 정부는 군사적 힘에 의해서만 존재할 수 있다. 그래서 우리[영국]가 빼앗은 군사적 힘 대신에 우리는 사정의 필요에 의해서 우리의 군사적 힘을 제공하지 않을 수 없게 된다. 그러나 그들에게 큰 군사를 처분하게 할 수 있게 하기 위해서는 우리가 그들의 처분에 맡겨지게 되고, 그들은 사실상 우리를 그 나라의 주인으로 만들 만큼 많은 무기를 받게 된다. 그래서 우리는 무력을 바깥과 내부의 적들에 대항해서 군주를 보호하는 데 사용하도록 한정했지만, 문명국의 보호를 확신한 폭군은 내부의 반란과 외부의 정복을 더 이상 두려워하지 않게 되었다. 아시아적 폭군을 제약했던 두 가지 요소가 사라지자 그는 억압하거나 갈취하는 데 군사를 사용했다(Mill 1984, 119-120). 그리고 이제 이러한 문제를 해결하기 위한 영국의 시도와 굴절에 대한 이야기가 진행된다.

위와 같은 밀의 논의는 식민지를 맡고 있는 관리의 입장에서 대단히 설득력 있어 보인다. 특히 식민지의 통치에 관여하고 난 이후에 발생하는 일에 계속 개입하지 않을 수밖에 없는 이유를 그는 그 이하의 논의에서 대단히 솔직하게 밝히고 있다. 다만 내용적으로 '침략'의 주체가 야만적 나라인지에 대해서는 논쟁의 대상이 될 법하다. 그리고 밀이 도덕적인 책임을 운운하는 장면에서는 자유주의자에서 흔히 나타나는 순진함(naiveté)까지 보인다. 굳이 슈미트(Carl Schmitt)의 분개를 들지 않더라도 밀이 대단히 진지하게 이익의 관점이 아니라 도덕의 관점에서 정당화를 시도한다는 점을 오롯이 받아들이는 것은 쉽지 않다. 이러한 관점의 대비는 유독 밀의 당대뿐 아니라 오늘날에도 지속되고 있는 것이라 생각된다.

책임에 대한 법적인 관점도 때로는 혼란스러워 보인다. 가령 이웃집에 불이 났는데, 가만히 보고만 있는 경우와 도움을 주기 위해 그 일에 개입하는 경우를 생각해 보자. 법의 관점에서 보면 방관의 경우에 책임을 물을 근거가 없다. 반면 그 일에 개입해서 활동하다 부주의나 잘못을 할 경우에는 그 책임을 질 것이다. 이와 비슷한 사례로, 아기의 분만에 개입을 하지 않아 문제가 발생하더라도 그 사람은 방관의 사유로 책임을 추궁당하지 않을 것이다. 반면에 일단 분만에 개입을 한 이후부터 생기는 일에 대해 개입한 사람은 어떠한 식으로든 책임을 면할 수 없을 것이다. 도덕적 관점에서 위와 같은 책임 묻기는 부조리하거나 심지어 불의한 것으로 보일 수도 있다. 어떻게 적극적으로 남을 위해 헌신한 사람이 방관한 사람이 면하는 책임을 져야 하는 것인지 그 이유를 발견하기는 쉽지 않기 때문이다. 그러나 대부분의 경우에 사고의 혼란은 방관과 개입의 비교에서 발생할 것이라고 생각된다. 비교의 행위가 없다면 그럭저럭 법적인 결론을 받아들이는 데 별다른 이의가 없을 것이다. 왜냐하면 이기적인 동기에 의해 개입을 하지 않든, 능력의 부족으로 개입을 하지 않든, 아니면 그 이외의 다른 원인에서든 이웃의 헌신을 요구할 권리가 우리에게는 없기 때문이다. 반면에 어떠한 이유에서든 개입을 하게 되면 그 일에 과도하게 개입을 해서 문제가 발생하든 아니면 소홀로 인해 문제가 발생하든 그 문제가 된 부분에 대해 책임을 지는 것이 당연해 보인다. 그렇기 때문에 우리가 겪는 사고의 혼란은 비교로부터 발생하는 것이 아닌가 생각하게 된다. 그러나 이 문제가 실로 혼란스러운 경우도 있다. 가령 사건을 취재하는 기자처럼 직업상 개입보다는 중립의 입장이 요구되기도 한다. 그러나 취재 대상에 극도의 도움이 요구되는 상황에서 중립의 자세가 바른 것이냐는 점은 때때로 법적인 책임은 아닐지라도 도덕적인 의문을 남긴다.

「비개입에 대한 몇 마디 말」에 나타난 밀의 관점은 전반적으로 일방적인 측면이 상당히 보이기는 하나 그가 제기하는 문제는 생각을 요구하는 것임에는 틀림이 없다. 여러 가지 핑계로 다른 사람의 일에 일일이 간섭하는 것도 문제지만 자기의 일이 아님을 내세워 방임하는 것 또한 문제이기 때문이다. 그렇기 때문에 그가 근대국가관계의 교리로 간주된 비개입의 원칙에 대한 예외를 논한 것은 대단히 의미 있다. 예외 없는 규칙은 없다는 말이 절로 생각나는 대목이다. 여기서 밀은 특정 나라의 억압적 지배가 다른 나라의 도움으로 지탱되고 있을 경우에는 그 억압을 벗어던지려는 쪽을 돕는 것은 정당하다는 입장을 피력한다. 이것은 비개입의 교리를 폐기하는 것이 아니라 오히려 그 교리의 연장선상에 있다. 즉 "비개입을 강제하는 권리"(right to enforce non-intervention)인 것이다. 때로는 이 개입이 신중하지 못한 것이 될 수 있지만, 이 개입은 항상 옳은 것이며 도덕적인 것이라고 밀은 강조한다(Mill 1984, 123). 제2차 세계대전 이후 전범을 처벌하는 과정을 통해 개입주의는 사례에 따른 성공 여부와는 별개로 국제사회에서 의미 있는 정책으로 자리매김되었다. 반면에 식민지 상태의 나라들이 제국주의로부터 해방되고자 하는 열의는 문명국에 의한 식민지인을 위한 점진적 계몽의 주장이 허위적이었음을 보여 주기에 충분했다.

밀의 자유주의적 제국 정책은 진보에 대한 믿음을 가진 역사철학을 고려하지 않고서는 상상하기 어렵다. 진보는 그 대립항으로 있는 정체의 관념을 떠올리게 한다. 진보와 정체의 관념은 근대성을 규정하는 데 핵심적 관념으로 자리한다. 밀이 진보를 믿었다는 것이 놀랍지는 않다. 그것은 그 당시의 지배적인 믿음이었기 때문이다. 물론 시대에 앞서 급진적 생각을 못했다는 비난 아닌 비판은 가할 수 있을지 모르겠다. 오히려 필자를 놀라게 하는 것은 밀이 문명과 힘(권력)의 관계에 대해 지나치게 순진한 생각을 하는 것 아닌지 하는 점이다. 문명을 지키기 위해서는 힘이 필요하다. 힘이 없는 문명은 곧 외부세력에 의해 잠식될 수 있기 때문이다. 그러나 문명국이 힘을 추구하는 것과 야만민족들이 힘을 추구하는 것에는 어떠한 차이가 있는지 묻지 않을 수 없다. 제1차 대전과 제2차 대전의 주요한 원인은 야만민족들에 있었던 것이 아니라 문명국들 간의 힘겨룸에 있었던 것이 아닌가. 바꾸어 말하면 밀은 힘의 순화에 대해 소박한 생각을 가진 것은 아닐지 모르겠다. 권력은 부패하는 경향이 있다는 말은 문명국과 비문명국의 구분을 넘어 적용되는 것은 아닐까. 동인도회사에 대해 비판적이었던 애덤 스미스(Adam Smith)와 그 회사를 옹호했던 밀의 차이는 어쩌면 밀의 사고에 포함된 독단적 성격을 어느 정도 드러낸다고 생각한다.[2] 동인도회사에 대한 밀의 옹호가 단

2 애덤 스미스는 『국부론』의 식민지 장에서 길게 동인도회사에 대한 논의를 전개한다. 독점이 갖는 폐해를 논한 후에 그는 동인도회사가 실제 운영되는 방식에도 문제가 있음을 설명한다. "행정부의 직원들이 자신을 위한 장사를 하더라도 그것을 제지할 방법이 없다. 그들의 개인적 장사는 회사의 공적 무역보다 더 광범위하고 더 유해하다"(스미스 2007, 787). 또한 "직원들의 이익은 그 회사의 진정한 이익과 다르며, 그 나라의 이익과도 일치하지 않는다." 여기에 대해 그는 다음 설명을 덧붙인다. "그들이 처한 지위의 특성상 직원들은 통치하는 나라의 이익을 희생시키면서 자신의 이익을 엄중히 옹호하는 경향이 있는데, 이것은 그들의 고용주들이 자기들의 이익을 옹호하는 경향보다 더 강하다. 인도는 고용주들의 것이기 때문에, 고용주들은 자신이 소유하고 있는 것[즉, 인도]의 이익을 고려하지 않을 수 없다. 그 나라는 직원들의 것이 아니다. 따라서 고용주들의 진정한 이익은 [만일 그들이 이런 이익의 성격을 이해할 능력이 있다

순히 그의 직업적 태도였다고 한다면 복잡한 논의가 필요없을 것이다.

II. 동인도회사의 통치

영국 의회는 인도 문제와 관련해 동인도회사를 통한 위임통치에서 의회의 직접통치로 전환하고자 하였다. 이에 인도 문제의 처리를 위한 상원의 특별위원회를 열어 동인도회사의 활동에 대해 전반적인 질의를 하였다. 밀은 1852년 6월 21일과 22일에 걸쳐 상기 위원회의 질의에 대해 답변을 하였다. 영국 의회의 직접통치 안이 진행되는 동안 1857년 세포

면] 그 나라의 이익과 일치한다. 그러나 주로 무지 때문에, 그리고 비루한 상인들의 편견 때문에, 고용주들은 그 나라의 이익을 억누르고 있는 것이다. 그러나 직원들의 실질적 이익은 결코 그 나라의 이익과 일치하지 않고, 가장 완전히 이해한다 하더라도 억압을 중단하려고 하지 않을 것이다. 따라서 유럽에서 발송된 훈령은 종종 빈약한 것이었지만 그 의도는 대부분 좋았다. 인도의 직원들이 만든 규제는 때때로 지능은 뛰어나지만 의도는 덜 좋은 것이었다. 행정부 직원들은 인도를 떠나려 하고, 따라서 가능한 한 빨리 정부의 일로부터 손을 떼려고 한다. 그리고 모든 재산을 챙겨 그 나라를 떠난 다음 날 그 나라 전체가 지진 때문에 파멸하더라도 그들은 전혀 관심이 없다"(스미스 2007, 788-789). 여기서 그가 비판하는 것은 직원들의 성품과 인격에 있는 것이 아니라 통치제도(system of government)에 있음을 강조한다. 사실상 밀은 문명론에 입각해서 동인도회사의 통치제도를 옹호하는 어려운 역할을 맡은 것이다. 스미스와 밀의 차이가 각각 18세기와 19세기 영국의 사상적 조류를 나타내는 것이라면, 프랑스의 경우에는 문명화론이 영국보다 뒤늦게 나타났다. 밀과 교제를 했던 토크빌은 영국과의 지속적인 경쟁관계 속에서 "프랑스의 국제적 명성과 지위를 잃지 않을까 하는 두려움" 때문에 밀의 문명화론을 비판하면서 군사주의와 제국주의적 팽창을 지지했다. 이러한 토크빌의 입장을 홍태영은 "제국적 공화국"이란 말로 풀어낸다. 이에 대해서는 이 책의 5장, 그리고 밀과 토크빌의 제국주의에 대한 논쟁은 서병훈(2012) 참조.

이항쟁이 발생하는데, 이를 계기로 1858년 동인도회사의 통치는 끝나고 의회가 직접통치하게 된다. 17세에 동인도회사에 입사한 밀은 42세에 의회의 특별위원회에서 답변을 했다. 이 시기는 그가 자신의 직업의식에 대한 독자적인 입장을 확립한 후였다고 할 수 있다. 밀이 맡은 일은 급송문서(dispatch)를 검토하고 그에 대한 답변의 서신 초안을 마련하는 일이었다. 그는 동인도회사가 폐지되기 2년 전에 조사관으로 임명되었고 정치적 기능을 담당하던 동인도회사가 폐지된 후 은퇴를 하였다.

우선 의회의 질문자는 인도 통치에 의회의 직접개입이 가져올 결과에 대한 밀의 의견을 묻는다. 이 질문에 대해 그는 예상되는 좋은 결과는 얼마 안 될 것이고, 나쁜 결과는 많을 것이라 대답한다. 그의 답변은 여론이 나라별로 다를 수밖에 없다는 점, 한 나라의 여론은 다른 나라에 대한 이해와 관심이 부족할 수밖에 없다는 점에 기초해서 이루어진다.

> 한 나라의 여론은 다른 나라의 좋은 통치를 위한 보증이 거의 되지 못한다. 한 나라의 인민은, 이 나라의 공적인 권위들에 의해 대표되든 아니면 국민 자체에 의해 대표되든, 다른 나라의 정황이나 이익에 대해 자신들의 정황이나 이익에 대해 가지는 것만큼 익숙하게 알 수 없다. 어떠한 나라라도 좋은 통치의 큰 보증은 개명된 여론이다. 그러나 개명되지 못한 여론은 좋은 통치의 보증이 되지 못한다. 영국의 인민은 인도의 인민이나 정황에 익숙하지 못하거나 대단히 불충분하게 알고 있어서, 나는 이 나라[영국]의 여론이 인도의 정부에 미치는 영향이 거의 가치가 없다고 우려한다. 왜냐하면 여론이 실제로 사용된 사례가 거의 없기 때문이다. 그리고 여론이 사용될 때는 인도 인민의 이익으로부터 나온 것이라기보다는 주로 인도와 관계된 유럽인들의 이익으로부터 나온 충동에 의한 것이다.(Mill 1990, 33-34)

특정 나라의 개명된 여론은 좋은 통치를 보증하는 것이지만, 개명되지 않은 여론은 그러한 보증이 되지 못한다. 영국민들은 인도인과 인도의 정황들에 대해 익숙하지 않으며 관심도 없기 때문에 영국인의 여론은 인도의 문제를 다루는 데 별 가치가 없다. 그리고 여론을 들먹이는 일은 대체로 인도인들의 이해관계가 아니라 유럽인들의 이해관계로부터 나온 것이다. 위와 같은 점에서 보면 밀은 특정한 나라가 다른 나라를 통치하는 데 있어서의 한계를 분명하게 인정한다. 즉 한 나라가 다른 나라를 잘 통치하고자 하는 데 이해관계를 가진 정부를 형성한다는 것은 거의 불가능에 가깝다. 그래서 밀은 차선책으로 나쁜 통치에 가능한 가장 적은 이해관계를 갖는 통치기관을 제안한다(Mill 1990, 36).

위와 같은 밀의 주장은 인간본성의 제한성에 대한 솔직한 고백으로 간주할 수 있다. 친숙함이 결여된 통치가 갖는 불의성에 대한 주장은 고전적 공화주의가 유지했던 신념으로, 지구촌의 이념이 일반화된 오늘날에도 여전히 일정 부분 타당성이 있는 입장이라고 생각된다. 그러나 한 가지 의문점이 남을 것이다. 한 나라가 다른 나라를 통치하는 일이 결국 선의(good will)에 기초한 것이 아니라면, 왜 구태여 그러한 통치를 하려 하고 더욱이 유지하려고 하는가? 식민지 통치의 아픈 경험을 가진 사람들에게는 그러한 통치가 도저히 규범적으로 받아들여질 수 없다. 이러한 질문에 대해 밀은 결코 규범적인 답변을 할 의향이 없을 것이다. 왜냐하면 그러한 주장이 전제하는 것들 또한 그의 사상적 측면에서 볼 때는 의심스러운 것으로 나타나기 때문이다. 가령 그의 『자유론』 첫 부분에서 논하듯이 영국의 역사는 강자의 억압으로부터 자유로워지기 위한 권리의 보호로부터 시작해서 각각의 역사적 과정에 나타나는 여러 가지 억압으로부터의 자유가 전개된다. 물론 그 책의 가장 큰 주제는 개인을 일률적으로 만드는 경향이 있는 그 당시의 '사회'에 대한 비판이다. 더 중요하게는 철학적으로 보면 그의 논지는 '의지'(will)에 따른 칸트적인 세계해석을 비판하면서 '욕구'(desire)에 따른 세계해석을 제안한다. 『공리주의』에서 그는 벤담(Jeremy Bentham)과는 달리 인간의 욕구에도 저급한 것과 고상한 것이 있다는 점을 강조하여 욕구의 계서를 인정함으로써 통치를 벤담과 달리 볼 여지를 제공했다. 어쨌거나 선의에 기초한 행위규칙을 주장하는 일은 그의 역사해석과 인간본성에 대한 해석이 비판하는 바로 그런 주장이 될 것이다. 오히려 가장 큰 문제는 국내정치에 대한 밀의 사상이 국제관계를 보는 데도 그대로 적용되느냐에 있다.[3] 그러나 앞에서 보았듯이 큰 사고의 틀에서 그는 계몽의 관점을 벗어났다고 보기 힘들다.

밀의 식민지 통치에 대한 견해를 이해하기 위해서는 인간본성의 제한성 논제에 덧붙여 특정한 인민이 처해 있는 상황에 대한 그의 고려를 이해할 필요가 있다. 그는 인도 식민지를 대영제국 내에서 영국인들이 거주하는 캐나다, 호주, 뉴질랜드 식민지 등과 다른 사례로 간주한다. 이것을 인도 식민지 통치의 특수성 논제라고 부를 수 있겠다. 인도 통치

3 비트에 의하면, 밀의 역사철학은 대영제국과 인도 사이의 불평등한 권력관계에 대한 경험치적 증거(empirical experience)를 도덕적으로 정당화하려는 시도의 산물이다. 그리고 밀이 가진 문명의 차이에 따른 식민 통치의 사고를 가능하게 한 조건으로서 그는 "국내적인 것"과 "국제적인 것"의 분리를 당연하게 받아들였을 것이라 비트는 주장한다(Beate 2005, 613-614). 그 당시 서구의 전반적인 학문경향을 고려하면 밀이 서구문명우위론을 암묵적이나마 그대로 수용했을 것이라는 추론이 자연스럽지 않을까 생각한다. 이러한 평은 그의 지적인 해이를 비판하는 데 의의가 있는 것이 아니라, 그러한 분위기가 그 당시 압도적이었음을 지적하는 데 의미가 있다. 심지어 오늘날 정치적 자유주의를 주장하는 롤스(John Rawls)도 기본적으로는 문명과 비문명의 구분에서 국제관계를 본다고 할 수 있다. 그렇기 때문에 밀의 제국주의 사상을 비판하는 데 열을 올리기보다는 문명론적 사고방식을 수정하거나 대체할 수 있는 다른 사고방식이 있는지에 대해 진지하게 질문하는 것이 더 생산적이라고 생각된다.

의 기구가 캐나다, 호주 등 대영제국의 의존정치체(dependencies)와 달리 구성되어야 할 필요가 있게 하는 특별한 정황들이 있는지에 관한 질문에 대해 밀은 아래와 같이 답변한다.

> 나는 대단히 중요한 차이들이 있다고 생각합니다. 주요하게 두 가지를 지적할 수 있습니다. 먼저 인도는 특이한 나라입니다. 사회와 문명의 상태, 인민들의 성격과 습관들, 그리고 인민들 사이에 수립된 사적·공적 권리들은 이 나라[영국]에서 알려져 있고 인정되는 것과는 완전히 다릅니다. 사실상 인도를 연구하는 일은 법이나 약학만큼이나 전문적인 일이어야 합니다. 대영국의 다른 의존정치체들에서 인민들은 대다수 영국인이고, 그래서 영국의 인민을 다루는 데 적합한 사람이면 그곳에서 그들을 다루는 데도 적합합니다. 그러나 인도의 경우에 있어서는 세상에서 가장 큰 지식과 가장 함양된 마음을 가진 사람을 총독으로 파견한다고 할지라도, 그는 여전히 더 배워야 할 견습생에 불과할 것입니다. 그렇기 때문에 아래와 같은 점이 핵심입니다. 즉 인도의 행정은 하위직에서 훈련을 받았고 인도를 말하자면 전문적으로 연구해 온 사람이 수행해야 하는 것입니다. 이에 못지않게 중요한 두 번째 고려사항은 인도의 공중은 그들 자신의 정부에 조력할 능력이 없다는 점입니다. 그들은 이 나라[영국]의 인민들에게 효과적으로 호소할 수 있는 상태에 있지도 않습니다. 그들은 이 나라의 인민과 심지어 의회와 같이 인도와 아주 다르거나 인도를 잘 모르는 사람들이 인도의 정황이나 이익 그리고 불만을 알 수 있게 이해시킬 수 없습니다. 영국에서 인도와 관련된 주제에 대한 토론이 있다고 한다면, 그것은 기껏해야 인도의 인민을 대표하는 사람에 의해서가 아니라, 인도 인민의 이익에 주안점을 두기보다는 인도에 다른 사적인 이익이나 연줄을 가진 사람들로서 영국의 공중만큼이나 인도의 인민이나 이익에 대해 전반적으로 거의 무지한 사람들에 의해 진행됩

니다. 따라서 이 나라[영국]와 그 의존정치체들과 달리 좋은 통치—공적 토론—를 위한 보증이 인도를 위해 존재하지 않기 때문에, 필수불가결한 의견들의 토론과 대항을 확보하는 유일한 수단은 통치체 자체에서 제공됩니다. 인민이 대부분 영국인인 식민지들은 대개 영국민들로 구성된 대표체가 있어 토론의 충분한 수단을 가지고 있으며, 만일 그들이 현지 정부의 행위에 의해 괴롭힘을 당하고 있다고 생각한다면 이러한 수단을 통해 본국에 호소할 수 있습니다. 그리고 그러한 호소가 이루질 때 이 나라의 인민은 종종 식민지의 사태에 대해 대단히 잘못된 정보를 갖고 있더라도 인도의 경우보다는 그 사태에 대해 훨씬 더 잘 판단할 능력이 있습니다.(Mill 1990, 49-50)

인도의 특수성과 관련해서 밀의 논의는 두 가지로 나뉜다. 첫째, 인도는 영국과 다르다. 인도인의 관습과 권리 등에 대한 관념은 영국의 그것들과 다르기 때문에 그에 관한 지식을 가지지 않고서는 제대로 통치할 수 없다. 따라서 제대로 통치하기 위해서는 '견습'의 기간이 필요하고, 동인도회사의 현존 시스템은 바로 그 장점을 가지고 있다. 인도에서 관리를 할 자는 어릴 때 그곳에서 직접 현지 지식을 습득해야 한다. 둘째, 인도의 공중은 아직 통치에 참여하기에는 미흡하다. 그들은 인도 민족 전체를 대표해서 그들이 처한 정황들, 이해관계들, 그리고 불만들을 영국 의회에 이해시킬 정도로 아직 성장하지 못했다. 영국 내에서 인도인들을 대표하는 영국 사람들이 하는 토론은 인도인들의 이해관계를 바라보는 것이 아니다. 즉 인도에는 대표체제가 성장하지 못했기 때문에 통치에 필요한 토론과 의견의 대립은 인도인들로부터 나오지 못하고 오직 통치체 내에서 그러한 조건을 갖추어야 할 것이다. 동인도회사는 인도의 통치기구로부터 정보를 제공받아 서로 이해관계를 달리할 수 있게 구성된 영국 내 통치기구들의 의견을 취합해서 다시 통치의 지침을 내

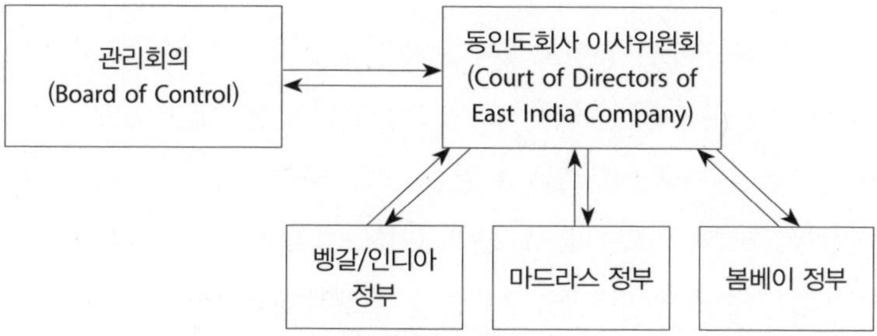

그림 3 동인도회사 통치기구도

보내는 방식으로 이 문제를 해결하고 있다. 이것이 대체로 영국인들로 구성되어 대표의 관행이 정착된 다른 식민지와 인도가 차별되는 점이다. 전체적으로 밀의 논의는 '다름'의 관점으로부터 시작해서 '부재' 혹은 '미성숙'의 관점으로 진행한다.

여기서 밀의 직접대의정부를 대체하는 임시방편적 기구의 관념을 좀 더 살펴보자. 〈그림 3〉은 동인도회사의 통치기구도이다. 이 그림은 직접대의정부를 대신해서 동인도회사가 활용한 간접적인 대의기구를 나타낸다. 대의정부에 대한 밀의 신념은 그의 『대의정부론』에 잘 드러난다. 직접대의정부를 그나마 대체할 수 있는 것으로 그림의 식민지 통치기구에 대해 밀은 대단히 칭찬했다고 한다(Mill 1990, introduction x). 〈그림 3〉에서 인도의 지방정부들은 집행부의 역할을 수행하는 영국의 동인도회사 이사위원회(Court of Directors)에 현지에서 일어났던 일에 대해 보고를 하고, 이사위원회는 입법의 기능을 담당하는 관리회의(Board of Control)에 보고할 문서를 작성한다. 관리회의를 통과한 문서는 다시 인도의 지방정부들로 파송된다. 여기서 유념할 것은 이사들의 선출은 인도인들이 아니라 동인도회사의 지분을 가진 재산가들로 구성된 선거인단이 한다는 점이다. 재산가들의 위원회가 인도 인민들과 동일화될 수 있게 구성될 수 있느냐는 질문에 밀은 부정적인 답변을 한다.[4] 한편 영국 정부는 관리회의를 통해 동인도회사에 대한 면밀한 감시를 강화해 가는 조처를 취했으며 1858년에는 동인도회사를 폐지하고 직접통치를 하게 된다.

미성숙 논지와 관련해서 밀은 그 당시 인도인들에게 있어 직접대의체제의 가능성에 대해 부정적인 입장을 견지한다. 나아가 직접대의체제를 대신할 간접대의의 가능성에 대해서도 그것이 인도인들에게 신뢰를 얻지 못할 것이라는 의견을 제시한다. 즉 그는 인도인들의 대의체제에 대한 전반적인 시기상조론의 입장을 견지한다.

> 나는 인도가 아직 대의체제와 같은 어떤 것을 할 정도로 성숙된 문명과 발전 단계에 이르렀다고 생각하지 않습니다. 현지의 정부가 현재보다 더 많은 원주민을 협의체로 끌어들이는 것은 가능하다고 봅니다. 그러나 이것을 더 잘하는 방법은 현지 정부에 의해 선별된 사람들의 단체를 형성해서 그들을 인도 인민의 대표자로 간주하는 데 있다기보다는 지적인 원주민들과 현지 정부구성원들 사이의 소통을 더 함양하는 데 있다고 생각합니다. 왜냐하면 그 사람들이 현지 정부에 의해 선별되었다는 바로 그 이유로 인도의 인민들은 그들을 자신들의 대표자로 인정하지 않으려 할 것이기 때문입니다.(Mill 1990, 51)

그는 인도의 문명수준이 대의체제를 할 정도로 성숙하지 못했기 때문에, 임시방편으로 지적인 원주민이 현지정부의 구성원들과 소통하는 수준을 함양하는 것이 나을 것이라 말한다. 현지정부가 선출한 사람들

4 Mill(1990, 46). 동인도회사가 무역적인 이해관계를 가지고 있었을 때는 '재산가'가 무역의 이해관계를 가진 사람들로 구성되었으나, 위의 회사가 조세수취의 기능으로 전환되었을 때는 인도에서 일한 경험이 있는 사람들과 일반 공중으로 구성되었다.

로 구성된 대표는 바로 그 이유 때문에 인도인들의 대표로 인정받지 못할 것이기 때문이다. 그러나 원주민을 군사적인 통치기구에 편입시키는 일은 영국의 우위를 유지할 수 없게 할 것이다. 그래서 시민통치기구에 원주민을 편입시키는 방안을 제안한다. 그럴 경우 현명하게 경영한다면 원주민들이 영국인의 도움 없이 정부체계를 운영할 수 있는 자질을 갖출 때까지는 인도가 영국에 의존하는 상황이 지속될 것이다(Mill 1990, 65). 밀은 원주민을 자격이 되는 한 시민통치기구의 모든 일자리에 허용하는 것이 대단히 중요하다고 말한다. 여기서 고용의 주요한 초점은 원주민이 그 일을 할 자격이 되느냐의 문제이다. 그 당시 법적으로는 원주민의 계약고용이 허용되었으나 실제 운용 면에서는 배제되었다. 밀은 그 이유를 실제적인 차별의 유무가 아니라 자격의 미달에 있었다고 답변한다. 여기서 흥미로운 점은 그가 원주민의 정규계약고용(regular covenanted service)에 대해 매우 조심스럽게 접근한다는 것이다. 정규계약고용을 하게 되면 그 고용인은 전 계약기간 동안 특정한 일에 임명되는 것이 아니라 얼마의 시간이 지난 후에는 승진을 바라보게 된다. 그러나 만일 그가 자격미달로 승진하지 못하는 경우는 승진하는 자와 비교됨으로써 대단히 불쾌한 일이 될 것이기 때문에, 아예 그를 처음부터 배제시키는 것이 더 나을 것이다. 그렇기 때문에 원주민이 최고의 직위까지 오를 만한 자질이 있다고 간주되지 않을 경우에는 정규계약고용을 허락하지 않는 것이 더 낫다고 밀은 보고 있다(Mill 1990, 63).

지금까지 밀의 식민지 통치와 인도 통치에 대한 견해를 간략하게 살펴보았다. 그의 의견이 당시 서구에서 지배적이었던 서구문명우위론을 벗어나지 못했던 것은 어떻게 보면 자연스러운 현상일 것이다. 그가 동인도회사를 통한 위임통치의 장점을 의회에 설득하면서 강조했던 바는 주로 현지에 대한 지식에 있었다. 인도는 영국에 의존했던 캐나다나 호주 등과 달리 서구의 문명과 다르고 또한 인도인들은 대의정부를 운영할 능력이 아직까지 없다는 것이 그의 주요한 논지였다. 또한 영국 내 정파들의 입김이나 인도에 별다른 관심이 없는 공중들의 의견이 인도 통치에 긍정적 영향을 줄 것이라고 생각하지 않는다. 그러면서 그는 현지에 대한 지식을 갖춘 동인도회사의 위임통치 혹은 이중적 통치가 의회의 직접통치보다 더 긍정적이라는 주장을 피력했다. 즉 그는 대의정치가 가능하지 않은 곳에 대의정치를 대체할 만한 통치기구(substitute) 도입에 대한 구상을 밝히고 있는 것이다(Mill 1990, 45).

위와 같은 밀의 견해에서 흥미로운 점 몇 가지를 추려 보자. 첫째, 가장 큰 의문은 대의정치가 가능하지 않은 곳에 대의제도를 도입하는 방안을 고려하지 않는 점이다. 계몽주의의 입장에서 보면 진리를 앞세워 그렇지 않은 것을 대체하는 방안이 가장 그럴듯한 해결책 아닌가. 그리고 '문명개화론'에서 나타나듯이 식민지 지식인의 경우에도 이 전략은 상당히 매력적으로 보였을 것이다. 그러나 밀은 인도 통치에 있어 현실적으로 직접대의정치가 불가능하기 때문에 그 대체로서 통치기구 내에 대의적 요소를 확보하는 방안을 개진했다. 이 방안은 통치의 대상인 인도인이 빠진 채 통치기구 내에서 견제와 균형을 유지하는 데 그 핵심이 있었다. 통치기구 내에서의 인사 문제에서도 그는 고위직의 경우에는 '유럽인들의 관념'(European ideas)으로 통치에 영향을 줄 인물을, 하위직의 경우에는 '인도인들의 관념'(Indian ideas)을 이해할 인물을 추천한다. 이러한 관점에서 그는 기존의 관례보다 더 젊은 총독을 파견해서 15년이나 20년 동안 근무하게 한다면 원주민들에게 더 큰 영향력을 행사하는 이점이 있지 않겠느냐는 의회질문자의 대답에 부정적으로 대답한다. 왜냐하면 총독의 역할은 가장 최근의 영국적인 관념과 감성을 가지고 가는 데 있다고 보기 때문이다. 그는 영국에서의 "가장 최근의 관념과 감성이 정치에서는 일반적으로 가장 나은 의견"이라고 본다(Mill 1990, 66).

위와 같은 밀의 유보적 태도가 영국 정치의 관점에서 볼 때 유별나지는 않을 것이다. 비교를 위해 제1차 세계대전 이후 독일의 바이마르 공화정 수립에 대한 처칠의 견해를 들어 보자. 그는 허울뿐인 바이마르 공화국을 안정적으로 만들기 위해서는 입헌군주정을 유지했어야 한다고 내비친다. 복종의 중심점이었던 카이저의 자리에 공백이 생김으로써 독일 민족의 충성심은 갈 길을 잃어버렸다고 보는 것이다. 바이마르 공화국 수립 후의 혼란은 영국 청교도 혁명 이후 권위의 부재에 따른 혼란상과 비슷한 측면이 있다.

> 승리자들은 서구의 자유로운 민족들이 오랫동안 추구한 이상들을 독일인들에게 부과했다. 그들은 강제 군복무의 부담과 중무장을 유지해야 할 필요로부터 벗어났다.… 가장 최신의 버전에 맞춘 민주적 헌정이 바이마르에 수립되었다. 황제들은 쫓겨나고 보잘것없는 존재들(nonentities)이 선출되었다. 이 얄팍한 구조물 아래에 패했으나 실질적으로는 손상을 입지 않은 강력한 독일 민족의 정념들이 휘몰아쳤다. 군주제에 대한 미국인들의 편견은 패배한 제국에 아래와 같은 점을 분명하게 했다. 즉 독일은 군주제보다는 공화제로서 연합국으로부터 더 나은 처분을 받게 될 것이다. 현명한 정책이었다면 바이마르 공화국의 머리에… 카이저의 미성년자 손자로 인격화된 입헌적 주권자를 얹어 놓고 바이마르 공화국을 강화시켰을 것이다. 그렇지 않았기 때문에 독일 인민의 민족적 삶 속에 입을 벌린 빈자리가 열렸다. 군사와 봉건의 모든 강한 요소들은 입헌군주제로 모여들었을 것이고 입헌군주제를 위해 새로운 민주적·의회주의적 과정을 존경하고 유지했을 것이지만, 그동안 그 요소들은 축이 빠져 있었다, 바이마르 공화국은 자유주의적 허울과 축복에도 불구하고 적이 부과한 것으로 간주되었다. 그것은 독일 인민의 충성과 상상력을 보유할 수 없었다.(Churchill 1950, 7)

영국인의 보수적 태도는 정도의 차이는 있겠지만 존재하는 권위들에 대한 존중으로 특징지을 수 있다. 이러한 태도는 권위의 파괴를 억압으로부터의 자유로 간주하지 않는다. 청교도혁명을 통해 종교적·정치적 권위가 파괴되자 무정부주의가 지배하게 되었고, 그 결과 군대의 힘에 기초한 1인독재만이 겉보기 안정을 유지하게 되었다. 이러한 선례에 기초해서 참을 수 없는 권위가 아닐 경우는 그 권위를 대체로 용인하는 태도가 선호되었다. 영국인들에게서 보이는 보수적 태도는 급진적 정치개혁을 선호하는 입장에서는 별로 달갑지 않은 것이다. 급진적 개혁을 선호하는 사람은 개혁에 따르는 혼란을 감수하더라도 큰 역사의 흐름으로 보았을 때 보수적 태도보다도 더 나은 결과를 가져올 수 있다고 주장할 수 있다. 그러나 급진적 개혁은 그에 따른 결과를 책임질 용의가 있는 사람에게나 통용될 수 있는 수단이지, 다른 나라를 잘 통치하는 데 이해관계를 갖지 않은 사람에게는 무의미한 구호에 그칠 것이다. 밀이 말했듯이 식민지 통치는 그 식민지에 대해 그 정도의 이해관계를 갖지 않는다는 데 근본적인 한계가 있다.

둘째, 사람들은 정치공동체 내의 최고 권위에 호소하려는 경향이 있다. 식민지 통치의 경우에는 현지 정부가 최고의 정치적 권위를 가질 수 없다. 그렇기 때문에 사람들은 특정한 사안에 대해 식민지 정부의 결정에 만족하지 못할 경우에는 그 상위의 권위에 호소하려 할 터이고, 이렇게 식민지 본국에 호소하는 일은 식민 통치의 비용을 증대시키고 번거롭게 할 것이다. 이러한 시각에서 보면 밀이 옹호하는 동인도회사를 통한 이중통치구조는 그다지 효율적인 체계가 될 수 없다. 인도인의 경우에는 그러한 경우가 빈번하게 일어났다. 이 문제에 대해 그는 아래와 같은 논리를 편다.

인도에 대해 가장 잘 알고 있는 사람들이 말하길, 원주민들은 어떠한 주장(pretension)이라도 포기하길 대단히 꺼려한다. 그래서 그들은 자신에게 호의적이지 않은 결정을 뒤집기 위해 그들이 할 수 있는 모든 자원을 시도해 본다. 만일 영국에서 그들의 사례를 수정하는 일을 여기에 대표(vakeels)나 대리인을 보냄으로써 확보될 수 있다고 기대하는 것이 인도 인민의 습관이 된다면, 그들은 대단히 빈번하게 그렇게 할 것이라고 생각한다. 이것은 많은 쓸모없는 비용을 유발할 것이고 흔히 최후의 쓴맛을 보는 것으로 끝날 것이다. 이에 대한 적당한 구제책으로는 식민지 본국 정부가 원주민들에게 아래와 같은 점을 설득시키도록 행동해야 한다. 즉 만일 그들의 사례가 정당하다면 여기에 자신들의 대표를 보내지 않고도 그 서류의 재심에 의거해서 그 사례는 온전한 재판(full justice)을 받게 될 것이다. 그러나 그들의 사례가 정당하지 않다면, 아무리 많은 사람을 대표로 보내더라도 그들에게 무용한 것이 될 것이란 점이다.(Mill 1990, 36)

밀이 위임통치의 문제점에 대한 논의보다는 지금까지의 동인도회사의 활동과 업적에 초점을 두고 논의를 펼쳤다는 점은 그 회사를 옹호할 수밖에 없는 그의 입장에서는 당연하게 생각된다. 그러나 중간매개자가 삽입된 통치를 옹호하는 근거가 통치에 필요한 현지에 대한 지식으로 충분한 것인지에 대한 의혹은 여전히 남는다. 밀의 논의에 대해 두 가지 시각에서 의심을 제기할 수 있다. 첫째, 경험상 중간매개자가 권력을 악용하는 사례는 흔하다. 통치에서 가장 큰 문제 중의 하나는 권력이 집중되지 않고 흩어져 있을 경우이다. 이 주장은 일견 '절대권력은 거의 절대적으로 부패한다'는 유명한 말에서 나타나듯이 절대권력을 경계하는 근대의 권력분립론과 대립하는 듯 보일 것이다. 그러나 권력이 집중되지 않고 여러 정치행위자들이 앞다투어 서로 권력을 행사하는 귀족정의 경우는 정국이 안정되지 못하고 일반민에 대한 약탈이 이루어진다.

군사정부의 경우에도 마찬가지로 중간간부들이 권력을 잠식하는 일이 흔하게 일어난다. 그렇기 때문에 군사정부의 경우에는 1인독재와 귀족정 사이를 동요한다고 흄은 관찰한다. 그리고 인민은 일반적으로 여러 압제자들에 시달리기보다는 차라리 한 명의 압제자에 복종하면서 안정을 찾길 바랄 것이다. 그렇기 때문에 밀이 옹호하는 위임통치는 통치의 복잡성을 증가시킬 뿐 아니라 나아가 압제자들을 증가시키는 방책이 될 수도 있다. 권력분립의 필요성은 일단 정치적 권위가 수립된 이후에나 제안할 수 있는 고차적인 정치적 과제가 된다.

둘째, 밀이 옹호하는 위임통치는 지식엘리트의 역할에 상당히 의존하고 있는 것이 아닌가 의심스럽다. 동인도회사의 위임통치를 의회질문자는 한마디로 "기록에 기초한 통치"(government of record)라고 요약하면서, 모든 일이 서류에 기초해서 이루어지는 것이라고 본다. 이러한 통치는 실천적인 관점에서 보았을 때 불편과 부담을 야기하는 것이 아닌가 질문하는데, 이에 대해 밀은 대단히 많은 양의 기록을 해야 한다는 점에서 성가시고 부담이 된다는 점을 인정한다. 그러나 색인체계(system of indexing)가 완벽해서 참조하는 일이 쉽게 이루어지고 있다고 대답한다. 특히 기록하는 일에 소요되는 인건비의 경우에는 원주민에게 저렴한 비용이 들어가기 때문에 아직까지 큰 문제를 일으키지 않는다고 대답한다.

여기서 필자가 강조하려는 바는 오늘날 학계에서 논란이 되는 밀의 문명에 기초한 제국주의를 비판하려는 것이 아니다. 오히려 그가 인간의 실제 경험보다는 기록된 경험에 더 높은 가중치를 두는 것이 아닌가 하는 의심에 주안점이 있다. 기록에 기초한 통치를 주장하는 배경에는 인간의 기록이 현실을 제대로 반영한다는 믿음이 있다. 그리고 밀은 인도 현지에서 작성한 문서를 검토하고 분류해서 논리적 일관성을 찾아내고 확립하는 데 자신의 역할을 두었을 것이다. 나아가 이러한 지적인 작업의 결과로서 얻어 낸 결론이나 지침을 현지로 다시 보내면 어느 정도 만족스러운 통치가 이루어지리라 생각했던 것으로 보인다. 특히 색인체계의 형성은 제국의 통치를 위한 지식의 수립을 위해 대단히 필수적인 작업이 될 것이다.

위와 같이 밀의 입장을 정리할 수 있다면 몇 가지 사항을 검토해 볼 수 있다. 우선 인도가 영국으로부터 멀리 떨어진 나라이기 때문에 직접통치를 감당하기에는 부담스럽다. 또한 인도의 관습 또한 서구와 많이 다르기 때문에 제국통치를 위해서는 현지에 대한 지식이 요구된다. 그리고 논리적인 경험적 지식체계의 수립을 위해서는 현지의 기록이 필요하다. 덧붙이면 당파의 의견이 갈리는 영국 의회의 입김이 인도 통치에 혼란을 주지 않는 것이 더 낫다. 그러나 위와 같은 밀이 처한 주요한 정황들을 고려할지라도, 현지의 직접통치를 강조한 근대 정치학의 맥락에서 보면 그의 태도는 상당히 탈정치적인 성격을 갖는 것으로 보인다. 의회질문자에게 답변하면서 종종 밀은 인도 현지에 익숙한 자의 의견을 채용하면서 논의를 전개하는데, 이런 모습에서 그는 대상을 호기심 있게 탐구하는 자보다는 논리적으로 대상을 정리하는 자로서 드러나는 듯하다. 또한 인도를 상당한 문명국으로 간주하던 기존의 견해를 비판하면서 문명발전단계론에 입각해 인도인들을 조야한 마음의 상태에 있는 한 사례로 간주한 그의 아버지 제임스 밀의 의견으로부터 큰 영향을 받았다는 주장도 있다(Beate 2005, 612). 이러한 비판의 전제에는 밀이 인도에 대한 자신의 고유한 통찰을 한 결과가 별로 없다는 측면과도 관련이 있는 것 같다. 그가 약 30년간 인도 통치의 보고서를 읽고 정리하고 결정에 영향을 미친 사람이었다는 점을 고려한다면, 대단히 높은 지적 능력을 가진 그가 인도라는 대상에 대해 그 자신의 통찰을 전개하지 못한다는 점이 오히려 더 이상하게 느껴질 정도이다. 이러한 점은 연구대상에 대한 호기심을 가진 탐구자로서의 모습보다는 논리학자로서의 그의 모습을 부각시키고 있다고 생각된다.

III. 논리체계와 제국논리

위와 같은 점들을 고려할 때 밀이 세우려고 노력한 경험적 지식체계의 내용을 검토해야 할 필요성이 있을 듯하다. 아래에서 필자는 콩트(Auguste Comte)의 실증주의철학(positive philosophy)에 대한 그의 의견을 간략하게 검토하고 그의 논리에 대한 입장을 정리하겠다. 우선 밀이 이해하는 실증주의철학의 특징은 현상 이외에 우리가 얻을 수 있는 지식은 없다는 점이다. 그리고 현상에 대한 지식은 절대적이지 않고 상대적이다. 즉 우리는 어떠한 사실의 본질을 알지 못하고, 우리가 아는 것이라곤 그 사실과 다른 사실들 간의 관계들이다. 그것들 사이의 관계에는 연속적 순서나 유사성 등이 있다. 똑같은 정황들에서 그 관계가 항상적이고 따라서 똑같다면, 우리는 그 항상적 관계를 가리켜 법칙이라고 한다. 따라서 우리가 현상들에 관련해 아는 것이라곤 그들의 법칙일 뿐이고, 그것들의 본질적 성격이나 궁극적 원인에 대해서는 알지 못한다(Mill 1969, 265-256).

밀에 의하면 위와 같은 주장은 베이컨, 데카르트, 갈릴레이, 뉴턴을 통해 점차 명확해진 근대적인 인간사고의 발전에 기초한다. 이러한 근대철학자들의 관심은 현상들에 대한 선견지명을 얻는 데 있었고, 따라서 그 철학의 기초는 '경험'에 있다. 왜냐하면 경험은 특정한 사실과 그 사실에 앞서간 사실들을 보여 주기 때문이다. 밀에 의하면 콩트의 철학도 위와 같은 근대의 철학적 흐름을 타고 있다. 나아가 그에 따르면 위와 같은 경험철학을 가장 일반적으로 사고한 사람은 다름 아닌 흄이었다. 그리고 흄은 콩트보다 한 단계 더 나아가 현상의 원인은 다른 현상이고 그 이외의 의미는 없다고 주장했다고 간주한다. 이 학설에 이의를 제기한 사람은 흄의 가장 큰 대항자인 칸트이고, 콩트도 칸트와 마찬가지로 우리는 사물 그 자체, 본체, 혹은 실제 원인에 대해 알지 못한다고 주장하면서도 그 존재를 독단적으로 단언했다고 밀은 주장한다. 어쨌거나 실증주의는 콩트가 창안한 것이라기보다는 위대한 과학적 사고를 한 사람들의 전통을 고수한 것이다(Mill 1969, 266-267).

밀은 '실증적'(positive)이란 말이 영국적인 맥락에서는 익숙하지 않다는 점을 지적하며, 그 의미를 두 가지로 정리한다. 그에 의하면 실증적이란 말은 객관적으로는 '현상적'(phenomenal)임을, 주관적으로는 '경험적'(experiential)임을 표현한다. 실증적 사고는 '신학적' 사고 그리고 '형이상학적' 사고와 대비됨으로써 의미가 부각된다. 밀에 따르면, 신학적 사고는 사실에 대한 인격적인 혹은 의지적인 사고, 형이상학적 사고는 추상적이고 존재론적인 사고이다(Mill 1969, 267-268). 이에 대비해서 실증적 사고는 한마디로 근대의 과학적인 사고를 의미한다. 그리고 과학적 사고는 주요하게 귀납적 사고를 의미하고, 귀납적 사고에 대한 해명은 그의 『논리체계(*A System of Logic*)』(1843)에서 전개된다.

과학철학은 두 가지 주요한 부분으로 구성된다. 첫째는 연구방법(methods of investigation)이고 둘째는 증명의 요건(requisites of proof)이다. 밀에 따르면 콩트는 실증적 연구방법과 관련해서 완성단계에 이르렀다. 콩트는 분류이론이나 과학적 가정의 올바른 사용법에 대해 더 바랄 것이 없는 수준으로 다루었다. 그러나 콩트는 증명의 요건에 대해서는 이렇다 할 만한 주의를 두지 않았다. 특히 그는 과학적 사고를 위해 귀납증명의 시험을 필요로 했을 것이지만 논리의 문제에 대해서는 상당히 부정적인 태도를 취했다(Mill 1969, 291-292). 콩트의 실증주의가 갖는 한계를 보완한 문제의식에서 밀의 『논리체계』는 기획된 것이라고 생각할 수 있다.

밀이 논리체계에 깊은 관심을 둔 것은 여러 가지 측면에서 흥미롭다. 첫째, 논리의 영역은 인간의 정념과는 거리가 있다. 사실상 제국통치를 당하는 입장에서 자긍심이 대단히 중요한 요소라는 점을 고려하면, 밀의 논리적 사고체계는 식민지 문제에서 가장 핵심적인 항목을 생략한 것이 아닐까 생각된다. 의회질문자의 질문에 대한 그의 답변 속에는 제국통치를 당하는 사람들의 정념과 관련되는 부분이 거의 없다는 점도 지적할 수 있겠다. 둘째, 맥래(R. F. McRae)에 따르면 『논리체계』에서 '경험'이 지시하는 것은 '어떤 것이 그러하다'(something is the case)는 관찰이다(Mill 1974, introduction xxii). 이 지적은 밀의 주요 관심사가 기술적인(descriptive) 측면에 있는 것이 아니라 판단에 있다는 점을 간접적으로 드러내는 것이라 생각된다. 셋째, 이와 관련해서 논리학의 대명제에 대한 밀의 견해는 시사하는 바가 크다. 맥래에 의하면 밀에게 있어 대명제는 아리스토텔레스의 논리학과 달리 "대명제로부터 결론이 이끌어져 나오는 것이 아니라 대명제에 따라서 결론이 추론되어지는 그러한 역할을 맡는다"(the major premise··· is a formula, not from which the conclusion is inferred, but in accordance with which the conclusion is inferred)(Mill 1974, introduction xxxv). 달리 말해 대명제는 개별적인 것들로부터 결론을 추론하기 위한 보증의 역할을 맡는다. 이것을 과학적 설명의 성격에 적용하면, 과학의 주요한 전제들은 개별적인 사실로부터 개별적인 사실을 추론하기 위한 공식 혹은 규칙의 역할을 하고, 그 추론이 올바르게 이루어졌다는 보증을 제공한다. 그리고 이러한 대명제의 역할은 인과법칙의 틀에서 이해된다.

> 밀에게 있어 특정 사실을 설명하는 목적은 그 사실이 일어난 방식이 인과법칙의 한 경우라는 점을 보여 주는 데 있다. 그 사건의 발생양식이 법칙이나 법칙들로부터 연역될 때 그 사건은 설명된다. 그리고 법칙을 설

명하는 것은 그와 다른 법칙이나 혹은 더 일반적인 법칙들로부터 그 법칙을 연역하는 데 있다. 과학의 궁극적 목적은 자연에 존재하는 모든 일률적인 것들을 연역할 수 있는 가장 적은 일반적인 명제들을 발견하는 것이다.(Mill 1974, introduction xxxv-vi)

위와 같은 시각에서 콩트의 사고발전 단계론이나 제임스 밀의 문명발전론은 대전제의 역할을 맡고 있다. 인도의 사례는 소전제를 구성하게 될 것이고, 문명발전론의 규칙에 따라서 그 결론이 추론될 것이다. 밀의 관점은 '기술적'(descriptive) 측면과 '가치평가적'(evaluative) 측면이 긴장관계에 있다고 말해진다(Mehta 2012, 239). 밀의 논리적 사고의 측면을 고려한다면 기술적인 태도보다는 가치평가적 혹은 판단적 태도가 그에게 더 강력하게 작동하는 것은 아닌지 의문시된다. 어떤 것을 특정한 사례(the case)로서 관찰한다는 경험의 의미 또한 그러한 의문을 증폭시킨다. 이러한 의문을 좀 더 실천적인 관점에서 고려해 보면, 일반 전제 혹은 법칙을 강조하는 밀은 현상을 보는 시각 자체가 그 전제 혹은 법칙에 따라서 이루어질 가능성도 배제할 수 없을 것이다. 즉 그가 인도로부터 오는 보고서를 해석하는 방식은 문명발전론에 따라서 이루어진 것이 아니냐는 의심이다. 이렇게 보면 그의 지각을 교정하는 데 필요한 것은 구체적 관찰이라는 경험적 측면보다는 일반적 전제나 법칙을 변경하는 일이 될 것이다. 뉴턴의 만유인력 법칙이 발견 혹은 창안된 이후에 아침 해돋이 장면이 새롭게 보이듯이 말이다. 피식민의 경험은 제국의 우월한 법칙에 따라서 해석된다. 피식민지인들의 '경험치적'(empirical) 지식은 과학성이 입증된 '경험적'(experiential) 지식체계 아래로 수렴되는 것이다.

밀이 제안하는 경험적 지식체계는 필연적 진리체계를 강조하는 선험주의에 대한 비판이다. 그렇기 때문에 대상에 대한 역사적인 경험적 접근의 통로를 열어 준다. '역사적 감각'(historical sensibility)이 작동할 수 있는 영역이 전개되는 것이다(Mehta 2012, 233). 메타(Pratap Bhanu Mehta)에 따르면 밀의 역사적 감각을 이해하는 데 핵심적인 단어는 '진보'이다. 역사의 진보라는 대전제가 주어진다면, 앞에서 보았듯이 경험의 기술적 측면과 가치평가적 측면의 긴장은 피할 수 없다. 특히 밀의 논리적 측면에 주안점을 두면 가치평가적 측면이 지배적인 위치를 차지할 것이다. 그 한 예로 '민족'(nation) 혹은 '민족성'(nationality)에 대해서도 마찬가지로 긴장이 존재할 수밖에 없다.

> 기술적인 의미에서 "민족"은 단순히 서로 구분되는 족속들(peoples)을 외연적으로 표시하는 자리표기(placeholder)이고, 공통의 문화, 언어, 습관, 혹은 전통을 공유하나 아직까지는 반드시 서로 구분되는 정치공동체로 통합되지 않은 인민들을 지칭하는 그 용어의 전근대적 사용에 가장 가깝다. 가치평가적 의미에서 민족은 특정한 종류의 <u>정치적</u> 사회로 그들 스스로를 조직해 온 사람들을 지시한다.(Mehta 2012, 238)

어떻게 보면 밀에게 있어 제국통치는 민족에 대한 기술적 의미와 가치평가적 의미 사이의 간극에서 진행되는 놀이였을 것이다. 다른 한편으로 이러한 놀이는 밀에 한정된 것이 아니라 인도인 스스로도 하지 않을 수 없었던 놀이였을 것이다. 이 점을 역사학자는 아래와 같이 서술한다.

> 이처럼 인도인은 '민족' 개념(특정 집단은 정치체 중심부에 있고, 다른 집단은 정치체 외부에 있고, 또 다른 집단은 정치체 주변부에 있다고 보는 개념)을 발전시키고 있었다. 이 개념은 1885년 인도국민회의 창설을 계기로 제도적 형태를 갖추었다. 인도국민회의는 불충분한 정치적 대표, 차별적인 행정,

부의 유출, 불평등한 토지세 제도에 대한 비판을 더 밀고 나아갔다. 인도 국민회의의 민족의식은 제국으로부터(제국의 통치 구조로부터, 제국의 다른 부분에서 복무한 병사와 노동자로부터, 제국의 연계에 이바지하고 거기에서 이익을 얻은 인도인 상인과 금융업자로부터) 생겨났다.

여왕이 여황제가 되고 국가의 제도가 더욱 견고하게 시행되던 때에도 영국인은 과거의 중층적 주권을 완전히 포기하지는 않았다, 인도의 주권은 인도인에게 있다는 생각은 거부되거나 적어도 무기한 연기되었다. 1885년까지 인도 지식인들은 새로운 통치 형태의 중요성을 파악했으며, 그들이 정치적 조직을 결성한 까닭은 인도라 불린 실체 및 인도의 영국인 통치자들과 관련이 있었다.(버뱅크·쿠퍼 2016, 467)

이러한 시각에서 밀의 자유주의를 "실존과 시의의 관점"으로 본 박동천의 논의는 상당히 흥미롭게 생각된다(박동천 2010). 실존과 시의의 관점에서 문제가 제기되어야 하는 까닭은 가야 할 지향점이 있고 그에 대비되는 현실이 존재하기 때문이다. 현실과 비전 사이의 간극에서 실존적인 고민이 있는 것이고 이 시점에서 어떠한 선택이 더 적합한지를 생각할 것이니 말이다. 그러나 여기서 여전히 논란이 되는 점은 지향점(자유주의)의 초월적 지위에 대한 믿음을 어떻게 볼 것인가 하는 데 있다. 박동천은 밀의 자유주의가 가진 보편성은 아직 검증의 과정에 있다고 본다. 삼단논법의 대전제의 역할과 관련해서 앞서 말한 바에 비추어 보면 밀의 자유주의는 역사발전의 대전제에서 중요한 위치에 있다. 대전제가 규율하는(regulate) 방향에 따라서 사물들의 질서가 드러날 것이고 그 질서의 위계적 단계들에 맞추어 행위의 방향이 결정될 것이다. 그러나 그 대전제의 지배를 확신하지 못한다면 혹은 그것이 검증의 과정에 있다고 한다면 그러한 질서짓기로부터 규정된 행위의 방향에 대해 어떻게 확신을 가질 수 있을 것인가? 이런 의미에서 자유주의를 확신하는 밀의 선택과 그 확신을 거부하거나 최소한 유보하는 사람들(인도인들)의 선택은 달라질 수밖에 없을 것이다. 밀의 공리에 초점을 둔 시의의 관점은 진리중심적·억압적 계몽주의와는 달리 점진적이고 유연한 측면을 가지고 있다. 그럼에도 그의 입장은 규율적 관리의 관점을 벗어나지는 못한 것 같다. 물론 그의 규율적 관리의 관점은 칸트의 규율적 원칙이나 칸트의 규율적 원칙을 정치적 자유주의로 확장시킨 롤스의 이론보다는 더 경험적이고 유연하다는 인상을 준다. 이 차이는 규율적 원칙을 도출하는 방식에서의 차이일 것이다. 칸트나 롤스는 규율적 원칙을 보편화될 수 있다고 상정되는 독특한 사고실험으로부터 도출해 내는 반면 밀은 경험의 일반화를 통해 이끌어 내기 때문이다. 그러나 다른 한편으로 오늘날 역사발전에 대한 법칙은 그 타당성을 의심을 받고 있는 실정이다.

참고문헌

박동천. 2010. 「존 스튜어트 밀의 자유주의와 제국주의: 실존과 시의의 관점에서」. 『국제정치논총』 50집 4호: 29-54.

버뱅크, 제인·프레더릭 쿠퍼, 이재만 역. 2016. 『세계제국사』. 책과 함께.

서병훈. 2012. 「존 스튜어트 밀의 위선?: '선의의 제국주의'」. 『철학연구』 98집: 151-185.

스미스, 애덤, 김수행 역. 2007. 『국부론』 하. 비봉출판사.

Beate, Jahn. July 2005. "Barbarian Thoughts: Imperialism in the Philosophy of John Stuart Mill." In *Review of International Studies* Vol. 31, Issue 3.

Churchill, Winston. 1950. *The Second World and an Epilogue on the Years 1945 to 1957*. London; Toronto; Melbourne; Sydney; Wellington: Cassell & Co. Ltd.

Hume, David. 1983. *The History of England* Vol. I. Indianapolis: Liberty Fund.

Mehta, Pratap Bhanu. 2012. "Liberalism, Nation, and Empire: The Case of J. S. Mill." In *Empire and Modern Political Thought*. Ed. Sankar Muthu. Cambridge; New York; Melbourne; Madrid; Cape Town; Singapore; Sao Paulo; Delhi;

Mexico City: Cambridge University Press.

Mill, James. 1826. *The History of British India* Vol. I. London: Baldwin, Cradock, and Joy.

Mill, John Stuart. 1969. "Auguste Comte and Positivism." In *Collected Works of John Stuart Mill* Vol. X. Toronto: University of Toronto Press.

_______. 1969. "Utilitarianism." In *Collected Works of John Stuart Mill* Vol. X. Toronto: University of Toronto Press.

_______. 1974. *A System of Logic Ratiocinative and Inductive, Collected Works of John Stuart Mill* Vol. VII. Toronto: University of Toronto Press.

_______. 1977. "On Liberty." In *Collected Works of John Stuart Mill* Vol. XVIII. Toronto: University of Toronto Press.

_______. 1984. "A Few Words on Non-Intervention." In *Collected Works of John Stuart Mill* Vol. XXI. Toronto: University of Toronto Press.

_______. 1990. *Writings on India*. Eds. John M. Robson, Martin Moir, and Zawahir Moir. Toronto and Buffalo: University of Toronto Press.

Varouxakis, George. 2013. *Liberty Abroad*. Cambridge: Cambridge University Press.

Walzer, Michael. 1977. *Just and Unjust Wars*. New York: Basic Books.

8

공화국 대 제국*

미국 정치에서 반제국전통의 계보

차태서

I. 서론

21세기 들어 미국 정치사에서 제국 개념의 중심성에 대한 논의가 공론장과 학계에서 갑자기 물밀듯 증가하기 시작했다. 이는 제국주의라는 용어가 미국 사회에서 오랫동안 주변화되어 왔었다는 사실을 고려할 때, 매우 흥미로운 현상이라고 할 수 있다. 일부 좌파그룹들이 팽창주의적 미국 외교정책을 비판하기 위해 제국주의 개념을 종종 사용한 적은 있지만, 미국은 대개 "첫 신생국"(the first new nation)(Lipset 1963)으로서 근대 세계사에서 반식민주의 운동을 선도해 온 국가로 자신을 상상해 왔다.

최근 제국과 제국주의 개념들에 대한 관심이 증가해 온 것은 무엇보다 소련의 해체라고 하는 20세기 말 국제구조의 극적 변동과 관계되

* 이 장은 Cha(2019)를 번역·수정한 것이다.

어 있다. 이른바 "단극적 시기"(unipolar moment)(Krauthammer 1990/1991)의 부상과 신자유주의적 지구화의 가속화는 많은 연구자들에게 탈근대 세계질서의 가능성을 사유하고 미국 주도의 전 지구적 위계정치질서의 부상에 대해 비판하는 계기를 마련하였다(Robinson 2004; Hardt and Negri 2000). 하지만 본격적으로 제국의 문제에 대해 관심이 집중된 이유는 9·11테러 이후 부시 독트린의 등장과 그것이 지닌 제국주의적 성격에 대한 논쟁이 촉발되면서부터였다. 비록 부시 행정부의 주요 인사들은 제국주의의 옹호자가 되기를 거부했지만, 전 지구적 테러와의 전쟁 국면을 경유하면서 제국 개념과 미국의 제국적 성격에 대한 분석들이 쏟아져 나오기 시작했다(Tyrrell and Sexton 2015, 231-240; Pitts 2012, 363-366). 이 새로운 수정주의적 설명에 따르면, 미국은 초기부터 백인들의 정착제국(settler empire)으로서 아메리카 원주민 부족들을 식민화하였고, 지속적인 팽창과 착취를 추구하였다. 이는 전통적으로 미국사에서 해외 제국주의의 시작점으로 상정되는 1898년 미서전쟁보다 훨씬 이전부터 북미대륙에 제국이 존재했음을 의미한다. 따라서 "첫 신생국"은 사실 속설과 다르게 애초부터 근대 유럽 제국들과 크게 다르지 않은 제국 정체를 늘 구축해 온 셈이다(Conroy-Krutz 2015; Onuf 2015; Kramer 2011).

하지만 이 장에서는 이상의 수정주의적 해석과는 또 다른, 미국과 제국 개념 사이의 관계에 대한 대안적 시각에 초점을 맞춰 보고자 한다. 우리는 미국사에서 오랫동안 정치적 반대자의 역할을 수행해 온 반제국 전통이 미국 정치사의 계보에 존재해 왔다는 사실에 주목할 필요가 있다.[1] 반제국주의는 미국 정체성 혹은 미국 예외주의의 토대를 구성하는

1 미국 정치사에서 반제국전통의 계보를 시기별로 개괄한 연구서로는 Mayers (2007) 참조.

일부분으로서 존재해 왔다. 진실로 '제국'과 '공화국' 사이의 공화주의적 긴장은 처음부터 미국 정치사상의 핵심적 문제틀(problematique)을 형성해 왔던 것이다. 더구나 이 문제는 제임스 매디슨(James Madison)이 연방주의적 해법을 발명하여 자유와 권력 사이에 존재하는 고대시대로부터의 오랜 딜레마를 해결할 것으로 제창되었음에도 불구하고, 늘 미국 정치사에 핵심적인 난제로서 기능해 왔다(Armitage 2002, 46). 따라서 필자는 공화주의 안보이론(Deudney 2007)의 틀[2]로 미국사를 재독해함으로써, 건국기 이래 미국의 반제국주의 전통의 계보를 탐구해 보고자 한다. 이로써 이 장의 논의는 미국 패권의 하락기에 미국 대전략의 미래 향방에 대한 논의에 일조할 것으로 기대된다.

II. 초기 미국의 공화주의적 수수께끼

고든 우드(Gordon Wood 1969), 존 포콕(J. G. A. Pocock 1975), 버나드 베

2 공화주의의 이론적 프레임을 원용하는 것이 곧 필자가 미국사를 공화주의라는 하나의 이데올로기로만 해석해야 한다고 주장하는 것은 아니다. '자유주의 대 공화주의'라는 1970-1980년대의 미국 혁명사상사 논쟁은 이미 논쟁의 당사자들이 인정한 것처럼 복수의 이데올로기가 병존, 경합, 혼종된 것이 역사적 실체였음을 강조하는 방향으로 수렴, 정리되었다(Gibson 2009, 53-63; 박성우 2008, 8-14). 특히 1990년대 이후에는 스미스(Rogers Smith 1997) 등이 설명하는 것처럼 자유주의/공화주의 같은 세속적·평등주의적 이념들을 넘어 비자유주의적·귀속주의적 담론들이 미국사에 미친 영향을 강조하는 새로운 조류도 등장하였다. 다만 이 장은 포콕이 제시한 "터널사"(tunnel history) 방법론을 따라 공화주의라는 언어맥락, 그중에서도 특히 "덕 대 부패," "자유 대 권력," "공화국 대 제국"과 같은 대당들이 어떻게 시간의 흐름에 따라 미국사의 중요한 정치논쟁들을 틀거리지어 왔는지를 탐구하고자 한다.

일린(Bernard Bailyn 1992)과 같은 저명한 역사학자들이 발굴한 바에 따르면, 초기 근대시대에 새롭게 재해석된 공화주의 사상이 18세기 대서양 세계의 정치담론을 지배하고 있었다. 특히 미국 혁명의 여명기에 고대 로마의 정전들에 기록되어 있던 고전적 공화주의의 이상들은 식민지 아메리카인들의 세계관을 규정하였다. 여기서 중요한 것은 이 공화주의 전통의 핵심에 "자유와 권력"(Bailyn 1992, 55-93) 혹은 "공화국과 제국"(Armitage 2002) 사이의 해소 불가능한 딜레마가 자리 잡고 있었다는 사실이다. 공화주의 사상가들은 원칙적으로 정치적 인간(homo politicus)의 자유를 수호해 줄 수 있는 공화국의 창건과 유지를 정치사상의 가장 본질적인 문제로 간주해 왔다. 이 지점에서 발생하는 한 가지 근본적 문제는, 공화주의자들에 따르면 세계의 역사가 공화국의 자유와 덕성이 권력과 사치에 의해 필연적으로 타락하게 되는 주기적 과정으로 상상되었다는 점이다. 즉, 끊임없는 음모를 통해 인민의 자유를 위협하는 권력과 이에 저항하는 시민들의 투쟁 사이에 존재하는 불안정한 균형이 비극적인 인간사의 반복되는 주제로서 묘사되었다.

이러한 맥락에서 로마 공화국의 부상과 몰락은 늘 숙고하고 반성해야 하는 역사적 교훈으로 상정되었다(Wood 2011, 57-79). 처음에는 대략 기원전 1세기 중반부터 기원후 2세기 중반까지 공화국 붕괴 이후의 여러 지식인들(키케로, 살루스티우스, 리비우스, 베르길리우스, 타키투스 등)에 의해 분석되었고, 근대 초기에는 니콜로 마키아벨리(Niccolò Machiavelli)에 의해 새롭게 재공식화된 공화주의적 시각에 따르면, 아이러니하게도 로마 공화국의 몰락은 공화국의 영광스러운 성공 때문에 야기되었다.[3] 즉, 강력한 군대를 통한 대규모 영토확장이 공화국을 쇠퇴시켰다는 해석이

3 마키아벨리의 로마사관에 대한 상세한 논의는 이 책의 3장 참조.

다. 실제로, 로마의 제국적 과잉팽창(imperial overstretch)은 "내부정체의 세력균형이 소수에 유리한 방향으로 기우는 결과를 낳았다. 이러한 헌정의 부패과정이 상호결부된 사회경제적 변동과 정치군사적 변화를 수반하였다"(Deudney 2007, 110). 구체적으로, 계속되는 전쟁을 통한 팽창은 부를 귀족계급에 집중시키고 자유농민계층을 몰락시킴으로써 사회적 양극화가 극심한 정도로 진행되었다. 또한 그것은 대규모의 상비군을 탄생시킴으로써 시민-군체제의 몰락과 독자적 군사계층의 부상을 초래하였다. 결과적으로 상대적 사회평등과 강력한 민병대 전통에 기초해 있던 모범적인 혼합정체로서의 로마 공화국이 원로원에 의해 통제되지 않은 장군들(가령, 카이사르, 안토니우스, 폼페이우스, 그리고 마침내 옥타비아누스)에 의해 종언을 고하게 되었다(Deudney 2007, 110-112). 세계사에서 가장 위대했던 시민들의 공화국이 지속되는 전쟁의 와중에 폭군이 지배하는 제국으로 타락해 버린 것이다.

로마사에 대한 이 같은 비극적 서사에 깊이 영향을 받은 근대 초기 대서양세계의 공화주의자들은 공화국의 몰락을 야기하는 권력과 타락의 "표식들"(signs)의 등장을 찾아내는 것에 극도의 주의를 기울였다. 이러한 경향은 제국의 도래에 대한 공포가 극대화되어 거의 음모이론과 "피해망상증"(paranoid)으로 연결되기까지 하였다(Wood 2011, 81-123). 이상의 담론적 맥락에서 우리는 미국의 혁명가들이 왜 영국의 근대화 과정 혹은 "재정-군사국가"(Brewer 1988)의 부상을 무분별한 팽창과 헌정타락을 통한 로마 공화국의 몰락이라고 하는 부정적 전철을 대영제국이 동일하게 밟고 있는 것으로 간주했는지를 이해할 수 있게 된다. 7년 전쟁(1756-1763) 이후 프랑스와의 패권전쟁에서 승리한 영국은 전 세계적으로 영향력을 확장해 나갔지만, 대전쟁 이후 발생한 일련의 필연적 발전 과정들(가령, 사회경제적 양극화의 심화와 대규모 상비군체제 확립 등)을 통해 영국의 소중한 자유와 혼합정체가 침식당하는 결과를 낳고 말았다.

고대 로마의 비극적 운명이라는 렌즈를 통해 본다면, 대영제국의 현재와 미래의 궤적은 우울하게 해석될 수밖에 없었다. 1688년 명예혁명을 통해 세워진 위대한 공화국이 또다시 영구전쟁을 통해 전제군주의 제국으로 타락해 가고 있었던 것이다. 따라서 미국 건국의 아버지들에게는 로마의 역사적 대실패를 반복하고 있는 것으로 여겨졌던 타락한 대영제국으로부터 탈출하는, "사라져 버린 이상으로서 로마 공화국을 회복하려는 그들의 혁명"(Wood 2011, 75)을 개시하는 것 이외에 다른 선택지는 남아 있지 않았다. 이러한 점에서 공화주의 이데올로기에 기반한 미국 혁명은 고전시대로부터 유래된 권력과 자유의 변증법이라는 상상 속에 내장된 반제국 전통이 창조적으로 발현된 역사적 계기였다고 이해될 수 있다. 북아메리카 식민지의 엘리트들은 로마제국의 동시대적 아바타로서 대영제국을 자신들의 공화주의적 정체성에 대한 존재적 위협으로 간주해 격렬히 반대하였으며, 대신에 자신들의 새로운 공화국, 즉 '언덕 위의 도시'를 건설하려는 목표를 설정하였다.

초기 연합헌장시절 연방파(Federalists)와 반연방파(Anti-federalists) 사이의 치열했던 헌법제정논쟁 역시 동일한 반제국적 공화주의의 프리즘을 통해 재해석 가능하다. 연방헌법의 제정에 반대했던 사람들에게 있어 로마제국이라는 역사적 악몽의 기억은 혁명전쟁의 승리로 아메리카 공화국이 수립된 이후에도 여전한 현재적 두려움이었다(Hendrickson 2003, 252). 당시 논쟁에서 널리 읽혔던 반연방파 저자의 필명이 '브루투스'(Brutus)였다는 점은 매우 시사적이다. 잘 알려진 것처럼 브루투스는 로마 공화국을 종신독재정으로부터 구출하기 위해 율리우스 카이사르를 살해한 인물이다(Graebner 1987, 344). 이를 통해 우리는 반연방파의 세계관이 본질적으로 제국에 대한 혐오에 의해 규정되었음을 알 수 있다.

통합된 전국적 단위의 정부건설이라고 하는 연방파의 꿈을 거부한 반연방파는 미국이 자신의 주권과 독립을 수호하기 위해서는 당대 유럽의 제국모델을 추종해야 한다는 지배적 관념에 의문을 제기하였다(Marshall 1980, 233). 반연방주의자들은 이전에 미국 혁명을 옹호했던 논리와 동일한 연장선상에서 강력한 광역 연방정부와 상비군[4]을 수립하려는 연방파의 기도는 과거 대영제국이 북아메리카 식민지에 가했던 것과 똑같은 성격의 위협을 공화주의적 혼합정체에 부과하게 될 것이라고 주장하였다. 왜냐하면, 그러한 제국적 정체는 평민의 자유를 축소시키는 귀족정과 군주정의 기초를 형성할 것이기 때문이었다(Lind 2006, 48).[5]

반연방주의자들은 새롭게 제안된 헌법을 신뢰하지 않았기 때문에 종종 '믿음이 부족한 사람들'(men of little faith)이라고 불리곤 했다. 그러나 그들은 오히려 '믿음이 강한 사람들'이라고 불리는 편이 더 정확하다. 왜냐하면 그들은 "혁명의 이데올로기적 기원의 일부를 이루는 고대적 정신"에 매우 충실했고, 오히려 "(연방)헌법이 그 정신에서 이탈"했다고 주장했기 때문이다(Bailyn 1992, 331). 반연방주의자들의 시선에서 볼 때, 연방파는 "대영제국을 아메리카에 복사"(Marshall 1980, 248)하는 것을 시도함으로써, 미국 혁명의 핵심을 완전히 방기하고 있었다. 이러한 점에서 반연방주의자들은 근본주의적인 반제국적 정체성을 보유한 채, 연방파가 "유럽의 색채에 물들어 버렸고, 국가의 영광을 위해 자유

---

4 예를 들어, 버지니아의 5대 주지사이자 유명한 반연방주의자였던 벤저민 해리슨 5세(Benjamin Harrison V)는 1787년 10월 조지 워싱턴(George Washington)에게 보낸 편지에서 상비군이 창설되면 "로마의 삼두정치에 버금가는 전제정이 곧 등장할 것"이라고 주장하였다(Graebner 1987, 350).

5 "연약한 자유의 구조에 대한 음모가 존재한다는, 1776년 이전의 저항운동에 핵심적으로 자리 잡고 있던 동일한 공포가 반연방주의자들의 사고에 만연해 있었다"(Bailyn 1992, 333). "궁극적으로, 반연방주의자들은 자신들에게 가장 소중하고 어렵게 쟁취한 자유가 희생됨으로써만 제국이 건설될 수 있다는 사실을 주장하였다"(Marshall 1980, 233).

를 희생시킬 것을 구상하고 있다"고 믿었다(Marshall 1980, 252). 버지니아 비준회의에서 행한 패트릭 헨리(Patrick Henry)의 반연방주의 연설은 중앙정부를 공고화하려는 연방헌법안의 위험성을 경고하면서, 구세계의 역사적 '제국들'과 신세계의 '자유/공화주의' 간에 존재하는 대립을 간명하게 지적하였다.

> 우리가 왜 소박한 정부에서 호화로운 정부로 이행한 국가들의 예를 따라가야만 합니까? 그런 국가들이 과연 우리가 본받을 만한 나라들인가요? 그러한 정부를 만들기 위해 자유를 상실해 버리고 만 사람들을 만족시킬 수 있는 보상이란 무엇입니까? 우리가 만일 이 공고화된 정부구성안을 받아들이게 된다면, 그것은 우리가 거대하고 호화로운 정부를 원하기 때문일 것입니다. 이런저런 경로를 거쳐 우리는 위대하고 강력한 제국이 될 것입니다. 우리는 육군과 해군 등을 지니게 될 것입니다. 미국의 정신이 보다 젊었을 때, 미국의 언어는 달랐습니다. 여러분, 그 시절의 최고 목표는 바로 자유였습니다. 바로 그 자유정신 덕분에 우리는 모든 어려움을 이겨 낼 수 있었습니다. 하지만 여러분, 오늘날 미국의 정신은 정부 공고화라는 쇠사슬의 도움을 받아 이 나라를 강성한 제국으로 변화시키려 하고 있습니다.… (그러나) 그러한 정부는 공화주의의 기풍과 부합하지 않습니다.(Marshall 1980, 248-249에서 재인용)

미국이 건국되고 초기 수십 년이 흐른 뒤에도, 공화국 관념과 제국 관념 사이의 변증법은 여전히 남북전쟁 발발 이전까지 미국의 정치논쟁을 근본적으로 조형하였다. 무엇보다도 토머스 제퍼슨(Thomas Jefferson)과 반연방파들의 언어에 근거해 남부 주들에서 유행한 '자유지상주의적 공화주의'(libertarian republicanism)와 '州 주권주의 전통'(state sovereigntist tradition)은 남북전쟁으로 치닫게 되는 위기의 기간 동안 북부의 노예폐지 주장에 맞서는 노예주들의 주된 저항 이데올로기로서 기능하였다. 예를 들어, 실제 유혈전쟁이 발발하기 전까지 북부에 대한 이데올로기 전쟁을 주도했던 존 캘훈(John Calhoun)은 연방헌법이 본질적으로 '부정의 헌법'(Constitution of the negative)임을 다음과 같이 강조하였다. "사실 헌법을 구성하는 것은 바로 이 부정의 힘—정부의 행위를 중지시키거나 저지하는 힘—, 가령, 거부권, 주권우위론(interposition), 무효화(nullification), 견제, 혹은 권력의 균형 같은 용어로 불리는 것들이다"(Forsyth 1981, 121에서 재인용). 그는 또한 단순히 숫자상의 다수에 기반한 정부는 '유럽의 군주정부들 같은 절대주의적 폭정'에 불과하다고 주장하였다. 따라서 부정권력론에 기초한 합의적 다수결제(concurrent majority)만이 진정한 공화정체를 형성하며, 모든 주들은 연방정부의 전제에 반대하는 최후의 수단으로서 연방탈퇴나 무효화 독트린을 주장할 수 있어야 한다는 것이 캘훈의 결론이다(Hendrickson 2009, 125).

같은 맥락에서, 남부연합(Confederate States of America)은 공화주의의 유산을 경유해 자신들만의 독특한 반제국주의론을 개발하였다. 그들의 이론에 따르면, 남북전쟁은 미국 혁명의 재판(再版)이었다. 가령, 1861년 연방상원 고별연설에서 차후 남부연합의 대통령이 되는 제퍼슨 데이비스(Jefferson Davis)는 다음과 같이 주장하였다. "우리는 우리의 정부가 기초하고 있는 원칙들로 되돌아가고자 합니다. 그리고 당신들이 그 원칙들을 부인할 때, 우리가 연방으로부터 탈퇴할 권리를 부인함으로써 우리의 권리를 파괴하고자 할 때, 우리는 단지 우리의 독립을 선언하고 위험을 감수함으로써 (건국의) 아버지들이 걸었던 길을 쫓아갈 수밖에 없습니다"(Sexton 2015, 66에서 재인용).

당시의 주된 음모이론에 따르면, 영국군과 동맹을 맺은 북부인들이 딕시인들의 자유에 반하는 강력한 연방 통치를 강제함으로써 미국 땅에 영국식의 폭정을 이식하려 한다고 간주되었다. 따라서 남북전쟁은 혁명기의 반제국전통과 결을 같이하는 고귀한 대의에 기초한 방어적 전쟁으로 간주되었다(Sexton 2015, 65). 또한 소위 헌법의 계약이론(compact theory of the Constitution)에 기반한 남부의 연방탈퇴는 '내부 반제국주의의 궁극적 정치행위'로서 상상되었다. 가령, 사우스 캐롤라이나의 연방탈퇴회의는 다음과 같이 천명하였다. "남부주들은 과거 식민지기 우리의 선조들이 영국에 대항했던 것과 정확히 같은 입장에서 북부주들에 맞서고 있다"(Sexton 2015, 63에서 재인용).

이러한 반제국전통은 또한 미국 국가기구의 진화과정이 근대 유럽의 경험과 비교해 어떤 독특성을 지니는지에 대해서도 시사하는 바가 크다. 즉, 대서양 건너편에서 일반적인 역사의 경향이었던 강력한 중앙집권국가의 건설이 왜 미국에서는 지연되었는가라는 수수께끼에 일정한 해답을 제공해 준다. 찰스 틸리(Charles Tilly)의 유명한 경구인 "전쟁이 국가를 만들었고, 국가가 전쟁을 만들었다"(war made the state, and the state made war)는 언명(Tilly 1975, 42)은 어떻게 해서 중세 후기 정치체들 간의 치열한 군사경쟁이—효율성이 높은 조세, 징집 시스템, 중앙집권화된 관료제와 경찰력, 그리고 무엇보다 강하고 거대한 상비군 등을 특징으로 하는—근대국가의 발전을 자극했는지를 잘 설명해 준다. 그런데 미국의 국가건설과정은 이상의 신베버주의적 역사사회학에서 묘사된 유럽적 길과는 완전히 상이한 궤적을 보였다. 오히려 19세기 미국의 국가기구는 "중앙정부의 권력이 극도로 제약되고 시간의 흐름 속에 팽창되기 어려운 체제"를 계속해서 유지하였다(Friedberg 2002, 239-240). 이는 미국 정치담론에 깊이 자리 잡은 반제국주의 전통 혹은 '반국가주의'가 어렵게 쟁취한 자유의 공화국을 파괴시킬 수도 있는 전제적 전쟁기계의 부상 가능성에 극단적인 공포를 갖도록 조장했기 때문이다. 구체적으로 미국의 국가건설 패턴에서 특징적인 것은 유럽의 국가건설 과정에서 자주 목격되는 전쟁과 관련된 '톱니 효과'(ratchet effect)가 19세기 미국에서는 '되말기 효과'(rollback effect)에 의해 유의미한 정도로 상쇄되어 버렸다는 점이다. 유럽에서는 "전시의 긴박한 조건 속에서 초래되는 중앙정부 관료조직의 크기 증가, 정부의 예산추출량 증대, 정부가 통제하고자 하는 행위의 범위 확대" 등이 전후 평시에도 거의 되돌려지지 않았다고 알려져 있다(Friedberg 2002, 241). 따라서 유럽의 근대국가기구는 14세기 이래 거의 불가역적으로 성장해 왔다. 이와 대조적으로 미국에서는 남북전쟁, 제1차 세계대전 같은 대전역들이 '중앙정부의 권력생산행위들을 일시적으로 증가'시키기는 했지만, 전후시기에 바로 뒤이어 '되돌림' 혹은 '축소'의 계기가 나타나곤 하였다. 오래된 공화주의 전통에 내재한 반제국주의의 영향으로 인해, 대규모로 동원된 군대는 빠르게 해체되었으며, 군비지출은 극적으로 감소되었고, 정부의 군비수요에 종속된 전쟁관련 산업들은 방치되었다(Friedberg 2002, 243).

III. 미국 외교에서 제퍼슨주의 전통의 부상

이상에서 본 것과 같이 공화국 대 제국이라고 하는 공화주의의 대쌍개념이 19세기 미국의 '대내' 정치를 일반적으로 규정지은 것과 마찬가지로 동일한 원칙이 역사적으로 미국의 '대외' 정책 또한 지도하였다. 시초부터 건국의 아버지들 대부분은 미국의 정치적·사회경제적 모델을 해외에 수출하고자 욕망하는, 미국 예외주의의 팽창주의적 조류에 대해 경계의 시선을 가지고 있었다. 왜냐하면, 그러한 시도가 갓 태어난 공화국을 제국주의라는 타락의 길로 이끌 것이라고 여겼기 때문이다. '영구적 동맹'(permanent alliances)의 위험성에 대한 조지 워싱턴의 고별연설이나 '어느 국가와도 구속적 동맹을 맺지 말 것'(entangling alliances with none)을 조언한 토머스 제퍼슨의 1차 대통령직 취임연설과 같은 기념비적 문서들은 모두 미국 초기 대전략이 이론적으로 고전적인 자유와 권력 사이의 딜레마론에 기초하고 있음을 지시한다. 즉, 미국을 당대 유럽 국가들, "구세계의 제국주의 나라들"(McCrisken 2002, 67)에 동화시켜 버릴 수 있는 개입주의의 유혹을 억누르는 것이 미국 공화국의 이상을 보존할 수 있는 최상의 방법이라고 가정되었다. 무엇보다 존 퀸시 애덤스(John Quincy Adams)의 1821년 독립기념일 연설은 고립주의의 원칙과 그것의 공화주의적 기반을 간명하게 축약적으로 표현하고 있다.

> 미국은 괴물들을 찾아 파괴하기 위해 해외로 나가서는 안 됩니다. 미국은 모든 이들의 자유와 독립을 염원합니다. (그러나) 미국은 자기 자신만을 위해 싸우고 옹호하여야 합니다.… 비록 타국의 독립을 위한 기치 때문이라도 일단 다른 나라의 일에 개입하기 시작하면, 미국은 헤어 나올 수 없는 일에 휘말려 온갖 음모와 탐욕, 야망에 가득 찬 전쟁들에 참전하게 될 것이고, 결국 상비군이 강화되고 자유의 기준이 파괴될 것입니다. 미국 정책의 근본원칙은 부지불식간에 자유에서 강압으로 변화해 버릴 것입니다. 그리하여 미국은 세계의 독재자가 될지도 모릅니다. 미국은 더 이상 자신의 정신을 유지할 수 없게 될 것입니다.

월터 러셀 미드(Walter Russell Mead)의 구분법에 따르면, 미국 외교에서 이러한 예외주의의 모범주의적(exemplarist) 버전은 "제퍼슨주의 전통"이라고 일컬어진다(Mead 2001, 174-217). 제퍼슨주의자들 역시 미국적 신조(American Creed)의 열렬한 신봉자이긴 하지만, 그들은 미국 건국혁명에 대해 보편주의적 이해와는 다른 고유한 견해를 가지고 있다. 제퍼슨주의의 시각에서 볼 때, 미 공화국은 다양한 위협에 극히 취약한, 붕괴되기 쉬운 정치체이다. 특히, 공화국의 안보에 더욱 위협적인 것은 해외열강의 침입보다도 오히려 혁명국가로서 미국 자신의 선교사적 열망과 행동이라고 가정된다. 다시 말해 미국은 "십자군 국가"가 아닌 "약속의 땅"(promised land), 즉 세계의 위대한 "모범"이 되는 국가로 남아야만 한다(Preble 2016, 175-177; McDougall 1997). 고대 공화주의의 불길한 예측과 마찬가지로, 미국의 가치를 전 세계에 전파하려는 영구적 혁명 전쟁은 "군-산-금융 복합체의 성장"(Mead 2001, 188)과 함께 공화국의 죽음을 야기할 것이다. 제임스 매디슨의 다음과 같은 진술은 미국 혁명가들이 공화주의 전통의 상징세계 속에서 어떻게 그러한 위험을 인식했는지를 잘 나타내 준다.

> 공공의 자유에 대한 모든 적들 가운데 전쟁이야말로 가장 두려워해야 할 존재이다. 왜냐하면 전쟁은 다른 모든 적들을 만들어 내고 발전시키기 때문이다. 전쟁은 군대의 부모이며, 이로부터 부채와 조세가 뒤따른다. 그리고 군대, 부채, 조세는 다수가 소수의 지배를 받게 만드는 수단들로 잘 알려져 있다. 전쟁을 통해 또한 행정부의 자의적 권력이 확장되며, 관직, 상훈, 급여 문제에 행사되는 영향력도 증가한다.(Johnson 2004, 44-45에서 재인용)[6]

로마의 역사적 교훈은 진실로 제퍼슨주의자들의 마음속 깊은 곳에 자리 잡고 있다. 원칙적으로 제퍼슨주의자들은 전쟁을 외교정책의 바람직하지 못한 도구로 간주했으며, 따라서 국제분쟁을 해결하기 위한 수단으로 경제제재를 선호해 왔다(Mead 2001, 189). 또한 이들은 일반적으로 미국이 세계패권의 지위를 획득하려는 시도에 반대한다. 헌정원칙에

6 이러한 전쟁과 공화국의 문제에 대한 분석을 보다 광범위한 역사적 시각에서 다룬 글들로는 Farber(2008); Stone(2007); Porter(1994) 등 참조.

있어 공화파는 행정부의 전쟁권한을 제한하려 시도하며, 미국의 국제분쟁개입을 의회가 통제하는 것이 "제왕적 대통령제"(imperial presidency)의 잠재적 위험으로부터 공화국을 수호하는 데 핵심적이라고 주장한다(Mead 2001, 190-191). 이런 맥락에서 제퍼슨파는 가능한 한 방위와 치안비용을 최소화하려 하는데, 왜냐하면 거대 상비군과 첩보조직은 시민자유에 대한 직접적 위협이기 때문이다(Mead 2001, 194-197).

서부팽창 시기에도 이미 공화주의 전통은 1846년부터 1848년까지 지속된 미국-멕시코 전쟁과 같은 미국의 대외모험주의적 행동에 대한 반대세력으로서 동원되었다. 1848년 멕시코 점령에 항의하며 행해진 캘훈의 반제국주의 연설은 이러한 반대자적 입장을 잘 요약하고 있다.

> 역사상 자신의 영토와 인구만큼 큰 식민지를 보유했던 자유국가들 중에 재앙적인 결과를 낳지 않았던 예는 없습니다. 식민화된 민족들은 시간이 흐르면 확대된 임명권과 무책임한 권력이 가져오는 부패효과를 통해 자신의 정복자들의 자유를 파괴함으로써 복수를 하게 마련입니다. 멕시코를 점령한다면 연방정부의 권력이 방대하게 증가되어, 각 주들의 전체 권력을 흡수해 버리고 말 것입니다. (그리하여) 연방은 제국권력이 될 것이고, 각 주들은 단순한 종속단위로 전락하고 말 것입니다.(Hendrickson 2009, 182에서 재인용)

나아가 20세기 전환기의 중대한 시점에도 제퍼슨주의적 접근은 미국의 대전략을 형성해 가는 데 핵심적 역할을 수행하였다. 당시 윌리엄 매킨리(William McKinley, Jr.) 대통령이 1898년 미서전쟁의 전리품으로 필리핀을 식민지화하려 시도하자, 제국주의자들과 반제국주의자들 사이에 커다란 논쟁이 벌어졌다. 반제국주의파의 중심주장은 상당 부분 전통적인 제퍼슨주의 논리에 기초해 있었다. 즉 제국적 과잉팽창과 해외 이민족들의 식민화가 미국의 공화주의 제도와 가치에 심각한 위해를 끼칠 것이라는 주장을 펼쳤다. 예를 들어 당대 반제국주의연맹의 지도자 중 한 명이었던 보스턴의 변호사 모어필드 스토리(Moorfield Storey)는 미국의 새로운 해외제국 건설사업이 비극적 결과를 낳을 것이란 점을 경고하기 위해 로마사의 고전적 비유를 사용하였다.

> 로마가 정복을 시작하자, 로마의 공화국은 부패하기 시작했습니다.… 만일 우리가 상대방의 동의 없이 상당수의 사람들을 지배하게 된다면, 이 공화국이 로마의 운명을 따르게 되고 말 것이라는 점은 시간문제에 지나지 않을 것입니다.(Peceny 1999, 67에서 재인용)

1899년 초, 스페인과의 평화조약비준을 둘러싼 정치논쟁은 갈수록 가열되고 있었다. 그 조약은 이전 스페인의 식민지들을 미국의 통제권 아래 두기 위해 맺어진 것으로, 필리핀, 푸에르토리코, 괌, 쿠바, 서인도제도 일부 등을 포괄하였다. 이때 민주당의 직전 대통령 후보였던 윌리엄 제닝스 브라이언(William Jennings Bryan), 윌리엄 빈센트 앨런(William Vincent Allen) 상원의원(I-NE), 조지 그레이엄 베스트(George Graham Vest) 상원의원(D-MO) 등을 포함한 정계의 여러 거물들이 제국주의와 공화주의 간의 양립 불가능성에 대해 강조하고 나섰다. 예외상태의 일반적 법칙에 따라, 식민화의 폭력적 과정 속에 총사령관으로서 대통령이 의회보다 위험스러울 정도로 과도한 권력을 보유하게 될 것이란 우려가 제기되었다. 동일한 맥락에서 존 맥로린(John McLaurin) 상원의원(D-SC)은 다음과 같은 주장을 제기하였다.

> 만일 우리가 식민체제를 운영하기 시작한다면, 이는 워싱턴에 폭압권력이 등장함을 의미한다. 그것은 철권으로 해외영토를 지배하는 데 사용될

뿐 아니라, 후에는 본국에서 인민의 의지를 위압하고 무력화시키는 일에 이용될 거대 상비군의 등장을 의미한다.(McCartney 2006, 243에서 재인용)

베르사유 조약체제의 붕괴 이후, 잠시 윌슨의 개입주의가 상승했던 기간을 뒤로한 채 고립주의의 시대가 귀환하였다. 제1차 세계대전 참전기에 널리 사용된 '민주주의에 안전한 세계 만들기'(make the world safe for democracy)라는 슬로건의 보편주의적 호소에 환멸을 갖게 된 미국인들은 자신들이 해외열강과 국내 '죽음의 상인들'(merchants of death)에 의해 이용당하고 말았다고 느끼고 있었다. 회고해 보건대, 유럽인들은 단지 각자의 이기적인 국익을 위해 싸웠을 뿐이며, '민주주의적' 동맹국과 '압제적' 적국 사이의 선을 가른다던 도덕적 확실성과 관련한 주장은 매우 불명확한 것으로 재분석되었다. 1차 대전에 대한 이러한 수정주의적 해석은 유명한 1935년의 나이 위원회(Nye Committee)의 보고서에 의해 절정에 달하게 되는데, 위원회는 미국이 탐욕스러운 월스트리트 은행가들과 전쟁 산업가들의 특별이익을 위해 1917년 전쟁으로 끌려들어 가게 되었다고 결론지었다. 이렇듯 전간기에 새롭게 재강화된 제퍼슨주의적 합의는 1930년대 일련의 중립법안으로 절정에 달하게 된다(Hendrickson 2009, 353-356; Mead 2001, 205-206).

그러나 냉전기간 동안 공화주의적 반제국주의자들은 일반적으로 미국의 대전략 논쟁에서 부차적인 지위로 밀려나게 된다. 그들은 전간기의 고립주의 노선이 나치의 부상에 제대로 대응하지 못했으며, 그로 인해 결과적으로 제2차 세계대전의 발발을 막지 못했다는 이유로 가혹한 비판에 직면하였다. 제퍼슨주의자들은 유럽 대륙에서의 국제세력 균형을 올바로 측정하는 데 실패하였으며, 비합리적으로 반개입주의 원칙에 집착하는 바람에 히틀러가 손쉽게 채워 버렸던 힘의 진공상태를 방치하였다는 식의 주장이 널리 받아들여졌다. 즉, 그들은 "다시 한 번 자신들이 역사의 잘못된 편에 서 있다는 사실을 발견하였다”(Mead 2001, 208). 반대로 전후시기 미국은 “자유주의적 리바이어던”(Ikenberry 2011)의 역할을 수행함으로써 “20년간의 위기”(Carr 2001)가 재발하지 않도록 방지하였고 소련의 위협에 적극적으로 대처하였다. 자유국제주의는 전후 패권국으로서 미국의 새로운 합의사항이었으며, 미국은 능동적 개입주의에 기초하여 전 지구에 새로운 자유세계질서를 건설하기 위해 진력하였다.

그럼에도 불구하고 냉전시기에도 여전히 제국과 공화국 사이의 오랜 변증법은 공론의 장에 종종 소환되었다. 물론 제퍼슨주의의 목소리는 과거에 비해 훨씬 약해졌지만, 그들은 계속해서 영구적 전쟁상태의 와중에 안보국가(national security state)의 부상 가능성에 대해 경고하였다. 공산주의 진영과의 갈등고조 속에 발생하는 긴박함은 인정되지만, 시간의 한계 없이 대규모의 군사동원이 지속되는 상황 때문에 해럴드 라스웰(Harold Lasswell)이 과거에 명명했던 “요새국가”로 미 공화국이 전락하게 될지도 모른다는 공포를 자극하였다(Deudney 2007, 188). 이런 맥락에서 대선기간 장기전화한 한국전쟁을 종결지을 것을 약속했던 아이젠하워(Dwight Eisenhower) 대통령은 “십자군적인 제국적 경찰행위가 극도로 위험하다는 사실”을 분명히 이해하고 있었다(Williams 1980, 197). 아이젠하워는 자신의 첫 취임연설(1953)에서 우리 자신의 소중한 정치·경제적 제도들을 다른 민족들에게 부과하기 위해 우리의 힘을 사용하는 일은 절대로 없을 것이라고 선언하였다. 공화제도를 부패시키는 ‘군산복합체’의 위험성을 경고한 그의 대통령직 고별연설은 냉전기 제퍼슨주의 전통의 기념비적 문헌으로 추앙받고 있다.

> 방대한 군사기구와 거대한 무기산업 간의 결합은 미국인들에게 새로운 경험입니다.… 정부의 심의과정들에서 우리는 군산복합체들의 부당한

영향력을 방어해야 합니다. 잘못된 권력이 재앙처럼 부상할 가능성은 현재에도 있고 앞으로도 계속 있을 것입니다. 우리는 군산복합체의 압박이 우리의 자유 혹은 민주주의의 과정을 위험에 빠뜨리게 놔둬서는 안 됩니다. 우리는 어떤 것도 당연한 것으로 여겨서는 안 됩니다. 오직 깨어 있고 박식한 시민들만이 거대 방위산업-군사조직과 우리의 평화적 방법과 목표 사이의 적절한 조합을 강제할 수 있을 것이며, 그로써 안보와 자유가 함께 번영할 수 있도록 할 수 있을 것입니다.(Eisenhower 1961)

베트남 전쟁을 기화로 제퍼슨주의 전통은 재부상하였으며, 전 사회로 확장된 반전운동을 주도하였다. 그런데 흥미롭게도, 미국의 이른바 신좌파도 자신의 이론적 근거를 반제국적인 미국적 신조에서 찾고 있었다. 표면적으로 그들의 언어는 유럽의 급진사상인 마르크스주의에 물들어 있었다. 그러나 새뮤얼 헌팅턴(Samuel Huntington)이 지적한 바에 따르면, 이 시대의 많은 활동가들은 미국의 공격적인 냉전외교를 비판하기 위해 사실 평등, 자유, 민주주의 같은 전통적인 미국의 가치들에 호소하였다(Huntington 1981). 특히 제국과 공화국(혹은 공동체)이라는 오랜 이분법이 이들의 비판적 사고에도 핵심적인 위치를 차지했다. 예를 들어 신좌파적 수정주의 역사가들의 대부라고 할 수 있는 윌리엄스(William Appleman Williams)는 미국의 정치경제와 국가 그 자체가 극소수 거대기업들의 이해를 반영한 '기득권'에 의해 지배되어 왔다고 주장하였다. 따라서 미국의 시민들은 갈수록 거대기업들과 정부에 의해 수립된 정책들 중에 제한적으로 선택을 할 수밖에 없게 되었고, 결국 '공동체적' 삶의 방식이 아닌 '제국적' 삶의 방식을 받아들이게 되었다. 특히 미국인들은 제국주의에 심각하게 중독되어 왔는데, 왜냐하면 그것이 정서적 충족과 권력, 그리고 물질적 부를 가져다 주었기 때문이다. 그러나 윌리엄스는 삶의 방식으로서 제국은 "핵멸망으로 이어질 것"이기에 미국인들은 "제국을 거부하는 용기"를 가져야만 하며, 대신에 대안적 "삶의 방식으로서 공동체"를 추구해야 한다고 주창하였다(Williams 1980, 213).

IV. 오늘날 공화주의의 딜레마

소련의 몰락과 냉전의 종식에 뒤이어 승리주의적인 개입주의 혹은 "자유패권"(liberal hegemony) 전략(Posen 2014, 5-15)이 새롭게 재강화된 미국의 국가적 컨센서스로서 부상하였다. 이와 동시에 과거 부정적 의미로 사용되던 '제국'과 '제국주의' 같은 용어들이 '자기준거적 개념'(self-referent concept)으로서 세계정치의 무대에 복귀하였다. 로마에서 영국을 거쳐 미국에 이르는 또 하나의 '제국의 이전'(translatio imperii)이 발생했다는 식의 이야기가 널리 받아들여졌고 "제국 개념의 정상화"(공진성 2012, 146-149) 또한 일어났다. 따라서 "자유제국"으로서 미국은 전 지구에 "팍스 아메리카나"(Pax Americana)를 건설하고, 유지할 책임을 지닌 특별한 존재로 간주되었다(김준석·박건영 2013). 이런 점에서 과거 로마사에 대한 공화주의적 해석은 완전히 전도되었다. 이제 모든 영광은 로마 "공화국"이 아닌 수백 년간 평화와 번영을 지킨 로마"제국"에 부여되었다(Jordheim and Neumann 2011, 169-172). 심지어 미국 혁명가들의 오랜 숙적이었던 19세기 대영제국의 논쟁적인 역사조차도 상품, 자본, 노동, 공동의 법치와 거버넌스 등을 포함한 근대 초기의 지구화를 선도했다는 점에서 높이 상찬되었다(Ferguson 2003).

진실로 의미론적 차원의 큰 혁신이 일극체제와 전 지구적 테러와의 전쟁이라는 특수한 역사적 맥락 속에 발생하였다. 신보수주의자들은 제국의 의미를 "부정적인 대항-개념에서 긍정적인 자기-묘사"로 급격히

변화시켰다(Jordheim and Neumann 2011, 178). 대개 전통적으로 제국 개념은 제퍼슨주의자들에 의해 공세적인 미국 외교정책을 비판하기 위해 사용되어 왔던 반면, 신보수주의 사상가들은 제국이라는 용어를 아무런 거리낌없이 사용하며, 미국인들에게 미국의 제국주의적 행위가 지닌 자비로운 효과를 인정하고 수용할 것을 촉구한다. 가령, 역사가인 니얼 퍼거슨(Niall Ferguson)은 현 세계를 안정화하기 위해 필요한 것은 "자유제국"이며 "세계의 많은 지역들이 미국의 통치로부터 혜택을 얻을 것"이라고 주장하였다(Ferguson 2004, 2). 같은 맥락에서 로버트 캐플런(Robert Kaplan)은 "어떤 강대국이나 강대국 연합도 미국이 제공하는 지구질서의 한 조각조차 제공할 수 없으므로" 미국의 지도자들은 장기 국가전략의 핵심 가이드라인으로서 "완화된 제국주의"(tempered imperialism)를 추구해야 한다고 조언하였다(Kaplan 2014, 15).

한편, 조지 W. 부시 행정부하에서 수렁에 빠진 이라크 전쟁, 감시국가기구의 빠른 성장세, 전 세계 금융위기 발발 등의 상황은 공화국 대 제국이라는 공화주의의 문제틀을 다시 한 번 대중논의의 중심주제로 부상하게 만들었다. 정치적·이론적 스펙트럼의 차이를 떠나 많은 사람들이 또 다시 등장한 제국적 과잉팽창 주기의 압력 때문에 공화정이 위기에 처했다는 우려를 표명하기 시작하면서, 또 한 번의 "제퍼슨적 계기"(Jeffersonian moment)가 도래했다(Hendrickson 2017; Mearsheimer 2014). 이런 점에서 2009년 무렵 티파티(Tea Party)가 미국 정치사회에 혜성같이 등장한 것은 중요한 전조였다고 볼 수 있다. 그 운동의 표면적 목표인 국가부채 및 연방재정적자의 축소와 세금 감면 등은 국내적 이슈인 '작은 정부' 만들기에만 초점이 맞춰져 있다고 볼 수도 있지만, 티파티는 근본적으로 공화주의적인 반제국전통과 연계되어 있었다. 왜냐하면 "재정을 많이 지출하는 국가기구와 해외에 병력을 보내는 미국 정부의 경향" 사이에는 긴밀한 상관관계가 존재하기 때문이다(Tyrrell and Sexton

2015, 236).

앞에서 이미 살펴본 것처럼, 제퍼슨주의 전통은 미국 외교정책사에서 일종의 '후진기어' 역할을 수행해 왔다. 미국의 예외주의 정체성에 내재한 과도한 선교사적 열정이 제국적 과잉팽창의 시기를 야기했을 때(Cha 2015), 제퍼슨주의자들은 "권력의 오만함을 버리고, 보다 헌법에 충실한 외교정책으로 회귀하며 제왕적 대통령제를 축소시킴으로써" 미국의 공화주의 가치와 제도를 회복시키는 과정을 선도하였다(Mead 2001, 217). 실제로 기존의 자유패권전략 혹은 팽창주의적 제국 프로젝트에 갈수록 염증을 느낀 미국 유권자들의 불만이 지난 2016년 대선의 향방을 결정지었다고 볼 수 있다. 즉, 미국 대전략의 문제에 있어 양대 주요 정당의 엘리트 정책집단과 일반 국민들 사이에 거대한 격차가 벌어져 있다는 사실이 명확히 증명되었다. 기성 자유국제주의적 합의로부터 미국 외교정책의 급격한 이탈을 약속한 아웃사이더, 도널드 트럼프 대통령의 깜짝 승리는 반엘리트적 잭슨주의[7] 포퓰리즘의 목소리를 대변하였다. 취임연설에서 트럼프는 권력의 내부자들이 미국시민들을 오도해 왔으며, 낭비적인 국제주의 구상을 추구함으로써 미국 패권의 토대를 파괴해 버렸다고 주장하였다(Trump 2017).

이에 더해, 트럼프는 세계평화를 위해 민주주의를 전파한다는 정통 예외주의 사고와 정반대로, 오랫동안 유지되어 온 대외 개입주의 정책이 합리성이 아닌 "어리석음과 오만"에 토대해 있다고 주장하였다. 미국은 "국가건설사업에서 빠져나와 세계의 안정을 창출하는 데 초점을 맞춰야 한다"는 것이다. 따라서 트럼프는 존 퀸시 애덤스의 오랜 공

7 민중적 민족주의의 잭슨주의적 판본과 트럼프 현상의 상관관계에 대해서는 Cha(2016) 참조.

화주의 격언을 인용해 “세계는 우리가 적들을 찾아 해외로 나가지 않을 것이란 점을 알아야만 한다”고 선언하였다(Trump 2016a). 지속되는 전쟁 상태에 지쳐 있던 미국민들은 이러한 반제국적 언명에 열렬히 반응하였고 트럼프에게 표를 던졌다. 한 통계적 연구에 따르면, “[이라크와 아프가니스탄 전쟁에서] 높은 사상자 비율을 기록한 마을들은 또한 미국 내 농촌 지역, 빈곤 지역, 저학력 지역이기도 하다. 이 마을의 유권자들은 그들의 친구들과 이웃들을 죽음에 이르게 만든 분쟁을 주도한 것으로 인식되는 정치인들에 반대하는 표를 던질 가능성이 높다. 2016년 선거에서 트럼프는 바로 이러한 미국 지역들에서 호응을 얻었다”(Kriner and Shen 2017). 요약하면, 트럼프를 45대 대통령으로 선출한 사회적 힘의 상당 부분은 반제국주의적 유권자들에게서 나온 셈이다.

그러나 트럼프는 집권 초기에 “그의 수사들을 액면 그대로 믿은 반개입주의자들에게 커다란 실망”을 안겨 주었다(Raimondo 2017). 선거운동기간의 약속과 달리, 트럼프 정부는 상당히 공세적이고 갈등 지향적인 외교정책을 채택하는 듯 보였다. 『포린폴리시(*Foreign Policy*)』 저널에 따르면 임기 첫 6개월 동안 트럼프는 무슬림 세계에 2만 개가 넘는 폭탄의 투하명령을 내렸는데, 이는 공군력 사용의 차원에서 그가 “현대사에서 가장 매파적인 대통령”임을 나타내는 수치이다. 즉 트럼프는 자신의 반개입주의 지지자들이 맹렬히 반대해 온 바로 그 군사전술에 국가경영을 의존한 셈이다(Wilson and Zenko 2017). 더구나 미국 자유지상주의 세력의 대부인 론 폴(Ron Paul)은 2017년경 북한, 이란 등에 공격적 언사를 퍼부었던[8] 트럼프가 소위 러시아 게이트로부터 벗어나기 위한

8 예를 들어 트럼프는 북한이 “세계가 한 번도 보지 못한 화염과 분노”에 직면할 것이라고 협박하였다. 그는 또한 트위터를 통해 “북한이 현명하게 행동하지 않

방편으로 깡패국가들에 대한 일종의 관심전환전쟁(diversionary war)을 일으킬지도 모른다고 경고하였다(Paul 2017).

같은 맥락에서 트럼프 행정부가 갈수록 군사적 행동과 매파적 외교정책에 의존하자 많은 전문가들이 특히 미국에서 군사안보국가의 부상에 대한 우려를 갖게 되었는데, 이는 오랜 공화주의 전통의 핵심문제틀, '자유와 제국의 문제'(problem of *libertas et imperium*)와 공명하는 것이다. 즉, 자유는 제국을 만들어 내지만, 그로 인해 스스로의 존재가 위협받게 된다는 문제의식이다(Pocock 2003, 310). 가령, 스티븐 월트(Stephen Walt)는 트럼프 정권에서 권위주의가 부상하는 징표를 발견하려 시도했는데, 언론에 대한 체계적 위협, 공포분위기 조장, 반대자들의 악마화 등 여러 우려할 만한 징후들을 찾아냈다(Walt 2017). 신보수주의 평론가인 캐플런은 한층 더 급진적인 비판을 가했는데, 트럼프의 첫 예산안이 지나친 군비지출에 의존하고 있으며 이러한 군사력의 과대한 역할은 "황제정(Caesarism)으로의 타락"[9]을 보여 준다고까지 지적하였다(Kaplan 2017). 나아가 캐플런은 트럼프의 군사중심주의 전략과 로마제국의 점진적 쇠퇴가 군사적 과도함에서 유래했다는 사실 사이의 평행성을 강조한다. 즉, 트럼프의 예산지출안이 미국의 비극적 쇠퇴과정의 "중대한 변곡점"이 될 수 있다고 예언했다. 결국 캐플런의 분석에 따르면 현 대통령은

는다면 완전한 군사적 해법이 준비되어 있다"고 밝혔다. 게다가 한 기자가 베네수엘라의 혼란한 상황에 대한 미국의 대응을 묻자, 트럼프는 "우리는 베네수엘라에 대한 많은 옵션을 가지고 있습니다. 그런데 나는 군사옵션도 배제하지 않을 것입니다"라는 답변을 남겼다(Cassidy 2017).

9 '황제정'(caesarism)이라는 단어 자체가 로마 공화국의 혼합정체를 최종적으로 붕괴시키고 제국으로의 길을 닦은 율리우스 카이사르의 이름에서 유래했다는 점에 주목하라.

악의적으로 미 공화국의 토대를 파괴하고 있는 중이다. 본래 귀족정에 맞선 호민관을 자처하며 당선되었지만,[10] 트럼프는 호전적인 제국 건설자인 것으로 정체가 밝혀졌다는 주장이다.[11]

이러한 문제적 상황에 대해 어떤 해법이 있을지는 명확치 않다. 상대적 패권하락의 시대가 낳는 현재의 곤란을 탈출하기 위해서는 공화주의의 오랜 원칙으로 되돌아가는 것이 중요할 수 있다. 탈냉전 시대 '필수불가결한 나라'(indispensable state)로서 미국은 지속적으로 국제체제를 자신의 이미지처럼 바꾸려 시도해 왔지만, 반제국적 공화주의 전통이 경고해 온 것처럼 그러한 팽창주의 국가전략은 역설적이게도 미국 자신의 성격을 비자유주의적인 안보국가로 변질시켜 버렸고, 국가의 권력기반도 크게 침식되었다. 자유와 권력 사이의 점증하는 긴장관계를 적절히 조절하지 않는다면, 지난 10여 년간의 제국적 과잉팽창으로 인한 문제점들이 축적되어 로마의 전철을 따라 미 공화정체의 심각한 파괴와 세계리더십의 상실로 연결될 수 있다.

따라서 현재의 중대한 질문은 바로 이것이다. 과연 트럼프의 핵심

---

10 공화당 대선후보지명 수락연설에서, 트럼프는 다음과 같이 주장하였다. "매일 아침 일어날 때마다 나는 스스로에게 다짐을 합니다. 전국을 돌아다니며 만났던, 그동안 무시당하고 버려져 왔던 사람들의 기대를 저버리지 않을 것이라고 말입니다.… 이들이 우리나라에서 잊혀져 왔던 사람들입니다. 열심히 일하지만 더 이상 목소리를 내지 못했던 사람들입니다. 제가 당신들의 목소리입니다."

11 반면, 2018년 말 트럼프는 자신의 대선공약과 일치하는 맥락에서 아프가니스탄과 시리아에 주둔 중인 미군을 철수시킬 것을 명령하였고, 당시 국방장관 짐 매티스(Jim Mattis)가 이에 항의해 사임하는 사건이 일어났다(Sonne, Dawsey, and Ryan 2018). 이를 통해 보면 트럼프가 군비확대를 추구하면서도 동시에 여전히 미국은 전 지구적 경찰이 될 수 없다는 반자유국제주의적 신념을 고수하고 있다는 점을 확인할 수 있다.

지지자들, 혹은 미국 우선론자들은 비록 자기들의 대통령에 의해 배신당하기는 했지만 미국 외교정책사에서 진정한 반제국적 전환을 달성할 수 있을 것인가? 물론 이런 류의 질문에 대한 답은 추측에 그칠 가능성이 높고, 궁극적으로는 미국 내 친제국세력과 반제국세력 간 사회적 투쟁의 결과에 달려 있다.[12] 그러나 한 가지 만큼은 확실하다. 미국 패권과 개입주의가 계속 진화해 가는 한 반제국전통과 공화주의의 딜레마 역시 계속 함께할 것이란 점이다.

참고문헌

공진성. 2012. 「제국이라는 유토피아, 또는 디스토피아: 아메리카 제국론에 대한 성찰」. 『서석사회과학논총』 5권 2호: 67-96.

김준석·박건영. 2013. 「자유주의, 제국, 제국주의」. 『인간연구』 25호: 7-32.

박성우. 2008. 「매디슨 공화주의의 정의와 현대적 의의: 〈연방주의자 논고〉 10번의 해석과 자유주의-공화주의 논쟁을 중심으로」. 『21세기정치학회보』 18집 3호: 1-22.

Adams, John Q. 1821. "Speech to the U.S. House of Representatives on Foreign Policy." *Miller Center* (July 4). https://millercenter.org/the-presidency/presidential-speeches/july-4-1821-speech-us-house-representatives-foreign-policy(검색일: 2018. 01. 26).

12 실제로 이런 맥락에서 2019년 현재 트럼프 행정부 내부에서도 일종의 궁정전투가 벌어지고 있는 것으로 알려졌다. 즉, 네오콘을 대표하는 존 볼턴(John Bolton) 국가안보보좌관이 이란, 북한, 베네수엘라 등에 대해 군사적 해법을 불사하는 강경자세를 취해 온 반면, 사석에서 트럼프 대통령은 볼턴 보좌관의 호전성을 비웃으면서, 자신이 볼턴을 억제하고 있다고 발언한 것으로 전해진 것이다(Baker and Haberman 2019). 비록 국방비의 대규모 증액을 단행하고 마초적인 매파 수사를 즐겨 사용하는 트럼프이지만, 실제 외교정책의 실행에 있어서는 여전히 선거 캠페인 시절과 마찬가지로 반개입주의적 입장을 고수하는 면모를 보이고 있는 셈이다.

Armitage, David. 2002. "Empire and Liberty: A Republican Dilemma." In Martin van Gelderen and Quentin Skinner eds. *Republicanism: A Shared European Heritage, Vol. II: The Values of Republicanism in Early Modern Europe*. Cambridge: Cambridge University Press, 29-46.

Bailyn, Bernard. 1992. *The Ideological Origins of the American Revolution*. Enl. ed. Cambridge, MA: Harvard University Press.

Baker, Peter and Maggie Haberman. 2019. "Trump Undercuts Bolton on North Korean and Iran." *The New York Times* (May 28). https://www.nytimes.com/2019/05/28/us/politics/trump-john-bolton-north-korea-iran.html(검색일: 2019. 06. 07).

Brewer, John. 1988. *The Sinews of Power: War, Money, and the English State, 1688-1783*. New York: Alfred A. Knopf.

Buchanan, Pat. 2012. "America Needs No More Neo-Imperial Nonsense." *The Financial Times* (July 24). https://www.ft.com/content/e52c592a-d4ad-11e1-bb88-00144feabdc0(검색일: 2018. 01. 26).

Carr, Edward Hallett. 2001. *The Twenty Years' Crisis 1919-1939: An Introduction to the Study of International Relations*. New York: Palgrave.

Cassidy, John. 2017. "Who Will Put an End to Donald Trump's Warmongering?" *The New Yorker* (August 12). http://www.newyorker.com/news/john-cassidy/who-will-put-an-end-to-donald-trumps-warmongering(검색일: 2018. 01. 26).

Cha, Taesuh. 2015. "The Formation of American Exceptional Identities: A Three-Tier Model of the 'Standard of Civilization' in US Foreign Policy." *European Journal of International Relations* 21(4): 743-767.

_______. 2016. "The Return of Jacksonianism: The International Implications of the Trump Phenomenon." *The Washington Quarterly* 39(4): 83-97.

_______. 2019. "Republic or Empire: The Genealogy of the Anti-Imperial Tradition in US Politics." *International Politics* Vol. 56, Issue 1.

Conroy-Krutz, Emily. 2015. "Empire and the Early Republic." *H-Diplo Essay* 133. https://networks.h-net.org/system/files/contributed-files/e133.pdf(검색일: 2018. 01. 26).

Coyne, Christopher J. and Abigail R. Hall Blanco. 2016. "Empire State of Mind: The Illiberal Foundations of Liberal Hegemony." *Independent Review* 21(2): 237-250.

Deudney, Daniel. 2007. *Bounding Power: Republican Security Theory from the Polis to the Global Village*. Princeton: Princeton University Press.

Eisenhower, Dwight D. 1953. "First Inaugural Address." *The Avalon Project* (January 20). http://avalon.law.yale.edu/20th_century/eisen1.asp(검색일: 2018. 01. 26).

_______. 1961. "Military-Industrial Complex Speech." The Avalon Project (January 17). http://avalon.law.yale.edu/20th_century/eisenhower001.asp(검색일: 2018. 01. 26).

Farber, Daniel A. 2008. *Security v. Liberty: Conflicts between Civil Liberties and National Security in American History*. New York: Russell Sage Foundation.

Ferguson, Niall. 2003. *Empire: The Rise and Demise of the British World Order and the Lessons for Global Power*. New York: Basic Books.

_______. 2004. *Colossus: The Rise and Fall of the American Empire*. New York: The Penguin Press.

Forsyth, Murray. 1981. *Unions of States: The Theory and Practice of Confederation*. New York: Leicester University Press.

Friedberg, Aaron L. 2002. "American Anti-statism and the Founding of the Cold War State." In *Shaped by War and Trade: International Influences on American Political Development*. Eds. Ira Katznelson and Martin Shefter. Princeton: Princeton University Press, 239-266

Gibson, Alan. 2009. *Interpreting the Founding: Guide to the Enduring Debates over the Origins and Foundations of the American Republic*. Lawrence: University Press of Kansas.

Graebner, Norman A. 1987. "Isolationism and Antifederalism: The Ratification Debates." *Diplomatic History* 11(4): 337-353.

Hardt, Michael and Antonio Negri. 2000. *Empir*e. Cambridge, MA: Harvard University Press.

Hendrickson, David C. 2003. *Peace Pact: The Lost World of the American Founding*. Lawrence: University Press of Kansas.

_______. 2009. *Union, Nation, or Empire: The American Debate over International Relations, 1789-1941*. Lawrence: University Press of Kansas.

_______. 2017. *Republic in Peril: American Empire and the Liberal Tradition*. New York: Oxford University Press.

Huntington, Samuel P. 1981. *American Politics: The Promise of Disharmony*. Cambridge,

MA: Belknap Press.

Ikenberry, G. John. 2011. *Liberal Leviathan: The Origins, Crisis, and Transformation of the American World Order*. Princeton: Princeton University Press.

Johnson, Chalmers. 2004. *The Sorrows of Empire: Militarism, Secrecy, and the End of the Republic*. New York: Metropolitan Books.

Jordheim, Helge and Iver B. Neumann. 2011. "Empire, Imperialism and Conceptual History." *Journal of International Relations and Development* 14(2): 153-185.

Kaplan, Robert D. 2014. "In Defense of Empire." *Atlantic* 313(3): 13-15.

_______. 2017. "Trump's Budget is American Caesarism: On Militarism, Exhaustion, and Decadence." *Foreign Policy* (May 26). http://foreignpolicy.com/2017/05/26/trumps-budget-is-american-caesarism/(검색일: 2018. 01. 26).

Kauffman, Bill. 2008. *Ain't My America: The Long, Noble History of Antiwar Conservatism and Middle-American Anti-Imperialism.* New York: Metropolitan Books.

Kramer, Paul A. 2011. "Power and Connection: Imperial Histories of the United States in the World." *The American Historical Review* 116(5): 1348-1391.

Krauthammer, Charles. 1990/1991. "The Unipolar Moment." *Foreign Affairs* 70(1): 23-33.

Kriner, Douglas L. and Francis X. Shen. June 2017. "Battlefield Casualties and Ballot Box Defeat: Did the Bush-Obama Wars Cost Clinton the White House?" *SSRN*. https://papers.ssrn.com/sol3/papers.cfm?abstract_id=2989040(검색일: 2018. 01. 26).

Lind, Michael. 2006. *The American Way of Strategy*. Oxford: Oxford University Press.

Lipset, Seymour Martin. 1963. *The First New Nation: The United States in Historical and Comparative Perspective*. New York: Anchor.

Marshall, Jonathan. 1980. "Empire or Liberty: The Antifederalists and Foreign Policy, 1787-1788." *Journal of Libertarian Studies* 4(3): 233-254.

Mayers, David Allan. 2007. *Dissenting Voices in America's Rise to Power*. Cambridge: Cambridge University Press.

McCartney, Paul T. 2006. *Power and Progress: American National Identity, the War of 1898, and the Rise of American Imperialism*. Baton Rouge: Louisiana State University Press.

McCrisken, Trevor B. 2002. "Exceptionalism." In *Encyclopedia of American Foreign Policy* Vol. 2. Eds. Alexander DeConde, Richard Dean Burns and Fredrik

Logevall. 2nd ed. New York: Scribner.

McDougall, Walter A. 1997. *Promised Land, Crusader State: The American Encounter with the World since 1776*. Boston: Houghton Mifflin.

Mead, Walter Russell. 2001. *Special Providence: American Foreign Policy and How It Changed the World*. New York: Alfred A. Knopf.

Mearsheimer, John J. 2014. "America Unhinged." *National Interest* (129): 9-30.

_______ and Stephen Walt. 2016. "The Case for Offshore Balancing: A Superior U.S. Grand Strategy." *Foreign Affairs* 95(4): 70-83.

Onuf, Peter S. 2015. "Imperialism and Nationalism in the Early American Republic." In *Empire's Twin: U.S. Anti-Imperialism from the Founding Era to the Age of Terrorism*. Eds. Ian R. Tyrrell and Jay Sexton. Ithaca: Cornell University Press, 21-40.

Paul, Ron. 2015. *Swords into Plowshares: A Life in Wartime and a Future of Peace and Prosperity*. Clute, TX: Ron Paul Institute.

_______. 2017. "North Korea Or Iran… Where Will President Trump Attack First?" *Ron Paul Institute* (July 31). http://ronpaulinstitute.org/archives/featured-articles/2017/july/31/north-korea-or-iran-where-will-president-trump-attack-first/(검색일: 2018. 01. 26).

Peceny, Mark. 1999. *Democracy at the Point of Bayonets*. University Park: Pennsylvania State University Press.

Pitts, Jennifer. 2012. "Political Theory of Empire and Imperialism." In *Empire and Modern Political Thought*. Ed. Sankar Muthu. New York: Cambridge University Press, 351-387.

Pocock, J. G. A. 1975. *The Machiavellian Moment: Florentine Political Thought and the Atlantic Republican Tradition*. Princeton: Princeton University Press.

_______. 2003. *Barbarism and Religion: Vol. 3, the First Decline and Fall*. Cambridge: Cambridge University Press.

Porter, Bruce D. 1994. *War and the Rise of the State: The Military Foundations of Modern Politics*. New York: Free Press.

Posen, Barry R. 2014. *Restraint: A New Foundation for U.S. Grand Strategy*. Ithaca: Cornell University Press.

Preble, Christopher A. 2009. *The Power Problem: How American Military Dominance Makes Us Less Safe, Less Prosperous, and Less Free*. Ithaca: Cornell University Press.

_______. 2016. "Libertarians and Foreign Policy the Individual, the State, and War." *Independent Review* 21(2): 167-179.

Raimondo, Justin. 2017. "Anti-Interventionist Voters Elected Trump." *Antiwar.com* (July 5). http://original.antiwar.com/justin/2017/07/04/anti-interventionist-voters-elected-trump/(검색일: 2018. 01. 26).

Robinson, William I. 2004. *A Theory of Global Capitalism: Production, Class, and State in a Transnational World*. Baltimore: Johns Hopkins University Press.

Sexton, Jay. 2015. "'The Imperialism of the Declaration of Independence' in the Civil War Era." In *Empire's Twin: U.S. Anti-Imperialism from the Founding Era to the Age of Terrorism*. Eds. Ian R. Tyrrell and Jay Sexton. Ithaca: Cornell University Press, 59-76.

Smith, Rogers M. 1997. *Civic Ideals: Conflicting Visions of Citizenship in U.S. History*. New Haven: Yale University Press.

Sonne, Paul, Josh Dawsey and Missy Ryan. 2018. "Mattis Resigns after Clash with Trump over Troop Withdrawal from Syria and Afghanistan." *The Washington Post* (December 20). https://www.washingtonpost.com/world/national-security/trump-announces-mattis-will-leave-as-defense-secretary-at-the-end-of-february/2018/12/20/e1a846ee-e147-11e8-ab2c-b31dcd53ca6b_story.html?utm_term=.9965238d6642(검색일: 2019. 03. 10).

Stone, Geoffrey R. 2007. *War and Liberty-An American Dilemma: 1790 to the Present*. New York: W. W. Norton.

Tilly, Charles. 1975. "Reflections on the History of European State Making." In *The Formation of National States in Western Europe*. Ed. Charles Tilly. Princeton: Princeton University Press.

Trump, Donald. 2016a. "Transcript: Donald Trump's Foreign Policy Speech." *The New York Times* (April 27). https://www.nytimes.com/2016/04/28/us/politics/transcript-trump-foreign-policy.html(검색일: 2018. 01. 26).

_______. 2016b. "Republican Nomination Acceptance Speech." *Donaldjtrump.com* (July 21). https://assets.donaldjtrump.com/DJT_Acceptance_Speech.pdf(검색일: 2018. 01. 26).

_______. 2017. "The Inaugural Address." *The White House* (January 20). https://www.whitehouse.gov/briefings-statements/the-inaugural-address/(검색일: 2018. 01. 26).

Tyrrell, Ian R. and Jay Sexton. 2015. "Whither American Anti-Imperialism in a Postcolonial World?" In *Empire's Twin: U.S. Anti-Imperialism from the Founding Era to the Age of Terrorism*. Eds. Ian R. Tyrrell and Jay Sexton. Ithaca: Cornell University Press, 219-242.

Walt, Stephen M. 2017. "Top 10 Signs of Creeping Authoritarianism, Revisited." *Foreign Policy* (July 27). http://foreignpolicy.com/2017/07/27/top-10-signs-of-creeping-authoritarianism-revisited/(검색일: 2018. 01. 26).

Williams, William Appleman. 1980. *Empire as a Way of Life: An Essay on the Causes and Character of America's Present Predicament, Along with a Few Thoughts about an Alternative*. New York: Oxford University Press.

Wilson, Jennifer and Micah Zenko. 2017. "Donald Trump is Dropping Bombs at Unprecedented Levels." *Foreign Policy* (August 9). http://foreignpolicy.com/2017/08/09/donald-trump-is-dropping-bombs-at-unprecedented-levels/(검색일: 2018. 01. 26).

Wood, Gordon S. 1969. *The Creation of the American Republic, 1776-1787*. Chapel Hill: University of North Carolina Press.

_______. 2011. *The Idea of America: Reflections on the Birth of the United States*. New York: Penguin Press.

책을 마치며

제국의 시대?

김준석

최근 '제국의 귀환'에 관한 논의가 활발하게 전개되고 있다. 결정적인 계기는 2003년 이라크 전쟁으로 촉발된 미국 대외정책의 제국주의적인 성격에 관한 논쟁이었다. 독일과 프랑스 등 전통적인 동맹국을 비롯한 국제사회의 거센 반대에도 불구하고 이라크에 대한 공격을 감행한 미국은 이라크에 거의 10여 년 가까이 군대를 주둔시키면서 정권을 교체하고 정치체제를 변경하는 작업을 주도했다. 이와 같은 미국의 행동은 국제정치체제에서 미국이 차지하는 위상을 '단극체제'나 '패권'의 관점에서 정의하는 것이 더 이상 적절하지 않음을 잘 보여 주었다. 단극체제나 패권 개념은 적어도 법적·형식적으로는 평등한 주권 국가들로 구성되는 국제체제의 존재를 전제하는 데 반해, 이라크 전쟁은 미국과 일부 국가들 사이의 관계에서는 그러한 체제가 더 이상 존재하지 않음을 극명하게 드러냈다. 이에 냉전 시기에 미국과 소련이 상대방을 비난할 때 사용하던 용어인 제국 개념이 다시 관심을 받기 시작했다(Jordheim and Neumann 2011, 172; Münkler 2007, 6; Nexon and Wright 2007, 54).

제국 개념이 세계정치에서 미국이 차지한 새로운 국제정치적 위상과 관련해서만 조명을 받고 있는 것은 아니다. 두 가지를 추가로 언급할 필요가 있다. 먼저 유럽연합의 제국으로서의 성격이 두드러지고 있음을 지적할 수 있다. 이는 특히 지난 20여 년간 동유럽의 구사회주의권 국가들을 회원국으로 받아들이는 과정에서 나타났다. 유럽연합은 기존 회원국의 정치적·경제적·법적 기준을 채택할 것을 '가입조건'(conditionality)으로 제시했기 때문에 이 국가들은 상당히 고통스러운 조정과 적응의 과정을 거쳐야 했다. 어렵사리 회원국의 지위를 획득한 이후에도 이들과 기존 회원국 사이의 경제적·사회적 격차가 쉽게 해소되지 않았기 때문에 불평등한 관계가 계속 유지되고 있다. 화폐통합 이후 유로존의 통화 정책이 독일을 비롯한 경제적으로 크고 강한 회원국에 의해 좌지우지되는 상황도 '중심부'-'주변부' 간 불평등을 심화시키는 요인이다(Behr and Stivachtis 2016; Marks 2012).

제국 개념이 다시 조명되는 또 하나의 이유는 구유고슬라비아, 이스라엘/팔레스타인, 리비아, 아프가니스탄, 스리랑카, 콩고, 카프카스 등지에서 근대주권국가 모델에 근거하여 정치질서를 수립하려는 시도가 별다른 성과를 거두지 못한 결과 분쟁이 끊이지 않고 있다는 사실에서 찾을 수 있다. 근대주권국가 모델은 영토 내에 거주하는 모든 구성원을 동질적으로 통합하여 이들이 적어도 법적·제도적으로는 완벽하게 평등한 지위를 누리도록 하는 것을 목표로 삼는다. 하지만 탈식민화가 본격화된 지 반세기를 훌쩍 넘은 현재까지도 세계 여러 지역에서 이러한 목표의 달성은 요원하기만 하다. 이에 구성원들 간 불평등하고 불균등한 관계를 인정하면서도 지역이나 집단의 자율성을 어느 정도 보장하는 제국 체제에 대한 관심이 높아졌다(Burbank and Cooper 2010, 443).

제국에 대한 관심의 증가는 제국 개념을 보다 포괄적으로 정의하려는 시도를 수반했다. 제국을 "한 정치사회가 다른 정치사회의 효과적인 주권에 부과하는 정치적 통제의 관계"로 보는 도일(Michael Doyle)

의 고전적인 정의에서는 통제와 지배, 종속과 피지배의 측면이 강조된다(Doyle 1986, 19). 제국의 핵심적인 특징을 "본국 중심부 혹은 모국의 주변부에 대한 위계적인 지배"로 보는 콜라스(Alejandro Colás)의 정의에서도 동일한 측면이 강조된다(Colás 2007, 7). 이에 반해 넥슨과 라이트(Nexon and Wright 2007), 버뱅크와 쿠퍼(Burbank and Cooper 2010) 등이 제안하는 제국 개념에서는 통제와 지배의 측면은 덜 강조되고, 대신 통치체제에 편입된 집단과 지역을 통합하는 상이한 전략이 강조된다. 특히 버뱅크와 쿠퍼는 동질화에 초점을 맞추는 근대주권국가와는 대조적으로 제국이 '차이의 정치'를 구사한다는 점을 지적한다. 물론 '차이의 정치'가 긍정적인 의미만을 가지는 것은 아니다. 중심부와 주변부의 차이, 집단과 집단, 지역과 지역 사이의 차이는 많은 경우 단순한 차이가 아닌 '차별'에 가까웠다. 하지만 이러한 점을 감안하더라도 차이의 인정에 바탕을 둔 제국적 통합방식은 정치적 질서를 유지하고 사회적 안정을 이루는 데 많은 장점을 지녔다. 차이는 제거하거나 최소화해야 할 어떤 것이 아니라 엄연한 '사실'이자 유용한 '기회'였다. 제국은 다양한 사회구성원과 집단과 지역을 보다 유연하게 통합할 수 있는 전략이었다(Burbank and Cooper 2010, 11-13).

이러한 점을 보다 잘 이해하기 위해서는 19세기와 20세기에 서구 열강의 제국주의 팽창이 남긴 제국에 관한 부정적인 인식을 넘어 세계사에서 제국 혹은 제국적 통합방식이 차지하는 위치를 바라볼 필요가 있다. 한마디로 세계사 전반을 통틀어 제국은 가장 지배적이고 가장 중요한 정치단위였다. 세계사는 제국의 역사였다. 이른바 세계 주요 문명의 중심부에는 거의 예외 없이 제국이 위치했다. 제국은 문명을 꽃피우기 위한 전제 조건이었다. 어떤 제국은 오랜 기간 지속했고, 어떤 제국은 단명했다. 하나의 제국이 다른 제국으로 교체되는 시기에는 고통스러운 정치적 혼란이 수반되었다. '차이의 인정'을 공약수로 가지기는 했지만 정치적인 통합의 방식에서도 차이가 상당했다. 중국과 같이 일찍부터 관료제의 전통을 발전시킨 제국이 오스만제국과 같이 지역 유력자와의 가변적인 타협에 의존한 제국과 대조를 이루었다(Barkey 2008).

문명 중심부의 거대 제국 외곽에는 다양한 비제국 형태의 정치체들이 존재했다(Liberman 2009). 중국 제국 주변에는 고려-조선과 일본, 베트남 등이 비교적 동질적인 국가를 이루었고, 16세기 이후 오스만 제국과 러시아 제국 이서(以西) 유럽 지역에는 여러 국가들로 이루어진 다국(多國)체제가 등장했다. 통상적인 견해에 따르면 세계 문명의 중심부가 수 개의 거대 제국에 의해 통치되던 시대는 1750-1830년 유럽의 근대주권국가들에 의해 종언을 고했다(Darwin 2008, 160-217). 수 세기에 걸친 전쟁으로 단련된 최첨단의 군사력과 산업혁명을 통해 비약적으로 성장한 경제력과 기술력으로 무장한 영국, 프랑스를 비롯한 유럽 국가들은 19세기와 20세기 전반 인류 역사상 최초로 글로벌 제국을 건설하는 데 성공했다.

역설적인 사실은 이 유럽 국가들이 제국주의적 팽창을 통해 유라시아의 전통 제국들을 해체시켰지만 정작 근대주권국가 모델을 제국적 통합방식의 대안으로 제시했다는 점이다. 1945년 제2차 세계대전이 끝난 후 탈식민화 과정을 거치면서 근대주권국가 모델은 그야말로 표준적인 정치적 통합방식으로서의 보편성을 획득했다. 유럽 열강의 식민지배에서 벗어난 아시아와 아프리카의 신생독립국가들은 지체 없이 근대주권국가의 건설에 착수했다. 근대주권국가는 유럽 열강이 과거 자신들을 식민화할 수 있었던 '비결'로 여겨졌다. 불행한 역사를 되풀이하지 않기 위해 새로운 표준을 자신들의 것으로 만들어야 했다. 하지만 앞서 지적했듯이 상당수 국가들이 이러한 과업을 달성하는 데 실패했고, 그 결과 다시금 제국적인 통합방식을 진지하게 고려해야 할 상황에 처했다.

우리는 '제국의 시대'를 맞이하고 있는가? 이 질문에 한마디로 답하기는 어렵다. 하지만 오늘날 세계 도처에서 우리는 그러한 시대의 도래를 알리는 것으로 해석될 수 있는 여러 현상들을 목도하고 있으며, 이에 따라 제국을 보다 포괄적으로 정의하고, 세계사에서 제국이 차지한 위치를 되돌아볼 필요성이 커지고 있다. 서구 정치사상가들의 제국에 대한 견해를 살펴보아야 할 필요성이 여기에 있다.

일반적으로 19세기에 이른바 '제국의 시대'가 도래하기 이전까지 서구의 역사는 제국과는 거리가 먼 역사로 인식되었다. 『법의 정신』에서 몽테스키외는 "아시아에는 언제나 제국이 있었지만 유럽에는 제국이 존재할 수 없었다"고 썼다(Montesquieu 1989, 283). 물론 유럽에는 로마제국이 있었다. 중국의 한 제국과 동시기에 존재한 로마제국은 한 제국과 비슷한 시기에 멸망했다. 로마제국과 한 제국이 해체된 후 유럽과 중국 모두 오랜 기간에 걸친 정치적·사회적 혼란기를 겪었다. 하지만 중국에서 수·당 제국의 건국으로 제국이 다시 등장한 데 반해, 유럽은 거의 1,000년에 걸쳐 정치적 분열기가 계속되었다. 유럽은 16-17세기에 이르러서야 오랜 정치적 분열을 극복할 수 있었는데, 이는 제국의 건설이 아니라 근대주권국가라는 새로운 종류의 정치단위체의 형성을 통해 이루어졌다. 마키아벨리, 홉스, 로크, 푸펜도르프, 루소와 칸트, 헤겔에 이르기까지 근대 유럽의 주요 사상가들이 이 근대국가의 문제에 천착했고, 서구 정치사상사는 이들의 근대국가에 관한 견해를 설명하는 것을 가장 중요한 과제로 삼아 왔다. 하지만 지금까지 살펴보았듯이 오늘날 제국이 가지는 의미와 중요성이 재조명되는 가운데 서구 정치사상사에서 근대주권국가 중심주의의 타당성을 재고할 필요가 있다.

사실 서로마제국의 멸망 이후 19세기 이전까지 유럽 역사에서 제국의 제도와 담론이 완전히 자취를 감춘 적은 없었다. 중세의 정치적 분열기에는 신성로마제국의 황제가 실제로는 미약한 권한만을 행사했음에도 로마제국 계승자로서의 특별한 지위에 대한 주장을 포기하지 않왔고, 단테를 비롯한 사상가들은 이러한 주장을 이념적으로 뒷받침했다(Burbank and Cooper 2010, 16-17). 16세기 초반 유럽 주요 지역과 신대륙을 아우르는 '대제국'의 통치자가 된 합스부르크의 카를 5세는 자신의 목표가 '보편왕국'(monarchia universalis)의 수립에 있음을 공언했다(Pagden 1995, 29-62). 그는 자신의 제국이 혈연을 통한 상속이라는 우연적인 요인이 결합된 결과 가능했다는 사실에 그다지 개의치 않았다. 이와 함께 포르투갈, 스페인, 네덜란드, 영국, 프랑스 등이 15세기 말과 16세기 초부터 아메리카와 아시아로의 제국주의적 팽창을 시도했다는 사실, 16세기 이후 신성로마제국이 지금의 독일 지역에서 다수 영토제후국의 상위기관으로서 일정한 역할을 담당했다는 사실 역시 유럽 역사에서 제국의 지속성을 잘 보여 준다.

이러한 점을 고려하면 서구 정치사상사에서 제국의 사상에 관심을 기울여야 할 필요성은 더욱 커진다. 인류가 문명사회를 이루고 살기 시작한 이후부터 오늘날까지 세계사 전반을 되돌아볼 때 유럽에서 기원한 근대주권국가와 이 국가들로 이루어진 근대적인 국제정치체제는 소소한 '에피소드'에 불과하다. 우리는 새로운 시대를 맞이하는 것이 아니라 인류 역사에서 가장 익숙한 주제 중 하나로 되돌아가고 있는 것인지도 모른다. 제국의 사상을 연구하는 일이 번외의 작업이 아니라 사상사의 중심부에 서야 할 이유가 여기에 있다.

참고문헌

Barkey, Karen. 2008. *Empire of Difference: The Ottomans in Comparative Perspective*. Cambridge: Cambridge University Press.

Behr, Harmut and Yannis A. Stivachtis eds. 2016. *Revisiting the European Union as Empire*. London and New York: Routledge.

Burbank, Jane and Frederick Cooper. 2010. *Empires in World History: Power and the*

Politics of Difference. Princeton: Princeton University Press.

Colás, Alejandro. 2007. *Empire*. Cambridge: Polity.

Darwin, John. 2008. *After Tamerlane: The Rise and Fall of Global Empires, 1400-2000*. New York; Berlin; London: Bloomsbury Press.

Doyle, Michael W. 1986. *Empire*. Ithaca: Cornell University Press.

Jordheim, Helge and Iver B. Neumann. 2011. "Empire, Imperialism and Conceptual History." *Journal of International Relations and Development* 14(2).

Liberman, Victor. 2009. *Strange Parallels: Southeast Asia in Global Context, c. 800-1830. Vol. 2: Mainland Mirrors: Europe, Japan, China, South Asia, and the Islands*. Cambridge: Cambridge University Press.

Marks, Gary. 2012. "Europe and Its Empires: From Rome to the European Union." *Journal of Common Market Studies* 50(1).

Montesquieu. 1989. *The Spirit of Law*. A. M. Cohler, B. C. Miller and H. S. Stone trans. and eds. Cambridge: Cambridge University Press.

Münkler, Herfried. 2007. *Empires: The Logic of World Domination from Ancient Rome to the United States*. Trans. P. Camiller. Cambridge: Polity.

Nexon, Daniel H. and Thomas Wright. 2007. "What's at Stake in the American Empire Debate." *American Political Science Review* 101(2).

Pagden, Anthony. 1995. *Lords of All the World: Ideologies of Empire in Spain, Britain and France, c.1500-c.1800*. New Haven and London: Yale University Press.

찾아보기

[인명]

[용어]

ㅁ

ㅂ

ㅅ

저자소개(가나다순)

권윤경은 현재 서울대학교 서양사학과 조교수로 재직 중이다. 전공분야는 서양근대사(프랑스사)이며, 특히 프랑스혁명 시기 전후에 집중하여 연구를 진행하고 있다. 주요 공저서로 『전쟁과 프랑스 사회의 변동』(2017), 『세계 각국의 역사 논쟁』(2014), *Abolitionist Places*(2013) 등이 있으며 다수의 논문을 발표했다.

김경희는 현재 이화여자대학교 정치외교학과 부교수로 재직 중이다. 전공분야는 서양정치사상이며, 마키아벨리 및 르네상스 정치사상, 공화주의론 그리고 국가론 등에 관한 연구를 지속하고 있다. 주요 저서로 『공존의 정치: 마키아벨리 군주론의 새로운 이해』(2013), 『공화주의』(2009)가 있으며 다수의 논문을 발표했다.

김준석은 현재 가톨릭대학교 국제학부 부교수로 재직 중이다. 전공분야는 국제관계사와 국제정치사상으로 폭넓은 시야를 갖고 유럽의 국가형성사와 국제정치사에 대한 연구를 지속하고 있다. 주요 저서로 『국제정치의 탄생』(2018)이 있고, 주요 논문으로 「위기의 국제정치사상」(2016), 「칸트 평화 사상의 재조명」(2014) 등이 있다.

박성우는 현재 서울대학교 정치외교학부 교수로 재직 중이다. 전공분야는 고전정치철학과 국제정치사상이며, 현재 양 분야의 학제적 결합을 모색하는 연구영역을 개척하고 있다. 주요 저서로 『영혼 돌봄의 정치: 플라톤 정치철학의 기원과 전개』(2014), 주요 논문으로 「플라톤의 『국가』에 나타난 국제정치사상」(2016), 「이라크 전쟁의 레오 스타라우스 책임론에 대한 정치철학적 비판」(2012), 「국익추구의 도덕적 한계와 아리스토텔레스의 좋은 삶의 정치」(2011), 「현실주의 국제정치이론에서 투키디데스 읽기의 한계와 대안의 모색」(2008) 등이 있다.

윤비는 현재 성균관대학교 정치외교학과 부교수로 재직 중이다. 전공분야는 중근세정치사상사, 현대정치이론, 비교정치이론으로, 사상과 이론 영역에서 다방면으로 연구하는 중이다. 주요 논문으로 "The Fox atop Fortune's Wheel: Machiavelli and Medieval Realist Discourse"(2016), 「"비밀 중의 비밀(Secretum secretorum)"과 중세 아리스토텔레스 정치사상의 수용」(2015), 「4대륙의 알레고리와 패권의 프로파간다: 근대 유럽의 권력정치와 상징정치」(2014) 등이 있다.

이병택은 현재 동북아역사재단 연구위원으로 재직 중이다. 전공분야는 근대 정치사상이다. 주요 공저서로 『민주화운동의 세계사적 배경』(2016)이 있고, 주요 논문으로 「데이비드 흄의 역사서술과 시민정부의 구성」(2015), 「사회제도의 정착과 발전방향」(2014) 등이 있다.

차태서는 현재 성균관대학교 정치외교학과 조교수로 재직 중이다. 전공분야는 미국 외교정책, 국제정치이론, 외교사이며 미국 정치사상 및 외교정책과 관련하여 다수의 연구를 진행 중이다. 주요 논문으로 "Is Anybody Still a Globalist? Rereading the Trajectory of US Grand Strategy and the End of the Transnational Moment"(2019), "Competing Visions of a Postmodern World Order: The Philadelphian System vs. The Tianxia System"(2018), "The Formation of American Exceptional Identities: A Three-Tier Model of the 'Standard of Civilization' in U.S. Foreign Policy"(2015) 등이 있다.

홍태영은 현재 국방대학교 안보정책학과 교수로 재직 중이다. 전공분야는 근현대 정치사상이며, 문화·권리·정체성의 정치에 관해 연구를 심화하고 있다. 주요 저서로 『클로드 르포르』(2016), 『정체성의 정치학』(2011), 『국민국가의 정치학』(2008)이 있으며 다수의 논문을 발표했다.